〔西漢〕司馬遷　著
〔清〕姚苧田　選評

史記菁華録

廣陵書社
中國·揚州

圖書在版編目（CIP）數據

史記菁華録 / (西漢) 司馬遷著 ; (清) 姚苧田選評. -- 揚州 : 廣陵書社, 2024.6
(國學經典叢書)
ISBN 978-7-5554-2308-9

Ⅰ. ①史… Ⅱ. ①司… ②姚… Ⅲ. ①《史記》—研究 Ⅳ. ①K204.2

中國國家版本館CIP數據核字(2024)第110058號

書　　名　史記菁華録
撰　　者　〔西漢〕司馬遷　著　〔清〕姚苧田　選評
責任編輯　王浩宇
出 版 人　劉　棟
裝幀設計　鴻儒文軒

出版發行　廣陵書社
揚州市四望亭路 2-4 號　郵編:225001
(0514) 85228081(總編辦)　85228088(發行部)
http://www.yzglpub.com　E-mail:yzglss@163.com
印　　刷　三河市華東印刷有限公司

開　　本　880 毫米×1230 毫米　1/32
印　　張　12.625
字　　數　260 千字
版　　次　2024 年 6 月第 1 版
印　　次　2024 年 6 月第 1 次印刷
書　　號　ISBN 978-7-5554-2308-9
定　　價　68.00 圓

編輯説明

自上世紀九十年代末始，我社陸續編輯出版一套綫裝本中華傳統文化普及讀物，名爲《文華叢書》。編者孜孜矻矻，兀兀窮年，歷經二十餘載，聚爲上百種，集腋成裘，蔚爲可觀。叢書以内容經典、形式古雅、編校精審，深受讀者歡迎，不少品種已不斷重印，常銷常新。

國學經典，百讀不厭，其中藴含的生活情趣、生命哲理、人生智慧，以及家國情懷、歷史經驗、宇宙真諦，令人回味無窮，啓迪至深。爲了方便讀者閲讀國學原典，更廣泛地普及傳統文化，特于《文華叢書》基礎上，重加編輯，推出《國學經典叢書》。

本叢書甄選國學之基本典籍，萃精華于一編。以内容言，所選均爲家喻户曉的經典名著，涵蓋經史子集，包羅詩詞文賦、小品蒙書，琳琅滿目；以篇幅言，每種規模不大，或數種彙于一書，便于誦讀；以形式言，採用傳統版式，字大文簡，賞心悦目；以編輯言，力求精擇良善版本，細加校勘，注重精讀原文，偶作簡明小注，或酌配古典版畫，體現編輯的匠心。

當下國學典籍的出版方興未艾，品質參差不齊。希望這套我社經年打造的品牌叢書，能爲讀者朋友閲讀經典提供真正的精善讀本。

廣陵書社編輯部

二〇二三年三月

出版説明

西漢司馬遷所著的《史記》是我國第一部紀傳體通史，被魯迅譽爲『史家之絶唱，無韻之《離騷》』。《史記》自問世以來，先後有無數文人對其進行注釋、解讀和評議，歷朝歷代與之相關的著述不勝枚舉，其中影響最大、最受青睞的則是清姚苧田選評的《史記菁華録》。

據道光四年甲申（一八二四）刊本《史記菁華録》趙承恩序，選評者姚苧田爲浙江錢塘人，康乾時期猶在世。又據吴振棫的題跋，他名叫姚祖恩，苧田是他的號。可惜吴振棫對他并没有詳加介紹，故于他的生卒年月及生平事迹均不得其詳。姚氏除著有《史記菁華録》之外，還曾評點過《戰國策》。其堂號爲『扶荔山房』，他及他的後人以此爲號刊刻了大量書籍。姚氏自少喜讀《史記》，循環咀諷，抉微探幽。他認爲：『《史記》一書，學者斷不可不讀，而亦至不易讀者也。蓋其文洸洋瑋麗，無奇不備，彙先秦以上百家六藝之菁英，羅漢興以來創制顯庸之大略，莫不選言就班，青黄纂組。』因此，他『特採録而詳閲之，務使開卷犁然，皆可成誦。間加論斷，必出心裁』，採用節選加評點的形式，掇《史記》之精華，成《史記菁華録》。

《史記菁華録》梓行于清康熙六十年辛丑（一七二一）。全書分爲六卷，從《史記》中選取五分之一約十萬字加以評點，選文五十一篇，含本紀、表、書各三篇，世家九篇，列傳三十三篇。各篇之中，并不都加删節，全文選録的有十六篇。其他節選的篇章，姚氏作了較大的删節，且删除的部分一般不注明『中略』字樣。因他善于把握《史記》各篇的要旨，洞徹其章法布局，所以删節大多恰到好處，既保持了《史記》瑰奇閎深的固有風格，又因删繁就簡而使情節更集中，主綫更清晰，人物性格更鮮明。而姚氏的『評點』，集文本鑒賞與理論批評于一體，多有獨到見解。他曾説：『評注皆斷以鄙意，視他本爲最詳。』可謂相當自負。從評語的形式來看，有眉批、夾批和篇末評語三種。眉批和夾批每篇都有，側重于品評篇章中的字、句、段；篇末評語側重于品評全篇的總體立意，但并非每篇都有。從評語的内容來看，有章法結構的分析、字法句法的討論，也有微言大義的鉤稽、會心獨到的闡發，雖然個别地方也有穿鑿附會、故弄玄虚之嫌，但姚氏對于史學與古文的深厚造詣可見一斑。

《史記菁華録》目前有多種版本流傳，古本以道光甲申扶荔山房藏版暨同治癸酉紅杏山房版較勝，今人整理本則以上海古籍出版社王興康、周旻佳點校本和中華書局標點本較爲通行。我社此次整理，以扶荔山房本爲底本，同時參考上述通行本。其中，《史記》原文部分的文字依底本，明顯的錯字則徑改；段落、標點依中華書局點校本《史記》（修訂本），個別姚氏理解明顯與點校本不同的，則按姚氏原著點斷，以便最大限度地保留姚著文本原貌。本書眉批置于相應正文的天頭，因版面關係，有些地方未能上下對齊，特將相關之處用阿拉伯數字編號，以便參照閱讀。全書夾批插入相應的正文之後。本書的眉批、夾批和篇末評語採用不同的字體字號，既與《史記》原文相區别，又突出了其點評的特色與優長。并附録趙承恩序和朱自清《〈史記菁華録〉指導大概》，供讀者參考。

廣陵書社編輯部

二〇二四年六月

目録

附録

題辭

余少好龍門《史記》，循環咀諷，炙輠而味益深長。顧其夥頤奧衍，既不能束之巾笥；又往哲評林，迄無定本。嘗欲抽挹菁華，批導窾郤，使其天工人巧，刻削呈露，俾士之欲漱芳潤而傾瀝液者，瀾翻胸次，而龍門之精神眉宇，亦且鬱勃翔舞於尺寸之際，良爲快事矣！

客有諗於予者曰：『《史記》者，龍門一家言也。而擘摘刺取之，能無剽擲之呰乎？』予曰：『客蓋未達乎文章之原者也。古者左史記事，右史記言；言爲《尚書》，事爲《春秋》，此《史記》之名所由昉也。自左氏因《春秋》之文作內、外傳，於是言與事始並著於一篇之中。宋真德秀論次《文章正宗》，特分議論、敘事爲兩途，實原本《尚書》《春秋》之遺意而判厥町畦。故其録《左》《國》《史》《漢》之書，一篇之文，有割其事於此而綴其言於彼者。蓋《文選》以下，别無薈萃古文，有之，自德秀始，而其法已然。且《左氏》用編年之法，每自爲一篇以盡一事之本末。至杜元凱始分經之年與傳之年相符。後世記誦之學亦各取其一節之精妙而命之曰篇，其來舊矣。顧獨於《史記》而疑之乎？蓋古人之讀書也，既知夫三倉、五車之才，選於千萬人而不能以一二遇也。吾生也有涯，而知也無涯，以有涯隨無涯，不亦殆乎？又以爲古人比事屬辭，事奇則文亦奇；事或紛糅，則文不能無冗蔓。故有精華結聚之處，即不能無隨事敷衍之處；掇其菁華而略其敷衍，而後知古人之作文甚苦，而我之讀之者乃甚甘也。今夫龍門之文，得於善游，夫人而能言之矣，則當其浮長淮，泝大江，極覽夫驚沙逆瀾、長風怒號、崩擊而横飛者，吾於其書而掇取之；望雲夢之泱漭，睹九嶷之芊綿，蒼梧之野，巫山之陽，朝雲夕烟，靡曼綽約，吾於其書而掇取之；臨廣武之墟，歷鴻門之坂，訪潛龍之巷陌，思霸主之雄圖，鷹揚豹變，慷慨悲懷，吾於其文而掇取之；奉使巴、岷，弔蠶叢、魚鳧之疆，捫石棧、天梯之險，縈紆晦窅，巉峭幽深，吾於其文而掇取之；適魯登夫子之堂，撫琴書，親杖履，雍容魚雅，穆如清風，吾於其文而掇取之。若夫後勝未來，前奇已過，於其中間歷荒堤而經破驛，頑山鈍水，非其興會之所屬，斯逸而勿登焉。讀其文而可以知其游之道如彼，則文之道誠不得不如此也。吾見今之耳傭而目傚者，日置全史於几案之旁，自成童以迄皓首，固有一卷之文偶值夫鈎章棘句，即掩卷不遑卒讀者，徒琅琅於管、嬰、夷、屈數傳，又不得其窾郤之所存，猶且號於人曰：「剽擲之不古也。」其爲自欺以欺人，豈不足胡盧一笑哉！』客無以難，遂書其語於簡端。

凡《史記》舊文幾五十萬言，今掇其五之一，評注皆斷以鄙意，視他本爲最詳，約亦數萬言。龍門善游，此亦如米海岳七十二芙蓉研山，几案間卧游之逸品也。因目之曰《史記菁華録》云。

康熙辛丑七夕後三日，苧田氏題。

卷一

秦始皇本紀

秦初并天下，令丞相、御史曰：『寡人以眇眇之身，興兵誅暴亂，以謙吻作夸詡，辭氣峻厲。賴宗廟之靈，六王咸服其辜，總前六國罪案，簡而偉。天下大定。今名號不更，無以稱成功，傳後世。其議帝號。』[1]言下已前無古人矣。諸臣只闡明此意耳。丞相綰、御史大夫劫、廷尉斯等秦初三公之職如此。皆曰：『昔者五帝地方千里，其外侯服夷服，諸侯或朝或否，天子不能制。看其即將前令敷衍，不更益一語。今陛下興義兵，誅殘賊，平定天下，海内爲郡縣，法令由一統，自上古以來未嘗有，五帝所不及。秦人萬古罪案，即萬古功案。臣等謹與博士議曰：有致。「古有天皇，有地皇，有泰皇，泰皇最貴。」古拙可愛。此即《封禪書》悠謬之説也。臣等昧死上尊號，王爲「泰皇」。命爲「制」，令爲「詔」，天子自稱曰「朕」。』[2]王曰：『去「泰」，著「皇」，古勁之極。采上古「帝」位號，號曰「皇帝」。他如議。』制曰：『可。』[3]追尊莊襄王爲太上皇，又了一事。制曰：『朕聞太古有號毋謚，首援太古爲説，波瀾甚壯。中古有號，死而以行

1先儒謂：秦時詔令，雜以吏牘，自是一種文字。然《謨》《誥》之下，漢詔之前，實另具一段精嚴偉麗光景。此其第一令也，絕大不群。

2先自定議，復稱制以可之也。

3稱制可奏始於此，實爲娟峭。

爲謚。如此，則子議父，臣議君也，甚無謂，朕弗取焉。[4]斷得妙。自今已來，除謚法。朕爲始皇帝。後世以計數，二世、三世至于萬世，傳之無窮。』意極愚而詞極婉。

丞相綰等言：『諸侯初破，燕、齊、荆地遠，不爲置王，毋以填之。『填』『鎮』古字通用，亦有竟作填義者，更古。請立諸子，唯上幸許。』始皇下其議於群臣，下其議亦始此。群臣皆以爲便。廷尉李斯議曰：『周文、武所封子弟同姓甚衆，然後屬疏遠，凡人臣引議，不援目前所至切者爲言，則其議難申。斯得其旨矣。相攻擊如仇讎，諸侯更相誅伐，周天子弗能禁止。總只申初令之旨，細味自知。今海内賴陛下神靈一統，皆爲郡縣，諸子功臣以公賦税重賞賜之，甚足易制。天下無異意，則安寧之術也。置諸侯不便。』[5]數言利害皆盡。始皇曰：『天下共苦戰鬭不休，以有侯王。賴宗廟，天下初定，又復立國，是樹兵也，而求其寧息，豈不難哉！廷尉議是。』始皇語語有蓋世之氣。

分天下以爲三十六郡，郡置守、尉、監。官三等。更名民曰『黔首』。大酺。以『大酺』收分郡案，下又逐件起。收天下兵，聚之咸陽，銷以爲鍾鐻，金人十二，重各千石，置宫廷中。一銷兵。一法度衡石丈尺。車同軌。書同文字。二同律。地東至海暨朝鮮，西至臨洮、羌中，南至北嚮户，北據河爲塞，並陰山至遼東。三輿地。徙天下

4只三十餘字。有援引，有跌宕，有斷制。

5爲秦計誠非。然千古不能易者，積重之勢使然也。

6 敘法最古健，絶去一切支葉。

7 始皇初令群臣既以爲『上古所未有，五帝所不及』，故凡進諫者皆以謗古爲本。淳于生獨以殷、周爲言，宜其如水投石也。全段總以古今爲眼目。

8 前段專駁淳于，故文勢作頓。

豪富於咸陽十二萬户。諸廟及章臺、上林皆在渭南。[6] 四建京。

三十四年，始皇置酒咸陽宮，博士七十人前爲壽。僕射周青臣進頌曰：『他時秦地不過千里，賴陛下神靈明聖，平定海内，放逐蠻夷，日月所照，莫不賓服。亦即『初并天下』之令衍出來。以諸侯爲郡縣，人人自安樂，無戰争之患，傳之萬世。自上古不及陛下威德。』始皇悦。博士齊人淳于越進曰：『臣聞殷、周之王千餘歲，封子弟功臣，自爲枝輔。今陛下有海内，而子弟爲匹夫，卒有田常、六卿之臣，無輔拂，何以相救哉？始皇喜操切，此言非所樂聞。事不師古而能長久者，非所聞也。痛切而疏宕。今青臣又面諛以重陛下之過，『重』字妙，有激射。非忠臣。』[7] 始皇下其議。越言亦戇矣。始皇猶知下其議，可不謂猶有君人之度乎？丞相李斯曰：『五帝不相復，三代不相襲，各以治，非其相反，時變異也。引古曲説。今陛下創大業，建萬世之功，固非愚儒所知。且越言乃三代之事，何足法也？此段爲焚書案，然屢提儒生過失，實爲坑儒伏脉。異時諸侯並争，厚招游學。今天下已定，法令出一，百姓當家則力農工，士則學習法令辟禁。今諸生不師今而學古，以非當世，惑亂黔首。[8] 諸生罪案已定。其語甚辣，妙在遽住。丞相臣斯昧死言[9]：古者天下散亂，莫之能一，亦從平定一統冒入，

9 後段歸獄《詩》《書》，特更端另起。

10 妙在寫得紛紛雜雜，便見《詩》《書》煞甚壞事。

11 擬令要一字無虛設，先秦文不可及如此。

有把握。是以諸侯並作，語皆道古以害今，飾虛言以亂實，人善其所私學，以非上之所建立。人各以其所私學者爲善也。長句曲而勁。今皇帝并有天下，別黑白而定一尊。私學而相與非法教，二句皆指『是古非今』者言之。人聞令下，則各以其學議之，入則心非，出則巷議，夸主以爲名，異取以爲高，率群下以造謗。秦時奏議，凡欲重其罪者，多疊雜而出之，如《逐客》《督責》諸書皆然。如此弗禁，則主勢降乎上，黨與成乎下。鑽入操切人心孔。禁之便。[10]臣請史官非秦記皆燒之。非博士官所職，天下敢有藏《詩》、《書》、百家語者，悉詣守、尉雜燒之。左史記事，右史記言，古制也。兩層上指記事之書，下指記言之書，甚明劃。有敢偶語《詩》《書》棄市，以古非今者族。吏知見不舉者與同罪。令下三十日不燒，黥爲城旦。前布其令，此詳其罪。所不去者，醫藥、卜筮、種樹之書。若欲有學法令，以吏爲師。』[11]律外餘文，甚周匝，此實後世造律之祖。制曰：『可。』

項羽本紀

項籍者，下相人也，字羽[1]。初起時，年二十四。諸《紀》《傳》無特著初起之年，此獨大書之，所以爲三年滅秦、五年亡國作張本，正是痛惜之意。其季父項梁，梁父即楚將項燕，爲秦將王翦所戮者也。項氏世世爲楚將[2]，封於項，故姓項氏。

項籍少時，學書不成，去；學劍，又不成。特寫兩『不成』，一『不肯竟學』。羽之結局，已大概可見。項梁怒之。籍曰：『書足以記名姓而已。劍一人敵，不足學，學萬人敵。』語倔彊。而説書、劍處又有層折，見劍雖差勝于書，而意猶未厭也。如聞其聲。於是項梁乃教籍兵法，籍大喜，略知其意，又不肯竟學。真英雄氣概，在此句。

項梁殺人，與籍避仇於吴中。吴中賢士大夫皆出項梁下。妙用《孟子》『北方之學者未能或之先』句法。每吴中有大繇役及喪，項梁常爲主辦，名甚雅。陰以兵法部勒賓客及子弟，有心人見奇處。以是知其能。[3]秦始皇帝游會稽，渡浙江，梁與籍俱觀。籍曰：『彼可取而代也。』蠻得妙，與高祖語互看，兩人大局已定于此。梁掩其口，曰：『毋妄言，族矣！』梁以此奇籍。[4]『以此』與前『以是』句應。籍長八尺餘，力能扛鼎，才氣過人，史公一生得意此四字，其列籍《本紀》亦坐此。雖吴中子弟皆已憚籍矣。

1《本紀》無稱字之例，此獨稱字者，所以别於真帝也。史遷深惜項羽之無成，故特創此格。

2提出項燕、王翦，以著秦、項世仇，提出『世爲楚將』，以著霸楚緣起。

3『每吴中云云』數句，正注明『皆出項梁下』一句也，看『以是知其能』五字自明。古文針路皆如此。

4當教以兵法時固已知其可用，此處『奇』字直有可使南面之想矣。細思自辨。

顧吴中子弟緊密。

秦二世元年七月，陳涉等起大澤中。其九月，會稽守通『通』字疑守之名，諸解未確。謂梁曰：『江西皆反，此亦天亡秦之時也。吾聞先即制人，後則爲人所制。吾欲發兵，使公及桓楚將。』5守所見亦是，而卒見殺。觀其辭氣需緩，正與羽之才氣相射也。是時桓楚亡在澤中。夾入一句叙事，好筆法。梁曰：『桓楚亡，人莫知其處，獨籍知之耳。』趁風起帆，機警之極，勢如脱兔。梁乃出，誡籍持劍居外待。梁復入，叙項梁如生龍活虎。與守坐，曰：『請召籍，使受命召桓楚。』守曰：『諾。』梁召籍入。須臾，迅捷。梁眴字法。籍曰：『可行矣！』於是籍遂拔劍斬守頭。如此起局，自然只成群雄事業。項梁持守頭，佩其印綬。門下大驚，擾亂，籍所擊殺數十百人。一府中皆慴伏，莫敢起。6以上皆以梁爲主，籍爲從，故只如此寫。梁乃召故所知豪吏，諭以所爲起大事，隱括得好。遂舉吴中兵。使人收下縣，得精兵八千人。二句夾叙法，合所舉所收共八千人也。梁部署吴中豪傑爲校尉、候、司馬。校尉，將兵者；候，軍候，主偵敵；司馬，主軍政賞罰。有一人不得用，自言於梁。梁曰：『前時某喪使公主某事，不能辦，以此不任用公。』衆乃皆伏。7閑處着筆最妙。於是梁爲會稽守，籍爲裨將，徇下縣。先作一結，下文另起

5守既知項梁能，即委之可耳，何爲又扯一亡去之桓楚？如其言，事何時就乎？跋前疐後，如此所以卒貿其首也。

6夾叙二項，各各鬚眉欲活，寫生妙手。

7不特回顧『主辦』一段也。古文摹寫人處，往往大處不寫，寫一二小事，轉覺神情欲活，此頰上三毫法也，不必謂實有是事。

一案。

廣陵人召平於是爲陳王徇廣陵，未能下。聞陳王敗走，秦兵又且至，乃渡江矯陳王命，拜梁爲楚王上柱國。曰：『江東已定，急引兵西擊秦。』夾叙一事，非《傳》中正文也。看其簡處則極簡，兩行中寫許多情事，如此作文，方無喧客奪主之患。項梁乃以八千人渡江而西。如椽之筆，與《傳》末作章法。

居鄛人范增，年七十，素居家，好奇計，[8]往説項梁曰：『陳勝敗固當。借陳勝引入，有把握。夫秦滅六國，楚最無罪。自懷王入秦不反，楚人憐之至今，倒『至今憐之』，句法妙。故楚南公曰「楚雖三户，亡秦必楚」也。讖緯之説。今陳勝首事，遥接「敗固當」句。不立楚後而自立，其勢不長。今君起江東，楚蜂起之將皆爭附君者，以君世世楚將，應起句，有情。爲能復立楚之後也。』[9]於是項梁然其言，乃求楚懷王孫心民間，爲人牧羊，寫脚色有關係。立以爲楚懷王[10]，從民所望也。點破，妙。

項梁起東阿西，比至定陶，再破秦軍，項羽等又斬李由，李斯子。益輕秦，有驕色。爲梁死案。宋義乃諫項梁曰：『戰勝而將驕卒惰者敗。宋義語只是尋常見識耳。幸而中，亦不幸而中。卒以此殺其身也。今卒少惰矣，秦兵日益，臣爲君畏之。』項梁弗聽。

8 起『范增』三句，字字無浪下。『年七十』與『羽年二十四』自相照應。

9 亞父首計原欲借虛名以立基業耳。東坡謂弑義帝爲疑增之本，似太認真。

10 謬以其祖之謚即爲其孫之號，非偶然惑衆之計而何？

乃使宋義使於齊。時田假立爲齊王。道遇齊使者高陵君顯，曰：『公將見武信君乎？』即項梁。曰：『然。』曰：『臣論武信君軍必敗。公徐行語生色。即免死，疾行則及禍。』秦果悉起兵益章邯，擊楚軍，大破之定陶，點明定陶，自作章法。項梁死。[11]

初，宋義所遇齊使者高陵君顯在楚軍，裝頭長句法。見楚王曰：『宋義論武信君之軍必敗，居數日，軍果敗。兵未戰而先見敗徵，此可謂知兵矣。』語甚撇輕，正妙在説得無甚深要。王召宋義與計事而大悦之，懷王殊非娖娖下人者，然此真孟浪之舉。因置以爲上將軍；項羽爲魯公，特插此三字，爲後案。爲次將；范增爲末將，救趙。點出一段大關目。諸別將皆屬宋義，號爲『卿子冠軍』[12]。如後世特置之銜，欲以尊異之。行至安陽，留四十六日不進。項羽曰：『吾聞秦軍圍趙王鉅鹿。疾引兵渡河，楚擊其外，趙應其内，破秦軍必矣。』宋義曰：『不然。夫搏牛之蝱不可以破蟣蝨。二語於情事不切，而必引之，活畫出宋義頭巾氣。今秦攻趙，戰勝則兵罷，我承其敝；不勝，則我引兵鼓行而西，必舉秦矣。故不如先鬬秦、趙。[13]此留而不行之故。夫被堅執鋭，義不如公；坐而運策，公不如義。』前引後收，訑訑如見。此輩甚多，胡可勝道？因下令軍中曰：『猛如虎，狠如羊，貪如狼，軍令亦新甚、韻甚。彊不可使者，皆斬之。』暗指項羽，

11 此段特爲懷王用宋義張本，非《項氏傳》中正文，而其結構圓密，似《國語》文字。

12 公、卿二字，古人相尊之通稱。卿子，猶公子也；冠，元也；軍，戎也：猶元戎之稱而名特新美。

13 出兵以救趙，而乃以趙委之，以試其鋒，豈理也哉！謬甚。

14宋義庸妄，不難一見而决。然是時好奇計之范增爲末將，豈有不置一策之理？且項羽歷數宋義之失，言言中窾，非羽所及，而其後增又即委贄於羽，故吾嘗謂自此以下，皆增之計畫也。蓋立懷王之意，原欲借以就項氏之業，今乃任其用宋義以僨績，豈所甘哉？蘇子謂殺宋義乃疑增之本，未必然也。

欲以此折其氣。乃遣其子宋襄相齊，身送之。一發迂緩。至無鹽，飲酒高會。14天寒大雨，渲染法。士卒凍飢。項羽曰：『將戮力而攻秦，總提句。久留不行。今歲饑民貧，此就利害上言之。士卒食芋菽，軍無見糧，乃飲酒高會，不引兵渡河因趙食，與趙并力攻秦，此就義理上言之。乃曰「承其敝」。夫以秦之彊，攻新造之趙，其勢必舉趙。於義既不當，於勢又無益。趙舉而秦彊，何敝之承！透健有聲。且國兵新破，王坐不安席，又假大義以責之，羽安能及此？掃境内而專屬於將軍，寫出隱恨來。國家安危，在此一舉。今不恤士卒，先指饑凍。而徇其私，又帶定送子，周匝之至。非社稷之臣。』項羽晨朝上將軍宋義，即其帳中斬宋義頭，出令軍中曰：『宋義與齊謀反楚，若無送子相齊一著，何以蒙惡聲哉？楚王陰令羽誅之。』當是時，諸將皆慴服，莫敢枝梧。皆曰：『首立楚者，將軍家也。妙，妙。提出項氏隱衷，偏不附會『楚王陰令』之説，而詞又未畢，直畫亦畫不到。今將軍誅亂。』乃相與共立羽爲假上將軍。使人追宋義子，及之齊，殺之。使桓楚報命於懷王。了宋義事。懷王因使項羽爲上將軍，寫出太阿倒持來。當陽君、蒲將軍皆屬項羽。以上一大段，總寫羽爲上將軍之案。

項羽已殺卿子冠軍，又提。威震楚國，名聞諸侯。乃遣當陽君、蒲將軍將卒二萬渡河，救鉅鹿[15]。先擱一筆。戰少利，陳餘餘爲趙將。復請兵。項羽乃悉引兵渡河，皆沉船，破釜甑，燒廬舍，持三日糧，以示士卒必死，無一還心。寫羽才氣過人。於是至則圍王離，與秦軍遇，九戰，絶其甬道，大破之，自與後『已破』句應。先寫一遍，完事迹。殺蘇角，虜王離。涉閒不降楚，自燒殺。當是時，楚兵冠諸侯。[16]諸侯軍救鉅鹿下者十餘壁，又重寫一遍，專描戰功。莫敢縱兵。及楚擊秦，諸將皆從壁上觀。楚戰士無不一以當十，楚兵呼聲動天，諸侯軍無不人人惴恐。本助諸侯擊秦也，反寫諸侯惴恐，加倍寫法。於是已破秦軍，項羽召見諸侯將，入轅門，無不膝行而前，莫敢仰視。登高而呼，餘響猶震。項羽由是始爲諸侯上將軍，諸侯皆屬焉。

楚軍夜擊阬秦卒二十餘萬人新安城南。行略定秦地。函谷關有兵守關，不得入。又聞沛公已破咸陽，項羽大怒[17]，兩『大怒』，有次序。使當陽君等擊關。項羽遂入，至于戲西。沛公軍霸上，未得與項羽相見。沛公左司馬曹無傷使人言於項羽曰：小人多事，不知彼與劉、項有何恩怨。『沛公欲王關中，使子嬰爲相，珍寶盡有之。』語陋得妙。項羽大怒，曰：『旦日[18]饗士卒，爲擊破沛公軍。』語直捷有勢，正與後『許諾』及『默然不應』對鎖作章法。當是時，項羽兵四十萬，在新豐鴻門，沛公兵十

15鉅鹿之戰，羽所以成伯業也，故史公用全力爲他寫得精神百倍，萬世如睹。

16『當是時』三字重提起，筆力奇恣；『冠諸侯』略作一鎖，下再展開；皆故作奇恣之筆，以出色描畫也。

17羽之大怒，但爲其已破咸陽及盡有珍寶。范增之忌，自爲其志不在小，此其相去固已遠矣。敘得極明劃。

18特下『旦日』二字，爲下二『夜』字、二『旦日』字、一『即日』字作引子。古文伏脉之法都如此。

萬，在霸上。提清全局，與後對看，他人不解用此筆。范增説項羽曰：『沛公居山東時，貪於財貨，好美姬。今入關，財物無所取，婦女無所幸，特特與曹無傷『珍寶盡有之』言不相仇，所以表出范增。此其志不在小。吾令人望其氣，皆爲龍虎，成五采，此天子氣也。急擊勿失。』還其『旦日』『擊破』之言而趣之。

楚左尹項伯者，項羽季父也，素善留侯張良。張良是時從沛公，項伯乃夜馳之沛公軍，私見張良，具告以事，欲呼張良與俱去。曰：『毋從俱死也！』十餘字耳，叙得情事俱盡，性情態色俱現，千古奇筆。張良曰：『臣爲韓王送沛公，沛公今事有急，亡去不義[19]，不可不語。』良乃入，具告沛公。沛公大驚，曰：『爲之奈何？』張良曰：『誰爲大王爲此計者？』從容得妙。曰：『鯫生説我曰：急中駡語，皆極傳神。「距關，毋納諸侯，秦地可盡王也。」故聽之。』良曰：『料大王士卒足以當項王乎？』偏從容。沛公默然，曰：『固不如也，且爲之奈何？』[20]又倔彊，又急遽，傳神之筆。張良曰：『請往謂項伯，言沛公不敢背項王也。』到底從容，音節琅琅可聽，只如此妙。沛公曰：『君安與項伯有故？』自出機警。張良曰：『秦時與臣游，項伯殺人，臣活之。今事有急，故幸來告良。』沛公曰：『孰與君少長？』機警。良曰：『長於臣。』沛

19 張良開口提韓王，所謂『不義』，自指韓也。

20 以一筆夾寫兩人，一則窘迫絶人，一則從容自如。性情鬚眉，躍躍紙上。史公獨絶之文，《左》《國》中無有此文字。

公曰：『君爲我呼入，吾得兄事之。』機警絶人。張良出，邀項伯。項伯即入見沛公。此等處皆特寫項伯，所謂傳外有傳也。沛公奉卮酒爲壽，約爲婚姻，曰：『吾入關，秋毫不敢有所近，籍吏民，封府庫，而待將軍。所以遣將守關者，備他盜之出入與非常也。自解語，與曹無傷語對針。若范增之言，本非羽心，且亦無可置辨也。日夜望將軍至，豈敢反[21]乎！願伯具言臣之不敢倍德也。』語氣詳慎卑抑之至，大英雄能屈處。凡此文皆特特與項羽對看。項伯許諾，謂沛公曰：『旦日不可不蚤自來謝項王。』娓娓如聞其聲。沛公曰：『諾。』於是項伯復夜去，綫索清出。至軍中，具以沛公言報項王。因言曰：『沛公不先破關中，公豈敢入乎？今人有大功而擊之，不義也，不如因善遇之。』兄弟之益如此，所以謂沛公之機警，並非子房所及。項王許諾。直性。

沛公旦日從百餘騎來見項王，至鴻門[22]，謝曰：『臣與將軍戮力而攻秦，一合説來，化異爲同，妙著。將軍戰河北，臣戰河南，然不自意能先入關破秦，得復見將軍於此。語意藹然，真辭令妙品。今者有小人之言，輕帶，渾得好。令將軍與臣有郤。』項王曰：『此沛公左司馬曹無傷言之；脱口便盡畫出直爽來。不然，籍何以至此？』

項王即日因留沛公與飲。項王、項伯東嚮坐，亞父南嚮坐。亞父者，范增

21『反』字下得妙。明明以君待羽，以臣自待，其忌不煩解而自釋矣。

22此下一段，千古處危難現成榜樣，未可以文字視之。

也[23]。當日，沛公獨懼此耳。沛公北嚮坐，張良西嚮侍。范增數目項王，舉所佩玉玦玦、决同，欲其早决斷也。以示之者三，項王默然不應。范增起，出召項莊，謂曰：『君王爲人不忍，亦至言。若入前爲壽，寫定計明劃。壽畢，請以劍舞，因擊沛公於坐，殺之。不者，若屬皆且爲所虜。』是激莊語，非正意。莊則入爲壽，『則』字娟峭。壽畢，曰：『君王與沛公飲，軍中無以爲樂，請以劍舞。』項王曰：『諾。』項莊拔劍起舞，項伯亦拔劍起舞，疾甚。沛公何以得此？豈非天乎？常以身翼蔽沛公，莊不得擊[24]。於是張良至軍門，見樊噲。接過，如鷹隼之削。樊噲曰：『今日之事何如？』良曰：『甚急。今者項莊拔劍舞，其意常在沛公也。』急語能緩，愈見其妙。噲曰：『此迫矣。臣請入，與之同命。』[25]若無此念，如何敢入？噲即帶劍擁盾入軍門。交戟之衛士欲止不内，樊噲側其盾以撞，衛士仆地，噲遂入，披帷西嚮立，合前坐次看，便如畫。瞋目視項王，頭髮上指，目眦盡裂。出色細寫。項王按劍而跽曰：『客何爲者？』張良曰：『沛公之參乘樊噲者也。』一問一答，如布定着數，缺一不可，亂一不得。項王曰：『壯士，品目妙。賜之卮酒。』則與斗卮酒。處分妙。噲拜謝，起，立而飲之。項王曰：『賜之彘肩。』則與一生彘肩。樊噲覆其盾於地，加彘肩上，拔劍切而啗之。此等

23無端將坐次描出。次用『亞父』二字，一喚搖擺出『范增也』三字來，便將當日沛公、張良之刺心刺目神情，一齊托出紙上。史公冥心獨造之文也。

24高祖定天下，誅丁公而侯項伯，此中實有不可一例論者。先輩或以此爲比例，非也。

25樊噲諫還軍霸上，及定天下後排闥問疾數語，俱有大臣作用。此段忠誠勇決，亦豈等閑可同？論世者宜分別觀之。

26 汲長孺『大將軍有揖客』之語，直中帶婉；舞陽侯鴻門誚項王之言，激中有巧：俱千古詞令絶品，非苟然者。

27 噲實有學問，狗屠中有此人，雖欲不取封侯之貴，得乎？

瑣細處，愈見噲之氣雄萬夫。若一直粗豪，則了無生趣矣。項王曰：『壯士，又贊，妙。能復飲乎？』樊噲曰[26]：『臣死且不避，卮酒安足辭！借勢遞入，捷而雄。夫秦王有虎狼之心，借秦王罵項羽，巧甚。殺人如不能舉，刑人如恐不勝，天下皆叛之。以叛脅之。懷王與諸將約曰「先破秦入咸陽者王之」。當時羽深諱此約，偏要提出，妙矣。尤妙在下文回護得好。今沛公先破秦入咸陽，毫毛不敢有所近，封閉宮室，還軍霸上，以待大王來。還軍霸上本噲之策，故此語前所無，此獨宣之。故遣將守關者，備他盜出入與非常也。勞苦而功高如此，未有封侯之賞，先入秦應王矣，却又以封侯之賞推尊項王，明明以霸王歸之，所謂回互法也。而聽細說，欲誅有功之人。此亡秦之續耳，『亡秦』語應起句。竊爲大王不取也。』項王未有以應，曰：『坐。』樊噲從良坐。寫此時情事險甚。坐須臾，沛公起如厠，因招樊噲出。細婉之筆。

沛公已出，項王使都尉陳平召沛公。沛公曰：『今者出，未辭也，爲之奈何？』樊噲曰[27]：『大行不顧細謹，大禮不辭小讓。樊將軍快絶。如今人方爲刀俎，我爲魚肉，何辭爲！』奇絶語，看熟不覺耳。於是遂去。乃令張良留謝。張良留謝，自作一段讀。良問曰：『大王來何操？』曰：『我持白璧一雙，欲獻項王，玉斗一雙，欲

28『會其怒』一語，倒映出方纔席間氣色來，遂令『斗酒彘肩』一着分外出色，此杜句所謂『返照入江翻石壁』之妙也。

29亞父之憤，固不必言。然碎玉斗一事徒見其粗，何益於事？增以七十之叟，既知將爲之虜，猶戀戀于羽，何耶？

與亞父，會其怒[28]，不敢獻，公爲我獻之。』張良曰：『謹諾。』當是時，項王軍在鴻門下，沛公軍在霸上，相去四十里。重提一筆，以醒大關目，真是千古妙手。沛公則置車騎，脱身獨騎，與樊噲、夏侯嬰、靳彊、紀信等四人持劍盾步走，從酈山下，道芷陽間行。先將行色路徑細細點出，方逆接『謂張良』一語，良工心苦，於此可見。若先語張良，下重叙行色，如何再接入鴻門留謝事乎？沛公謂張良曰：『從此道至吾軍，不過二十里耳。度我至軍中，公乃入。』沛公已去，間至軍中，八字是子房意中語，非叙事也。張良入謝，曰：『沛公不勝桮杓，不能辭。以辭爲託。謹使臣良奉白璧一雙，再拜獻大王足下；玉斗一雙，再拜獻大將軍足下。』數語耳，亦有體有韻。項王曰：『沛公安在？』良曰：『聞大王有意督過之，脱身獨去，已至軍中矣。』直説妙詞，又遜婉，非子房不辦此。項王則受璧，置之坐上。反襯下文。亞父受玉斗，置之地，拔劍撞而破之[29]，曰：『唉！豎子不足與謀。憤極。罵不得項羽，只罵項莊，妙。奪項王天下者，必沛公也，吾屬今爲之虜矣。』亦遥與謂項莊語應。

沛公至軍，立誅殺曹無傷。了案。

項王欲自王，先王諸將相。提一句，方有架落。謂曰：『天下初發難時，假立諸侯後以伐秦。明謂義帝也，心事畢露。然身被堅執鋭首事，暴露於野三年，滅秦定天下者，只叙戰功，使令諸公皆出己下。皆將相諸君與籍之力也。歸重有法。義帝雖無功，故當分其地而王之。』[30]語牽彊得妙，弑端兆矣。諸將皆曰：『善。』乃分天下，立諸將爲侯王。節去諸王封號。項王、范增疑沛公之有天下[31]，此段寫羽、增心事如鏡。業已講解，指鴻門事。又惡負約，恐諸侯叛之，指義帝『先入關者王之』之約。乃陰謀曰：『巴、蜀道險，秦之遷人皆居蜀。』乃曰：『巴、蜀亦關中地也。』『乃陰謀曰』，『乃曰』，一陰一陽，連綴而下，真繪水繪聲手。故立沛公爲漢王，王巴、蜀、漢中，都南鄭。而三分關中，王秦降將以距塞漢王。羽以魯公終，義帝命也。劉以漢爲有天下之號，羽所置也。豈非天乎？

春，漢王部五諸侯兵，凡五十六萬人，東伐楚[32]。故作整筆，提出數目，下乃離披如見，最是要句。項王聞之，即令諸將擊齊，而自以精兵三萬人時齊王田榮反楚，羽方自將擊之。南從魯出胡陵。四月，漢皆已入彭城，收其貨寶美人，日置酒高會。如此寫漢，不滿甚矣。與宋義何異？項王乃西從蕭晨擊漢軍而東，至彭城，日中，大破漢軍。一路戰來，自晨至日中，寫得有破竹之勢。漢軍皆走，相隨『相隨』字妙，便如土崩不可收拾。入穀、泗水，殺漢卒十餘萬人。漢卒皆南走山，半入水，半欲據山自固。楚又追擊至靈壁東睢

[30]項羽、沛公、范增皆義帝所遣之將。

[31]此段乃劉、項成敗大機關，草蛇灰綫，皆伏於此。

[32]漢兵五十六萬，羽以三萬人大破之，此段極寫項王善戰，爲傳末『天亡我』數語伏案。看其筆墨抑揚之妙，而知史公之惋惜者深矣。

33 五十六萬人來，數十騎而去，而中間以天幸描之。漢之幸，項之惜也。

34 前段出色，寫項王之善戰。此段出色，寫漢王之善忍。

水上。逼之舍山，仍趕入水，寫得如看戲劇。漢軍卻，爲楚所擠，多殺，漢卒十餘萬人皆入睢水，睢水爲之不流。上又加『多』字，下着『水不流』字，可見十餘萬不止，已將五六十萬人開除殆盡矣。圍漢王三匝。於是大風從西北而起，折木發屋，揚沙石，窈冥晝晦，逢迎楚軍。『逢迎』字妙。非設身處地寫不出，真乃神筆。楚軍大亂，壞散，而漢王乃得與數十騎遁去[33]。欲過沛，收家室而西；應『東伐楚』句。楚亦使人追之沛，取漢王家；求室家此先聲也。在漢王未至沛之前。家皆亡，不與漢王相見。漢王道逢得孝惠、魯元，另是一段小文字。看其筆之碎而成章。乃載行。楚騎追漢王，漢王急，推墮孝惠、魯元車下，忍心。可與『項王爲人不忍』對看。滕公常下收載之。如是者三。曰：『雖急不可以驅，奈何棄之？』得滕公語，漢王之忍愈見。於是遂得脫。求太公、呂后不相遇。審食其從太公、呂后間行，求漢王，反遇楚軍。楚兵遂與歸，報項王，項王常置軍中。伏平國君案。

漢王之出滎陽，項王圍漢滎陽，以紀信僞降得出。南走宛、葉[34]，得九江王布，行收兵，復入保成皋。漢之四年，項王進兵圍成皋。漢王逃，獨與滕公出成皋北門，渡河走脩武，能忍一。從張耳、韓信軍。諸將稍稍得出成皋，從漢王。楚遂拔成皋，

35漢兵在鞏，不足距項王也，全虧彭越，牽綴得妙。

36先儒多謂『分羹』之語爲英雄作略，太公全虧此語，因得不烹。吾謂父子之親，分雖殊而理則一。當其推墮子女時，忍心固已畢現，豈得謂孝惠、魯元亦虧其推墮因得不死耶？此只是隆準翁頑鈍處，不必曲爲之説。

欲西。漢使兵距之鞏，令其不得西[35]。

是時，彭越渡河擊楚東阿，殺楚將軍薛公。項王乃自東擊彭越。漢王得淮陰侯兵，遥接『走修武』句。欲渡河南。鄭忠説漢王，乃止壁河内。能忍二。使劉賈將兵佐彭越，燒楚積聚。項王東擊破之，走彭越。漢王則引兵渡河，復取成皋，軍廣武，就敖倉食。楚之敗也，以乏食。看其隱隱隆隆，由漸寫來。此燒積聚，彼食敖倉，成敗之機，已伏於此。項王已定東海來西，與漢俱臨廣武而軍，相守數月。

當此時，另從『數月』内重寫。彭越數反梁地，絶楚糧食，項王患之。爲高俎，置太公其上，項策已竭，乃出此下着。告漢王曰：『今不急下，吾烹太公。』漢王曰：『吾與項羽俱北面受命懷王，曰「約爲兄弟」，可謂迂矣，只是頑鈍得妙。吾翁即若翁，必欲烹而翁，則幸分我一杯羹。』[36]能忍三。項王怒，欲殺之。項伯曰：『天下事未可知，終虧鴻門舊救星耳。且爲天下者不顧家，諫得亦妙。雖殺之無益，祇益禍耳。』項王從之。

楚、漢久相持未決，丁壯苦軍旅，老弱罷轉漕。忽作斷案語渡下。文情駘宕多姿。

項王謂漢王曰：『天下匈匈數歲者，徒以吾兩人耳，願與漢王挑戰決雌雄，毋徒苦天下之民父子爲也。』語有君人之度，惜其欲挑戰以決之，仍是武夫習氣耳。漢王笑謝曰：『吾寧鬭智，不能鬭力。』能忍四。項王令壯士出挑戰。獨騎相持不用兵卒者，謂之挑戰。漢有善騎射者樓煩，楚挑戰三合，樓煩輒射殺之。項王大怒，乃自被甲持戟挑戰。樓煩欲射之，項王瞋目叱之，樓煩目不敢視，手不敢發，遂走還入壁，不敢復出。連用三『不敢』字，極意形容。漢王使人間問之，乃項王也。漢王大驚。此等皆極寫項王。於是項王乃即漢王相與臨廣武間而語。徑造漢壘。漢王數之，歷數項王十罪。項王怒，欲一戰。不濟事。漢王不聽，能忍五。項王伏弩射中漢王。漢王傷，走入成皋。能忍六。

是時，漢兵盛食多，項王兵罷食絶。成敗大關目提出，大有筆力。漢遣陸賈説項王，請太公，項王弗聽。如太公在楚，漢亦未敢逞也。特先補此一事在前，固是要着。漢王復使侯公往説項王[37]，項王乃與漢約，中分天下，割鴻溝以西者爲漢，鴻溝而東者爲楚。至是，項王欲休而漢愈不肯休矣。范增若在，必不離披至此。項王許之，此『許之』專指歸太公，遥接『侯公往説』句。即歸漢王父母、妻子。軍中皆呼萬歲。漢王乃封侯公爲平國君。匿弗肯復見。千古高見，真有英雄作略。曰：『此天下辯士，所居傾國，故號爲平國君。』

37侯公往，直請太公耳，乃反先寫『中分天下』，而後許歸太公。又其約出自項王，可知以『兵罷食盡』之勢，情見勢屈，太公去而事愈不可爲矣。

反言以爲厭勝。項王已約，乃引兵解而東歸。漢欲西歸，故作抑揚，當時必無「欲西歸」之事。張良、陳平説曰：『漢有天下大半，而諸侯皆附之。反挑動信、越。楚兵罷食盡，再言之。此天亡楚之時也，不如因其饑而遂取之。狠辣。視約誓如兒戲，千古此類至多。今釋勿擊，此所謂「養虎自遺患」也。』漢王聽之。

漢五年，漢王乃追項王至陽夏南，止軍，與淮陰侯韓信、建成侯彭越期會[38]，而擊楚軍。至固陵，而信、越之兵不會。楚擊漢軍，大破之。漢王復入壁，深塹而自守。臨滅復作一振，極寫楚之善戰。謂張子房曰：『諸侯不從約，爲之奈何？』對曰：『楚兵且破，信、越未有分地，其不至固宜。君王能與共分天下，今可立致也。此兩人非俯首以求封侯之賞者明甚。即不能，事未可知也。反筆甚危悚。君王能自陳以東傅海，盡與韓信；可謂驚人之論，非子房不能道。傅、附同，猶云依海以東也。睢陽以北至穀城，以與彭越：使各自爲戰，則楚易敗也。』説得透，真兵法奥旨。漢王曰：『善。』快甚！正與刻印刓忍弗與者對看。於是乃發使者告韓信、彭越曰：『并力擊楚。楚破，自陳以東傅海與齊王，睢陽以北至穀城與彭相國。』使者至，韓信、彭越皆報曰：『請今

38 漢所欲破者一羽耳。今獨力既不能，而必資信、越，子房乃勸以與之共分天下，是滅一羽復生二羽矣。且信、越之雄，又非羽所可同年而論也。然而當日子房勸之，高祖亦力從之，而楚遂以滅。夫人用烏喙、長葛以已疾，疾之既已，其去烏喙、長葛而惟恐不速也，必至之勢矣。而惜乎信、越之不能見及此也。

進兵。』信、越淺甚，禍端伏于此矣。韓信乃從齊往，劉賈軍從壽春並行，屠城父，至垓下。信，越置兩頭，中間劉、周，叙四路兵，錯綜得妙，真奇文。大司馬周殷叛楚，以舒屠六，舉九江兵，六亦地名。周殷，楚之大司馬也。以舒之兵屠剪六地，並舉九江兵來會也。隨劉賈、彭越皆會垓下，詣項王。

項王軍壁垓下，兵少食盡[39]，三言之。漢軍及諸侯兵圍之數重。夜聞漢軍四面皆楚歌，亂其軍心。項王乃大驚曰：『漢皆已得楚乎？是何楚人之多也！』思亂而語奇。項王則夜起，飲帳中。史公每着『則』字處俱極有致。有美人名虞，常幸從；駿馬名騅，常騎之。二句如《詩》之《小序》。於是項王乃悲歌忼慨，四字有聲有態。自爲詩曰：『力拔山兮氣蓋世，結煞才氣過人語。時不利兮騅不逝。騅不逝兮可奈何，虞兮虞兮奈若何！』英雄氣短，兒女情深，千古有心人莫不下涕。歌數闋，美人和之。項王泣數行下，左右皆泣，莫能仰視。

於是項王乃上馬騎，麾下壯士騎從者八百餘人，此句起案，看其針路。直夜潰圍南出，馳走[40]。平明，漢軍乃覺之，出數重之圍如兒戲，極寫羽能。令騎將灌嬰以五千騎追之。項王渡淮，騎能屬者百餘人耳。隨途瓦解。項王至陰陵，迷失道，問一田父，

39『兵罷食盡』之語，凡三提之，正與項王『天亡我』之言呼應。史公力爲項王占地步，其不肯以成敗論英雄如此，皆所謂『一篇之中，三致意焉』者也。

40以下皆子長極意摹神之筆，非他傳可比。

兵不厭詐。一田父，一亭長，爲漢所遣置可知。田父紿曰『左』。左，乃陷大澤中。以故漢追及之。項王乃復引兵而東，至東城，乃有二十八騎。漢騎追者數千人。項王自度不得脱。謂其騎曰：『吾起兵至今八歲矣，身七十餘戰，句句從戰上夸張，在羽固爲實録。所當者破，所擊者服，未嘗敗北，遂霸有天下。鉅鹿之戰，霸業已成，原無他藉。然今卒困於此，此天之亡我，非戰之罪也[41]。今日固决死，願爲諸君快戰，必三勝之，爲諸君潰圍，斬將，刈旗，雄甚，亦陋甚。令諸君知天亡我，非戰之罪也。』乃分其騎以爲四隊，四嚮。漢軍圍之數重。項王謂其騎曰：『吾爲公取彼一將。』寫得聲勢俱有。令四面騎馳下，期山東爲三處。欲以誤漢兵而得脱也。於是項王大呼馳下，漢軍皆披靡，遂斬漢一將。應『爲公取彼一將』。是時，赤泉侯爲騎將，追項王，項王瞋目叱之，赤泉侯人馬俱驚，辟易數里。於斬將之後，又加一叱退之將，所謂餘勇可賈也。皆加倍寫法。與其騎會爲三處。漢軍不知項王所在，乃分軍爲三，復圍之。三處各置一圍，則兵減。項王乃馳，復斬漢一都尉，因遂殺出矣。殺數十百人，復聚其騎，亡其兩騎耳。既出圍，則復聚爲一。乃謂其騎曰：『何如？』情景宛然。騎皆伏曰：『如大王言。』

於是項王乃欲東渡烏江。始欲渡。烏江亭長檥船待，先輩指爲頑民，吾以爲漢所置

[41] 從來取天下而不以其道者，亦必兼用詐力、兵威。若純任一戰鬬之雄而欲以立事，古未有也。羽臨死而嘵嘵自鳴，專以表其善戰，可謂愚矣。史公曲爲寫生，亦無一字過溢，而《贊》中『豈不謬哉』一句，真與痛砭，所以爲良史才也。

遣。謂項王曰：『江東雖小，地方千里，衆數十萬人，亦足王也。願大王急渡。今獨臣有船。漢軍至，無以渡。』項王笑曰：一『笑』字，疑亭長紿之耳。『天之亡我，我何渡爲[42]？又不欲渡。且籍與江東子弟八千人渡江而西，今無一人還，縱江東父兄憐而王我，我何面目見之？其言最長厚，又復負氣。縱彼不言，籍獨不愧於心乎？』乃謂亭長曰：『吾知公長者，不欲知其疑。蓋知其疑而不敢乘我之舟，斯不武矣。吾騎此馬五歲，所當無敵，嘗一日行千里，不忍殺之，以賜公。』以馬與長者，好處分。乃令騎皆下馬步行，持短兵接戰，獨籍所殺漢軍數百人。項王身亦被十餘創。顧見漢騎司馬吕馬童，曰：『若非吾故人乎？』尋一自刭好題目。馬童面之，指王翳曰：『此項王也。』回面向王翳也。項王乃曰：『吾聞漢購我頭千金，邑萬户，吾爲若德。』乃自刭而死[43]。以身與故人，又好處分。

項王已死，楚地皆降漢，獨魯不下。漢乃引天下兵欲屠之，爲其守禮義，爲主死節，乃持項王頭示魯，魯父兄乃降。始，楚懷王初封項籍爲魯公[44]，絶好結構。及其死，魯最後下，故以魯公禮葬項王穀城。漢王爲發哀，泣之而去。于情于理，固應乃爾。諸項氏枝屬，漢王皆不誅。乃封項伯爲射陽侯。合叙中見輕重法。桃侯、平

42 項王之意，必不欲以七尺軀墮他手坑塹。觀其潰圍奔逐，豈不欲脱？迨聞亭長言而又不肯上其一葉之舟，既又賜以愛馬而慰遣之，粗糙爽直，良可愛也。

43 項王語本一片，中間別描吕馬童數筆，此夾叙法。

44《傳》末贅魯公案，裊裊有餘韻。

皋侯、玄武侯皆項氏，賜姓劉氏。

太史公曰：吾聞之周生曰「舜目蓋重瞳子」，又聞項羽亦重瞳子。羽豈其苗裔耶？何興之暴也[45]！夫秦失其政，陳涉首難，豪傑蜂起，相與並爭，不可勝數。三句見勝之實難。然羽非有尺寸，乘勢起隴畝之中，三年，遂將五諸侯滅秦，正所謂暴興。分裂天下，而封王侯，政由羽出，此列于《本紀》之旨。號爲「霸王」，位雖不終，近古以來未嘗有也。及羽背關懷楚，指傳中「不歸故鄉，如衣錦夜行」之語，其意已滿矣。放逐義帝而自立，怨王侯叛己，難矣[46]。自矜功伐，奮其私智而不師古，謂霸王之業，欲以力征起兵三年，有國五年，暴得者亦暴失也。一傳中呼應處。經營天下，五年卒亡其國，身死東城，尚不覺寤而不自責，過矣。乃引「天亡我，非用兵之罪也」，豈不謬哉！總承上二段，非又別作一貶。

45「暴」字不必作暴戾解，只是「驟」字義，言苟非神明之後，何德而致此驟興也？

46由「難矣」至「過矣」，終以「豈不謬哉」，三層貶法，雖列三段，然只是三段之後作一反掉，以總結其一生之事皆足以致亡，而純靠用兵，必不足以立大業也。

高祖本紀

高祖爲人[1]，隆準而龍顔，美鬚髯，左股有七十二黑子。仁而愛人，喜施，意豁如也。常有大度，一篇提綱語。其文活而不板，故妙。不事家人生産作業。及壯，試爲吏，爲泗水亭長，廷中吏無所不狎侮。亦從『豁如』中來，若齷齪迂謹人，安能有此？好酒及色。常從王媪、武負貰酒，醉卧，武負、王媪見其上常有龍，怪之。此段只摹其好酒，故知上『及色』。二句捎帶，有趣。高祖每酤留飲，酒讎數倍。始則索錢，數倍常價，以其不瑣瑣較量也。及見怪，歲竟，此兩家常折券棄責。歲終不責所負。

高祖常繇咸陽，縱觀，天子出，禁人觀。此時偶值縱觀，故高祖得觀之。觀秦皇帝，喟然太息曰：『嗟乎，大丈夫當如此也！』與項羽語參看。

單父人吕公善沛令，避仇從之客，因家沛焉。沛中豪傑吏聞令有重客，皆往賀。蕭何爲主吏，主進，凡以財物輸人，皆曰進。令諸大夫曰：『進不滿千錢，坐之堂下。』此語若逆爲高祖設。高祖爲亭長，素易諸吏，乃紿爲謁書字于刺曰『謁』，即『賀錢萬』三字也。曰『賀錢萬』，實不持一錢。謁入，吕公大驚，起，迎之門。吕公者，好相人[2]，史公每用夾注法，最奇妙。見高祖狀貌，因重敬之，引入坐。接上『迎之門』句。蕭何

1 漢室定鼎，誅伐大事皆詳於諸功臣《世家》《列傳》中，及《高祖本紀》，則多載其細微時事及他神異符驗。所以其文繁而不殺，靈而不滯。嘆後世撰《實録》者不敢復用此格，而因以竟無可傳之文也。

2 高祖豁達大度，乃數數縈情於相人之術。迨後光武迭興，又酷信讖緯家言，是以漢家一代之間不出術數圖緯，是豈非有天下者萬世之龜鑑哉？

曰：『劉季固多大言，少成事。』呂公、蕭何二段並一時事，分叙各妙。高祖因狎侮諸客，遂坐上坐，無所詘。酒闌，呂公因目固留高祖。酒闌、後罷二段，則是呂公正文。高祖竟酒，後。呂公曰：『臣少好相人。相人多矣，無如季相，願季自愛。臣有息女，願爲季箕帚妾。』酒罷，呂媪怒呂公曰：『公始常欲奇此女，與貴人。沛令善公，求之不與，何自妄許與劉季？』順手補出兩事，文味穠至而口吻又宛然，神筆也。呂公曰：『此非兒女子所知也。』卒與劉季。呂公女乃呂后也，點睛法。生孝惠帝、魯元公主。

高祖爲亭長時，重提。常告歸之田。呂后與兩子居田中耨，有一老父過請飲，呂后因餔之。看他連叙兩個相人，無一筆犯複，古人不可及在此。老父相呂后曰：『夫人天下貴人。』令相兩子，見孝惠，曰：『夫人所以貴者，乃此男也。』相魯元，亦皆貴。相人凡換四樣筆，乃至一字不相襲，與城北徐公語又大不同。老父已去，高祖適從旁舍來，呂后具言客有過，相我子母皆大貴。高祖問，曰：『未遠。』乃追及，問老父。老父曰：『鄉者夫人嬰兒皆似君，《漢書》「似」作「以」，頗優。君相貴不可言。』高祖乃謝曰：『誠如父言，不敢忘德。』及高祖貴，遂不知老父處。收得高。

十二年，十月，高祖已擊布軍對黥布反。會甀，收兵會于甀地。布走，令别將追之。

高祖還歸，過沛，留。一『留』字與下二『留』字呼應。置酒沛宮，悉召故人父老子弟縱酒，亦應傳首『好酒』案。發沛中兒得百二十人，教之歌[3]。酒酣，高祖擊筑，摹情寫景，一步酣暢一步。自爲歌詩曰：『大風起兮雲飛揚，首言遭亂起義。威加海内兮次言定鼎。歸故鄉，次言歸至沛。安得猛士兮守四方。終因布反而思守成之難。』令兒皆和習之。高祖乃起舞，先歌後舞，節次宛然。慷慨傷懷，泣數行下。謂沛父兄曰：『游子悲故鄉。自注出詩題。吾雖都關中，萬歲後吾魂魄猶樂思沛。生而悲，死而樂，其理一也。且朕自沛公以誅暴逆，遂有天下，其以沛爲朕湯沐邑，亦如以魯公禮葬項羽之意。復其民，世世無有所與。』沛父兄諸母故人又竄入諸母，文愈酣恣。日樂飲極歡，道舊故爲笑樂。前悲此樂，其情文一也。十餘日，高祖欲去，沛父兄固請留高祖。一留。高祖曰：『吾人衆多，父兄不能給。』乃去[4]。沛中空縣皆之邑西獻。送之而仍獻食，如祖餞然。高祖復留再留。止，張飲三日。沛父兄皆頓首曰：『沛幸得復，豐未復，此段只爲豐邑請復，事乃前段之餘文。唯陛下哀憐之。』高祖曰：『豐吾所生長，極不忘耳，吾特爲其以雍齒故反我爲魏。』沛父兄固請，乃并復豐，比沛。

太史公曰[5]：夏之政忠，字法句法俱精。忠之敝，小人以野，只言小人，妙。野，喬野

3 項羽方攘得關中，即云『富貴不歸故鄉，如衣綉夜行』，及垓下之敗，忼慨歌詩，英雄氣盡。此紀一段，正語語與彼對照。群雄之與真主，氣象一一如繪。史公之惠後學，千古無窮也。

4 凡叙事酣恣之法，須先分節次，逐段加潤，則其味愈濃。不解此即如嚼蠟矣。

5 贊又極莊重，極雅馴。

也。故殷人承之以敬。敬之敝，小人以鬼，古云殷人尚鬼，蓋敬而流于媚。故周人承之以文。文之敝，小人以僿，故救僿莫若以忠。三王之道若循環，終而復始。周、秦之間，可謂文敝矣。秦政不改，反酷刑法，豈不謬乎？明明不許秦人承統。故漢興，承敝易變，使人不倦，用《系辭》文，妙。得天統矣。

高祖功臣年表

太史公曰：古者人臣功有五品，首提人臣之功説入，見所以尊寵者本非幸得。以德立宗廟定社稷曰勳，以言曰勞，用力曰功，明其等曰伐，積日曰閲。此二句總上三句，勳、勞與功皆有明等、積日之用。封爵之誓曰[1]：『使長河如帶，泰山如礪。接手便援封誓，妙在説得不甚分明。國以永寧，爰及苗裔。』始未嘗不欲固其根本，而枝葉稍陵夷衰微也。臣之罪戾，上之綱密，俱有在内。

余讀高祖侯功臣[2]，察其首封，伏下案。所以失之者，曰：異哉所聞！此句直貫到『何必舊聞』句。《書》曰『協和萬國』，遷於夏、商，或數千歲。蓋周封八百，幽、厲之後，見於《春秋》。六七百年矣。《尚書》有唐、虞之侯伯，歷三代千有餘載，如虞思、陳滿、柏翳、申、吕之屬。自全以蕃衛天子，豈非篤於仁義，奉上法哉！此句專責臣子，文章得體。漢興，功臣受封者百有餘人。高祖功臣，同異姓共一百四十三人。天下初定，故大城名都散亡，户口可得而數者十二三，原其始封之安，實田地瘠而貧。是以大侯不過萬家，小者五六百户。後數世，民咸歸鄉里，户益息，原其所以失之者，實由富厚而溢。蕭、曹、絳、灌之屬或至四萬，小侯自倍，富厚如之。自倍其封，以户口日增也。子孫驕溢，

1 從古功臣封誓引入。一腔忠厚之意，盎然言下，正與漢之少恩作激射，可謂工於立言。

2 《史記》凡用數疊文法，最顯筆力。後人爲之，非排即弱。

忘其先，淫嬖[3]。九字總臚罪案。至太初武、景帝朝。百年之間，見侯五[4]，餘皆坐法隕命亡國，耗矣。由始封至此纔百年，而亡者百三十八侯，與前「協和萬國」作對。罔亦少密焉，然皆身無兢兢於當世之禁云。只「罔亦少密」句千回百折，而後下之又急收轉。

居今之世，志古之道，所以自鏡也，未必盡同。「居今」句正明其「罔密」也。「古之道」與「當世之禁」對看，既未必同，則雖「志古之道」而亦難免于「今之世」矣。言外感慨良深。帝王者各殊禮而異務，要以成功爲統紀，豈可緄乎[5]！觀其所以得尊寵及所以廢辱，亦當世得失之林也，何必舊聞？當時「得失之林」只是今時禁網耳，豈「五品」之功、「永寧」之誓所可概乎！於是謹其終始，表見其文，頗有所不盡本末；著其明，疑者闕之。闕疑之意。後有君子，欲推而列之，得以覽焉。

孝武殫括利源，尊顯卜式，而功臣、列侯莫肯輸財助邊。于是元鼎五年，坐酎金奪爵者百餘人，而高祖功臣盡矣。亡非其罪，所謂「網亦少密」也。知此，則是篇宛轉嘆息之意雪亮。

3 此段專以驕淫定臣子罪案，然表中以此失侯殊少，故妙。

4 《索隱》謂：五侯爲平陽侯曹宗，曲周侯酈終根，陽阿侯齊仁，戴侯秘蒙，穀陵侯馮偃。余别有考。

5 「緄」與「混」同，古字通用。帝王各殊禮而異務，則侯之存亡難以古爲例矣。

秦楚之際月表

太史公讀秦、楚之際[1]，曰：所讀蓋亦《秦記》也。初作難，三字是陳涉定案。發於陳涉；暴戾滅秦，四字是項羽身分。自項氏；撥亂誅暴，平定海內，卒踐帝祚，十二字是高祖結果。成於漢家。五年之間，號令三嬗，陳、項、劉也。自生民以來，未始有受命若斯之亟也。此『受命』實兼說三家，所以《史記》於陳涉稱『世家』，於羽稱『本紀』，惟其五年之間而有三朝受命，所以爲『亟』。俗解專指高祖，文理便礙。

昔虞、夏之興，積德累功數十年，德洽百姓，攝行政事，考之於天，然後在位。湯、武之王，乃由契、后稷修仁行義十餘世，不期而會孟津八百諸侯，上總言湯、武。此句專指武王。古文如此甚多，正以疏而得妙。猶以爲未可，其後乃放弑。秦起襄公，章於文、繆，獻、孝之後，稍以蠶食六國，百有餘載，至始皇乃能并冠帶之倫。以德若彼，用力如此，蓋一統若斯之難也。逆擱一筆，正見受命之亟爲前古所未有。

秦既稱帝[2]，患兵革不休，以有諸侯也，於是無尺土之封，以下方專爲本朝占身分。墮壞名城，銷鋒鏑，鉏豪傑，維萬世之安。然王迹之興，起於閭巷，合從討伐，軼於三代，總攝得勢，文筆峻挺，絕無卮詞。鄉秦之禁，着此句便疏宕有奇氣。適足以資賢者

1 西漢文字雅，不用排比，故連叙三四事必句句變調，非有意作奇，其筆性自高也。故學文自秦、漢入者必不墮六朝俳體。至史公則又字字稱量銖黍而後出之。

2 後半只作一氣貫注之筆，趕出兩個『天』字、兩個『大聖』來，錯互迷離。數十字中，恰有萬仞陡注之勢，其得力只在中間一句宕開，一筆兜轉，有千鈞力。

爲驅除難耳。故憤發其所爲天下雄，安在無土不王？四字蓋古語也，筆致勁疾之至。此乃傳之所謂大聖乎？豈非天哉！豈非天哉！作想像不盡之筆，煞出受命之正，獨尊本朝。非大聖孰能當此受命而帝者乎？

題自『秦楚之際』，試問二世既亡，漢國未建，此時號令所出，非項羽而誰？又當山東蜂起，六國復立，武信初興，沛公未兆，此時號令所出，非陳勝而誰？故不可言秦，不可言楚，謂『之際』者，凡以陳、項兩雄也。表爲兩雄而作，却以記本朝創業之由，故首以三家並起，而言下軒輊自明。次引古反擊一段，然後收歸本朝，作贊嘆不盡之語以結之。布局之工，未易測也。

六國表

太史公讀《秦記》，起結以《秦記》爲關目。至犬戎敗幽王，周東徙洛邑，秦襄公始封爲諸侯，作西畤畤者，郊祀之名，秦有五畤，各以其地係之。用事上帝，僭端見矣1。《禮》曰：『天子祭天地，諸侯祭其域内名山大川。』今秦雜戎翟之俗，先暴戾，後仁義，位在藩臣文法古雅絶倫。而臚於郊祀，君子懼焉。伏天助。及文公逾隴，攘夷狄，尊陳寶，陳寶亦神祠。營岐、雍之間，伏地利。而穆公修政，東竟竟、境通用。至河，則與齊桓、晋文中國侯伯侔矣。此是穆公始伯，三段逐步緊來。是後陪臣執政，以上言秦，以下言六國。大夫世禄，六卿擅晋權，征伐會盟，威重於諸侯。及田常殺簡公而相齊國，獨拈此事，有識。可見孔子沐浴請討，是春秋戰國一大關頭。諸侯晏然弗討，海内争於戰攻矣。三國終之卒分晋，田和亦滅齊而有之，六國之盛自此始2。點題。務在彊兵并敵，謀詐用而縱横短長之説起。矯稱蜂出，誓盟不信，雖置質剖符猶不能約束也。此段檃括《六國表》中所載機權殺伐之事。其文繁而不殺，筆力雄大，非他手可辦。滅六國者，秦也。故先叙秦，後叙六國。既叙六國，則仍叙秦。秦始小國僻遠，諸侯賓之，即擯之也。比於戎翟，至獻公之後常雄諸侯。論秦之德義不如魯、衛之暴戾者，本云論秦之暴戾不如魯、衛之德義，

1 秦之興，僭亂何可勝紀？此特拈『西畤用事上帝』起，所以暗伏中間『若有天助』一段也。次拈『逾隴營岐』之事，所以伏中間『收功實者常於西北』一段也。文章脉絡，摘出朗若列眉矣。

2 叙秦用三段文字，其氣一段緊一段。叙六國亦用三段文字，其氣亦一段緊一段。史公文極雄放，然細尋其脉，却復極謹嚴也。

却用錯互文法，與下句作羅紋，古峭特甚。量秦之兵不如三晉之彊也，然卒并天下，非必險固便、形勢利也，蓋若天所助焉。先抑地利以明天助。

或曰[3]：『東方物所始生，西方物之成孰。』夫作事者必於東南，收功實者常於西北。又歸重地利，皆作惝怳不定之筆。故禹興於西羌，湯起於亳，周之王也以豐鎬伐殷，秦之帝用雍州興，漢之興自蜀漢。五句每句調必小變，漢文之異乎後人者往往如此。

秦既得意，燒天下《詩》《書》，陡接《秦記》之筆，仍轉到《秦記》上去，法脉井然。諸侯史記尤甚，爲其有所刺譏也。《詩》《書》所以復見者，多藏人家，說史記，偏用《詩》《書》陪看，其卸去又不難。而史記獨藏周室，以故滅。惜哉！惜哉！先宕開一筆，然後接出《秦記》，見其不得已而用之之意。獨有《秦記》，又不載日月，其文略不具。然戰國之權變亦有可頗采者，何必上古。《六國表》蓋採《秦記》爲之，故有年無月日。秦取天下多暴，然世異變，成功大[4]。如變封建爲郡縣之類，後世亦蒙其利。當時諸侯放恣，非秦之力不能驅除之也。《秦記》之不可廢者如此。傳曰『法後王』，何也？以其近己而俗變相類，議卑而易行也。學者牽於所聞，見秦在帝位日淺，不察其終始，因舉而笑之，不敢道，此

3 一猜『天助』，再猜『地利』。然前則云『蓋若』，後則冠以『或曰』，其意直謂秦無可興之理，所以深惡而痛斥之也。貴得其運筆之法。

4 此段是正敘，採《秦記》以著《六國年表》本意。然《秦記》卑陋，爲世儒聚道。下段故特舉耳食之弊，以見《秦記》之不可盡廢也。文義始終照應，一絲不走。

與以耳食無異。悲夫！學者動稱『法上古』，而不知『法後王』，故笑《秦記》爲不足道，正猶食不以口而以耳，徒聽他人之毁譽以爲棄取，而不自知其味之果何在也。

余於是因《秦記》，踵《春秋》之後，起周元王，表六國時事，訖二世，凡二百七十年，著諸所聞興壞之端。後有君子，以覽觀焉。以《年表》二百七十年之事上紹《春秋》二百四十二年之統。史公心事如此。

子長因《秦記》創立《年表》，上紹《春秋》之書法，下開《綱目》之源流，是一部《史記》大主腦。但《春秋》以魯爲主，《綱目》以正統之君爲主，《六國年表》則分界層格，各國自爲其主。以其時勢均力敵，地醜德齊，無可統攝之義也。然六國之興滅，惟一秦始終之。秦雖不可以統六國，而未始不可以貫六國。況上世之文，列邦之史，已爲秦人收付一炬，則臨文考事，捨《秦記》更無可憑。所以入手先叙秦之漸彊，次即夾叙六國之寖盛，此即《六國表》前半公案也。次叙秦之并天下，而《六國表》後半公案已澌滅其中。然其言外，却復老大悲慨，老大不平，因起手得天之意，挽住西時郊天作一疑；又因起手逾隴營岐之事，串出西北收功作一信，此是題外原題之法也。然後轉出焚書之後，他無可據，故不得不援《秦記》以存二百七十年崖略。而世儒動欲遠法上古，殊不知近己而俗變相類，議卑而易行。

傳所謂『法後王』者，其理不可易也。末乃明點出踵《春秋》之後，著興壞之端，則又藉《秦記》而不爲《秦記》用者矣。

封禪書

自古受命帝王，曷嘗不封禪[1]？起得惝恍不定。蓋有無其應而用事者矣，妙。插此句，一篇氣息皆透。未有睹符瑞見而不臻乎泰山者也。雖受命而功不至，一句句綰定全書脉絡。至梁父矣而德不洽，洽矣而日有不暇給，是以即事用希。然則武帝於此將何居？傳曰：『三年不爲禮，禮必廢；三年不爲樂，樂必壞。』以封禪爲禮樂，直指其儀言之耳。斷章取義法。每世之隆，則封禪答焉，先嵌一句，爲本朝占地步。及衰而息。厥曠遠者千有餘載，近者數百載，故其儀闕然堙滅，其詳不可得而記聞云。

周克殷後十四世，世益衰，禮樂廢，從首段入脉。諸侯恣行，而幽王爲犬戎所敗，周東徙洛邑。秦襄公攻戎救周，《封禪書》夾叙擊匈奴事，此語亦非無故而下。始列爲諸侯[2]。以上叙秦來歷，作受命案。秦襄公既侯，居西垂，自以爲主少皞之神，陰覸受命一。作西畤，祠白帝，已爲封禪之濫觴。其牲用駵駒、黄牛、羝羊各一云。秦人杜撰之儀也。跟前『儀』字。其後十六年，秦文公東獵汧、渭之間，卜居之而吉[3]。文公夢黄蛇自天下屬地，其口止於鄜衍，陰覸受命二。文公問史敦，敦曰：『此上帝之徵，君其祠之。』無稽而妙。於是作鄜畤，用三牲郊祭白帝焉。始曰祠，既曰郊，以漸而起。

1加土于山之上，而藏玉檢之書，以紀受命之符，曰封；除地于山之陰而祭，曰禪。史公因武帝求神仙致方士等事而附會之，雜撰其事曰《封禪書》。其文頗曼衍補苴，故先以『其詳不可得聞』提綱也。

2此段專言秦時祠祭之事，漢承秦弊者也。故多作迂怪之語，以先發其端。

3秦之文、襄皆非受命之君，而自作矯誣如此，乃漢武本已受命而反效其矯誣之爲，何也？此史公正意。

自未作鄜畤也，忽轉入前面去。而雍旁故有吴陽武畤4，雍東有好畤，皆即地以名之。皆廢無祠。則不知何神矣。或曰：『自古以雍州積高，荒唐得妙。神明之隩，故立畤郊上帝，諸神祠皆聚云。蓋黄帝時嘗用事，雖晚周亦郊焉。』其語不經見，縉紳者不道。

作鄜畤後九年，文公獲若石云，於陳倉北阪城祠之。其神或歲不至，或數歲來。來也常以夜，光輝若流星，從東南來，集於祠城，則若雄鷄，其聲殷云，野鷄夜雊。以一牢祠，命曰陳寶。

齊桓公既霸，會諸侯於葵丘，而欲封禪。即此自以爲受命，何其滿也！管仲曰：『古者封泰山禪梁父者七十二家，而夷吾所記者十有二焉5。總言封泰山，禪梁父，而下所列十二家，皆非禪梁父者。蓋云云、亭亭，諸皆梁父之支阜也。昔無懷氏封泰山，禪云云；虙羲封泰山，禪云云；神農封泰山，禪云云；炎帝封泰山，禪云云；黄帝封泰山，禪亭亭；顓頊封泰山，禪云云；帝俈封泰山，禪云云；堯封泰山，禪云云；舜封泰山，禪云云；禹封泰山，禪會稽；湯封泰山，禪云云；周成王封泰山，禪社首：歷歷指數，不知何據。大約欲以伏羲、神農諸首出之君壓倒桓公而抑其侈耳。覼下『窮以辭』

4 忽于作鄜畤後旁插吴陽武畤及好畤之廢迹，而以傳聞『不經』之語束之，則所謂『無其應而用事者』已略見于此矣。凡此皆爲後文伏脉也。其筆力之雄渾，千古無匹。

5 首段實砌封禪掌故，所謂『受命』與『無其應而用事』『睹符瑞而臻泰山』者，大略具見。是爲全書背面鋪粉之筆也。

三字，其意灼然可見，讀者切莫認真。皆受命然後得封禪。』歸重此一句，蓋其難、其慎之辭。桓公曰6：『寡人北伐山戎，過孤竹；西伐大夏，涉流沙，束馬懸車，上卑耳之山；甚言窮極幽險，其辭新異。南伐至召陵，登熊耳山以望江漢。兵車之會三，而乘車之會六，九合諸侯，一匡天下，諸侯莫違我。昔三代受命，亦何以異乎？』管仲舉十二君，而桓公獨舉三代，亦見卑之，無甚高論也。於是管仲睹桓公不可窮以辭，因設之以事，節奏妙。曰：『古之封禪，鄗上之黍，北里之禾，文字鉅麗，與前段對。所以爲盛；粢盛也。江淮之間，一茅三脊，所以爲藉也。古者薦神之玉，藉用白茅。東海致比目之魚，西海致比翼之鳥，所以爲羞，其說益荒誕得妙。然後物有不召而自至者十有五焉。又虛一筆，若平平開去，豈非印板文字耶？今鳳凰、麒麟不來，嘉穀不生，而蓬蒿藜莠茂，鴟梟數至，而欲封禪，毋乃不可乎？』7反筆，又不必屑屑對針上文，疏宕入妙。於是桓公乃止。是歲，秦繆公內晋君夷吾。其後三置晋國之君，平其亂。繆公立三十九年而卒。插此段何意？妙在『是歲』二字也。齊桓方倜然自謂受命，而置君平亂、存亡繼絶之義，顧出于秦，正所以明桓公之不得爲受命也。其後百有餘年，而孔子論述六藝，傳略言易姓而王，封泰山禪乎梁父者七十餘王矣8，管仲之言，或鄰於誕，故略以孔子之言實之。其俎豆之禮不章，蓋

6 桓公自侈其功，只是一匡、九合耳，必從東西南北，遐征遠涉說入，何也？蓋武帝封禪求仙之舉，實在北征匈奴、東誅閩粤、朝冉從駹、定筰存筰之後，其侈心正復相類。特借此對照，乃微詞也。凡讀《史記》景、武間文字，皆當識其用意所在，則無一字浪下。

7 管仲之意，只是知桓公非受命之君耳，故借無其應而不可用事窮之。

8 即以夷吾之言而折衷于孔子，言下含宕往之致，絶不說煞，故妙。

難言之。仍歸到儀制上，應首段。

秦始皇既并天下而帝9，此段屬意禮儀，而先從符瑞引入。或曰：『黄帝得土德，黄龍地螾見。似龍無角。夏得木德，青龍止於郊，草木暢茂。語語有遷就，見其説之不根。殷得金德，銀自山溢。周得火德，有赤烏之符。今秦變周，水德之時。先言時當水德，而後乃援遠事以實之。誕甚。昔秦文公出獵，獲黑龍，此其水德之瑞。』獵而得龍，怪誕極矣。妙在鑿鑿而傳，中迂怪之徵率可想見。於是秦更命河曰『德水』，以冬十月爲年首，色上黑，度以六爲名，以『地六成水』也。音上大吕，事統上法。水德主殺，故事以法律爲尚。

即帝位三年，東巡郡縣，祠騶嶧山，頌秦功業。先爲封禪作一引子。於是徵從齊、魯之儒生博士七十人，至乎泰山下10。大議封禪之儀，是全書第一筆。諸生或議曰：『古者封禪爲蒲車，以蒲裹車輪。惡傷山之土石草木；掃地而祭，不築壇。席用葅稭，蒲稭也，皆儉約之意。言其易遵也。』始皇聞此議各乖異，難施用，由此絀儒生。七十人之言，想復人人殊，上特著其大略耳。而遂除車道，上自泰山陽自行其意，亦見雄略。至巔，立石頌秦始皇帝德，明其得封也。揣注一句，妙。從陰道下，禪於梁父。其禮頗采太祝之祀雍上帝所用，只是與前作西畤、鄜畤等事一副主意耳。可見前詳叙之妙。而封藏皆祕之，

9《封禪》一書，於其禮儀蓋三致意焉。此一段言秦事而刺其儀之不古也。

10齊、魯諸生所言封禪之儀，或出于古，未可知。然約而易行，必竟有原本，不知後世封禪只是一片侈大之心耳。玉檢、金繩，惟恐不盛，此其儀之所以絀而不行也。

世不得而記也。

始皇之上泰山，中阪遇暴風雨，休於大樹下。諸儒生既絀，不得與用於封事之禮，聞始皇遇風雨，則譏之。其意以爲傷山之土石草木而山靈不享也。書生之見殊陋。著此亦以醜之。於是始皇遂東游海上，行禮祠名山大川及八神，求仙人羡門之屬。一綫飄去，轉入求仙，亦有烟雲變幻之奇。

自齊威、宣之時，騶子之徒語見《衍列傳》中。論著終始五德之運，及秦帝而齊人奏之，故始皇采用之[11]。其言以秦爲水德，當克火，故始皇以其言驗而神之也。豈知一變而遂爲方士之祖，學術之不可不慎，於此可見。而宋毋忌、正伯僑、充尚、羡門子高最後皆燕人，爲方仙道，形解銷化，依於鬼神之事。方士皆燕、齊人，此處特用齊人、燕人起綫。騶衍以陰陽《主運》顯於諸侯，重提以總斷之。○即上『五德之運』之説。而燕、齊海上之方士傳其術不能通，然則怪迂阿諛苟合之徒自此興，不可勝數也。由怪迂而阿諛，由阿諛而苟合，愈變而愈下也。

自威、宣、燕昭使人入海求蓬萊、方丈、瀛洲。三君求仙不見他書，而此亦援以起脉，要亦假借之辭。此三神山者，其傳音附在渤海中，去人不遠；妙在此句。患且至，則船

11 此設盡搜方士根柢，爲文成、五利輩腦後下針，無一語不爲武帝喚醒。其文洸洋恣肆，盡五花八門之巧，細按則愈見其妙。

風引而去12。先推遠之。蓋嘗有至者，又引而近之。諸仙人及不死之藥皆在焉。主腦在此。其物禽獸盡白，而黄金銀爲宮闕。加一層點綴。未至，望之如雲，此句明明空境。及到，三神山反居水下。幻極。可知如雲之中全無所有也。臨之，風輒引去，終莫能至云。世主莫不甘心焉。死心蹋地求之，庶幾一遇也。及至秦始皇并天下，遥接威、宣、燕昭。至海上，則方士言之不可勝數13。與前『不可勝數』應。始皇自以爲至海上而恐不及矣，描出一片痴腸。使人乃齎童男女入海求之。船交海中，皆以風爲解，交接驛絡也。曰未能至，望見之焉。字字有照應。其明年，始皇復游海上，至琅邪，過恒山，從上黨歸。後三年，游碣石，考入海方士，稽核考察之也。比前段加一句。從上郡歸。後五年，始皇南至湘山，遂登會稽，並海上，冀遇海中三神山之奇藥。總結三段主意於此。不得，還至沙丘崩。收得愴然。

二世元年，東巡碣石，並海南，歷泰山，至會稽，皆禮祠之，而刻勒始皇所立石書旁，以章始皇之功德14。忽挽入封禪本義，求仙之後，綴以此二行，亦如文章之過渡相似。可見古人文字處處謹嚴。其秋，諸侯叛秦。三年而二世弑死。

始皇封禪之後十二歲，秦亡。應筆如椽。諸儒生疾秦焚《詩》《書》，誅僇文學，

12 描寫三神山，一句一境，使人即之不得、離之不能，詭幻纏綿，其文筆之妙，即是風雲溟渤矣。千古絶筆。

13 詳寫始皇求仙之勤，乃以爲武帝前車之鑒耳。其三游海上，亦是三疊文法，寫來轉覺蒼勁，絶無排比之迹。

14 始皇立石已刻銘矣。今二世巡游所至，復刻書其旁以追頌之，不復自立石也。

百姓怨其法，天下畔之，遥接『閒遇風雨則譏之』一段，而文更濃至。皆譌音訛。曰：『始皇上泰山，爲暴風雨所擊，不得封禪。』針綫極密，而文不印板，妙，妙！此豈所謂無其德而用事者耶？點逗首段一筆。

漢興，高祖之微時，嘗殺大蛇。有物曰：『蛇，白帝子也，而殺者赤帝子。』即《本紀》中語，易數字而别具峭韻，此可爲删潤文字之法。高祖初起，禱豐枌榆社15。起脉。徇沛，爲沛公，則祠蚩尤，釁鼓旗。此篇所重者，祠祭，其他法制，則客意也。叙來輕重詳略，天然適宜。遂以十月至霸上，與諸侯平咸陽，立爲漢王。因以十月爲年首，以上爲一節。而色尚赤。應赤帝子語。

二年，東擊項籍而還入關，問：『故秦時上帝祠何帝也？』對曰：『四帝，有白、青、黄、赤帝之祠。』高祖曰：『吾聞天有五帝，而有四，何也？』秦時四帝之祠，各以其時，創立原屬不經，高祖以意斷之，謂之雄略則可，謂之典禮則不可。莫知其説。於是高祖曰：『吾知之矣，乃待我而具五也。』乃立黑帝祠，命曰北畤。高祖于柏人則曰：『柏人者，逼于人也。』于婁敬則云：『婁者，乃劉也。』于此云：『乃待我而具五也。』皆是憑臆造古。粗爽可愛，具見英風。有司進祠，上不親往。悉召故秦祝官，復置太祝、太宰，如其故儀禮。

15從來禨祥之説，歷代所不能廢。然其流而日甚者，未有不本于祖宗之作法者也。孝武於祠求神仙不遺餘力，實高祖有以啓之。高祖即位，反秦弊政殆盡，而祠祭荒謬之舉獨多因之。此段特着兩個『如故』字，意微而顯。

承秦之陋可知。因令縣爲公社。即枌榆社之類。下詔曰：『吾甚重祠而敬祭。作法如此，子孫安得不有加無已乎？今上帝之祭及山川諸神當祠者，各以其時禮祠之如故。』又下『如故』字，妙。

魯人公孫臣上書曰[16]：『始秦得水德，今漢受之，推終始傳，則漢當土德，土德之應黄龍見。從來術數之學，必有驗而後能動人。宜改正朔，易服色，色上黄。』是時丞相張蒼好律曆，以爲漢乃水德之始，秦之爲水德舊矣，而蒼乃以漢爲水德之始者，其意以秦爲閏位，不足當五德之數也。故河决金堤，其符也。然以河决爲水德之應，則遷就誣罔矣。年始冬十月，色外黑内赤，與德相應。如公孫臣言，非也。罷之。後三歲，黄龍見成紀。符瑞之興，天若啓之。文帝乃召公孫臣，拜爲博士，與諸生草改曆服色事。其夏，下詔曰：『異物之神見於成紀，無害於民，歲以有年。朕祈郊上帝諸神，説符瑞而歸功歲與民，固自得體。禮官議，無諱以勞朕。』有司皆曰：『古者天子夏親郊，祀上帝於郊，故曰郊。』於是夏四月，文帝始郊見雍五畤，祠衣皆上赤。此段於公孫臣後綴郊祀，見未失於正也。

其明年，趙人新垣平以望氣見上[17]，言：『長安東北有神氣，望氣事一。成五

16公孫臣之言，即騶衍之説也。其言未必盡謬。然一爲所動，而新垣平即得以荒誕之説希寵干進。其後，雖以誅死，而文成、五利之屬已接踵於闕下矣。且文帝於賈誼所陳改正朔、易服色諸事，則謙讓未遑，獨于公孫臣輩信之甚篤，謂非貽謀之不善耶？

17前公孫臣之説猶預以『黄龍見』爲驗，及符合，而後官。之至新垣平望氣，則惟其言是憑，而無從案驗矣。逐步寫來，得失自見。

采，若人冠絻焉。或曰東北神明之舍，西方神明之墓也。舍生方，墓死方也。其說與秦時議論異。天瑞下，宜立祠上帝，以合符應。』於是作渭陽五帝廟，何所見而遽信之？同宇，帝一殿，面各五門，各如其帝色。祠所用及儀亦如雍五畤。詳寫殿制，以著其矯誣不經。

夏四月，文帝親拜霸、渭之會，以前年議夏親郊，今直以故事行，不復議也。以郊見渭陽五帝。五帝廟南臨渭，北穿蒲池溝水，權火舉而祠，權火，其制如秤錘，著于林木，數步一置，蓋庭燎之變也。若光輝然屬天焉。於是貴平上大夫，賜累千金[18]。而使博士諸生刺《六經》中作《王制》，備舉而間出之曰刺。謀議巡狩封禪事。忽帶入封禪，妙。

文帝出長門，若見五人於道北，遂因其直北立五帝壇，祠以五牢具。

其明年，新垣平使人持玉杯，上書闕下獻之[19]。望氣事二。平言上曰：『闕下有寶玉氣來者。』伎倆畢露，淺誕如此，宜有殺身之禍。已視之，果有獻玉杯者，刻曰『人主延壽』。微以求仙不死意嘗之。平又言『臣候日再中』。望氣事三。居頃之，日却復中。愈幻。於是始更以十七年爲元年，段段用『於是』字，見其信之如響。令天下大酺。

平言曰：『周鼎亡在泗水中，今河溢通泗，臣望東北汾陰有金寶氣，望氣事四。

18 上大夫之貴，千金之賜，于平何功？方士之接踵而至不亦宜乎？

19 新垣平以望氣見，其初但作渭陽五帝祠，幻而未失其常，所以嘗試上意也。至是文帝忽自見五人而憑意造幻，別立五帝壇，平於是而有以窺帝矣。於是玉杯、汾鼎，紛紛誕妄，一依於氣以爲之說。次序纍纍，豈非以著上之失耶？

意周鼎其出乎？兆見不迎則不至。』於是上使使治廟汾陰南，臨河，欲祠出周鼎。三段俱用『平言上』，『平又言』，『平言曰』，更端起緒，疊出不休。蓋平一見拜上大夫，而其後貴不加益，故屢以詐求售，言外終見文帝之賢。人有上書告新垣平所言氣神事皆詐也。結穴妙。下平吏治，誅夷新垣平。聖主。自是之後，文帝怠於改正朔服色神明之事，因神明之僞而并怠於改正朔等事，過矣。而渭陽、長門五帝使祠官領，以時致禮，不往焉[20]。一齊結煞，好筆力。

今上初至雍，郊見五時。亦從郊祀引入，是一書針綫。後常三歲一郊。是時上求神君[21]，舍之上林中蹏氏觀。提法如奇峰當面矗起，奇妙。神君者，長陵女子，以子死，即童死也。見神於先後宛若。先後，即妯娌之稱。宛若，其字也。宛若祠之其室，民多往祀。逐段顯著開來，文簡而密。平原君往祠，其後子孫以尊顯。平原君姓王氏，武帝之外祖母也。及今上即位，則厚禮置祠之内中。聞其言，不見其人云。此四句方正應『蹏氏觀』一案。

是時李少君別起一案。亦以祠竈、穀道、謂辟穀、導引也。却老方見上[22]，上尊之。少君是正案。用平原引入而以一『亦』字帶轉，最妙。少君者，故深澤侯舍人，主方。方藥。匿

20收得徑净。文帝天資極高，于此可見。正與武帝末着輪臺之詔對看。

21兩個『是時』，先提明其事，而後疏解之，此法乃千古文章開山手，最爲悍勁。

22史公文絶少排比處，惟此段前云『是時上求神君』，下接以『神君者云云』；後云『是時李少君』，下接以『少君者云云』，一排比法也。又叙武安侯事畢云『一坐盡驚』；叙齊桓公器畢云『一宫盡駭』，又一排比法也。然極整齊處却正極疏宕，故奇。

其年及其生長，嘗自謂七十，能使物，却老。使物，致鬼神也。祠竈之餘文。其游以方遍諸侯。無妻子。人聞其能使物及不死，更饋遺之，常餘金錢衣食。妙在寫得極淺鄙，又極幻忽，真筆端有舌。人皆以爲不治生産而饒給，又不知其何所人，愈信，争事之。李少君資好方，資性嗜好方術。善爲巧發奇中。能射覆中幽隱之事。嘗從武安侯飲，坐中有九十餘老人，少君乃言與其大父游射處，老人爲兒時從其大父，識其處，一坐盡驚。寫得若真若詐，令人于言外領之。少君見上，上有故銅器，問少君[23]。少君曰：『此器齊桓公十年陳於柏寢。』已而案其刻，果齊桓公器。一宫盡駭，以爲少君神，數百歲人也。拖一句使不板，此實文章訣竅。

少君言上曰：『祠竈則致物，物謂鬼物，字法深妙。致物而丹砂可化爲黄金，節節牽搭，支離得妙。黄金成以爲飲食器則益壽，幻誕無稽之極。益壽而海中蓬萊仙者乃可見，見之以封禪則不死，一篇大關鍵語。黄帝是也[24]。又引證得奇，方士情狀逼真。臣嘗游海上，見安期生，安期食臣棗，大如瓜。誕而妙。○臣或作巨。安期生仙者，通蓬萊中，合則見人，不合則隱。』其言不即不離，所以羈縻弗絶者，全賴此種伎倆。於是天子始親祠竈，『親祠竈』句特著失禮之極。遣方士入海求蓬萊安期生之屬，而事化丹砂諸藥齊

23 老人游射之地，銅器款識之形，固可訪求默識者，其技本淺，而庸人輒靡然惑之。甚矣，其誕之足以飾詐也。

24 直至此始以求仙封禪牽合爲一事，前此未嘗有也。史公筆力奇恣，横七竪八説來而意義自相貫屬，看其點睛處即明。

同劑。和合藥物也。爲黃金矣。

居久之，李少君病死。天子以爲化去不死，語帶調笑，深著其惑。而使黃錘才恚反。史寬舒受其方[25]。求蓬萊安期生莫能得，一求再求，寫出可笑。而海上燕、齊怪迂之方士多更來言神事矣。妙。借『莫能』拖下『仙未至而怪迂來』矣。

明年，天子病鼎湖甚，文成將軍死之明年。○鼎湖，宮名。巫醫無所不致，不愈。游水發根言上郡有巫，游水郡人。發姓，根名。一云游水姓，發根名。病而鬼神下之。『病』字非狂惑而何？上召置祠之甘泉。及病，使人問神君[26]。即病巫所憑，又一神君也。神君言曰：『天子無憂病。病少愈，彊與我會甘泉。』語多丰致。於是病愈。遂起，幸甘泉，病良已。大赦，置酒壽宮神君[27]。了『鼎湖』一案，下特就神君詳記一番。壽宮神君最貴者太一，其佐曰大禁、司命之屬，皆從之。爲神君從者。弗可得見，聞其言，言與人音等。幻得可笑，令人自思之。時去時來，來則風肅然。妙筆。最善形容。居室帷中。時晝言，然常以夜。偶然晝言，而夜言則其常也。天子祓，然後入。因巫爲主人，關飲食。所以言，行下。蓋神君以天子爲客而享之，則如是真弄武帝如嬰兒矣！『所以言，行下』，謂神君所言，天子即爲行之于臣下也。又置壽宮、北宮[28]，張羽旗，設供具，以禮神君。神君

25 筆意連綿飛動，令人言外如親睹當年。

26『神君』之稱，前後數見，各就其事尊稱之，想見不根之甚。

27《漢武紀》『置壽宮神君』，無『酒』字，其言可從。今即作『置酒食于壽宮，以酬神君』，亦自有致。古文如此等處須各以意會之，正不必定求畫一也。

28 壽宮、北宮，蓋神君之別館。多其宮觀以禮重之。

所言，上使人受書其言，命之曰『晝法』。奇名。其所語，世俗之所知也，無絶殊者，而天子心獨喜。其事秘，世莫知也。他語以含蓄爲妙，此却直説破而其妙愈見。

天子既誅文成，後悔其蚤死，惜其方不盡[29]，文成以爲妄被誅，而天子乃以爲惜。昏惑至此，總原于一念之貪。及見欒大，大悦。大爲人長美，言多方略，二句是真本領。而敢爲大言，處之不疑。二句是其作用，寫得盡情。大言曰：『臣常往來海中，見安期、羨門之屬。顧以臣爲賤，不信臣。又以爲康王諸侯耳，不足與方。蓬萊豈有勢利神仙耶？其術亦易見矣！而武帝英主，信之不疑，即前所謂『甘心』者也。臣數言康王，康王又不用臣。臣之師曰：「黄金可成，而河决可塞[30]，不死之藥可得，仙人可致也。」欒大實無伎倆，故但託『師言』，而惟以其身任使者，因之詐得富貴，可謂巧矣。然臣恐效文成，又像爲要約，以塞禍萌。則方士皆奄口，惡敢言方哉！』上曰：『文成食馬肝死耳。馬肝有毒，託詞忸怩之甚。子誠能修其方，我何愛乎！』言不吝厚賞也。大曰：『臣師非有求人，人者求之。見其甚不易求。陛下必欲致之，則貴其使者，所謂『敢爲大言』實際處。令有親屬，以客禮待之，勿卑，三句含三意，下逐段分應。使各佩其信印，乃可使通言於神人。反照前『以臣爲賤』句。神人尚肯耶不耶。致尊其使，然後可致也。』言神人肯則已，若不肯則

29『惜其方不盡』句直從下『子誠能修其方』句倒攔出來。夫欒大之方非文成之方也，而武帝悦欒大，直謂之能修文成之方，于是知其每飯不忘文成也。其爲欒大所罔，不亦宜乎！

30李少君言求仙，忽闌入封禪，可謂誕矣。欒大之求仙，又忽闌入『河决可塞』，其誕愈甚。蓋少君進説之時，方議封禪；欒大進説之時，方憂河决。于是小人巧舌依附，各視所急而中之。史公特寫個榜樣，以爲萬世炯戒。

更加尊其使，此所以月餘佩四印，有加無已也。於是上使驗小方，鬭棋，棋自相觸擊。方士動人本領。

是時上方憂河決，點睛法。而黃金不就，乃拜大爲五利將軍。使者貴矣。居月餘，得四印，佩天士將軍、地士將軍、大通將軍印。各佩其信印矣。制詔御史[31]：「昔禹疏九江，決四瀆。從河決起尋個冠冕題目，益見大之巧于説。閒者河溢皋陸，堤繇不息。言治堤之徭役也。句古甚。朕臨天下二十有八年，天若遺朕士而大通焉。解「天士」「大通」二號，恍惚可笑。《乾》稱『蜚龍』，『鴻漸於般』[32]，朕意庶幾與焉。其以二千户封地士將軍大爲樂通侯。」按《侯表》，樂通無其地，亦只取樂于通仙之意。賜列侯甲第，僮千人。乘轝斥車馬帷幄器物以充其家。分尚方、乘輿、服御以賜之。「斥」謂捨己所有也。又以衛長公主妻之，有親屬矣。齎金萬斤，謂遺嫁之資。更命其邑曰當利公主。欒大食邑在當利，故以衛長公主之名從之。天子親如五利之第。使者存問，供給相屬於道。以客禮待之矣。自大主將相以下，大主帝之姑，歸竇氏。皆置酒其家，獻遺之。於是天子又刻玉印曰「天道將軍」，「道」字作引導解。使使衣羽衣，夜立白茅上，五利將軍亦衣羽衣，夜立白茅上受印，倣作極矣。千古讀之，無不失笑。以示不臣也。致尊其使矣。而佩

31漢法：非軍功不侯，非出征不加將軍號。今以一方士佩五將軍印，且封侯，其名又多不典，何處索解？妙！載制詞一首而其義約略盡見，真千古絶高手筆。

32《乾》稱「蜚龍」，二句，隱寓上仙之旨，微妙之甚。蓋「蜚龍」者，昇天之義。漸般者，階梯之象。「庶幾旦夕遇之」，言得欒大而仙人可冀也。自來無人會得此旨。

『天道』者，且爲天子道天神也。又拖一句作注，妙甚。於是五利常夜祠其家，欲以下神。神未至而百鬼集矣，然頗能使之[33]。與『鬭棋』一段遥應作章法。其後裝治行，東入海，求其師云。蓋世榮華，只爲此一句耳。收得淡，然而其妙愈見。大之狂，帝之惑，俱躍然矣。大見數月，佩六印，貴震天下，而海上燕、齊之間，莫不搤捥而自言有禁方，能神仙矣。收筆與少君段應。

入海求蓬萊者，言蓬萊不遠，而不能至者，殆不見其氣。既不見其氣，又何從知其不遠？語荒唐入妙。上乃遣望氣者佐候其氣云。令善望氣者佐之，占候也。

其秋，上幸雍，且郊。或曰：『五帝，太一之佐也，宜立太一而上親郊之。』上疑未定[34]。前云『神君者最貴者太一』，兹更以五帝爲太一之佐，蓋太一即太極也。五帝即五行也。理本尋常，但以鬼道附會之，則可嗤耳。齊人公孫卿曰：『今年得寶鼎，其冬辛巳朔旦冬至，與黄帝時等。』另起一頭，以黄帝作話柄，以寶鼎作證明。卿有札書曰：『黄帝得寶鼎宛朐，地名。問於鬼臾區。黄帝時良史。鬼臾區對曰：「黄帝得寶鼎神策，既得鼎，又得神人書策，如讖緯之屬。是歲己酉朔旦冬至，得天之紀，終而復始。」於是黄帝迎日推策，後率二十歲復朔旦冬至，凡二十推，三百八十年，黄帝仙登於天。』冬至迎

33 無數做作，却并不見其通言于神人也。故特插『使鬼』一小段與前『鬭棋』作應，總見其小技誑人處。

34 郊社之禮，乃天子絶大之事，而小人至欲以矯誣荒誕之説立壇，令天子親郊，無忌憚極矣。然武帝於方士之言無不如石投水，獨於親郊太一一事疑而稍絀之，蓋猶有君人之道焉。

日，因以策書推算將來，每二十年，即復遇朔旦冬至。二十推應四百年，合是歲己酉前二十年計之，故但云三百八十年。卿因所忠欲奏之。所忠視其書不經，疑其妄書，以所忠之疑其妄，反映武帝之反信其真。謝曰：『寶鼎事已決矣，尚何以爲！』卿因嬖人奏之。上大悦，乃召問卿。對曰：『受此書申公，申公已死。』妙無從考較矣。然申公仙者，何爲死耶？扭捏可笑。上曰：『申公何人也？』卿曰：『申公，齊人，與安期生通[35]，武帝求安期久矣，故方士輒以『與安期通』爲言。憨甚。受黄帝言，無書，獨有此鼎書。鼎書即前札書也，下文連綴二『曰』字。及申公『曰』字，又於書外附會之也。曰「漢興復當黄帝之時」。曰「漢之聖者在高祖之孫且曾孫也。寶鼎出而與神通，封禪。封禪七十二王，惟黄帝得上泰山封」。忽然又穿到封禪去，妙絶章法。申公曰：「漢主亦當上封，上封則能仙登天矣。隨口説成一片，無端無緒，令人自入其玄中。黄帝時萬諸侯，而神靈之封居七千[36]。言封内山川爲神靈所守者。天下名山八，而三在蠻夷，五在中國。中國華山、首山、太室、泰山、東萊，此五山黄帝之所常游，與神會。黄帝且戰且學仙。以武帝方大征匈奴也。患百姓非其道者，乃斷斬非鬼神者。杜塞後門，方士惡技。百餘歲然後得與神通。又紆其期以難之。黄帝郊雍上帝，宿三月。此句顧『幸雍』近事。鬼臾區號大鴻，死葬雍，

35 申公『受黄帝言』，見其親承衣鉢。又云『無書獨有此鼎書』，見其大可寶貴也。作態絶妙。

36 自『黄帝時萬諸侯』以下，皆雜舉黄帝故事以歆動武帝，其中且注且證，左牽右曳，絶似《考工》《爾雅》諸書。史公借荒誕之説以發其奇横之文，正是極得意處。

故鴻冢是也。此借一二近似地名以實其說。其後黄帝接萬靈明廷。明廷者，甘泉也。所謂寒門者，谷口也。接會百神于明廷，其地即今甘泉。而又謂谷口爲寒門。寒者，幽隱之義，百神之所從出入也。黄帝采首山銅，鑄鼎於荆山下。[37]鼎既成，有龍垂胡髯，下迎黄帝。説得如見。黄帝上騎，群臣後宫從上者七十餘人，龍乃上去。妙有斡旋，正是索解不得。餘小臣不得上，乃悉持龍髯，龍髯拔，墮，墮黄帝之弓。百姓仰望黄帝既上天，乃抱其弓與胡髯號，與今市兒談新聞何異？然竟爲千古口實。甚矣，人之好怪也！故後世因名其處曰鼎湖，其弓曰烏號。」』又引證。於是天子曰：『嗟乎[38]！節奏。吾誠得如黄帝，吾視去妻子如脱躧耳。』乃拜卿爲郎，東使候神於太室。應許多『與神通』。

自得寶鼎，上與公卿諸生議封禪。引脉好。見封禪事皆從方士悠謬之談造始也。封禪用希，曠絶莫知其儀禮，用事希少，曠世絶無舉行者，故其禮不傳。而群儒采封禪《尚書》《周官》《王制》之望祀射牛事[39]。伏拘牽古文句，十八字作一句讀。齊人丁公年九十餘[40]，忽嵌入一段。曰：『封禪者，合不死之名也。秦皇帝不得上封。陛下必欲上，稍上即無風雨，遂上封矣。』提出主腦，若無此則將以武帝封禪真欲與七十二君争烈耶？言漸上，苟不遇風雨，則便可上封，令其嘗試之也。上於是乃令諸儒習射牛，遥接。草封禪儀。

37 此段歸結到鼎上，自作一大節機軸。

38 公孫卿半日謬悠之談，娓娓如見。武帝聽到出神處特下『嗟乎』一嘆，真千古傳神之筆。

39 『射牛』見《國語》。天子射牛，示親殺也。

40 讀此段要識得史公筆徑之奇絶處。每于一段文字中間，破開嵌入一段，使精神彼此貫注，從古無此妙文也。如『群儒采望祀射牛事』句，本當直接『於是乃令諸儒習射牛草封禪儀」也，乃於中嵌入齊人丁公一段説話，可知封禪仍是求仙。又「至且行」三字，本直接「東幸緱氏」句也，乃又于此中插入一段自己議論，道出武帝隱衷及諸儒迂陋，不能以古誼匡君爲可惜。嗟乎！此《封禪書》之所由作歟！耳食之人從無見此者，可嘆也！

41 漢武假封禪之名以求仙，史紀其事者冠之曰《封禪書》。然只東上泰山立石一事了却封禪公案矣。

數年，至且行。天子既聞公孫卿及方士之言，又忽嵌入一段斷制議論，奇妙極矣。黄帝以上封禪，皆致怪物與神通，此等皆武帝心坎中語，代爲曲曲寫出。欲放黄帝以上接神仙人蓬萊士，名目不倫不類，正妙于如此。高世比德於九皇，九皇或作人皇氏兄弟九人解，亦不必拘。而頗采儒術以文之。「以文之」道破，妙甚。群儒既已不能辨明封禪事，痛惜語。又牽拘於《詩》《書》古文而不能騁。采古書之説，而學陋才淺，不能暢達其旨歸。上爲封禪祠器示群儒，一事。群儒或曰「不與古同」，此正所謂「牽於古文而不能騁」之實。徐偃又曰「太常諸生行禮不如魯善」，二事。周霸屬三事。圖封禪事，圖者，未决之謂。於是上絀偃、霸，而盡罷諸儒不用。妙有作略，與始皇絀諸生正同。

三月，遂東幸緱氏，方接入「且行」事。禮登中岳太室。直以意行之。從官在山下聞若有言「萬歲」云。二字甚活，而後世則愈説得逼真。問上，上不言；問下，下不言。綴得好。於是以三百户封太室奉祀，以三百户之賦供祠祭之用。命曰崇高邑。别爲三百户邑名。東上泰山，泰山之草木葉未生，乃令人上石立之泰山巔41。一書中結穴只此三語。○秦人往往立石刻，頌功德。漢武刻石而無文，意者即以此爲增封之義耶？

上遂東巡海上，行禮祠八神。齊人之上疏言神怪奇方者以萬數，封禪事畢矣，只要候神人至而乘龍上仙耳。故以下求神愈急。然無驗者。乃益發船，『無驗者，乃益發船』二句連書，見其昏瞀之至。令言海中神山者數千人求蓬萊神人。公孫卿持節仍歸結到公孫卿。常先行候名山，至東萊，即候氣。言夜見大人，長數丈，就之則不見，見其迹甚大，類禽獸云。明明有迹，而人不可就視；明明是人，而迹又類禽獸。一語而再三幻如此。群臣有言見一老父牽狗，誕甚，却可味。言『吾欲見巨公』[42]，已忽不見。上即見大迹，未信，及群臣有言老父，則大以爲仙人也。明是責備廷臣之語。舉朝若狂，王誰與爲善哉？宿留海上，予方士傳車有乘傳公行者。及間使求仙人以千數。又有微行密訪者。

公孫卿曰：『仙人可見，而上往常遽，以故不見。又別起一頭，明明説性急不得。今陛下可爲觀，如緱城，中岳在緱氏縣故欲仿之。置脯棗，神人宜可致也。『宜』字含糊得妙。且仙人好樓居。』[43]加一句，暗暗引入土木之功宜侈大。於是上令長安則作蜚廉、桂觀，甘泉則作益延壽觀，《通考》作益壽、延壽二觀，此蓋串字法。使卿持節設具而候神人。又一結。乃作通天莖臺，即金莖承露臺。置祠具其下，將招來仙神人之屬。於是甘泉更置前殿，始廣諸宮室。是此段正旨。夏，有芝生殿房内中。天子爲塞河，興通天臺，與通天臺與塞河何與？本詔書而附會之也。若見有光云，愈恍惚。乃下詔：『甘泉房中

42秦皇遇神人，稱之爲『祖龍』。武帝遇神人，稱之爲『巨公』。其言雖誕，然自饒古致，可想見漢人筆舌之妙。

43方士伎倆將窮，必別設一難以遁其情。公孫卿候神，至此茫無着脚。武帝雖昏惑，而斬斷英果。懼大誅之將至也，則又引之以土木之功，民窮財殫，至死不悟。千古而下，讀之憤嘆！史公曲曲傳之，豈非良史之檮杌哉？

生芝九莖，赦天下，毋有復作。』蓋謂神貺已彰，不待他求矣，故暫止興作。十一月乙酉，柏梁災。即通天臺。十二月甲午朔，上親禪高里，祠后土。臨勃海，將以望祀蓬萊之屬，冀至殊廷焉。此二句亦帝意中事。後以柏梁災亟還，故未果也。○殊廷者，仙人之館。

上還，以柏梁災故，朝受計甘泉[44]。柏梁既災，故姑就甘泉設朝，受天下上計吏之書也。公孫卿曰：『黄帝就青靈臺，十二日燒，黄帝乃治明廷。帝所深慕者黄帝，故處處借作入港話頭。明廷，甘泉也。』方士多言古帝王有都甘泉者。此句追叙法，蓋前曾有此説。其後天子又朝諸侯甘泉，甘泉作諸侯邸。勇之越巫名，見前。乃曰：『越俗有火災，復起屋必以大，用勝服之。』既曰越俗，則豈足爲天子效法哉？於是作建章宮，復作。度爲千門萬户。前殿度高未央。連用數『度』字，皆就營建之始隨事紀之。其東則鳳闕，高二十餘丈。其西則唐唐、塘通。中，數十里虎圈。蓋爲養虎之圈於回塘中，其大數十里。其北治大池，漸臺高二十餘丈，池中作臺，名漸臺。命曰太液池，中有蓬萊、方丈、瀛洲、壺梁，象海中神山龜魚之屬。其南有玉堂、璧門、大鳥之屬。不得遇其真者，姑且作其僞者，此方士欲興土木之根也。蓋聊藉此慰帝渴想之情耳。乃立神明臺、井幹樓，度五十丈，遂弄

44土木之功，前特以『仙人好樓居』引其端，未幾以『芝房之瑞』而止。已而柏梁燬于火，天之警帝也章章矣。乃方士大捏造青靈臺一段公案，而以復治明廷啓之。至越巫則直以越俗『厭勝』之法爲言，而後土木大興。看其逢君之惡，亦從漸漸生發下來。《易》不云乎，『其所由來者漸矣』。爲人上者，蓋留意于斯焉？

成一神仙世界，不必他求矣。輦道相屬焉。

今上封禪，結穴封禪。其後十二歲而還，結穴諸神祠。遍於五岳、四瀆矣[45]。而方士之候祠神人，入海求蓬萊，終無有驗。結穴候神人、求蓬萊。而公孫卿之候神者，猶以大人之迹爲解，無有效。結穴許多幻迹。天子益怠厭方士之怪迂語矣，然羈縻不絶，冀遇其真。三句結穴，痴腸無數貪念。○渺然不盡，故妙。自此之後，方士言神祠者彌衆，然其效可睹矣。施一筆，從上兩個『無有驗』『無有效』虚掉一句，趣甚。

太史公曰[46]：余從巡祭天地諸神名山川而封禪焉。抽一總筆作冠冕。入壽宮侍祠神語，即轉入瑣細處。究觀方士祠官之意，八字中含一篇大文，真奇筆。於是退而論次自古以來用事於鬼神者，具見其表裏。通篇無一處不關會。後有君子，得以覽焉。若至俎豆珪幣之詳，獻酬之禮，則有司存。名爲《封禪書》，而叙武帝封禪事極簡略，故補此句。

《封禪書》，千古奇文，而讀者不能明其中之逐段自成結構，只是通長看去。又因其文甚長，眼光不定，遂如入迷樓者，只知千門萬户，複道交通，終不能舉其要領所在，未免矮人觀場之誚。今特用摘截之法，單就精神團結、筋脉聯貫處，細爲批摘，而安枝布葉之精，鬪角

45 此是一篇大文結束，看其語不多，而縝密周匝，仍有餘波，以見其奇偉之氣，迥非韓、蘇所能仿佛其萬一也。

46 贊語不作褒刺，以褒刺之旨具見書中也。

鈎心之巧，豁然呈露。且逐段界乙，眼光易注，固讀古文之一捷法也。如欲觀其全局，則綫裝充棟，豈限上智之批尋哉？附識於此。〇文中云：『三神山不遠，舟欲近，風輒引之去。』讀此篇者，當作如是觀。此即史公自狀其文也。

1《河渠書》本以志秦、漢治渠之利害，乃先從大禹治水之源流説入，此自是文體宜然，非有風刺，與《封禪書》援引不同。

2此段要看其字法奇古。變化之妙，出筆自能古雅。

卷二

河渠書

《夏書》曰1：禹抑洪水十三年，過家不入門。援引《夏書》，妙。只隱括其意，絶不勦録其成句。陸行載一作乘。車，水行載舟，逐句變字，有意造古。泥行蹈毳，毳，一作橇。山行即橋。橋，亦作檋。其制不可彊爲之説。以别九州，隨山浚川，任土作貢。通九道，陂九澤，度九山。亦逐句煉字。然河菑衍溢，害中國也尤甚。忽宕一筆，是史公文，至此方從洪水獨抽出河來，以下皆言治河。唯是爲務。故道河自積石歷龍門，南到華陰，東下砥柱，及孟津、雒汭，至於大邳。引《禹貢》之文，從中插入議論，此引古妙法。於是此三十字横插入去。禹以爲河所從來者高，水湍悍，難以行平地，數爲敗，自行其意，不襲古説。乃厮二渠以引其河2。至此又從河引出渠來。厮，分也，即《毛詩》『斧以斯之』之義。字法新妙。北載之高地，過降水，至於大陸，播爲九河，同爲逆河，入於勃海。九川既疏，九澤既灑，諸夏艾安，功施於三代。四句頌文，爲一篇冒頭。

西門豹引漳水溉鄴，以富魏之河内。以魏渠引出秦渠而參其中，錯綜入妙。

3此段自言鄭國渠始末，自成一篇小文。○先言魏富河内，於秦又特著『富彊』『卒并諸侯』二語，所以深惜韓之失計也。

4田蚡食邑于鄃，河決南注則鄃邑無水災，故蚡特巧説罔上，以致二十年不塞。

而韓聞秦之好興事，欲罷之，毋令東伐，謀國者以興他人之水利，苟己國旦夕之安，拙極矣。寫來可嘆。乃使水工鄭國間説秦，令鑿涇水自中山西邸瓠口爲渠，總挈一筆，下别詳志之。並步浪反。北山東注洛，三百餘里，欲以溉田。中作而覺，『中』字古峭，後人往往祖之。秦欲殺鄭國。鄭國曰：『始臣爲間，然渠成亦秦之利也。』三語婉而多姿如此。秦以爲然，莫謂秦無人。卒使就渠。渠就，用注填閼之水，溉澤鹵之地四萬餘頃，收皆畝一鍾。六斛四斗。於是關中爲沃野，無凶年，寫出美利，贊嘆不盡。秦以富彊，反應『罷之』。卒并諸侯，反應『毋令東伐』。因命曰鄭國渠。3

自河決瓠子後從田蚡案來。二十餘歲，歲因以數不登，而梁楚之地尤甚。4天子既封禪巡祭山川，因歌中語，故入此句。其明年，旱，乾封少雨。乾封者，方士荒唐之説耳。今引之若固然者，諧絶。天子乃使汲仁、郭昌發卒數萬人塞瓠子決。提綱。於是天子已用事亦祠祭事。萬里沙，地在華州。則還自臨決河，勵精可想。沉白馬玉璧於河，與河神盟。令群臣從官自將軍以下皆負薪窴決河。是時東郡燒草，衛俗火耕。以故薪柴少，而下淇園之竹以爲楗。楗者，以竹漸插決口而以次加密，使水勢柔，而後下土石也。

天子既臨河決，悼功之不成，乃作歌曰：『瓠子決兮將奈何？歌極古雅，漢時人主之才如此，况文士乎！皓皓旰旰兮閭殫爲河！言閭閻盡漂失也。殫爲河兮地不得寧，功無已時兮吾山平。吾山即魚山，謂鑱其石以塞河，石日剥而山欲平地。吾山平兮鉅野溢，魚沸鬱兮柏冬日。柏與迫同。言魚游巨浸，如與天日相近。延道弛兮離常流，蛟龍騁兮方遠游。大有左徒筆意。歸舊川兮神哉沛，呼神而籲之。沛，安也。不封禪兮安知外！[5]爲我謂河伯兮何不仁，泛濫不止兮愁吾人？齧桑地名。浮兮淮、泗滿，久不反兮水維緩。』謂久成泛濫，漸若安瀾矣。一曰：『河湯湯兮激潺湲，北渡污兮浚流難。二句足上篇意，下乃詳言塞河之工，而屬意揵石尤切。搴長茭兮沉美玉，河伯許兮薪不屬。言河神雖許我，而工用不集，可憂。薪不屬兮衛人罪，即『東流燒草』一事。燒蕭條兮噫乎何以禦水！穨林竹兮楗石菑，舊説解『菑』字支離。愚謂斬竹鑱石，即竹石之菑耳。宣房塞兮萬福來。』於是卒塞瓠子，築宮其上，勵精之效如此。名曰宣房宮。而道河北行二渠，復禹舊迹，而梁、楚之地復寧，無水災。繳應上文。

太史公曰：余南登廬山，觀禹疏九江，遂至於會稽太湟[6]，太湟之地不可考。『湟』字或作『濕』。上姑蘇，望五湖；東窺洛汭大邳，迎河，行淮、泗、濟、漯、洛渠；西瞻蜀之岷山及離碓；北自龍門至於朔方。曰：甚哉，水之爲利害也！[7]余從負薪

5『歸舊川』二句，仍從《封禪書》方士『河決可塞』一語附會神功生來。又云不出巡封禪，亦安知外間水患如此，甚言封禪之爲益大也。憂民之中，仍寓文過之意，妙甚。

6太湟難曉，闕之可也。

7足遍天下，詳觀水勢，而一語斷之曰：『甚哉，水之爲利害也！』善於籠括，筆力極大。

塞宣房，悲《瓠子》之詩而作《河渠書》。別有領會。

《封禪書》極寫武帝荒侈，《河渠書》極寫武帝勵精，然其雄才大略，正復彼此可以參看，非彼絀而此伸也。特採《瓠子》兩歌，纏綿掩抑，格自沉雄。先輩謂子長所以能成《史記》者，亦以當時文章足供摭拾，諒哉言也！

1漢之計臣有平準令，所以平物力之低昂，而不使畸重、畸輕也。史遷因武帝時興利之臣而詳悉其本末，名之曰《平準書》，與《漢書·食貨志》相表裏。

2《平準書》筆極古峭整齊，字字不苟。

3此段言漢初事簡，故取于下者甚儉，亦爲武帝巧取聚斂張本。

平準書

漢興[1]，接秦之弊，先由極弊處引起。丈夫從軍旅，老弱轉糧餉，作業劇而財匱，健句。自天子不能具鈞駟，馬乘一。○天子駕車之駟馬，毛色均一。而將相或乘牛車，齊民無藏蓋。三句極言上下匱乏。於是爲秦錢重難用，更令民鑄錢，鑄錢一。一黄金一斤，上「一」字作「準」字解，謂萬錢準黄金一斤也。約法省禁。而不軌逐利之民，蓄積餘業以稽市物，蓄積多，則買市物，居之以待貴也。物踴騰糶，米至石萬錢，馬一匹則百金[2]。馬乘二。

天下已平，高祖乃令賈人不得衣絲乘車，重租税以困辱之。以前賈人饒極，故痛抑之。孝惠、高后時，爲天下初定，復弛商賈之律，天下初定，資其物力，故稍弛之。然市井之子孫亦不得仕宦爲吏。此句直穿至桑弘羊、孔僅之流，所以深刺武帝之尊，用賈人兒以病民也。量吏禄，度官用，以賦於民。而山川園池市井租税之入，自天子以至於封君湯沐邑，皆各爲私奉養焉，不領於天下之經費。此四句正言官用吏禄之外，皆不仰給於民，所以轉漕之數至約，而用亦足。漕轉山東粟，以給中都即京師。官，歲不過數十萬石[3]。

至孝文時，莢錢益多，輕，漢初名榆莢錢。乃更鑄四銖錢，鑄錢二。其文爲「半兩』，令民縱得自鑄錢。前但言『令民鑄錢』，今又加『縱得』二字，見其禁愈寬。故吴，諸侯也，以即山鑄錢，富埒天子，其後卒以叛逆。鄧通，大夫也，以鑄錢財過王者。故吴、鄧氏錢布天下，而鑄錢之禁生焉。利權歸于下，其弊日多，因始立鑄錢之禁。

匈奴數侵盗北邊，屯戍者多，邊粟不足給食當食者。於是募民能輸及轉粟於邊者拜爵[4]，輸者，但輸之于官。轉者，運于邊。爵得至大庶長。賣爵一。大庶長，二千石也，蓋虚銜，非實授者。

孝景時，上郡以西旱，亦復修賣爵令，賣爵二。而賤其價以招民；其流益下，勢所必至。及徒復作又于爵外加二『令』。得輸粟縣官以除罪。贖罪一。益造苑馬以廣用，馬乘三。而宫室列觀輿馬益增修矣。此句暗渡入武帝，妙。

至今上即位數歲，漢興七十餘年之間，總叙漢興以來，見祖宗培養元氣，匪朝伊夕，而武帝耗削殆盡，痛惜之也。國家無事，非遇水旱之災，民則人給家足，都鄙廪庾皆滿，而府庫餘貨財。京師之錢累巨萬，貫朽而不可校。太倉之粟陳陳相因，充溢露積於外，至腐敗不可食。《史記》有極省處，有極不省處，各有其妙。此段形容富足，纍纍百十言，極不肯省，而古氣洋溢噴涌，不可一世，真大手筆。衆庶街巷有馬，阡陌之間成群，而乘字牝者

4 此納粟拜爵之始，而實開端於有道之文帝，豈非萬世所痛惜哉？然其時實有不得已者，以封國既多，天下之經費出息甚寡也。

5先極言物力富盛，因及于上下驕淫，而後繼之以喜功好事之臣開邊邀賞，天下騷動，財匱勢絀，然後使心計之臣得投間而售其商賈之智。而前言『自愛而畏法，先行義，絀恥辱』，後言『廉耻相冒』、『法嚴令具』，又所以著人心世道之升降也。中間只用『物盛而衰，固其變也』八字過峽，無限感慨。

償而不得聚會。此小段獨詳馬乘，與起處應。守閭閻者食粱肉，爲吏者長子孫，吏世守其職。居官者以爲姓號。此足上句，正見世守之實。故人人自愛而重犯法，先行義而後絀耻辱焉。引入風俗之美，既富方穀，不其然乎？當是之時，網疏而民富，役財驕溢，法網疏闊，富民因役使貨賄以爲豪暴也。或至兼并豪黨之徒，以武斷於鄉曲。數句專言富民之驕暴。宗室有土公卿大夫以下，爭於奢侈，室廬輿服僭於上，無限度。數句言封君、卿士之奢僭，先言民而後及於上者，以上之失教已久也。物盛而衰，固其變也5。過峽爽勁。

自是之後，嚴助、朱買臣等招來東甌，事兩越，江淮之間蕭然煩費矣。財滿則好大喜功，此武帝痼疾也。專言其臣，爲上諱耳。唐蒙、司馬相如開路西南夷，鑿山通道千餘里，以廣巴蜀，巴蜀之民罷焉。看其逐段句法變換。彭吳賈滅朝鮮，置滄海之郡，則燕齊之間靡然發動。及王恢設謀馬邑，匈奴絕和親，侵擾北邊，兵連而不解，天下苦其勞，而干戈日滋。行者齎，居者送，中外騷擾而相奉，終孝武之世極爲天下煩苦者，征匈奴一事也。故以上三段陪出此段。此段前云『江、淮、巴、蜀、燕、齊』，此云『天下中外』，文甚明劃，法極整齊。百姓抏弊以巧法，民善遁避科徭，故國計日絀。財賂衰耗而不贍。入物者補官，賣爵三。出貨者除罪，贖罪二。選舉陵遲，廉耻相冒，武力進用，法嚴令具。興利之臣自此始也。痛悼之言，韻致整煉。

天子爲伐胡6，盛養馬，特詳馬乘，亦從伐胡起脉。馬之來食長安者數萬匹，馬既仰食。卒牽掌者廐牧之卒。關中不足，乃調旁近郡。此輩又仰食于上。而胡降者皆衣食縣官，此一輩又仰食于上。縣官不給，天子乃損膳，解輿駟，亦應「不能具鈞駟」處。出御府禁藏以贍之。

其明年，山東被水菑，由開邊至養馬，更加水災，凡三重耗損。民多飢乏，於是天子遣使者虛郡國倉廥以振貧民。傾所蓄以濟民也。猶不足，逐層寫。又募豪富人相貸假。尚不能相救，乃徙貧民於關以西，及充朔方以南新秦中，新秦中乃朔方以南建置郡名。七十餘萬口，衣食皆仰給縣官。此一輩又仰給於上。數歲，假予産業，即後世開墾之意。使者分部護之，慮其生變也。冠蓋相望。其費以億計，不可勝數7。

於是縣官大空，總勒一筆，「而」字大轉身。而富商大賈或蹛財役貧，積財利，役使貧民。轉轂百數，廢居居邑，即積貨買賣，廢者出貨于外，居者入貨于家。封君皆低首仰給。冶鑄煮鹽，財或累萬金，而不佐國家之急，暗遞入卜式之綫。黎民重困8。於是天子與公卿議，更錢造幣以贍用，鑄錢三。至此皆極詳。而摧浮淫并兼之徒。意在削奪商賈。

6上已詳開邊爲致困之由，此段仍從伐胡起，而又加養馬一事，針路逼清。

7言富足，累累百十言不已；今言疲困，亦累累百十言不已。筆力詳贍而又疏古，班、范輩所遠不及也。

8以下皆極意侵牟商賈以厚國，故先以富民之横引起。

是時禁苑有白鹿造幣本旨。而少府多銀錫。造白金本旨。自孝文更造四銖錢，將變錢法，從源流説下來。至是歲四十餘年，從建元武帝初年。以來，用少，縣官往往即多銅山而鑄錢，民亦間盜鑄錢，不可勝數。錢益多而輕，物益少而貴[9]。健句兜得住。有司言曰：插入有司之意，爲天子占身分處。『古者皮幣，諸侯以聘享。金有三等，黄金爲上，白金爲中，赤金爲下。今半兩錢法重四銖，半兩錢之法，其重過于四銖。而奸或盜摩錢裏取鎔，以其質重，故奸民磨削其銅以别鑄。錢益輕薄而物貴，則遠方用幣煩費不省。』乃以白鹿皮方尺，以下詳志錢幣制度。緣以藻繢，爲皮幣，直四十萬。王侯宗室朝覲聘享，必以皮幣薦璧，然後得行[10]。此第一等重幣，惟禁苑所有，利權不得不歸于上矣。又造銀錫爲白金[11]。又爲少府所饒。以爲天用莫如龍，地用莫如馬，人用莫如龜，健筆，提得整。故白金三品：其一曰重八兩，圜之，其文龍，名曰『白選』，直三千；次等重幣，皆以銀、錫爲之，欲抑銅以壞私鑄也。二曰重差小，方之，其文馬，直五百；三曰復小，橢之，其文龜，直三百。令縣官銷半兩錢，更鑄三銖錢，文如其重。筆法甚佳。謂三銖錢即以三銖爲文也。盜鑄諸金錢罪皆死，而吏民之盜鑄白金者不可勝數。白鹿皮雖不可得，而銀、錫之饒不能禁其有也。絶倒之筆。

9 此段著孝武變錢法之制，至爲詳盡，文亦極古雅，雖諷誦之似難于上口，足以備西京之掌故，故特録之。

10 此等制度，當考《食貨志》以釋之，不宜臆爲之解。

11 變錢法以握利權，其意勤矣，而利之所在，走死如鶩；而上不能窒其源者，心計短于賈人也。于是卒用賈人以治賈人，而天子亦商賈矣。世變至此，可勝嘆哉？

於是以東郭咸陽、孔僅爲大農丞，至此不得不用賈人以治賈人矣。領鹽鐵事；桑弘羊以計算用事，侍中。總握利權。爲天子榷貨耳。咸陽，齊之大煮鹽，孔僅，南陽大冶，皆致生累千金，故鄭當時進言之。出自長者，可惜當時。弘羊，雒陽賈人子，以心計，年十三侍中。漢法，初抑商賈最嚴，後尚不得推擇爲吏，今乃致位三公矣。故三人言利事析秋毫矣。

天子乃思卜式[12]之言，前式以家財助邊而不求官，爲公孫弘所絀，先提明而後倒叙其事，此史家絶頂妙法，自遷創之。召拜式爲中郎，爵左庶長，賜田十頃，布告天下，使明知之。

初，卜式者，河南人也，方入卜式傳，第一層。以田畜爲事。親死，式有少弟，弟壯，瑣叙極潔。式脱身出分，字法妙。獨取畜羊百餘，胸有成算。田宅財物盡予弟。式入山牧十餘歲，羊致千餘頭，堅忍戮力，實大作用人。買田宅。而其弟盡破其業，先欲借弟以自顯。式輒復分予弟者數矣。難事，『數』字更難。是時漢方數使將擊匈奴，卜式上書，願輸家之半縣官助邊。陡然尋出頭。天子使使問式：『欲官乎？』式曰[13]：『臣少牧，不習仕宦，不願也。』亦與『鼎俎』『飯牛』之對略同，非謙詞也。使問曰：『家豈有冤，欲言事乎？』式曰：『臣生與人無分爭。安分一。式邑人貧者貸之，施德二。

12卜式之爲人，蓋精于心計而堅忍彊力之流，范蠡、白圭亞也。小用之則足以富其家，大用之則足以霸其國。許子將所謂『治世之能臣，亂世之奸雄』，正爲若輩，勿輕看之。

13對使者言，句句自道身分，此即抵過一篇《自薦表》也。

不善者教順之，化頑三。所居人皆從式，此語幾與舜之『三年成都』争身分矣。式何故見冤於人！無所欲言也。』[14]使者曰：『苟如此，子何欲而然？』式曰：『天子誅匈奴，愚以爲賢者宜死節於邊，有財者宜輸委，居然有宰相度，然其嘗上益巧矣。如此而匈奴可滅也。』此句仍投上之所急，所以入之至深。使者具其言入以聞。天子以語丞相弘。弘曰：『此非人情。不軌之臣，不可以爲化而亂法，弘處此真有大臣之略，與議郭解罪同意，不可看壞。願陛下勿許。』於是上久不報式，數歲，乃罷式。既不報，又留不遣。式歸，復田牧。好，是其堅忍不可及處。歲餘，會軍數出，渾邪王等降，縣官費衆，倉府空。其明年，方遞入第三層。貧民大徙，皆仰給縣官，無以盡贍。卜式持錢二十萬予河南守，以給徙民。著數絶佳。若此時再上書，則拙矣。河南上富人助貧人者籍，式只爲此耳，豈嘗須臾忘仕宦哉？天子見卜式名，識之，曰：『是固前而欲輸其家半助邊。』誦之成片，妙。知帝之心醉久矣。乃賜式外繇四百人。繇同役也。如今『免丁』之意。式又盡復予縣官。此只是應著矣，蓋自然之勢。是時富豪皆争匿財，惟式尤欲輸之助費。良賈之智，人取我予。天子於是以式終長者，故尊顯以風百姓。直倒接『乃思卜式之言』一段。

初，式不願爲郎。心事畢呈。上曰：『吾有羊上林中，欲令子牧之。』式之辭郎，

14是時原有賣爵、贖罪二例，故使者枚舉以問。式之意徒欲以奇節高行致位公卿，不欲以貲郎小就，故特創此異想。觀下『不願爲郎』句，心事了然，然卒以酎其志，可不謂奸雄矣哉？千古富人中善用財者，吕不韋、卜式兩人而已。

必仍以『願歸田牧』爲説，故上云云。式乃拜爲郎，布衣屩而牧羊。意中又有成算。歲餘，羊肥息。上過，見其羊，善之。式曰：『非獨羊也，治民亦猶是也。我不知此語式懷之幾何時矣！今乃快然出之。以時起居，惡者輒斥去，毋令敗群。』[15]宦情殷熱，于此可見。上以式爲奇，二次。拜爲緱氏令試之，緱氏便之。此是式真才力處。遷爲成皋令，將漕最[16]。上以爲式朴忠，三次。拜爲齊王太傅。官尊矣，然式意殊未饜。

齊相卜式上書曰：不得不又出頭。『臣聞主憂臣辱。南越反，臣願父子與齊習船者往死之。』真説得樸忠可愛，詞令妙品。天子下詔曰：四次。『卜式雖躬耕牧，不以爲利，有餘輒助縣官之用。詔書雖重後截，然必從前叙起，固知上之所感于式者深矣。今天下不幸有急，而式奮願父子死之，雖未戰，可謂義形於內。宛轉入妙。賜爵關內侯，金六十斤，田十頃。』式志已酬。布告天下，與前『以風百姓』應。天下莫應。列侯以百數，皆莫求從軍擊羌、越。絶倒。至酎，少府省金，而列侯坐酎金失侯者百餘人。怒其莫求從軍，故假微罪以奪其邑，然則式之結怨于衆也，甚矣！乃拜式爲御史大夫。以貲致位三公者，漢初一人而已。式志至此始畢酬。下乃欲稍自結于民，而即見疏斥。統觀其得失之際，不勝感焉。

式既在位，見郡國多不便縣官作鹽鐵，鐵器苦惡，賈貴，或彊令民賣買之。

15 語本無甚奇特，要亦前人唾餘，只是言之適當其時，故妙。

16 成皋，天下積粟之區，式以輓漕功第一，故云『將漕最』。最，上考也。

而船有算，商者少，物貴，乃因孔僅言船算事。船有重稅，故民不樂爲商，以致貨物踴貴，式欲省之。上由是不悦卜式[17]。直將前四次愛式一筆反照出來。

元封元年，卜式貶秩爲太子太傅。而桑弘羊爲治粟都尉，領大農，盡代僅管天下鹽鐵。卜式未來而桑弘羊先用，及卜式見絀而弘羊益專，世變可觀。弘羊以諸官各自市，相與爭，物故騰躍，而天下賦輸或不償其僦費，僦費即舟車廛市之稅。乃請置大農部丞數十人，分部主郡國，各往往縣置均輸鹽鐵官，令遠方各以其物貴時商賈所轉販者爲賦，而相灌輸。置平準於京師，都受天下委輸。鹽、鐵二物，人所不能一日無。他物則時貴時賤，但就其物貴時即徵其賦，以益鹽、鐵之饒，則鹽、鐵之利均而他物之贏餘亦盡歸于上矣。其意如此，所謂『不加賦而用足』，千古小人所以誤其君者，皆祖此意也。召工官治車諸器，皆仰給大農。大農之諸官盡籠天下之貨物，貴即賣之，賤則買之。天子爲大賈人矣。如此，富商大賈無所牟大利，則反本，而萬物不得騰踴。又倡以『重本抑末』『平價便民』之美名文之。誰爲厲階，至今爲梗，可爲浩嘆。故抑天下物，名曰『平準』[18]。天子以爲然，許之。始結『平準』題目。於是天子北至朔方，利源既饒，侈心益肆，用『於是』二字，轉落有綫。東到太山，巡海上，並北邊以歸。所過賞賜，用帛百餘萬匹，錢金以巨萬計，皆取

17卜式逢漢武之惡，始以利進，飾爲樸忠，及致位三公，而又欲稍省利權以自媚于百姓。史公特下一語曰『上由是不悦卜式』，蓋觀其後之所不悦者，而知其前之所以悦者矣，豈非以利哉！言微而旨顯，令讀者怳然自悟。所以爲良史之筆。

18平準之法創自弘羊，然而以田牧之富輸助公家，令天子終不能忘情于富民者，式啓之也。史公先詳卜式，後及弘羊，而以式與弘羊不相能結之。深心卓識，早寓隱憂，豈僅文章絶世哉？

19千古心計小人所以啗其君者，利也。又善其説曰『民不益賦，而天下用饒』，竟不知此利竟從何出？此語津津爲楊炎、劉晏、吕惠卿之徒祖述不休。得温公『天地生財，止有此數，不在官，則在民』一語點破，而其焰稍息。仁人之言，其利溥，學者不可不知也。

足大農19。小人之效如此，千古人主所以甘心而不悟也。弘羊又請令吏得入粟補官，及罪人贖罪。賈人至此方大貴重，萬世更不能抑矣。令民能入粟甘泉各有差，以復終身，不告緡。以粟之多寡爲免徭役之差等，并不與告緡錢之禁令。他郡各輸急處，而諸農各致粟，山東漕益歲六百萬石。此敖倉也，京師漕輓所集。一歲之中，太倉、甘泉倉滿，以上細分四款，而總計成效以結之。邊餘穀，諸物均輸帛五百萬匹。民不益賦而天下用饒。此千百計臣衣鉢。於是弘羊賜爵左庶長，黄金再百斤焉。暗以弘羊之寵逗起卜式，好手法。

是歲小旱，上令官求雨。結語之妙，真正獨絶千古。卜式言曰：『縣官當食租衣税而已，此縣官稱天子也，漢人多有此語。今弘羊令吏坐市列肆，販物求利。亨弘羊，天乃雨。』語快絶矣，出卜式之口更快。

太史公曰：農工商交易之路通，閒閒叙起，是史家文體。而龜貝金錢刀布之幣興焉。所從來久遠，自高辛氏之前尚矣，靡得而記云。故《書》道唐、虞之際，《詩》述殷、周之世，安寧則長庠序，先本絀末，以禮義防於利；事變多故而亦反是。安寧即無事。無事者，不好大喜功、自尋事做也，並不謂世運治亂。此中多少回互，須看筆鋒所向處。是

20歷叙夏、商以來利源之所以漸開，利權之所以漸并，如掌上螺紋，精細可數。人但知史公之疏宕奇横處，而不知其縝密之妙有非後人所能夢見者也。

21文章最妙在相間處，一段臚陳，一番淡宕，文之爲道畢矣。

以物盛則衰，時極而轉，一質一文，終始之變也20。「質」「文」二字，只借以代「安寧」「多故」用耳。《禹貢》九州，各因其土地所宜，人民所多少而納職焉。禹之於利，全非綱羅天下。湯武承弊易變，使民不倦，各兢兢所以爲治，而稍陵遲衰微。殷、周盛時與季世，即有升降不同。齊桓公用管仲之謀，通輕重之權，徼山海之業，以朝諸侯，用區區之齊顯成霸名。魏用李克，盡地力，爲彊君。齊、魏富彊，實掊克之所由開。然一則業山海，一則盡地力，猶未嘗巧法誅求百姓。自是之後，天下争於戰國，貴詐力而賤仁義，先富有而後推讓。故庶人之富者或累巨萬，而貧者或不厭糟糠；有國彊者或并群小以臣諸侯，而弱國或絶祀而滅世。以至於秦，卒并海内。此段承上，極言其相推相激之勢，而終之以秦并海内，言其利之盡歸一家，自此始也。文勢激宕之甚。虞夏之幣，金爲三品，或黄，或白，或赤；或錢，或布，或刀，或龜貝。以上又只就金幣上臚列一番，是文章緩勢。及至秦，中一國之幣爲二等，指秦并海内，但言秦而不及漢，手法都好。黄金以鎰名，爲上幣；銅錢識曰半兩，重如其文，所鑄之款式也。識音志。爲下幣。而珠玉、龜貝、銀錫之屬爲器飾寶藏，不爲幣。然各隨時而輕重無常。於是外攘夷狄，内興功業，此正言武帝，却不提出，妙。海内之士力耕不足糧餉，女子紡績不足衣服。21極言其流弊困苦之狀，正如本書『烹弘羊』一語，作爰書耳。却更以宕筆淡淡收之，妙絶。古者常竭天下之資財以奉其上，猶自以爲不足也。無異故云，事勢之流，相激使然，曷足怪焉。遥應『一質一文，終始之變』意。

越世家

范蠡事越王勾踐，既苦身戮力，早伏長男『見苦，爲生難』。與勾踐深謀二十餘年，伏欲遣少子之本領。竟滅吴，報會稽之耻，北渡兵於淮以臨齊、晋，號令中國，以尊周室，勾踐以霸，而范蠡稱上將軍。還反國，范蠡以爲大名之下，難以久居，又伏『三徙成名』。且勾踐爲人可與同患，難與處安，爲書辭勾踐曰：『臣聞主憂臣勞，主辱臣死。昔者君王辱於會稽，所以不死，爲此事也。今既以雪耻，臣請從會稽之誅。』巧於立説。勾踐曰：『孤將與子分國而有之。不然，將加誅於子。』語便不情。范蠡曰：『君行令，臣行意。』六字可爲忠經總持。乃裝其輕寶珠玉，自與其私徒屬致富之本，自不可少，總不便肯歇手。乘舟浮海以行，終不反。於是勾踐表會稽山以爲范蠡奉邑。落得體面。

范蠡浮海出齊，變姓名，自謂鴟夷子皮，[1]耕於海畔，苦身戮力，父子治産。仍用此四字，妙。此是明伏綫索。居無幾何，致産數千萬。何苦紛紛爲？齊人聞其賢，以爲相。范蠡喟然嘆曰：『居家則致千金，居官則至卿相，此布衣之極也。久受尊名，不祥。』再伏『名』字。乃歸相印，盡散其財，以分與知交鄉黨，而懷其重寶，又不

1 陸中翰羲駁謂：吴殺子胥，賜以鴟夷而投之江。范蠡功成之後，亦取鴟夷自號，蓋居安思危，借子胥以自惕也。兩人才力伯仲之間，幸則爲少伯，不幸則爲子胥，其得免于鴟夷之沉，亦幾希耳。按：此解殊妙，附録之。

肯歇手。間行以去，止於陶，以爲此天下之中，交易有無之路通，爲生可以致富矣。何苦復紛紛爲？於是自謂陶朱公。復約要父子耕畜，廢居，候時轉物，逐什一之利。居無何，則致資累巨萬。天下稱陶朱公。[2]偏又受尊名。

朱公居陶，生少子。點清生之時，明劃。少子及壯，而朱公中男殺人，囚於楚。朱公曰：『殺人而死，職也。然吾聞千金之子不死於市。』富翁託大口氣，亦肖。告其少子往視之[3]。乃裝黄金千鎰，置褐器中，載以一牛車。且遣其少子，朱公長男固請欲行，朱公不聽。長男曰：『家有長子曰家督。自負不小，正恐其少弟之浪費財物耳。今弟有罪，大人不遣，乃遣少弟，是吾不肖。』自負能肖其父。是一腔同力作苦心田中瀉出。欲自殺。其母爲言曰：『今遣少子，未必能生中子也，而先空亡長男，奈何？』朱公不得已而遣長子，一片苦心，知中男之命盡矣。爲一封書遺故所善莊生。曰：『至則進千金於莊生所，聽其所爲，慎無與争事。』誡之未嘗不極明白。長男既行，亦自私齎數百金。

至楚，此念雖急於爲弟，然已不甚信其父之言矣。是蠢物自命跨竈心腸。莊生家負郭，披藜藋到門，居甚貧。然長男發書進千金，如其父言。上二句從長男眼中看出，此一『然』字

2范蠡既『以爲大名之下，難以久居』，又云『久受尊名不祥』，而終不肯一邱一壑，逸老終年。捨富而更求富，避名而别成名，是何其好勞而惡逸，知散而仍不忘聚耶？豈真其才有餘，終難静息，如千里之驥，不行則病，白澤之獸，得毬乃樂。故爲是紛紛者耶？嗚呼！吾不得而知之矣。

3此段借以發明篇首『深謀』影子耳，非閑説也。

4此段用帶敘帶議論筆法，開後人無限法門。韓、歐四家多摹倣之。

5從封錢府蹴起奇文，固爲莊生反覆之案。然即使突然下赦令，而中男得生，吾知朱公『家督』其人者，亦必向莊生索還故物，終必死其弟而後已也。若僅以爲封錢府誤之，則拙矣。

從長男意中寫出。莊生曰：『可疾去矣，慎無留！即弟出，勿問所以然。』莊生誡之又未嘗不明。長男既去，不過莊生而私留，以其私齎獻遺楚國貴人用事者。不但視莊生如無人，並亦視其父如老瞶不曉事矣。

莊生雖居窮閻，然以廉直聞於國，自楚王以下皆師尊之4。提法精采。及朱公進金，非有意受也，欲以成事後復歸之以爲信耳。故金至，謂其婦曰：一筆隨手補家中事，敏甚。『此朱公之金。有如病不宿誡，後復歸，勿動。』言苟卒然不諱，亦必歸之。而朱公長男不知其意，以爲殊無短長也。筆力縱送如意。

莊生見閑時入見楚王，言『某星宿某，此則害於楚』。楚王素信莊生，曰：『今爲奈何？』莊生曰：『獨以德爲可以除之。』楚王曰：『生休矣，寡人將行之。』王乃使使者封三錢之府。5蹴起奇波。楚貴人驚告朱公長男曰：意外之喜，可以坐受私齎。一『驚』字描盡。『王且赦。』曰：『何以也？』曰：『每王且赦，常封三錢之府。數百金私齎，博得報一虛信，可憐。昨暮王使使封之。』朱公長男以爲赦，弟固當出也，徹夜無眠，轆轤打算可知。重千金虛棄莊生，無所爲也，乃復見莊生。顧不得面目可憎矣！莊生驚曰：『若不去耶？』長男曰：『固未也。初爲事弟，弟今議自赦，故辭生去。』索錢巧説，酷肖富貴人兒。莊生知其意欲復得其金，曰：『若自入室取金。』長男即自入室取金持去，真老辣。獨自歡幸。呆得可憐，此時又打算回家奚落其父，夸耀其救弟許多見識，可知。

莊生羞爲兒子所賣，乃入見楚王曰：『臣前言某星事，王言欲以修德報之。今臣出，道路皆言陶之富人朱公之子殺人囚楚，其家多持金錢賂王左右，故王非能恤楚國而赦，此是真話，不覺自己説出。乃以朱公子故也。』楚王大怒曰：『寡人雖不德耳，奈何以朱公之子故而施惠乎！』令論殺朱公子，明日遂下赦令。6朱公長男竟持其弟喪歸。此時獨自歡幸否？仍欲自殺否？

至，其母及邑人盡哀之，唯朱公獨笑，曰：『吾固知必殺其弟也！竟坐以殺弟之罪，妙。彼非不愛其弟，顧有所不能忍者也。此種膏肓，本非教誨可革。是少與我俱，見苦，爲生難，故重棄財。然朱公又每樂爲其苦，且難者何也？至如少弟者，生而見我富，乘堅驅良逐狡兔，豈知財所從來，故輕棄之，非所惜吝。前日吾所爲欲遣少子，固爲其能棄財故也。問當時何不早説明，若早説明，則長男又必自負。當棄則棄，自有機宜矣。蓋膏肓難砭故也。而長者不能，故卒以殺其弟。再言之，愈妙。事之理也，無足悲者。吾日

6莊生不過谿刻之士，矯節立名之流，難以聖賢之事期之。田光以燕太子一言之陋，搤腕自剄，以爲長者爲行不使人疑，况以廉直聞於國之人，無端爲兒子所嗤薄，其能忍乎？且殺人者死，中男本有當死之罪，亦非莊生以私憾戮之。想莊生之爲人，好示恢奇以爲節俠，非可謬以情懇者，故朱公以千金一擲，勿問所爲籠罩之。若可直告以情，則無事紛紛矣。

夜固以望其喪之來也。』前不得已，苦心竟説出在此。故范蠡三徙，成名於天下。此一『故』字統承，能取能棄，不執一途。非苟去而已，所止必成名。重言之，歸重『名』字。卒老死於陶，故世傳曰陶朱公。

以陶朱公家務終《越世家》，有味哉其言之也！夫天下未有不能棄而可遂其欲得之情者也。當日檇李連兵，夫椒再舉，其一片雄心，早已吞姑蘇而籠泗上矣。乃其苦心焦思，非但不敢覬於吴，而並不敢有其越。非但不敢有其國，而並不敢有其身與其子若女。此能棄之極也。棄之極，而後所取者乃百千倍於向之所失，而不啻操右券以責之償耳。朱公長男，少有吝惜，不惟殺一弟，而並乾没私賫之數百金，庸奴誠敗乃公事。使越用斯人，其亡久矣。此附傳之微意也。

陳涉世家

陳勝者，陽城人也，字涉。吳廣者，陽夏人也，字叔。二人並提，與他處合傳不同。陳涉少時，嘗與人傭耕，輟耕之壟上，悵恨久之，曰：『苟富貴，無相忘！』國家無事之日而有此等田間悵恨之人，大是可憂。收羅豪傑者不可不知。傭者笑而應曰：『若爲傭耕，何富貴也？』陳涉太息曰：『嗟乎，燕雀安知鴻鵠[1]之志哉！』[2]悵恨太息，只是一副語。

二世元年七月，發閭左適戍漁陽九百人，屯大澤鄉。陳勝、吳廣皆次當行，爲屯長。會天大雨，道不通，度已失期。失期，法當斬。驅之於不得不反。陳勝、吳廣乃謀曰：合叙。『今亡亦死，舉大計亦死，等死，死國可乎！』連下四『死』字，此時固不求生也。陳勝曰：『天下苦秦久矣。吾聞二世少子也，不當立，當立者乃公子扶蘇。數用『吾聞』『或聞』『或以爲』等字，極肖草澤人口吻。扶蘇以數諫故，上使外將兵。今或聞無罪，二世殺之。百姓多聞其賢，未知其死也。亦頗有經緯，非莽夫奮不顧身之比也。項燕爲楚將，數有功，愛士卒，楚人憐之。或以爲死，或以爲亡。今誠以吾衆詐自稱公子扶蘇、項燕，爲天下唱，宜多應者。』[3]臆度得妙。吳廣以爲然。乃行卜。

1鴻鵠是一鳥，若鳳凰，然非鴻雁與黃鵠也。

2伏此一段，爲篇末陳王故人生色。

3曰『不當立』，曰『數有功，愛士卒』，則未嘗不依附於綱常勳德之間也。曰『多聞其賢』，曰『楚人憐之』，則未嘗不深識夫人心向背而衆志成城之效也。草間有如此人，宜其輟耕太息矣。

4魚腹、狐鳴等事，看似兒戲，而人心煽惑，不可復回。正以舉事之初，恐衆心疑懼，聊藉此以鎮定之。雖以勝、廣之草澤經緯，然亦未嘗真恃此也。而後世處豐豫之朝，爲方士所惑，天書、玄象、白鹿、靈龜，無非假造而成者，而世主方倜然以爲長生可冀，甘心不辭，是其識乃出勝、廣之下矣，亦獨何哉？

卜者知其指意，曰：『足下事皆成，有功。然足下卜之鬼乎！』此令其假託鬼神，舊注非是。陳勝、吳廣喜，念鬼，曰：摹神。『此教我先威衆耳。』乃丹書帛曰『陳勝王』，置人所罾魚腹中。卒買魚烹食，得魚腹中書，固已怪之矣。著此一句，便活。又間令吳廣之次近所旁叢祠中，謂屯次之近旁。夜篝火，狐鳴呼曰『大楚興，陳勝王』。卒皆夜驚恐。旦日，卒中往往語，皆指目陳勝。4畫出情景。

吳廣素愛人，上段以勝爲主，此段以廣爲主。士卒多爲用者。將尉醉，廣故數言欲亡，忿恚尉，令辱之，以激怒其衆。尉果笞廣。尉劍挺，即『挺劍』，倒字法。廣起，奪而殺尉。陳勝佐之，并殺兩尉。召令徒屬曰：『公等遇雨，皆已失期，失期當斬。藉弟令無斬，而戍死者固十六七。語不多，而宛轉入情，足以感人。且壯士不死則已，死即舉大名耳，偏不云『死則已』，而云『不死則已』，皆自分必死之語，蓋此時首難之危，固間不容髮矣。王侯將相寧有種乎！』徒屬皆曰：『敬受命。』乃詐稱公子扶蘇、項燕，從民欲也。斷一句，妙。袒右，稱大楚。爲壇而盟，祭以尉首。陳勝自立爲將軍，吳廣爲都尉。筆氣至此少駐。攻大澤鄉，收而攻蘄。並收一鄉之豪。蘄下，乃令符離人葛嬰將兵徇蘄以東。攻銍、酇、苦、柘、譙，皆下之。行收兵。比至陳，車六七百乘，騎千餘，卒數萬人。攻陳，先總收一筆，則知陳勝之爲王，軍容如此而已。陳守令皆不在，草草得好。獨守丞與戰譙門中。弗勝，守丞死，乃入據陳。數日，號令召三老、豪傑與皆來會計事。便要稱號矣。勝、廣之器已滿。三老、豪傑皆曰：『將軍身披堅執鋭，伐無道，誅暴秦，復立楚國之社稷，功宜爲王。』陳涉乃立爲王，號爲『張楚』。言欲張大楚國，杜撰得奇。當此時，諸郡縣苦秦吏者，皆刑其長吏，殺之以應陳涉。提起許多人，在此句内。

陳勝王凡六月。已爲王，王陳。其故人嘗與傭耕者聞之，之陳，扣宮門曰：『吾欲見涉。』野率得妙。宮門令欲縛之。自辯數，乃置，言自辨多詳，乃捨之。不肯爲通。陳王出，遮道而呼涉。陳王聞之，乃召見，載與俱歸。非欲推恩舊交，其意不過與『富貴無相忘』一語照應，欲故人之震服欣羡而已。入宮，見殿幄帷帳，客曰：『夥頤！涉之爲王沉沉者！』楚人謂多爲夥，故天下傳之，夥涉爲王，由陳涉始。當時方言調笑之詞，必有以『夥涉』二字代『王』字者，故云爾。客出入愈益發舒，言陳王故情。或説陳王曰：『客愚無知，顓妄言，輕威。』陳王斬之。蓋斬一客，非斬説者也。涉器久滿，遂無一可觀。諸陳王故人皆自引去，由是無親陳王者。5陳王以朱房爲中正，胡武爲司過，主司群臣。諸將徇地，至，令之不是者，繫而罪之，以苛察爲忠。其所不善者，弗

5漢初，將相王侯多起側微，其草野倨侮，應不減此。而獨於涉傳詳之，一以應『悵恨』之時而自爲摹寫，一以見陳涉甫得一隅之地而惟以宮殿帷帳誇耀庸奴，惜其無遠大之圖，故忽焉殞滅也。

下吏，輒自治之。陳王信用之。爲陳王出脱，終是惋惜意多。諸將以其故不親附。此其所以敗也。

陳勝雖已死，其所置遣侯王將相竟亡秦，由涉首事也。發明所以立『世家』之意。高祖時，爲陳涉置守冢三十家碭，至今血食。此所以稱『世家』。

涉之傭耕隴上，與泗上亭長亦復何遠？然高祖以沛公起事，至還定三秦之後，猶守項羽故封，此其器識宏遠。雖復綿蕞儀成，搏髀而讙，知爲皇帝之貴，而其初未嘗欲妄自尊也。陳涉甫得數縣之偏陲，而三老稱功，居然南面。蓋蹄涔之量，洞酌已盈，更無可一毫展布，則夥涉沉沉亦徒飽傭奴之餓眼耳，曷足貴乎！惟爲群雄倡首，史公故特立『世家』。以余論之：陳王家且無存，何有於世？豈以庚桑畏壘，俎豆芒碭，遂爲此帶礪永寧之特筆乎？項羽可以『本紀』，陳涉可以『世家』，畢竟史公好奇之過也。

外戚世家

竇太后，趙之清河觀津人也。呂太后時，竇姬以良家子入宮侍太后。太后出宮人以賜諸王，各五人，竇姬與在行中[1]。竇姬家在清河，欲如趙近家，請其主遣宦者吏：『必置我籍趙之伍中。』宦者忘之，誤置其籍代伍中。求此而得彼，因失意而致遭逢，着不得一毫人力，是以謂之命也。籍奏，詔可，當行。竇姬涕泣，怨其宦者，不欲往，相彊，乃肯行。極力反跌。至代，代王幸竇姬，文字生動。生女嫖，後生兩男。總叙法。而代王王后生四男。夾叙法。先，代王未入立爲帝，而王后卒。命也。後，代王立爲帝，而王后所生四男更病死。命也。孝文帝即代王。立數月，公卿請立太子，而竇姬長男最長，分叙法。立爲太子。立竇姬爲皇后，女嫖爲長公主。其明年，立少子武爲代王，已而又徙梁，是爲梁孝王。[2]

竇皇后親早卒，葬觀津。以此段引起下段。於是薄太后乃詔有司，追尊竇后父爲安成侯，母曰安成夫人。令清河置園邑二百家，長丞奉守，比靈文園法。薄太后親。

竇皇后兄竇長君，弟曰竇廣國，字少君。總提兩人，即卸去長君。少君年四五歲

1《外戚傳序》拈出『命』字作全傳眼目，故各篇中凡寫遭逢失意處，俱隱隱有『命』字在内。

2 叙次最明劃，而絶無一毫支蔓，此等文必嘗爲之而始知其難，知其難而後服其妙也。

時，家貧，爲人所略賣，其家不知其處。傳十餘家，至宜陽，爲其主入山作炭，暮臥岸下百餘人，岸崩，盡壓殺臥者，少君獨得脱，不死。自卜數日當爲侯，以獨全自負，故卜。從其家之長安。主家。聞竇皇后新立，家在觀津，姓竇氏。七字從少君耳中聽出。廣國去時雖小，識其縣名及姓，自注。又常與其姊採桑墮，用爲符信，先著一句，後又另生他驗。文法隨手變化。上書自陳。竇皇后言之於文帝，召見，問之，具言其故，先暗應『采桑墮』。果是。又復問他何以爲驗。對曰：『姊去我西時，與我決於傳舍中，丐沐沐我，請食飯我，乃去。』娓娓入情，自堪迸泪。於是竇后持之而泣，泣涕交横下。如親見當日姊弟相泣光景。入神之筆。侍御左右皆伏地泣，助皇后悲哀。乃厚賜田宅金錢，封公昆弟，家於長安。[3]

絳侯、灌將軍等曰：『吾屬不死，命乃且縣此兩人。借功臣口，反形出當時薰灼之極來。兩人所出微，不可不爲擇師傅、賓客，有大臣識見。又復效吕氏大事也。』於是乃選長者、士之有節行者與居。竇長君、少君由此爲退讓君子，收得妙。不敢以尊貴驕人[4]。

衛皇后，字子夫，生微矣。蓋其家號曰衛氏，[5]筆頭輕薄之甚，然文致絶佳。出平

3《外戚傳》雖爲后之昆弟而立，然必以皇后爲主，但文字苦無出色處。史公往往用略其大而詳其細、實處虚而虚處實之法。如《竇太后傳》，大節目只是生女嫖及兩男，并爰立等事，以數行畢之，却就廣國見后處寫得濃至動人，則全篇皆極靈警，所謂射雕巧手也。

4竇氏以退讓稱，衛氏以軍功顯。此外戚中之最皎皎者，故特加意描寫。今故只録此兩傳。

5『蓋其家號曰衛氏』，因其自號者而

傳之。其實生種至微，不可得而考也。後又云『衛皇后所謂姊衛少兒』，亦子夫自謂云云，其實支系鄙污，是姊非姊，均不可知也。馬遷臨文弄筆，頗著其醜，殆亦刺武帝之黷夫婦之倫而進娼優之賤乎！至其篇末，於衛、霍功名，獨連書『軍功』字樣，可謂克自振拔，而不乞靈於椒房者矣。抑揚予奪，均有微詞，宜王允以『謗書』目之也。

陽侯邑。曹參所封之國。子夫爲平陽主曹壽一作不窋。謳者。武帝初即位，數歲無子。平陽主求諸良家子女十餘人，子夫偏不在良家中，妙。飾置家。武帝祓霸上還，因過平陽主。主見所侍美人，上弗悦。既飲，謳者進，上望見，獨悦衛子夫。命也。是日，武帝起更衣，子夫侍尚衣軒中，叙得熱鬧。得幸。上還坐，歡甚，賜平陽主金千斤。主因奏子夫奉送入宫。子夫上車，平陽主拊其背曰：『行矣，彊飯，勉之！即貴，無相忘。』寫兒女情懷，絶有憨態。入宫歲餘，竟不復幸。忽淡忽濃，皆命使之耳。武帝擇宫人不中用者，斥出歸之。衛子夫得見，涕泣請出。上憐之，復幸，遂有身，尊寵日隆。召其兄衛長君、弟青爲侍中。而子夫後大幸，有寵，加倍渲染。凡生三女一男，男名據。

初，上爲太子時，原叙法。娶長公主女爲妃。立爲帝，妃立爲皇后，姓陳氏，無子。命也。上之得爲嗣，大長公主有力焉，旁叙法。以故陳皇后驕貴。聞衛子夫大幸，恚，幾死者數矣。上愈怒。陳皇后挾婦人媚道，其事頗覺，挾媚道而不能得主，此其道詘矣。正是欲加之罪，何患無辭耳。於是廢陳皇后，而立衛子夫爲皇后。

陳皇后母大長公主，景帝姊也，亦旁叙法。數讓武帝姊平陽公主後半轉折甚多，叙來只是一綫穿下，故奇。曰：『帝非我不得立，已而棄捐吾女，壹何不自喜而倍本乎！』『自喜』猶云『豈不以得立爲天子自幸，而乃忘我之力乎』！平陽公主曰：『用無子故廢耳。』陳皇后求子，與醫錢連綿生下，文情如環。凡九千萬，然竟無子。命也。

衛子夫已立爲皇后，遥接。先是衛長君死[6]，乃以衛青爲將軍，擊胡有功，爲外戚生色。封爲長平侯。青三子在襁褓中，皆封爲列侯。及衛皇后所謂姊衛少兒，與篇首『蓋其家號曰』句相應。少兒生子霍去病，以軍功封冠軍侯，大書特書。號驃騎將軍。青號大將軍。立衛皇后子據爲太子。衛氏枝屬以軍功起家，五人爲侯。不一書，皆所以深予之也。

6 衛長君前後只一點，然亦不肯漏略。史公文字之密如此。

齊王世家

朱虚侯年二十，有氣力，忿劉氏不得職。嘗入侍高后燕飲，用家人禮爲燕私之飲。高后令朱虚侯劉章爲酒吏。使治觴政。章自請曰：『臣，將種也，請得以軍法行酒。』語有英氣，然只謂借軍法爲酒令耳，含糊得妙。高后曰：『可。』酒酣，章進飲歌舞。已而曰：『請爲太后言耕田歌。』剛果雜以俳笑，使人不覺。高后兒子畜之，笑曰：『顧而父知田耳！』亦調笑奚落之。『若生而爲王子，安知田乎？』章曰：『臣知之。』太后曰：『試爲我言田。』章曰：『深耕穊種，立苗欲疏；非其種者，鉏而去之。』冷譏熱諷，呂雉褫魄。呂后默然。頃之，諸呂有一人醉，亡酒，章追，拔劍斬之而還，報曰：『有亡酒一人，臣謹行法斬之。』正與孫武斬隊長一樣辣手。太后左右皆大驚。業已許其軍法，無以罪也。因罷。自是之後，諸呂憚朱虚侯，雖大臣皆依朱虚侯，以一番觴政爲反正之基，奇事。劉氏爲益彊。1

齊厲王，其母曰紀太后。太后取其弟紀氏女爲厲王后。王不愛紀氏女。太后欲其家重寵，只一點私意，釀成大禍。令其長女紀翁主入王宮，正其後宮，處分甚奇。無令得近王，欲令愛紀氏女。王因與其姊翁主奸。點出『其姊』二字，便了然。

1朱虚侯立意甚善，而行法斬亡酒之人，作歌示非種之去，迹其所爲，亦異於危行言孫者之旨矣。少年將種，負氣自彊，適有天幸，實非謀國之全策也。

齊有宦者徐甲，入事漢皇太后。皇太后有愛女曰脩成君，脩成君非劉氏，曲而顯。太后憐之。脩成君有女名娥，太后欲嫁之於諸侯。宦者甲乃請使齊，必令王上書請娥。徐甲欲怙寵，又是一重公案。甲蓋知紀氏女失寵，欲以皇太后之勢成之。皇太后喜，使甲之齊。是時齊人主父偃知甲之使齊以取后事，長句勁甚。亦因謂甲：『即事成，幸言偃女願得充王後宮。』2 主父偃欲聯姻貴戚，又一重公案。甲既至齊，風以此事。寫得有情態。紀太后大怒，曰：『王有后，後宮俱備。且甲，齊貧人，急乃爲宦者，入事漢，無補益，乃欲亂吾王家！其言亦風利近正。且主父偃何爲者？乃欲以女充後宮！』詰得好，聲態俱厲。徐甲大窮，還報皇太后曰：『王已願尚娥，然有一害，恐如燕王。』隱隱逗出翁主一案。小人可畏。燕王者，與其子昆弟奸，注得自然，無痕迹。新坐以死，亡國，故以燕感太后。太后曰：『無復言嫁女齊事。』事浸潯不得聞於天子。收科亦淡得有致。主父偃由此亦與齊有郤。渡入後半篇。3

主父偃方幸於天子，用事，因言：『齊臨菑十萬户，市租千金，人衆殷富，巨於長安，此非天子親弟、愛子不得王此。今齊王於親屬益疏。』何不竟言削割而徒以親疏言之？其意使齊王尚修成君女娥，乃益親矣。乃從容言：『吕太后時加『從容言』句，所謂浸潤

2篇首連叙三事，事事有曲折，看其無處不寫到。筆隨事曲，事隨筆顯，真奇絶之文。○女子小人，交關於宫壼帷薄之間，豈有不貽禍於國家者哉！紀太后，漢太后，不過以愛希恩；紀翁主，修成君，乃至以非種奸法。又加以徐甲之妄誕，主父偃之貪鄙險忮，而朱虛力創之業不祀忽諸，有國家者何可不深鑒也。

3齊之亡，亡於主父偃，而偃之怨齊，起於不得納女後宫。偃之欲納女後宫，原於徐甲之爲修成君女

畫嫁齊之策。文步步用倒生出來之法。然其罪戾之端，則紀翁主啓之，故先敘在前。可知此等文字，史公亦先經安排布置，有成竹於胸中而後寫出，故能縮千頭萬緒於尺幅之中也。

之譜。齊欲反，吴楚時孝王幾爲亂。今聞齊王與其姊亂。』三句撮其大旨，要知其言甚多，故曰『從容』。於是天子乃拜主父偃爲齊相，且正其事。主父偃既至齊，乃急治王後宮宦者爲王通於姊翁主所者，令其辭證皆引王。明是書牘背，上下其手伎倆。王年少，懼大罪爲吏所執誅，乃飲藥自殺。絶無後。

是時趙王懼主父偃一出廢齊，恐其漸疏骨肉，乃上書言偃受金及輕重之短。主父偃以一女之故，既廢一國，亦自殺其身，真千古之至愚人也。天子亦既囚偃。少住。公孫弘言：『齊王以憂死毋後，國入漢，非誅偃無以塞天下之望。』遂誅偃。公孫弘老儒，而往往以一言誅戮人，所謂外寬而內深次骨也。

1 酇侯爲漢元功第一。於其始，默識高祖於稠人之中處，用『常』字、『獨』字、『數』字，草蛇灰綫，歷落叙來，而以『固請得毋行』一語表其深心高識，便爲第一注脚。令人瞥然自見，初未嘗特爲品藻也，真正高手。

蕭相國世家

蕭相國何者，沛郡名。豐邑名。人也。以文無害治文書平允。爲沛主吏掾。群吏之長。高祖爲布衣時，何數以吏事護高祖。高祖爲亭長，常左右之。高祖以吏繇咸陽，以吏事給役京師。吏皆送奉錢三，何獨以五。當時有當十大錢，故以三五爲數。秦御史監郡者與從事，常辨之。御史監郡時，何才能辦其職事，即下『卒史』『第一』是也。何乃給泗水卒史事，第一。秦御史欲入言徵何，何固請，得毋行。1想其心頭眼底，是何局面。及高祖起爲沛公，何常爲丞督事。始爲沛公之丞，便與即位爲相，只是一事。沛公至咸陽，諸將皆争走金帛財物之府分之，何獨先入收秦丞相御史律令圖書藏之。此方是正叙何功第一處，是爲第一段。沛公爲漢王，以何爲丞相。項王與諸侯屠燒咸陽而去。漢王所以具知天下阸塞，户口多少，彊弱之處，即不屠燒咸陽，圖書亦爲要務。必叙屠燒者，見其機一失，幾不可再得，所以加倍爲何功出色也。民所疾苦者，加『民所疾苦』一句，又好。以何具得秦圖書也。何進言韓信，又是第一功，此是第二段。漢王以信爲大將軍。語在《淮陰侯》事中。

漢王引兵東定三秦，此只以『還定三秦』，帶叙於韓信事下。何以丞相留收巴蜀，填填、鎮同。古『鎮』字俱作『填』字。撫諭告，使給軍食。漢二年，漢王與諸侯擊楚，何守關中，侍太子，治櫟陽。爲法令約束，立宗廟社稷宫室縣邑，輒奏上，又是第一功，此爲第三段。可許以從事；即不及奏上，輒以便宜施行，上來以聞。關中事計户口轉漕給軍，給餉、補卒，皆絶大重務，又是第一功。是爲第四段，叙何功畢。漢王數失軍遁去，何常興關中卒，輒補缺。上以此專屬任何關中事。2

漢三年，漢王與項羽相距京索之間，上數使使勞苦丞相。疑忌第一段。鮑生謂丞相曰：『王暴衣露蓋，數使使勞苦君者，有疑君心也。如此危機，何全不覺，而往往有人從旁覺之，危哉！幸哉！爲君計，莫若遣君子孫昆弟能勝兵者悉詣軍所，上必益信君。』於是何從其計，漢王大悦。叙得淺甚，故妙。

漢五年，既殺項羽，定天下，論功行封，論功獨爲一大節。群臣争功，歲餘功不決。高祖以蕭何功最盛，封爲酇侯，所食邑多。功臣皆曰：『臣等身被堅執鋭，多者百餘戰，少者數十合，攻城略地，大小各有差。今蕭何未嘗有汗馬之勞，徒持文墨議論，語雖輕薄，然自是何定評，即贊所謂『刀筆吏』也。不戰，顧反居臣等上，何也？』高祖曰：『諸君知獵乎？』再問再對，文情娟秀。曰：『知之。』『知獵狗乎？』曰：『知

2前半叙何功累累，俱占興亡第一籌。後半又歷摹高祖畏惡猜忌之私，皆賴客計以免禍。蓋漢待功臣至薄，而何以元功幸保令終，故曲爲傳出，以爲功臣炯鑒，乃他傳所無也。

之。』高帝曰：『夫獵，追殺獸兔者狗也，而發蹤指示獸處者人也。此言實不切蕭何，歸之子房則幾矣。今諸君徒能得走獸耳，功狗也。輕士善罵之波流耳，豈定評哉！至如蕭何，發蹤指示，功人也。且諸君獨以身隨我，多者兩三人；不覺自道肺腑間事。今蕭何舉宗數十人皆隨我，功不可忘也。』不可忘，妙。乃己心不能忘耳，非於天下大計有所繫屬也。群臣皆莫敢言。

列侯畢已受封，及奏位次，皆曰：『平陽侯曹參身被七十創，攻城略地，功最多，宜第一。』前既以『功狗』絀善戰者，今仍爲此語，乃知群臣莫敢言者，屈於辯而心未服也。上已橈功臣多封蕭何，至位次未有以復難之，然心欲何第一。寫出一片隱情，總以弔動鮑生之策來。關内侯鄂君進曰：按，《表》：鄂君名千秋。『群臣議皆誤。夫曹參雖有野戰略地之功，此特一時之事。『一時』『萬世』二語，比『功狗』『功人』高百倍。夫上與楚相距五歲，常失軍亡衆，逃身遁者數矣。此等語略無回互，漢人質直如此。然蕭何常從關中遣軍補其處，一段，應前『補缺』。非上所詔令召，而數萬衆會上之乏絶者數矣。夫漢與楚相守滎陽數年，軍無見糧，蕭何轉漕關中，給食不乏。一段，應前『轉漕』。陛下雖數亡山東，蕭何常全關中以待陛下，此萬世之功也。總束上二段。今雖亡曹參等百數，何缺於漢？漢得之不必待以全。大難爲平陽侯。亦文章跌宕之勢，不必真有是言。奈何欲以一旦之功而加萬世之功哉！鄂君一段，有起有跌，自成章法。蕭何第一，曹參次之。』高祖曰：『善。』[3]於是乃令蕭何第一，賜帶劍履上殿，入朝不趨。漢立此禮，始於蕭何、霍光，終於董卓、曹操，可以興嘆。上曰：『吾聞進賢受上賞。蕭何功雖高，得鄂君乃益明。』[4]趣甚。於是因鄂君故所食關内侯邑封爲安平侯。進關内爲列侯，但加爵而不增食邑。是日，悉封何父子兄弟十餘人，皆有食邑。餘波。乃益封何二千户，以帝嘗繇咸陽時何送我獨赢奉錢二也。用『我』字，妙。是高祖意中語也。

漢十一年，陳豨反，高祖自將，至邯鄲。未罷，淮陰侯謀反關中，内外皆叛，所以功臣人人可疑，連叙有意。吕后用蕭何計，誅淮陰侯，一信也，何始薦之，終定計誅之。何於此不能無憾矣。語在《淮陰》事中。上已聞淮陰侯誅，使使拜丞相何爲相國，益封五千户，令卒五百人一都尉爲相國衛。來得有根，妙。一則賞其誅亂之功，一則因信而疑何也。諸君皆賀，召平獨弔。八字陡峻。插入召平一篇小傳，蛛絲馬迹，妙不可言。召平者，故秦東陵侯。秦破，爲布衣，貧，種瓜於長安城東，瓜美，故世俗謂之『東陵瓜』，從召平以爲名也。百忙中偏有此逸調，奇事。召平謂相國曰：接『獨弔』句。『禍自此始矣。此即弔

3此段論蕭何功，凡三項，而各不同。『發蹤指示』之説，乃高祖因群臣『未嘗有汗馬之勞』一語趁勢譎出，以爲柢攔，固非定論。即舉宗數十人從軍，又無卓卓可紀者，何足言功？不過自道其悦何之真病耳。惟鄂千秋所論庶乎得之，而又不并及於收圖書、舉韓信之事，正見漢廷見識不過如此，卒無一人知大計者。因以益見何之不可及也。此史公妙處在無字句處見之者。

4『得鄂君乃益明』，妙。蓋以已兩言之而不得要領，鄂君明之而後私意得伸也。

詞也。上暴露於外而君守於中，非被矢石之事而益君封置衛者，以今者淮陰侯新反於中，疑君心矣。夫置衛衛君，非以寵君也。撇開益封，單就置衛拈破，曉人當如是。願君讓封勿受，悉以家私財佐軍，則上心悦。』相國從其計，高帝乃大喜。妙。

漢十二年秋，黥布反，上自將擊之，數使使問相國何爲。二句相類，而何復蹈危機，畫出樸忠人性質。相國爲上在軍，乃拊循勉力百姓，悉以所有佐軍，如陳豨時。用舊計，不錯；錯在上句耳，所謂『只知其一，不知其二』也。客有説相國曰：『君滅族不久矣。夫君位爲相國，功第一，可復加哉？大臣能知此一語，自然退讓。然君初入關中，得百姓心十餘年矣，皆附君，常復孶孶得民和。上所爲數問君者，畏君傾動關中。此客有絶人之識，殆亦深於黄、老之學者，非前二人之比，而名獨不傳，何也？今君胡不多買田地，賤貰貸以自污？上心乃安。』使大臣至此，漢治之所以日下也。讀之可爲寒心。於是相國從其計，上乃大説。

上罷布軍歸，民道遮行上書，言相國賤彊買民田宅數千萬。何至數千萬？史家文法耳。上至，相國謁。上笑曰：『夫相國乃利民。』寫出樂甚。民所上書皆以與相國，夾叙法，惟史法多有之。曰：『君自謝民。』相國因爲民請曰：『長安地狹，樸忠自露，妙在與賤貰貸相反，何之所以爲何也。上林中多空地，棄，願令民得入田，毋收稿爲禽獸食。』上大怒曰：相應，妙。『相國多受賈人財物，乃爲民請吾苑。』此二句非高帝意也，急不擇言，寫出盛怒。乃下相國廷尉，械繫之。數日，王衛尉侍，前問曰：『相國何大罪，陛下繫之暴也！』上曰：『吾聞李斯相秦皇帝，有善歸主，有惡自與。如此覆轍，漢廷津津道之不置如此，治之所以終於雜霸也。今相國多受賈豎金而爲民請吾苑，以自媚於民，只此是忌怒之本。故繫治之。』王衛尉曰：『夫職事苟有便於民而請之，真宰相事，陛下奈何乃疑相國受賈人錢乎？只此二語，還清正項。下皆探其隱而抉之。且陛下距楚數歲，陳豨、黥布反，陛下自將而往，當是時，相國守關中，摇足則關以西非陛下有也。相國不以此時爲利，今乃利賈人之金乎？一語刺中帝之隱微，妙在仍引向『利』字，説得雪淡。若云『此時爲變』，則痕迹顯然，難爲聽者矣。詞令妙品。且秦以不聞其過亡天下，李斯之分過，又何足法哉！陛下何疑宰相之淺也。』高帝不懌。四字真善體人情，妙在言表。是日，使人持節赦出相國。[5]相國年老，素恭謹，入，徒跣謝。高帝曰：『相國休矣！相國爲民請苑，吾不許，吾不過爲桀、紂主，而相國爲賢相。吾故繫相國，欲令百姓聞吾過也。』[6]仍是李斯相業横亘胸中，反言成相國之名，餘怒拂拂不可遏。

5 王衛尉之言，所以明蕭何功者與鄂君豈相遠哉？一則以之得封侯之賞，一則不免於不懌，進言之不可以不慎如此。雖然，鄂君窺帝之意向何，因而逢迎之；王尉當帝之方怒何，從而匡救之。王之優於鄂遠矣，而史失其名，不亦可惜矣乎！

6 高祖疑忌相國凡三段。前二段淺，故應以淺著而即解；後一著深，故應以深著而又幾危。蓋鮑生、召平之計，不過因韓信、黥布之反而知上心實不忘相國。迫遣子弟、出私財，若自弱焉者，帝意亦解，後之『拊循百姓』，則復犯其向之所忌而加甚焉。何生平締造之勞，即何此日族誅之具，非客説之於前，王尉解之於後，何能保首領哉？嗚呼，危矣！

7臨没薦相自代，又是第一功。特重此段，與前半相呼應。

8史遷一生好奇，故於盜魁、俠首譽之不容口。如蕭何一贊，煞甚不滿。至於以周、召、太公比韓，以閎、散比蕭何，稱量不苟毫髮。愚以爲究非定論也。

何素不與曹參相能，及何病，孝惠自臨視相國病，因問曰：『君即百歲後，誰可代君者？』對曰：『知臣莫如主。』孝惠曰：『曹參何如？』何頓首曰：『帝得之矣！臣死不恨矣！』7

何置田宅必居窮處，爲家不治垣屋，曰：『後世賢，師吾儉；不賢，毋爲勢家所奪。』此段與何相業無涉，特綴於篇末者，所以明前時賤買百姓田宅千萬計，真窮蹙救死，雅非實事也。史公如此處甚多，要在自領。

孝惠二年，相國何卒。謚爲文終侯。

後嗣以罪失侯者四世，絶，天子輒復求何後，封續酇侯，功臣莫得比焉。按酇侯之封，直至東漢之末，蓋與兩漢相終始，此但就武帝之時言之。

太史公曰：蕭相國何於秦時爲刀筆吏，録録未有奇節。一語斷盡，何之不如信、越等在此，勝處亦在此。及漢興，依日月之末光，何謹守管籥，俱用一色字法。因民之疾秦法，順流與之更始。淮陰、黥布等皆以誅滅，而何之勳爛焉。惟無奇之極，乃獨成其奇。位冠群臣，聲施後世，與閎夭、散宜生等爭烈矣。8閎、散在周無特立之奇節，蕭何事業俱漢所以存亡，似難並論。

曹相國世家

孝惠帝元年，除諸侯相國法，更以參爲齊丞相。惟王朝有相國，侯國改稱丞相。參之相齊，齊七十城。天下初定，悼惠王富於春秋，地廣則事多，草創則法冗，年少則喜事，三句反襯參之清静，妙。參盡召長老諸生，問所以安集百姓如齊故俗，主意先定。諸儒以百數，言人人殊，亦反襯筆。參未知所定。聞膠西有蓋公，善治黄、老言，點睛。使人厚幣請之。既見蓋公，蓋公爲言治道貴清静而民自定，要言不煩。推此類具言之。參於是避正堂，舍蓋公焉。其治要用黄、老術，此亦人所甚難。參本以武功顯，而知此，故奇。故相齊九年，齊國安集，應『安集』字。大稱賢相。1

惠帝二年，蕭何卒。參聞之，告舍人趣治行，『吾將入相』。此餘文點染，非本傳所重。居無何，使者果召參。參去，屬其後相曰：『以齊獄市爲寄，慎勿擾也。』所見者大而屬意却微。『寄』字妙，猶『托』也。以己治之齊托之，顧諟勿失而去。後相曰：『治無大於此者乎？』參曰：『不然。夫獄市者，所以并容也，今君擾之，奸人安所容也？吾是以先之。』察奸而奸無必盡之理，徒以擾良耳。此語至大，然非廢弛之謂也。

參始微時，與蕭何善；及爲將相，有郤。蕭、曹有郤，史無明文，不知何事。吾以爲必

1 漢治雜伯以貴黄老之術也，而開其端者，實參始之。諸儒多以此爲參病，不知暴秦之後，《詩》《書》悉燼，而諸儒陳説言人人殊，又安得以鄙儒喋喋之辭啓紛擾之失哉？固不得以是訾參也。

起於爭功。時鄂君所論，譽蕭既多而抑曹太甚，固不足以厭曹之心也。至何且死，所推賢唯參。

參代何爲漢相國，舉事無所變更，一遵蕭何約束。

擇郡國吏木詘於文辭，重厚長者，即召除爲丞相史。細列曹參相業，娓娓不倦，只是『清靜』二字盡之。吏之言文刻深，欲務聲名者，輒斥去之[2]。深識不可及。日夜飲醇酒。卿大夫以下吏及賓客見參不事事，來者皆欲有言。此二段只就飲醇酒一節反復言之，筆墨淋灕酣恣極矣。至者，參輒飲以醇酒，間之，『來者』，『至者』，語似復而景色更佳。史公往往有此。欲有所言，復飲之，醉而後去，終莫得開說，以爲常。三字加得妙。下又就中抽出一事寫之，遂覺酒痕歌韻，滿目淋灕。此渲染之美法也。

相舍後園近吏舍，吏舍日飲歌呼。從吏惡之，無如之何，乃請參游園中，聞吏醉歌呼，從吏幸相國召按之。乃反取酒張坐飲，亦歌呼相與應和。

參見人之有細過，專掩匿覆蓋之，府中無事。爲吏舍歌呼一事作注脚耳。

參子窋爲中大夫。惠帝怪相國不治事，以爲『豈少朕歟』？言不足於我，以爲無可輔也。乃謂窋曰：『若歸，試私從容問而父曰：形容惠帝入神。「高帝新棄群臣，帝富於春秋，君爲相，日飲，無所請事，請，謁也，謂白事也。何以憂天下乎？」然無言吾

2太公誅華士，仲尼戮聞人，千古卓識。參之斥去刻深務名諸長史，可謂默合此意矣。不再世而酷吏大興，天下受禍，而後知參之識真不可及也。

告若也。』足一語，如聞其聲。窋既洗沐歸，閑侍，自從其所諫參。參怒，而笞窋二百，真黄老之教，毋以過暴視之。其子若孫所以能世其清簡者，得力在此痛棒也。曰：『趣入侍，天下事非若所當言也。』至朝時，惠帝讓參曰：『與窋胡治乎？猶言與窋何與而治之。乃者我使諫君也。』參免冠謝曰：『陛下自察聖武孰與高帝？』上曰：『朕乃安敢望先帝乎？』曰：『陛下觀臣孰與蕭何賢？』上曰：『君似不及也。』語妙。參曰：『陛下言之是也。參言得矣，然未許他人妄效，須分别論之。且高帝與蕭何定天下，法令既明，今陛下垂拱，參等守職，遵而勿失，不亦可乎？』惠帝曰：『善。君休矣！』3

參爲漢相國，出入三年。卒，謚懿侯。子窋代侯。百姓歌之曰：『蕭何爲法，顜若畫一，曹參代之，守而勿失。載其清凈，民以寧一。』以一歌作結，别見奇妙。史公有意弄奇處。

平陽侯窋，高后時爲御史大夫。孝文帝立，免爲侯。立二十九年卒，謚爲静侯。子奇代侯，立七年卒，謚爲簡侯。子時代侯。時尚平陽公主，生子襄。時病癘，歸國。立二十三年卒，謚夷侯。子襄代侯。襄尚衛長公主，生子宗。立十六年卒，謚爲共侯。子宗代侯。征和二年中，宗坐太子死，國除。

3參所論者，非通論也，自參言之則得耳。蓋何刀筆吏也，參戰將也，刀筆吏常密於法，而戰將則獨能持重。方是時，《詩》《書》未出，風俗尚媮，學校選舉之條缺焉未列，爲相者方日昃不遑之際，而云『垂拱』『遵循』，不亦悖乎！特參之才實遠不及何，倘更張之，徒足以滋亂，故貴其持重焉耳，豈爲相之通論哉！

太史公曰：曹國相參攻城野戰之功所以能多若此者，以與淮陰侯俱。因信之力而參獨擅其名。及信已滅，而列侯成功，唯獨參擅其名，非薄參也，正痛惜淮陰耳。參爲漢相國，清靜極言合道。只此六字與參。然百姓離與罹同。秦之酷後，參與休息無爲，故天下俱稱其美矣。4 一『故』字寓意深遠。

4 此贊言簡而意甚長，不滿平陽意最爲顯著。

留侯世家

留侯張良者，其先韓人也。一篇骨子。大父開地，相韓昭侯、宣惠王、襄哀王。父平，相釐王、悼惠王。序家世類多略，惟此獨詳，正以精神所注在此。悼惠王二十三年，平卒。卒二十歲，秦滅韓。系韓亡於平卒之後，句妙。良年少，未宦仕韓。著此一語，良之忠義方盡見。韓破，良家僮三百人，言其富。弟死不葬，言其不顧家。悉以家財求客刺秦王，爲韓報仇。全是一腔義勇做成。以大父、父五世相韓故。勁句。

良嘗學禮淮陽。東見倉海君。蓋東夷之君長。得力士，爲鐵椎重百二十斤。寫得生色。秦皇帝東游，良與客狙擊秦皇帝博浪沙中，狙，猨猱之屬。狙擊者，言其騰躍而擊如狙也。此如牛飲、蛇行等字法，舊解多謬。誤中副車。秦皇帝大怒，大索天下，求賊甚急，爲張良故也。點一句，似可無，不知史公鄭重處正在此。良乃更姓名，亡匿下邳。1

良嘗閑從容步游下邳圯上，好提筆，最當玩味。有一老父，衣褐，至良所，直墮其履圯下，敘黄石事，纖瑣得妙。顧謂良曰：『孺子，下取履！』良愕然，欲毆之。太粉飾處，頗覺情理未當。爲其老，彊忍，下取履。父曰：『履我！』良業爲取履，亦牽彊。因長跪履之。父以足受，笑而去。寫得神理都活。良殊大驚，隨目之。父去里所，復

1子房爲韓報仇一段，忠勇之氣，便是千古大俠。所以傳中離奇閃霍，所遇之人、所爲之事，多在可解不可解之間。後世神僧、劍客諸傳，諸皋、杜陽諸録，悉藍本於此，自來却無人拈破。

還，曰：『孺子可教矣。此一篇英雄相視情景，真千古無兩之事，須是詳寫。後五日平明，與我會此。』良因怪之，跪曰：『諾。』五日平明，良往。父已先在，怒曰：『與老人期，後，何也？』去，曰：『後五日早會。』語句零碎，傳神之極。五日雞鳴，良往。父又先在，復怒曰：『後，何也？』去，曰：『後五日復早來。』稍變亦妙。五日，良夜未半往。有頃，父亦來，喜曰：『當如是。』相視莫逆，盡此三字。出一編書，曰：『讀此則爲王者師矣。後十年興。十三年，孺子見我濟北，穀城山下黄石即我矣。』囑付却只如此，所以異於讖緯小數也。東坡以爲隱君子，是誠有見。遂去，無他言，不復見。若再加一語、再見一面，便不直一錢，寫得妙。旦日視其書，乃《太公兵法》也。良因異之，常習誦讀之。2

居下邳，爲任俠。項伯常殺人，從良匿。伏鴻門案。

後十年，陳涉等起兵，良亦聚少年百餘人。景駒自立爲楚假王，在留。良欲往從之，道遇沛公。接得突兀。沛公將數千人，倒注上句法。略地下邳西，遂屬焉。沛公拜良爲廄將。良數以《太公兵法》説沛公，明點以應還圯上一案。沛公善之，常用其策。良爲他人言，皆不省。反擱一筆，妙。良曰：『沛公殆天授。』故遂從之。定

2曰『愕然』，曰『殊大驚』，曰『因怪之』，曰『因異之』，一綫穿去，意思却不同。此種章法，惟《史記》有之。

交之始，甚正。

漢王之國，良送至褒中，韓王遣送。遣良歸韓。良因説漢王曰：『王何不燒絶所過棧道，示天下無還心，身未離韓，心已歸漢矣。以固項王意。』要著。乃使良還，行，燒絶棧道。

良至韓，韓王成以良從漢王故，項王不遣成之國，從與俱東。寫項王疑忌處，適成其愚耳。良説項王曰：『漢王燒絶棧道，無還心矣。』留良，適所以自誤也。乃以齊王田榮反書告項王。項王以此無西憂漢心，而發兵北擊齊。既誤之於西，復牽之使北。一良勝於十萬甲兵。

項王竟不肯遣韓王，乃以爲侯，又殺之彭城。瓮中之物，殺之何爲？是自驅良歸漢也。良亡，間行歸漢王，[3]始一心事漢。漢王亦已還定三秦矣。補得便捷。復以良爲成信侯，從東擊楚。至彭城，漢敗而還。至下邑，漢王下馬踞鞍而問曰：寫得悲壯。『吾欲捐關以東等棄之，誰可與共功者？』大英雄見頭，却自王發之，沛公真人傑。良進曰：『九江王黥布，楚梟將，與項王有郄；彭越與齊王田榮反梁地：此兩人可急使。語有分别。而漢王之將獨韓信可屬大事，當一面。即欲捐之，捐之此三人，則楚可

3或謂良脱身爲韓報仇，卒之韓王成之死，實以良歸漢之故致之，似良有負於韓矣。不知良於此時但知秦爲韓仇，滅秦而復韓，則良志已遂，豈不欲擇君而事，以立不朽之業，而欲其委贄韓成。槁項無就，有是理乎？且良知沛公天授，而猶棄之歸韓，心事純潔極矣。迨羽以疑忌僇成，而良又借漢以滅羽，仍是報韓之初志也。良真純臣也哉！

破也。』重此一段。蓋『急使』者，緩急可備指使而已。至天下大事，必以屬諸淮陰。漢王乃遣隨何說九江王布，而使人連彭越。及魏王豹反，分應錯綜。使韓信將兵擊之，因舉燕、代、齊、趙。然卒破楚者，此三人力也。先結一筆，筆力如椽。

張良多病，未嘗特將也，常爲畫策臣，時時從漢王。此一篇筋骨語，却綴於此，妙。

漢六年正月，封功臣。良未嘗有戰鬭功，高帝曰：『運籌策帷帳中，决勝千里外，子房功也。贊語雅確，比『功狗』之語高百倍。自擇齊三萬户。』良曰：『始臣起下邳，與上會留，儒雅長厚之極。此天以臣授陛下。應前『沛公殆天授』句。陛下用臣計，幸而時中，臣願封留足矣，不敢當三萬户。』乃封張良爲留侯，與蕭何等俱封。顧一筆，爲『未有戰鬭功』句作應也。

留侯性多病，即道引不食穀，善藏之妙，迴出恒流。杜門不出歲餘。

上欲廢太子，立戚夫人子趙王如意。大臣多諫諍，未能得堅决者也。提一筆起案。呂后恐，不知所爲。人或謂呂后曰：『留侯善用計策，上信用之。』呂后乃使建成侯呂澤劫留侯，曰：彊之使出。『君常爲上謀臣，今上欲易太子，君安得高枕而卧乎？』留侯曰：『始上數在困急之中，幸用臣策。味此數語，子房之苦心至矣。今天下安定，以愛欲易太子，骨肉之間，雖臣等百餘人何益！』見得透，胸中已有成竹。呂澤彊要曰：所謂劫也。『爲我畫計。』留侯曰：『此難以口舌争也。顧上有不能致者，天下有四人。轉得和緩有致。四人者年老矣，逐句有態，當細尋之。皆以爲上慢侮人，故逃匿山中，義不爲漢臣。然上高此四人。再轉。今公誠能無愛金玉璧帛，令太子爲書，卑辭安車，看其只在禮貌上講究，與慢侮對針。因使辯士固請，宜來。又加此句，方見四人之難致。來，以爲客，時時從入朝，尤見畫策時回頭抵掌之態。令上見之，則必異而問之。問之，每用疊句見奇。上知此四人賢，則一助也。』又淡得妙。於是呂后令呂澤使人奉太子書，卑辭厚禮，迎此四人。四人至，客建成侯所。[4]

漢十二年，上從擊破布軍歸，疾益甚，愈欲易太子。寫得憒亂忙迫。留侯諫，不聽，因疾不視事。[5]補筆周到。叔孫太傅稱説引古今，叔孫生平，幸有此日。以死争太子，上詳許之，詳與佯同。猶欲易之。更危。及燕，置酒，太子侍。四人從太子，年皆八十有餘，鬚眉皓白，衣冠甚偉。出色繪畫。上怪之，問曰：『彼何爲者？』四人前對，各言名姓，曰東園公、甪里先生、綺里季、夏黄公。至此始借四人口自點出姓名，奇而趣。上乃大驚，曰：『吾求公數歲，公辟逃我，今公何自從吾兒游乎？』驚詫神情，

4先輩或云，四皓本不可致，蓋良使老人僞爲之。此真臆説。玩良所以謂四皓逃匿者，不過以帝慢侮之，殆亦魯兩生之流，特以名德素聞，足以坐鎮雅俗耳。使四皓見用於時，未必有補時務，而其古貌古心，良可令人敬服，亦何爲必不可致哉？

5留侯雖云『難以口舌争』，然使竟不一諫，非惟情理所無，亦覺文章疏脱，故必補一句。

6高祖梟雄，其欲易太子者，實疑惠帝黯弱，不克負荷之故。至戚夫人恩寵，又其餘事。故四皓之語惟明太子之得民心，而帝意遂爲之立釋。此中具有深識，非徒以物色動人也。

不啻口出，真傳神之筆。四人皆曰：『陛下輕士善罵，臣等義不受辱，故恐而亡匿。竊聞太子爲人仁孝，恭敬愛士，言其爲守文令主。天下莫不延頸欲爲太子死者，言其已得民心。故臣等來耳。』上曰：『煩公幸卒調護太子。』6己欲摇動而幸得人之調護，轉乃託人調護之，妙甚。

四人爲壽已畢，趨去。上目送之，召戚夫人指示四人者情景逼現。曰：『我欲易之，彼四人輔之，羽翼已成，難動矣。呂后真而主矣。』目中早早看定『人彘』矣。此語妙。戚夫人泣，上曰：『爲我楚舞，吾爲若楚歌。』項羽垓下事情，高祖此時却類之。英雄兒女之情，何必以成敗異也？讀之淒絶。歌曰：『鴻鵠高飛，一舉千里。羽翮已就，横絶四海。横絶四海，當可奈何！雖有矰繳，尚安所施！』歌數闋，戚夫人嘘唏流涕，上起去，罷酒。淋灕盡致。竟不易太子者，留侯本招此四人之力也。結歸子房傳，是針路一定處。

留侯乃稱曰：自稱語即可爲自贊，以其確也。『家世相韓，及韓滅，不愛萬金之資，爲韓報讎彊秦，天下振動。今以三寸舌爲帝者師，封萬户，位列侯，語意却輕。此布衣之極，於良足矣。願棄人間事，欲從赤松子游耳。』有託而逃，不必實有其人。乃學辟穀，道引輕身。會高帝崩，吕后德留侯，乃彊食之，曰：『人生一世間，如白駒過隙，何至自苦如此乎！』亦自娓娓可聽。留侯不得已，彊聽而食。以此句加『卒』之上，似謂從其志辟穀，可無死者然。

後八年卒，謚爲文成侯。子不疑代侯。

子房始所見下邳圯上父老與《太公書》者，好結穴，諸傳所無。後十三年細應。從高帝過濟北，果見穀城山下黄石，取而葆祠之。葆，寶也。立祠而寶藏此石。留侯死，并葬黄石冢。又奇。每上冢伏臘，祠黄石。7

太史公曰：學者多言無鬼神，然言有物。言光景動人者。至如留侯所見老父予書，亦可怪矣。不惟有人，又有書，故可怪。高祖離困者數矣，而留侯常有功力焉，豈可謂非天乎？天即鬼神也。上曰：『夫運籌策帷帳之中，决勝千里外，吾不如子房。』余以爲其人計魁梧奇偉，别出一解。至見其圖，狀貌如婦人好女。亦以幻忽不常之筆結之。蓋孔子曰：『以貌取人，失之子羽。』留侯亦云。

7此段只詳子房成功後善刀而藏之，妙。其文離奇幻忽，獨與他傳結處迥殊。蓋他傳多詳其世次，此自不疑外無聞，却以黄石并葬終之。子房乎？老人乎？一而二，二而一矣。

陳丞相世家

陳丞相平者，陽武户牖鄉人也。少時家貧，好讀書，有田三十畝，故亦不貧，爲之映然。獨與兄伯居。伯常耕田，縱平使游學。伯乃漢初有數人物，竟不傳其名，惜哉！平爲人長大美色。人或謂陳平曰：『貧何食而肥若是？』其嫂嫉平之不視家生産，曰：『亦食糠核耳。固是一片俗情。然亦特著此語，爲盗嫂一案隱隱拈破。有叔如此，不如無有。』伯聞之，逐其婦而棄之。加倍寫法，未必果棄也。下故有『事嫂』句。

及平長，可娶妻，『可娶妻』三字，憨甚。富人莫肯與者，貧者平亦耻之。帶一分稚氣，正見英雄本色。久之，户牖富人有張負，起案。張負女孫五嫁而夫輒死，蓋許字人五次，非遂婚也。人莫敢娶。大自負處。平欲得之。邑中有喪，平貧，侍喪，以先往後罷爲助。古人氣誼如此，亦爲欲得女作注脚。張負既見之喪所，獨視偉平，平亦以故後去。僅十字耳。兩人神情意態，一一畫出。負隨平至其家，家乃負郭窮巷，以敝席爲門，然門外多長者車轍。三句都是張負目中看出，著一『乃』字，一『然』字，又是張負心口商度，真正神筆。張負歸，謂其子仲曰：『吾欲以女孫予陳平。』張仲曰：『平貧不事事，一縣中盡笑其所爲，獨奈何予女乎？』補傳中所未及。負曰：『人固有好美如陳平而長貧賤者乎？』以淺語曉其子，負意殊不僅此。卒與女。爲平貧，乃假貸幣以聘，予酒肉之資以内婦。細寫入妙。負誡其孫曰：『毋以貧故，事人不謹。事兄伯如父，事嫂如母。』長者之言，可以覺世。平既娶張氏女，賫用益饒，游道日廣。1 先作一結，亦寓深嘆。

里中社，平爲宰，分肉食甚均。不過屠割之事，非主宰之謂。父老曰：『善，陳孺子之爲宰。』平曰：『嗟乎，使平得宰天下，亦如是肉矣！』前半曾未爲平占一地步，故特下此一語。

孝文帝立，以爲太尉勃親以兵誅吕氏，此文帝意中事也，倒裝於此，而以陳平『欲讓』接之，妙甚。功多；陳平欲讓勃尊位，乃病謝。孝文帝初立，怪平病，問之。引之問，以得盡言。平曰：『高祖時，勃功不如臣平。及誅諸吕，臣功亦不如勃。自居締造之勞，以壓其定亂之力也。『亦』字輕得妙。願以右丞相讓勃。』此時平若不讓勃，文帝終亦必更置之，而平之寵衰矣。千古智人，占先著處。於是孝文帝乃以絳侯勃爲右丞相，位次第一；平徙爲左丞相，位次第二。賜平金千斤，益封三千户。2 美其能讓也，顯然可知。

居頃之，兩『居頃之』相應，見勃居位之不久，總出不得陳平圈套耳。孝文皇帝既益明習國家事，朝而問右丞相勃曰：『天下一歲決獄幾何？』此二字乃天下人命所係，以之發

1《淮陰侯傳》先載漂母及市中年少等瑣事，後一一應之。此傳亦先載伯兄之賢，張負之識，以後無一筆照顧，而獨以陰禍絶世爲一傳之結。夫陰禍固與長厚背馳者也。削此存彼，史公之於平也豈不嚴哉！凡此須於無文字處會之。

2學者不善讀書，往往以太尉『功多』爲陳平自己打算語，誤甚。蓋吕后稱制時，惟平與吕氏最親順，及誅諸吕，其功皆出周勃。又，奉璽綬迎文帝亦勃爲之。文帝之德勃也至矣！故

此段『以爲』二字寫文帝意中語也。陳平智士，極善先意迎合，故亟謝病，又不公爲遜讓，待上之問而後分別言之，以爲自己地步。所謂『高祖時，勃功不如臣平』，明明自居開國元勳矣。及後又以口舌扼勃而終去之，此亦其陰謀之一事也。史筆如鏡，不待明指而見。

問，最吃緊，非偶然也。勃謝曰：『不知。』問：『一歲錢穀出入幾何？』勃又謝不知，汗出沾背，畫。愧不能對。於是上亦問左丞相平，語勢婉妙。平曰：『有主者。』上曰：『主者謂誰？』咄咄逼人。平曰：『陛下即問決獄，責廷尉；問錢穀，責治粟内史。』上曰：『苟各有主者，而君所主者何事也？』平謝曰：『主臣。『主臣』猶云慚愧，漢人發語詞。陛下不知其駑下，使待罪宰相。宰相者，上佐天子理陰陽，順四時，下育萬物之宜，外鎮撫四夷諸侯，内親附百姓，使卿大夫各得任其職焉。』此浮説也，所謂口給御人，實非至理。夫育萬物之宜，孰大於錢穀之出入與刑獄之重繁？而徒委之各有司存，可乎？孝文帝乃稱善。右丞相大慚，畫。出而讓陳平曰：『君獨不素教我對！』畫出樸厚人，音聲象貌都有。陳平笑曰：『君居其位，不知其任耶？惡極。當面奚落，明明謂右相之位非所宜居也。且陛下即問長安中盜賊數，言只合以主者委之。君欲彊對耶？』於是絳侯自知其能不如平遠矣。平自知勝勃，勃不自知不及平也。居頃之，應。絳侯謝病請免相，兩『謝病』，亦遥相作章法。陳平專爲一丞相。

孝文帝二年，丞相陳平卒，謚爲獻侯。子共侯買代侯。二年卒，子簡侯恢代侯。二十三年卒，子何代侯。三十三年，何坐略人妻，棄市，國除。

始陳平曰：借平自言，回護得妙。『我多陰謀，是道家之所禁。吾世即廢，亦已矣，終不能復起，以吾多陰禍也。』語氣連綿得有韻。然其後曾孫陳掌以衛氏親貴戚，二『然』字曲曲畫意。願得續封陳氏，然終不得。

太史公曰：陳丞相平少時，本好黄帝、老子之術。方其割肉俎上之時，其意固已遠矣。史公每於小處著神。傾側擾攘楚魏之間，卒歸高帝。常出奇計，伏智謀。救紛糾之難，振國家之患。及吕后時，事多故矣，然平竟自脱，有許多欣羡，亦有許多不滿。定宗廟，以榮名終，稱賢相，豈不善始善終哉！非知謀孰能當此者乎？合斷一筆如鐵。

卷三

絳侯周勃世家

文帝既立，以勃爲右丞相，賜金五千斤，食邑萬户。此二語陳平傳無之，蓋賓主定體。居月餘，人或説勃曰：『君既誅諸吕，立代王，即文帝。威震天下，而君受厚賞，處尊位，以寵，久之即禍及身矣。』即從『右丞相』數句生下，文情一片。平傳則謂其自愧不如陳平，乃歸印。此等或虚或實，各有妙處，不必泥也。勃懼，亦自危，乃謝請歸相印。上許之。歲餘，丞相平卒，上復以勃爲丞相。十餘月，前之辭位謂何，而復居之不疑？勃之禍胎於是矣。上曰：『前日吾詔列侯就國，或未能行，丞相吾所重，其率先之。』心實忌之，飾詞以罷其相位也。乃免相就國。

歲餘，每河東守尉行縣至絳，絳侯勃自畏恐誅，常披甲，令家人持兵以見之。不學無術可憫。且使上果欲誅之，雖披甲持兵何益？適以自招讒謗耳！其後人有上書告勃欲反，下廷尉。廷尉下其事長安，逮捕勃治之。朝廷下之廷尉，廷尉又下之長安捕送也。勃恐，不知置辭。吏稍侵辱之。細寫入妙。勃以千金與獄吏，獄吏乃書牘背示之，曰『以公主爲證』。千古錢神有靈，猾吏骫法，一一描畫。公主者，孝文帝女也，倒注法，《史記》多有。勃太子勝之尚之，故獄吏教引爲證。略住又起一事。夾叙法，又是追叙法。勃之益封受賜，盡以予薄昭。及繫急，薄昭爲言薄太后，亦一獄吏行徑。昭以貴戚將軍而若此，宜其卒以賄敗也。太后亦以爲無反事。文帝朝，太后以冒絮提文帝，冠也。提與抵通，擲而擊之也。曰：『絳侯綰皇帝璽，將兵於北軍，不以此時反，今居一小縣，顧欲反耶！』惟太后數語乃公道話耳。文帝既見絳侯獄辭，乃謝曰：『吏事方驗而出之。』於是使使持節赦絳侯，復爵邑。[1]絳侯既出，曰：『吾嘗將百萬軍，然安知獄吏之貴乎！』[2]應『侵辱』一段，餘音裊裊，妙絶。

文帝之後六年，匈奴大入邊。乃以宗正劉禮爲將軍，軍霸上；史公叙法有極不省處，看此三段可見。祝茲侯徐厲爲將軍，軍棘門；以河内守亞夫爲將軍，軍細柳：條侯周亞夫，勃少子也，故附勃傳。以備胡。上自勞軍。至霸上及棘門軍，直馳入，將以下騎送迎。此又極省，只用兩句反映下一大段，色色都照人。已而之細柳軍，軍士吏被甲，鋭兵刃，彀弓弩，持滿。作臨陣之態，豈非着意妝點，見才於人主乎？天子先驅至，不得入。若先驅得入，則不能令天子親見軍容矣，其理可知。先驅曰：『天子且至。』軍門都尉曰：

1 又遥接『以公主爲證』一段。夾叙薄昭、太后二段於中，泯然無痕，真正神筆。

2 高祖功臣中，推勃最樸至，故帝亦以『厚重少文』稱之。然智短術淺，誅諸吕、立代王之後，位極人臣而無所建白，既不能爲留侯赤松之高，又不能效曲逆彌縫之密，而徒娓娓畏懼，衷甲防誅。向非文帝之寛仁，椒房之戚誼，葅醢之災行將及矣。急流勇退，君子所以貴知幾也。史公畫勃之拙厚處，栩栩欲活，可謂寫生。

3細柳勞軍，千古美談。余謂亞夫之巧於自著其能以邀主眷耳，行軍之要固不在此也。何者？當時遣三將軍出屯備胡，既非臨陣之時，則執兵介冑，傳呼闢門，一何過倨？况軍屯首重偵探，豈有天子勞軍已歷兩寨，而亞夫尚未知之理？乃至先驅既至，猶閉壁門，都尉申辭，令天子亦遵軍令，不亦甚乎！然其持重之體迥異他軍，則錐處囊中，脱穎而出，亞夫之謀亦工矣。顧非文帝之賢，安能相賞於形迹之外哉？

『將軍令曰：極意作態。「軍中聞將軍令，不聞天子之詔。」』居無何，上至，又不得入。妙。於是上乃使使持節詔將軍：此亦天子之詔也。天子未至則不受，至則受之，爲其整肅之已見也，倨甚。『吾欲入勞軍。』亞夫乃傳言開壁門。壁門士吏謂從屬車騎曰：『將軍約，軍中不得驅馳。』乃至以約束吏者約束天子，倨甚。於是天子乃按轡徐行。聖天子。至營，將軍亞夫持兵揖曰：倨甚。『介冑之士不拜，請以軍禮見。』天子爲動，改容式車。使人稱謝：『皇帝敬勞將軍。』成禮而去。細寫文帝，益見亞夫之整。既出軍門，群臣皆驚。描一筆，不可少。文帝曰：『嗟乎，此真將軍矣！斷語妙。曩者霸上、棘門軍，若兒戲耳，其將固可襲而虜也。至於亞夫，可得而犯耶！』觀高帝晨稱漢使直馳入韓信、張耳，即卧内奪其兵符一事，亞夫實加人一等。稱善者久之。餘音未絶。月餘，三軍皆罷。乃拜亞夫爲中尉。3

孝文且崩時，誡太子曰：『即有緩急，周亞夫真可任將兵。』聖天子留心邊務，紀録人才如此。文帝崩，拜亞夫爲車騎將軍。

竇太后曰：『皇后兄王信可侯也。』自此一句起案，連綿五百餘字，一綫穿成。其中忽合忽離，忽隱忽顯，極文章之妙。景帝讓曰：『始南皮、章武侯先帝不侯，及臣即位乃侯之。

信未得封也。』心實欲之，託詞與竇氏，妙甚。南皮、章武二侯，俱竇太后之弟。竇太后曰：『人主各以時行耳。自竇長君在時，竟不得侯，縷縷述來，宛似家人口角。死後乃封其子彭祖顧得侯。吾甚恨之。說得動人，加一句，韻極。帝趨侯信也。』景帝曰：『請得與丞相議之。』漸漸引下。此是景帝初讓之根。丞相議之，亞夫曰：『高皇帝約「非劉氏不得王，非有功不得侯。不如約，天下共擊之」。今信雖皇后兄，無功，侯之，非約也。』在亞夫固爲守正，然不得謂非文帝時一番剛倨之用有以馴致之。故吾謂細柳一節，亞夫以此見長，亦以此胎禍。景帝默然而止。4漸來如畫。

其後匈奴王徐盧等五人降，景帝欲侯之以勸後。此段忽離開，其實仍爲前事陪筆也。丞相亞夫曰：『彼背其主降陛下，陛下侯之，則何以責人臣不守節者乎？』匈奴降王得侯者甚多，此亞夫過執難通處。景帝曰：『丞相議不可用。』一步緊一步，此『不可用』一語，不知是爲今日、爲前日？截然闢開，不論是非，妙絶！傳神！乃悉封徐盧等爲列侯。亞夫因謝病。景帝中三年，以病免相。

頃之，景帝居禁中，召條侯，以病免相，則封建之權已不關亞夫矣。乃又特召而責之，見帝之必不肯忘情於亞夫也。賜食。獨置大胾，無切肉，又不置箸。論頭奇。條侯心不平，描

4 條侯於細柳勞軍一案，贊中所謂『持威重』也；固靳封爵一案，贊中所謂『執堅忍』也；合之總是一個不學。幸遇文帝之寬，則爲能臣；不幸遇景帝之忮刻，即爲大僇。嗚呼，大臣安可以不學乎！後世之寇準、夏言，均是正人，卒以是賈禍，可以鑒矣。

5為條侯計者，宜於不用其議輒封匈奴降王之後，亟風御史請侯王信，而自贊成之，此於朝廷初無所損。且竇氏已侯，必不能禁王氏之終不侯也。乃至召食面譴而猶然辭色怏怏，尚縱驕子置買尚方禁物，又與工人競錙銖之利，慫出納之期，以至身死國亡，為天下僇。夫崇伯取災於悻直，宣尼致痛於鄙夫，如條侯者，亦何足為君子所惜哉？

出。顧謂尚席主宴之官。取箸。景帝視而笑曰：『此非不足君所乎？』以嬉笑為怒罵，危哉！言人欲有所為而不慊於意，猶人之欲食而不足於具也。明指阻后弟之封。條侯免冠謝。上起，條侯因趨出。景帝以目送之，曰：『此怏怏者，悻直難馴貌。非少主臣也。』言非子孫所能制馭也。一步緊一步，而殺之意決矣。

居無何，條侯子為父買工官尚方甲楯五百被，可以葬者。取庸苦之，不予錢。庸知其盜買縣官器，工官，造作之府。尚方甲楯，猶後人所云內府器物也。庸，工也。上『庸』字，以工費言。工人來取價，留難不即予也。下『庸』字，即指工人。怒而上變告子，事連污條侯。上云『可以葬者』，先為條侯出罪；下云『連污條侯』，見其不過因子事染議；總以明景帝之尋釁以成於殺也。書既聞上，上下吏。吏簿責條侯，條侯不對。景帝罵之曰：『吾不用也。』召詣廷尉。一步緊一步。蓋條侯大臣，恐帝復用，故吏不敢窮究其罪。帝特言此明示吏以必殺之機也。廷尉責曰：『君侯欲反耶？』亞夫曰：『臣所買器，乃葬器也，何謂反耶？』吏曰：『君侯縱不反地上，即欲反地下耳！』深文周內，却又如戲，妙甚。吏侵之益急。皆自『帝不用』一語來。初，吏捕條侯，條侯欲自殺，此數語只為篇首相者謂『當餓死』補出。夫人止之，以故不得死，遂入廷尉。因不食五日，嘔血而死。國除。5彊項人至此，可嘆。

絶一歲，景帝乃更封絳侯勃他子堅爲平曲侯，此下仍入勃傳。續絳侯後。十九年卒，謚爲共侯。子建德代侯，十三年，爲太子太傅。坐酎金不善，元鼎五年，有罪，國除。二句未定，宜云『元鼎五年，坐酎金不善，國除』。『有罪』二字衍。

條侯果餓死。接法。死後，景帝乃封王信爲蓋侯。以此語結條侯傳，妙。明明死在王信也。

太史公曰：絳侯周勃始爲布衣時，鄙樸人也，勃終身不出此語。才能不過凡庸。及從高祖定天下，在將相位，諸吕欲作亂，勃匡國家難，復之乎正。雖伊尹、周公，何以加哉！此事獨用極贊，亦公道語。亞夫之用兵，持威重，執堅刃，六字斷定前後榮辱。穰苴曷有加焉！足己而不學，真病。守節不遜，貶中帶褒。終以窮困。悲夫！

伯夷列傳

夫學者載籍極博，猶考信於六藝。《詩》《書》雖缺，然虞夏之文可知也1。《詩》《書》六藝，皆孔子手定之文。此處已暗伏孔子矣。堯將遜位，讓於虞舜，舜禹之間，岳牧咸薦，此虞、夏之文信而可知之實，所以特引此，專爲一個『讓』字，爲伯夷之讓國作案也。乃試之於位，典職數十年，功用既興，然後授政。示天下重器，王者大統，傳天下若斯之難也。而説者曰堯讓天下於許由，許由不受，耻之，逃隱。再引一輩讓天下之人，是不見於虞、夏之書者，而其人則亦虞、夏閒人，故不應獨缺也。及夏之時，有卞隨、務光者，此何以稱焉？似虛而難信。太史公曰：引其父之言。余登箕山，其上蓋有許由冢云。既有冢，又似實而可信。孔子序列古之仁聖賢人，方明點孔子作主腦。如吴太伯、伯夷之倫詳矣。言伯夷，又陪一太伯。文章離合入妙。余以所聞由、光義至高，其文辭不少概見，何哉？以如許之人不應見遺於虞、夏之文，終作一疑案。略結。

孔子曰：『伯夷、叔齊，不念舊惡，怨是用希。』本意謂人之怨伯夷者希，此處只作伯夷自己怨恨之情解。『求仁得仁，又何怨乎？』余悲伯夷之意，睹軼詩可異焉2。其傳曰：

1從來高世之行，必徵信於古人書籍，而古昔遺文散逸不少，故又必得古聖人稱許而後可斷其必傳。通篇只是此意到底。惟『天道無親』以下六行乃因一『怨』字而别發其胸中感慨，卒又以禍福之輕而名譽之重引歸傳世正旨。其文如草蛇灰綫，處處照應，乃知其奇而不詭於正也。

2軼詩即《采薇》之歌也。詩既軼，則亦將堙没不傳矣，終賴孔子嘗稱之，所以獨得不朽。此特插孔子於前之故也。而其文勢却以孔子兩稱其不怨，及睹軼詩則又深似有怨者，故曰『可異』。惟其立意在彼而文勢在此，所以令人目迷。得其脉則了如指掌矣。

伯夷、叔齊，孤竹君之二子也。他傳皆史公自己撰述，獨此只引舊傳之文，所以謂傳中變體。父欲立叔齊。及父卒，叔齊讓伯夷。伯夷曰：『父命也。』遂逃去。叔齊亦不肯立而逃之。國人立其中子。於是伯夷、叔齊聞西伯昌善養老，盍往歸焉。及至，西伯卒。武王載木主，號爲文王，東伐紂。伯夷、叔齊叩馬而諫曰：『父死不葬，爰及干戈，可謂孝乎？古者，天子七月而葬；諸侯五月而葬；三代之通義也。武王伐紂之時，距文王之卒十三年矣，而諫者猶云『父死不葬』，此理殆不可曉。以臣弒君，可謂仁乎？』左右欲兵之。太公曰：『此義人也。』扶而去之，武王已平殷亂，天下宗周，而伯夷、叔齊耻之，義不食周粟，隱於首陽山，『讓』字、『耻』字、『逃』字、『隱』字，俱是首段埋伏，一一應出。古人文律之細如此，而後世猶以離奇目之，何也？采薇而食之。及餓且死，作歌，其辭曰：『登彼西山兮，采其薇矣。以暴易暴兮，不知其非矣[3]。神農、虞、夏忽焉没兮，我安適歸矣。于嗟徂兮，命之衰矣。』曰『易暴』，則固亦以紂爲暴也。曰『虞、夏』而不及『商』，亦非其所歸也。然則周粟既不可食而舊朝亦不足思，以死爲歸，更無别法，其怨深矣。遂餓死於首陽山。

由此觀之，怨耶非耶？遥接孔子一段。

3『不知其非』，正指『天下宗周』。言舉世戴之而莫知其非，是怨盡一世之人也。

或曰：『天道無親，常與善人。』此下乃言其不得不怨之故，别是一義。若伯夷、叔齊，可謂善人者非耶？語不説完，妙。積仁絜行如此而餓死！且七十子之徒，仲尼獨薦顔淵爲好學。尋一陪客，即伏後半之綫索。然回也屢空，糟糠不厭，而卒蚤夭。天之報施善人，其何如哉？[4]其窮類伯夷也。試想『而餓死』句下即接『天之報施善人』句，本是一串，横插入顔淵一案，又加『仲尼獨薦』四字，便令收處有根，何等慘淡經營。盗跖日殺不辜，肝人之肉，暴戾恣睢，聚黨數千人横行天下，竟以壽終。是遵何德哉？此其尤大彰明較著者也。宕過一筆，不覺暢發胸中之憤。此實借酒杯澆魂礧，非傳伯夷之本意矣。須分别思之。若至近世，操行不軌，專犯忌諱，而終身逸樂，富厚累世不絶。或擇地而蹈之，時然後出言，行不由徑，非公正不發憤，明指救李陵一事。而遇禍災者，不可勝數也。余甚惑焉，倘所謂天道，是耶非耶？借題發意止此。以『天道』起，以『天道』結，自成章法。

子曰『道不同不相爲謀』，亦各從其志也[5]。故曰：『富貴如可求，雖執鞭之士，吾亦爲之。如不可求，從吾所好。』『歲寒，然後知松柏之後凋。』舉世混濁，清士乃見。豈以其重若彼，其輕若此哉？所重者名聲，所輕者富貴。『君子疾没世而名不稱焉。』賈子曰：『貪夫徇財，烈士徇名，夸者死權，衆庶

4 前半將許由、卞隨、務光伴伯夷，惜三人之不得載於《詩》《書》，幾欲泯没，而重爲伯夷幸也。後半將顔淵伴伯夷，羨顔淵之獨見稱於孔子，其賢益顯，而更爲伯夷幸也。文雖萬折千回，而大勢截然不亂。眯目者妄詫其奇而不識其脈，則亦何奇之有？

5 幸富貴而與草木同腐，甘貧賤而與日月争光，各從其志而已。以下只發此意。所引經書，當以意會，不得將宋儒訓詁彊合之。

馮生。『同明相照，同類相求。』言德同則樂相稱引。『雲從龍，風從虎，聖人作而萬物睹。』言聖人起於世，而人皆得附之以自見。與經之本意不同。伯夷、叔齊雖賢，得夫子而各益彰。顏淵雖篤學，附驥尾而行益顯。岩穴之士，趨舍有時若此，類名堙滅而不稱，悲夫！即由、光等推之，爲萬世一嘆。閭巷之人，欲砥行立名者，非附青雲之士，惡能施於後世哉？6

6上段兩下相較而擇所重。此段則單就所重一邊言之。『名』字説到底。

老莊申韓列傳

老子者，楚苦縣厲鄉曲仁里人也，既注其縣，又詳其鄉里，先寫得鑿鑿，爲後文一片迷離作反激也。姓李氏，名耳，字伯陽，謚曰聃，周守藏室之史也。此爲問禮作引。

孔子適周，將問禮於老子。老子曰：『子所言者，其人與骨皆已朽矣，實是絶頂開示。獨其言在耳。爲則古稱先者腦後一針。且君子得其時則駕，駕車而行也。與下『蓬累而行』相對。今人多誤解。不得其時則蓬累而行。吾聞之，良賈深藏若虛，君子盛德，容貌若愚。『若虛』、『若愚』，正是蓬累作用。蓋孔子之來，儀文都雅，故以是砭之。去子之驕氣與多欲，態色與淫志，是皆無益於子之身。吾所以告子，若是而已。』去其無益者，則本體明而天真得矣，何容别加一語？孔子去，謂弟子曰：『鳥，吾知其能飛；魚，吾知其能游；獸，吾知其能走。走者可以爲罔，游者可以爲綸，飛者可以爲矰。至於龍，吾不能知，其乘風雲而上天。得此一番贊嘆，遂令千古而下不復聞訾議老子之言。吾嘗恨釋迦不得共孔子一堂酬對，因生無限異同，豈非缺事？吾今日見老子，其猶龍邪！』[1]相視而笑，莫逆於心，惟孔知老，弟子未必知也。

老子修道德，其學以自隱無名爲務。不露首尾，作用具此。居周久之，見周之衰，

1 此段莫認作貶詆仲尼，乃真是千古知己良朋，愛而切劇之雅。自聖人言之，則『温良恭儉讓』也；自老子言之，則『驕氣與多欲，態色與淫志』也。若謂唐突聖人，何翅説夢？

乃遂去。不知何處去，筆意漸玄。至關，關令尹喜曰：『子將隱矣，彊爲我著書。』可謂多事，看『彊爲我』三字，妙。於是老子乃著書上下篇，著書本爲尹喜，若老子，何必有書？言道德之意『意』字深。五千餘言而去，莫知其所終。[2]一筆收過，却另起無數風雲。此史公極意傳神之筆。

或曰：老萊子亦楚人也。著書十五篇，言道家之用，與孔子同時云。意謂老萊或即李耳。

蓋老子百有六十餘歲，或言二百餘歲，以其修道而養壽也。修養之名，實造端於此。

自孔子死之後百二十九年，而史記周太史儋見秦獻公錯落離奇。曰：『始秦與周合而離，離五百歲而復合，合七十歲而霸王者出焉。』入此四句無謂，而文勢得以小展。刻苦算得出來。或曰儋即老子，或曰非也，世莫知其然否。針鋒簇簇，不可端倪。老子，隱君子也。總斷一句，高極。東坡論黃石公本此。

老子之子名宗，宗爲魏將，封於段干。宗子注，注子宮，宮玄孫假，假仕於漢孝文帝。而假之子解爲膠西王卬太傅，因家於齊焉。此段歷敘世次，與起處詳書鄉里、

2伯夷、屈原二傳及此傳，皆史公變體。《伯夷傳》嵌舊傳於中而前後作議論；《屈平傳》夾敘夾議，雙管互下；此傳則於『莫知所終』以下，傳文既畢，別綴異聞，忽明忽晦，忽實忽虛，寫來全似畫龍之法：風雲晦冥之中，乍露鱗爪，而其中莫非龍也。殆亦因孔子『猶龍』之喻撰成此首異文。史公之神行千古，夫豈易識耶？

官謚相應，皆以整贍束離奇之法。

世之學老子者則絀儒學，儒學亦絀老子。『道不同不相爲謀』，豈謂是邪？語無軒輊，意自淡遠。李耳無爲自化，清静自正。結得奇，即所謂道德之意也。太史公曰：老子所貴道，虛無，因應變化於無爲。此即一傳文體定評。故著書辭稱微妙難識。推爲第一。莊子散道德，放論，要亦歸之自然。次於老子一等。申子卑卑，申、韓總作一等。施之於名實。韓子引繩墨，切事情，明是非，其極慘礉少恩。皆原於道德之意，千古卓識，是合傳本旨，何曾肯放過老子也。而老子深遠矣。

玩篇末歷叙世次，則孝文朝之李假上距伯陽才七世，固與史公同朝比肩者也。子孫世系名位秩然，絶非舍衛、恒河荒遠難徵之比。然則青牛度谷，有託而逃，不過蒿目周衰，潔身避世，謂之『隱君子』，真不易之定論矣。篇中一詳鄉里，一記胤嗣，去迹來踪，了如指掌，而偏要於著書隱去之後，憑空駕出許多傳聞異詞來，幻忽錯綜，令人捉摸不定。蓋文章狡獪，貴稱其人，所謂春蠶作繭，隨遇成形，太史之書，所以無奇不備。若不得其命意之所存，幾何不等於痴人説夢也？

司馬穰苴列傳

司馬穰苴者，田完之苗裔也。伏篇末案。齊景公時，晉伐阿、甄，而燕侵河上，齊師敗績。景公患之。詳記連兵，爲苴責莊賈數言張本。晏嬰乃薦田穰苴，曰：晏嬰此舉甚高，不見本傳。此史家互見法。『穰苴雖田氏庶孽，玩此語，知當時支庶不獲進身者多。然其人文能附衆，武能威敵[1]，無一字浪譽。願君試之。』景公召穰苴，與語兵事，大説之，以爲將軍。驟貴。將兵扞燕、晉之師。重任。穰苴曰：『臣素卑賤，君擢之閭伍之中，謂閭閻之下，卒伍之儔。加之大夫之上，士卒未附，百姓不信，人微權輕，願得君之寵臣，國之所尊以監軍[2]，乃可。』孫武殺寵妃，穰苴誅莊賈，總是一副辣手，皆以羈旅疏賤之故，不得已而出此，當原其心以論之。於是景公許之，使莊賈往。穰苴既辭，與莊賈約曰：『旦日日中會於軍門。』頓出殺機。夫苴則何藉於莊賈之監哉？請以殺之而已。古云『願得將軍之頭可以集事』，正此類也。穰苴先馳至軍，立表下漏待賈。賈素驕貴，素驕貴，是苴特請監軍本意。以爲將已之軍而已爲監，不甚急，親戚左右送之，留飲。驕貴本色。日中而賈不至，穰苴則仆表決漏[3]，殺機遂決。入，行軍勒兵，申明約束。約束既定，於『仆表決漏』之下補此三句，見其爲時甚久。夕時，莊賈乃至。穰苴曰：『何

1史公作文，必胸有成竹，故每於敘斷之語管攝全傳。如『文能附衆，武能威敵』八字，實穰苴一傳提綱，非孟浪語。

2按監軍之名始見於此。名爲監軍而實受將之節制，乃一時權宜之計耳。後世至以刑餘統之，雖大帥元勳無不掣肘僨事，一何其昧於建置之初心也！

3表以測日景，漏以驗時刻，出色畫。『日中』二字，殺機可怖。

後期爲?』賈謝曰:『不佞大夫親戚送之,故留。』驕貴聲口。穰苴曰:『將受命之日則忘其家,臨軍約束則忘其親,援枹鼓之急則忘其身。一番議論,能使三軍之士忠憤激發,即賈亦百喙難辭,故行法而能令人心服。若孫子與吴王二妃,徒以兒戲殺人,要不可同日語矣。今敵國深侵,邦内騷動,士卒暴露於境,君寢不安席,食不甘味,百姓之命皆懸於君,何謂相送乎!』[4]召軍正問曰:『軍法期而後至者云何?』寫得嚴毅有體。凡此等處,俱不厭其詳。對曰:『當斬。』莊賈懼,使人馳報景公,請救。既往,未及返,詳寫周匝。於是遂斬莊賈以徇三軍。三軍之士皆振慄[5]。久之,景公遣使者持節赦賈,馳入軍中。此只是文章餘波相屬之意,妙已非正義,須分輕重看。穰苴曰:『將在軍,君令有所不受。』問軍正曰:『軍中不馳,今使者馳,云何?』正曰:『當斬。』使者大懼。穰苴曰:『君之使不可殺之。』乃斬其僕,車之左駙,馬之左驂,以徇三軍[6]。軍法雖嚴,何嘗不可通融?當面轉換得妙。夫莊賈何嘗不受命於君哉?遣使者還報,然後行。士卒次舍、井竈飲食、問疾醫藥,身自拊循之。有前一段之威烈,不可無此一段之慈仁。悉取將軍之資糧享士卒,身與士卒平分糧食,最比其羸弱者。纍纍寫成一串,史公得意筆都如此。三日而後勒兵。病者皆求行,爭奮出爲之赴戰。與

4意與項羽責宋義之辭仿佛。然彼是私憾而曲加之罪,此却説得忼慨動人,所謂『文能附衆』者,良不誣矣。

5只此是請監軍意。

6看此段益見殺賈之志久有成心,縱不後期,亦必求他過以誅之,總欲借以立威而已。

前『三軍之士皆振栗』作兩扇收束。晉師聞之，爲罷去。先聲奪人，妙。燕師聞之，渡水而解。於是追擊之，遂取所亡封内故境而引兵歸。7寫得淋漓滿志，此皆未必實然之語，而文如此，始暢。未至國，釋兵旅，解約束，誓盟而後入邑。與『立表下漏』處遥應，真經濟學問人。景公與諸大夫郊迎，勞師成禮，然後反歸寢。渲染。既見穰苴，尊爲大司馬。田氏日以益尊於齊。傳穰苴已完，輕輕一筆遞下，乃知起處勤叙田氏之妙。史公文字，未有一筆落空者也。

已而大夫鮑氏、高、國之屬害之，譖於景公。景公退穰苴，苴發疾而死。孤單之難振如此，益見監軍一案，非此幾敗乃公事矣。田乞、田豹之徒，由此怨高、國等。其後及田常殺簡公，盡滅高子、國子之族。此何足紀？聊爲穰苴吐氣耳。史公往往心愛其人，則臨文不無過當處。至常曾孫和，因自立，爲齊威王，用兵行威，大放穰苴之法，而諸侯朝齊。又得一振，而穰苴傳方收得不寂寞。

齊威王使大夫追論古者《司馬兵法》而附穰苴於其中，因號曰《司馬穰苴兵法》8。前並不爲『司馬』二字作解，至此補出，奇妙絶人。

太史公曰：余讀《司馬兵法》，閎廓深遠，雖三代征伐，未能竟其義，如其文

7穰苴之用兵，頗有雍容之度，非專尚威武者也。但以起於庶孽，奮迹戎行，倘即極意拊循，終爲其下所易，故不得已借一騎貴之夫殺之，以爲彈壓之本。迨其後一戰功成，而世家之忮害旋作，愈知其前之苦心直與淮陰『背水』異用而同工者矣。

8穰苴既爲大司馬，則自可稱爲司馬穰苴。此文以兵法之名連及，乃一虛實互見之妙，正不必泥。

也，亦少褒矣。貶語蘊藉。若夫穰苴，區區爲小國行師，何暇及《司馬兵法》之揖讓乎？其意明以揖讓之義爲少褒，則穰苴「何暇及」處，正是善用其法處也。是贊穰苴，非抑之也。世既多《司馬兵法》，以故不論，著穰苴之列傳焉。

商君列傳

孝公既用衛鞅，鞅欲變法，恐天下議己。可知惟欲抵攔人言。衛鞅曰：『疑行無名，疑事無功。此先絶其猶豫之見。且夫有高人之行者，固見非於世；此言『人言不足恤』。有獨知之慮者，必見敖於民。敖字借作訾謷之義。愚者闇於成事，知者見於未萌。此言不必集思廣益。民不可與慮始而可與樂成。二句頗當於理。論至德者不和於俗，成大功者不謀於衆。此言要在獨斷獨行。是以聖人苟可以彊國，不法其故；苟可以利民，不循其禮。』[1]此四語明明自露破綻，而孝公甘心焉，溺於彊國利民之説也。孝公曰：『善。』甘龍曰：『不然。聖人不易民而教，知者不變法而治。因民而教，不勞而成功；緣法而治者，吏習而民安之。』其論雖正，然亦足以長呰窳苟且之習，宜不足以服鞅。衛鞅曰：『龍之所言，世俗之言也。常人安於故俗，學者溺於所聞。以此兩者居官守法可也，非所與論於法之外也。聖人神而化之，使民宜之，亦但神化於法之中耳。豈有離法而求治者乎？三代不同禮而王，五伯不同法而霸。知者作法，愚者制焉；賢者更禮，不肖者拘焉。』獨不謂『損益可知：因者居其全，變者居其一二』乎？杜摯曰：『利不百，不變法；功不十，不易器。法古無過，循禮無邪。』此亦在功利上起見，如以利，則何

1千古但知王半山『天變不足畏，人言不足恤，祖宗不足法』之語爲萬世罪人，不知開山之祖乃衛鞅，已盡發其底蘊也。半山處弱勢而所任用者非其人，故禍深而其行不遠。衛鞅據彊國而一衷於獨斷，故頗有效於國，而徒以自禍其身。若其立意，則合若符節者也。

[2]以上廷辯之言，針鋒簇豎，文勢亦極可觀。

[3]當時諸國爭衡，游談縱横之際，所最忌者以國情輸敵也。秦自立告奸連坐之法，咸陽以内，重足一迹，其勢益厚。職此之由，舊解以淫奔之説爲奸，謬甚。

所不至？宜其亦不足以折鞅。衛鞅曰：『治世不一道，便國不法古。看其辯，亦幾窮矣，支吾甚贅。故湯、武不循古而王，夏、殷不易禮而亡。反古者不可非，而循禮者不足多。』[2]此數語則口給御人，而奸邪亦因之畢露矣。奈何甘、杜二子遂無以詰之？孝公曰：『善。』以衛鞅爲左庶長，卒定變法之令。

令民爲什伍，而相牧司連坐。其『連坐』之法，見下三句。不告奸者，腰斬；告奸者，與斬敵首同賞；匿奸者，與降敵同罰[3]。比例斬敵、降敵，則爲奸細之人甚明。民有二男以上不分異者，倍其賦。此益户富國之本。有軍功者，各以率與律同。受上爵；爲私鬭者，各以輕重被刑此彊兵之要。大小。僇力本業，耕織此段申言富國之條目。致粟帛多者，復其身。免其一身力役。事末利及怠而貧者，舉以爲收孥。没入官爲奴婢。宗室非有軍功論，不得爲屬籍。此段申言彊兵之條目。以宗室言之，其下可知。明尊卑爵秩等級，各以差次；名田宅臣妾衣服以家次；有功者顯榮，無功者雖富無所芬華。即軍功。

令既具，未布，恐民之不信己，對針上『恐天下議己』。乃立三丈之木於國都市南門，募民有能徙置北門者予十金。雖在賞處寫，亦有酷烈之氣。民怪之，莫敢徙。復曰：『能徙者予五十金。』有一人徙之，輒予五十金，以明不欺。卒下令。令行於民期年，秦民之國都言初令之不便者以千數。於是太子犯法。既云『民不便令』，不即寫民，却接太子犯法，鞅總拿定『法行自近』之意以起手。衛鞅曰：『法之不行，自上犯之。』將法太子。太子，君嗣也，不可施刑，刑其傅公子虔，黥其師公孫賈。明日，秦人皆趨令。持之者期年，决之者一日，妙。行之十年，秦民大説，可與樂成之效。道不拾遺，山無盜賊，家給人足。民勇於公戰，怯於私鬬，鄉邑大治。秦民初言令不便者轉筆遥接『言令之不便者以千數』句。有來言令便者，並言令便者亦遷之，方盡獨斷之勇。衛鞅曰『此皆亂化之民也』，盡遷之於邊城。其後民莫敢議令。4

商君變法一事，乃三代以下一大關鍵。由斯以後，先王之流風餘韻遂蕩然一無可考，其罪固不可勝誅。然設身處地，以一羈旅之臣，岸然排父兄百官之議，任衆怨，兼衆勞，以卒成其破荒特創之功，非絶世之異才，不能爲也。故吾以爲古今言變法者數人：衛鞅，才子也；介甫，學究也；趙武靈王，雄主也；魏孝文帝，明辟也。其所見不同，而有定力則一。惟學究之害最深，以其執古方以殺人，而不知通其理也。

4先輩言商君之法，秦之所以興亦秦之所以亡，身之所以榮亦身之所以僇，諒哉！夫秦之民，固邠、岐、豐、鎬之舊民也，即使地氣高凉，性饒勁悍，然尊君親上，孝友樂易之風，亦漸摩甚深，卒難摇奪。至商君，以酷烈之氣滌蕩無餘，十年之間，喪其故我。終秦之世不可復回，其禍可勝道哉？

張儀列傳

張儀者，魏人也。始嘗與蘇秦俱事鬼谷先生，學術，蘇秦自以不及張儀。一生履歷，兩人俱自估得定。

張儀已學而游說諸侯。嘗從楚相飲，已而楚相亡璧，門下意張儀，插此一段，小小點綴，全爲『舌存』起脉，並與范雎受辱處不同。曰：『儀貧無行，必此盜相君之璧。』小人誣賴，不足道。然儀必有以致之。共執張儀，掠笞數百，不服，釋之。其妻曰：『嘻，子毋讀書游說，安得此辱乎？』致辱在此，致榮亦在此，婦人只見目前。張儀謂其妻曰：『視吾舌尚在否？』極自負語，但不可明言，然勝於明言多矣。其妻笑曰：『舌在也。』儀曰：『足矣。』1

蘇秦已説趙王而得相約從親，然恐秦之攻諸侯，敗約後負，念莫可使用於秦者，蘇秦能用張儀，即秦之勝儀矣。而自謂不及者，固就大結局處言之，非他人所曉。乃使人微感張儀曰：『子始與蘇秦善，今秦已當路，子何不往游，以求通子之願？』兩辯士必無共事之理，儀之此來，畢竟爲楚相一辱，急不擇音之故。張儀於是之趙，上謁求見蘇秦。蘇秦乃誡門下人不爲通，又使不得去者數日。已而見之，坐之堂下，賜僕妾之食。摶

1戰國時，曳裾侯門者誰非貧士，而獨以盜璧疑張儀？且於『貧』字之下坐以『無行』，儀必有以取之矣。迹其一生所爲，貪昧苟賤，有市人奴隸之所不屑爲者，而儀無不爲之，則侍飲盜璧猶常事耳。儀傳本不足録，愛起段詞理致佳，摘爲小品，誠不愧雁宕一峰，峨眉片月也。

弄張儀，只是推墮於淵，升之於膝，使其感出意外，以示智術能籠絡之而已。因而數讓之曰：『以子之材能，乃自令困辱至此。語未嘗不揚之，故妙。吾寧不能言而富貴子？子不足收也。』謝去之。張儀之來也，自以爲故人，求益，反見辱，怒，寫張儀入蘇秦玄中，意本直致，而又能雋宕，故奇。念諸侯莫可事，獨秦能苦趙，乃遂入秦。

蘇秦已而告其舍人曰：『張儀，天下賢士，吾殆弗如也。今吾幸先用，而能用秦柄者，獨張儀可耳。略逗，說明不得，妙。然貧，無因以進。吾恐其樂小利而不遂，故召辱之，以激其意。子爲我陰奉之。』說得大方，是明告舍人語，恰是陰告張儀語。儀能解其意，舍人不解也。乃言趙王，發金帛車馬，使人微隨張儀，與同宿舍，稍稍近就之，奉以車馬金錢，所欲用，爲取給，而弗告。術甚淺，只是貧窘中易感耳。思之可嘆。張儀遂得以見秦惠王。惠王以爲客卿，與謀伐諸侯。

蘇秦之舍人乃辭去。湊機，妙。張儀曰：『賴子得顯，方且報德，何故去也？』舍人曰：『臣非知君，知君乃蘇君。蘇君憂秦伐趙敗從約，以爲非君莫能得秦柄，故感怒君，2此數語恐當日未必明明說出，若說出，一毫無味矣。史公未檢之筆也，不可不曉。使臣陰奉給君資，盡蘇君之計謀。今君已用，只此已足。請歸報。』張儀曰：『嗟乎，

2蘇秦說六國，爲從約長，身相趙王，持浮說以誑富貴。彼固謂從親之後不憂秦伐耳。若惴惴焉，慮秦兵一出而從約即解，思得一人陰握秦柄以幸旦夕無事。己得保其寵榮者，乃其隱微獨苦之情而不可令六王窺破者也。故其激儀之詞，『恐其樂小利而不遂』，語意渾融，惟儀心會，苟明明以敗從爲言，則趙王亦安用此空名無實之從親而畀之相印哉？故吾謂『舍人辭去』數語爲非當日之情事也。

此吾在術中而不悟，吾不及蘇君明矣！蘇秦只要討他這一句。吾又新用，安能謀趙乎？是正答，却非真言。爲吾謝蘇君，蘇君之時，儀何敢言？此八字方是針鋒準對語。且蘇君在，儀寧渠能乎！』此又自明不及之意。張儀既相秦，爲文檄，告楚相曰：『始吾從若飲，我不盗而璧，若笞我。若善守汝國，我顧且盗而城！』短簡古雋，絶妙古文，後人安能措手？

蘇、張同門學術，而蘇秦早自以爲不及張儀。迨其後，儀以相秦善終，秦以術窮車裂。雖其人品本無低昂，而迹其成敗之由，秦之不及儀也明矣。雖然，鬼谷之術，吾不知其何術，度不過揣測人情，縱横游説而已。今觀《國策》所載蘇秦説六國之辭，機局變化，議論精悍，絶無印板氣格，所不欲明言者，連鷄不能俱棲之一著耳。張儀説六國事秦，則一味恫疑虚喝，欺昧喪心，文筆漶漫，亦無好致。然則秦之術何必不勝儀？正由露穎太早，既不能爲用秦之易，則不得不爲用六國之難。自知傀儡場中刻木牽絲，原無實用，聊借一朝轟烈，吐引錐刺股之氣耳。蘇、張皆小人之尤，而張更狙詐無賴，故附辨之，即史公『毋令獨蒙惡聲』之旨也。

孟子荀卿列傳

太史公曰：余讀孟子書，至梁惠王問『何以利吾國』，未嘗不廢書而嘆也。曰：嗟乎？利誠亂之始也。以大旨挈出在前，是一篇占地步處。夫子罕言利者，常防其原也。故曰『放於利而行，多怨』。自天子至於庶人，好利之弊何以異哉！[1] 隱括《孟子》中『王曰：何以利吾國』一節文字。

孟軻，鄒人也。受業子思之門人。史公好奇横而後儒雅。故於儒者事迹，儒雅之言，輒略而不詳，意雖尊崇而文難出色也。道既通，游事齊宣王，宣王不能用。適梁，梁惠王不果所言，則見以爲迂遠而闊於事情。齊、梁語變，《孟子傳》只此已畢。當是之時，推原一段，借客形主，已是傳外論斷矣。秦用商君，富國彊兵；楚用吴起，戰勝弱敵；齊威王、宣王用孫子、田忌之徒，而諸侯東面朝齊。天下方務於合從連横，以攻伐爲賢，此是齊、梁不用孟子之注脚耳，非作實事叙也。而孟軻乃述唐、虞、三代之德，是以所如者不合。退而與萬章之徒序《詩》《書》，述仲尼之意，孟子所稱引，要不出此。作《孟子》七篇。[2] 其後，有騶子之屬。總挈合傳之奇，莫奇於此。

齊有三騶子。另提。其前騶忌，以鼓琴干威王，因及國政，一個極略。封爲成侯

1 以孟、荀爲一傳之綱，重儒術也。其下乃將騶子、淳于之屬連牽串入，文勢既極變化，則主腦或恐不明，故特作一冒在傳前，而專以孟子之言爲主，正是絶大好間架。

2 漢初人能爲此語者，仲舒、賈誼之外，蓋絶響矣。史公卓識，亦何可及哉！

而受相印，先孟子。妙在借用孟子作定盤星。其次騶衍，後孟子。騶衍睹有國者益淫侈不能尚德，一個極詳。若《大雅》整之於身，施及黎庶矣，此二句是騶衍著書本意。乃深觀陰陽消息此二句是騶衍著書根柢。而作怪迂之變，《終始》《大聖》之篇十餘萬言。此三句是騶衍著書條目。《終始》《大聖》則篇名也。其語閎大不經，必先驗小物，推而大之，至於無垠。其作用則不出乎此，下又逐段徵引以實之。先序今以上至黄帝，學者所共術，殆謂學者所共守之術。大並世盛衰，大概隨世以爲盛衰也。因載其機祥度制，即禍福。推而遠之，至天地未生，窈冥不可考而原也。已上一段，是竪覽千秋。先列中國名山大川，通谷禽獸，水土所殖，物類所珍，因而推之，及海外人之所不能睹。已上一段，是横覽八極。稱引天地剖判以來，五德轉移，此承上叙「今上黄帝」一段。治各有宜，而符應若兹。如《封禪書》公孫卿之説「漢土德而黄龍見」，即符應也。以爲儒者所謂中國者，於天下乃八十一分居其一分耳。此承上「列中國名山大川」一段，文有詳略而明是兩扇格。中國名曰赤縣神州。赤縣神州内自有九州，禹之序九州是也，荒唐之説，津津道之，正以可資談鋒耳。不得爲州數。文筆簡勁。中國外如赤縣神州者九，乃所謂九州也。九夷、八蠻，固已職方所掌，安所得九之數而整齊之乎？

於是有裨海環之，然則裨海外之八州，公又安從而知之？人民禽獸莫能相通者，如一區中者，乃爲一州。如此者九，乃有大瀛海環其外，浩博洸洋得未曾有。天地之際焉。其術皆此類也[3]。總結上四段。然要其歸，應「大雅整身，施及黎庶」一段。必止乎仁義節儉、君臣上下、六親之施，始也濫耳[4]。以一「濫」字斷盡之。王公大人初見其術，此即驚怖之浩遠。懼然顧化，懼同瞿。其後不能行之。即仁義節儉之旨。

是以騶子重於齊。適梁，梁惠王郊迎，執賓主之禮。俱從「瞿然顧化」中得來。適趙，平原君側行撇席。逐句變體，錯綜之甚。如燕，昭王擁彗先驅，請列弟子之座而受業，築碣石宮，身親往師之。其游諸侯見尊禮如此，豈與仲尼菜色陳、蔡，孟軻困於齊、梁同乎哉！回顧孟子，忽援仲尼作伴，尊孟子極矣。故武王以仁義伐紂而王，伯夷餓不食周粟；衛靈公問陳，而孔子不答；又引伊尹、孔子伴孟子，夭矯極矣。梁惠王謀欲攻趙，孟軻稱大王去邠。引古不必盡合，自妙。此豈有意阿世俗苟合而已哉！此句極爲孟子占身分，使一筆掃落諸子。持方枘欲內圓鑿，其能入乎？感慨之中，微帶諷意，以引入下段。或曰，伊尹負鼎而勉湯以王，百里奚飯牛車下而繆公用伯，特引此義，仍合到騶衍作用，筆端幻忽極矣。作先合，然後引之大道。再應「瞿然顧化」及「仁義節儉」之意。騶衍

3 東坡之論禪學也，謂辨欲窮窘，則推而墮之汪洋大海之中，令人不復知邊際所在，則駭以爲神奇。騶子之學大率類此。漢武帝時，文成、五利之屬敢爲大言，處之不疑，其胚胎固已具於此矣。史公明知其荒渺不經，而偏詳寫之，徘徊嘆咏，殆深有感於時事而借題發洩，非偶然也。

4 騶衍之書，大抵奇恣洸洋，不可方物者也。史公於他人數言櫽括，獨於衍之作亹亹不休，固由於好奇之心，亦以文字易於浩博，可以踞一篇

之勝耳。然亦非史家之常法矣。

5意與陳代枉尺直尋之旨略同，爲騶子立地步，亦高。

6此處第一束。

其言雖不軌，倘亦有牛鼎之意乎[5]？語意新妙，不説煞，更妙。

自騶衍與齊之稷下先生，稷下，齊人游士所集。今紀其尤著者如髡等耳。以此爲下半提綱。如淳于髡、慎到、環淵、接子、田駢、騶奭之徒，各著書言治亂之事，以干世主，豈可勝道哉[6]？筆端有眼，與孟子「不阿世苟合」不同。

淳于髡，齊人也。博聞彊記，學無所主。其諫説，慕晏嬰之爲人也，超出諸子一等，爲占身分，而虛得妙。然而承意觀色爲務。先提綱。客有見髡於梁惠王。惠王屏左右，獨坐而再見之，終無言也。惠王怪之，以讓客曰：「子之稱淳于先生，管、晏不及，一作嬰。連屬名姓，亦一法。及見寡人，寡人未有得也。豈寡人不足爲言耶？何故哉？」客以謂髡。敘法簡當。髡曰：「固也。吾前見王，王志在驅逐；後復見王，王志在音聲：吾是以默然。」此「承意觀色」之實用，亦自奇絶。然必詗探而先知之耳，恐未必有此他心通法也。客具以報王，王大駭，曰：「嗟乎，淳于先生誠聖人也。歆動得奇，合拍得易。前淳于先生之來，人有獻善馬者，寡人未及視，會先生至。後先生之來，人有獻謳者，未及試，亦會先生來。二段倒敘，在惠王口中便有許多幻忽。若先説在前，而後以「志在驅逐」二語道破之，便同嚼蠟矣。此可悟作記敘法。寡人雖屏人，然私心在彼，有之。』宛然如脱於口。後淳于髡見，壹語連三日三夜無倦。故作擒縱，與前『無言』作渲染。惠王欲以卿相位待之，髡因謝去。髡亦諸子中之佼佼者，故叙之加詳。於是送以安車駕駟，束帛加璧，黄金百鎰。終身不仕。7髡之行藏別具《滑稽傳》，此則就文設色耳，不必太拘。

慎到，趙人。田駢、接子，齊人。環淵，楚人。皆學黄老道德之術，因發明序其指意。合叙三人，專就著書處總斷一筆，以簡筆間之。故慎到著十二論，環淵著上下篇，而田駢、接子皆有所論焉。8

騶奭者，齊諸騶子，亦頗采騶衍之術以紀文。前並提三騶子。二騶之後，又別間許多議論，而以奭綴於諸子之末。奇絶之文，總要識其穿破、聯絡所在。

於是齊王嘉之，自淳于髡以下，皆命曰列大夫，爲開第康莊之衢，與騶衍『見尊禮』遥應。高門大屋，尊寵之。覽天下諸侯賓客，言齊能致天下賢士也9。齊之尊士，名而已矣。特著一個『言』字，褒貶灼然。

荀卿，趙人。題曰孟、荀，以孟起，以荀收，亦金聲玉振之義，非漫然爲之也。年五十始來游學於齊。騶衍之術迂大而閎辯；奭也文具難施；淳于髡久與處，時有得善

7一傳合叙十餘人，而孟、荀以外所獨詳者，騶衍、淳于髡也。衍則有『先作合而後引之以大道』之美，髡則有『諫説慕晏嬰』及『終身不仕』之高，故以四子爲經，而諸子組織其中。讀史者當先識其造意之處，而後觀其剪裁之方，則不至目迷五色矣。

8詳一段，簡一段，叙一段，斷一段，此種夾互法，史公以外未見其兩。《易》曰：『物相雜謂之文。』非天下之至文何足以語此？

9此處第二束。

言。品諸子，俱有別致。故齊人頌曰：『談天衍，洸洋。雕龍奭，藻麗。炙轂過髡。』[10]過，平聲，與『鍋』近，車轂下盛脂之器，炙之而其流不盡。言其辯展轉不窮也。田駢之屬皆已死。齊襄王時，而荀卿最爲老師。齊尚修列大夫之缺，而荀卿三爲祭酒焉。就諸子較量一番，歸重於荀，大義了了。齊人或讒荀卿，荀卿乃適楚，而春申君以爲蘭陵令。春申君死而荀卿廢，因家蘭陵。敘荀卿獨甚潦倒，同於孟子之困抑，而異於諸子之榮光。此孟、荀合題意也。李斯嘗爲弟子，已而相秦。此語偶及，非本傳所重。荀卿嫉濁世之政，亡國亂君相屬，明明與篇首富國彊兵等語作反射。不遂大道而營於巫祝，信禨祥，明明與騶衍怪迂反射。鄙儒小拘，如莊周等又猾稽亂俗，明明與髡、奭諸子之術反射。於是推儒、墨、道德之行事興壞，序列著數萬言而卒。此則特舉以與《孟子》七篇作兩頭激應，爲一傳間架本末。因葬蘭陵。[11]此下又以當時游士之著名者附見一二，不爲正文。

而趙亦有公孫龍爲堅白同異之辨，劇子之言；魏有李悝，盡地力之教；楚有尸子、長盧；阿之吁子焉。自孟子至於吁子，世多有其書，故不論其傳云。[12]

蓋墨翟，宋之大夫，善守禦，爲節用。或曰並孔子時，或曰在其後。墨翟疑與諸子不同時，故又別附之。

10 於荀子文中品目諸子，猶起處之引田忌、孫子輩作襯墊也。史公文絕去排偶之迹，而意象整齊不苟如此。

11 錯綜蓬勃，筆意橫絕。

12 此處第三束。

孟嘗君列傳

初，田嬰有子四十餘人，其賤妾有子名文，文以五月五日生。嬰告其母曰：『勿舉也。』以賤妾所生。不欲舉之子，而獨得繼統，談何容易？其母竊舉生之。及長，其母因兄弟而見其子文於嬰。田嬰怒其母曰：『吾令若去此子，而敢生之，何也？』文頓首，因曰：『君所以不舉五月子者，何故？』前二段皆寫孟嘗卓識過人，能自振拔之實。嬰曰：『五月子者，長與户齊，將不利其父母。』一腔俗諦，自以『齊户』爲憂，不覺以『跨竈』爲幸。文曰：『人生受命於天乎？將受命於户乎？』嬰默然。文曰：『必受命於天，君何憂焉？必受命於户，則高其户耳，誰能至者！』真滑稽之雄。嬰曰：『子休矣。』

久之，文承間問其父嬰曰：『子之子爲何？』欲求出頭，更忍不住。曰：『爲孫。』『孫之孫爲何？』好機鋒。曰：『爲玄孫。』『玄孫之孫爲何？』曰：『不能知也。』言至此，不覺索然。文曰：『君用事相齊，至今三王矣，齊不加廣只帶説以定門面，意不在此。而君私家富累萬金，門下不見一賢者。立意好客，已見於此。文聞將門必有將，相門必有相。自負語，亦以抹倒四十餘兄弟。今君後宮蹈綺縠而士不得短褐，僕妾餘粱肉而士不厭糟糠。今君又尚厚積餘藏，欲以遺所不知何人，妙語解人頤。而忘公家之事日損，帶應。文竊怪之。』[1]於是嬰乃禮文，使主家待賓客。賓客日進，名聲聞於諸侯。孟嘗君若不得賓客之力，安能越次爲太子？故知其權略過人。諸侯皆使人請薛公田嬰以文爲太子，嬰許之。嬰卒，謚爲靖郭君，而文果代立於薛，是爲孟嘗君。[2]

孟嘗君在薛，招致諸侯賓客及亡人有罪者，皆歸孟嘗君。孟嘗君舍業厚遇之，孟嘗君門下賓客最雜，即代營三窟之馮煖，猶不過狙詐狡獪之尤，況其他乎？故史公寫法亦迥異。以故傾天下之士。食客數千人，無貴賤一與文等。孟嘗君待客坐語，實寫二事，以徵結客之略。而屏風後常有侍史，主記君所與客語，問親戚居處。客去，孟嘗君已使使存問，獻遺其親戚。孟嘗君曾待客夜食，有一人蔽火光。客怒，以飯不等，輟食辭去。孟嘗君起，自持其飯比之。客慚，自剄。以上二事，皆所以待庸流耳。士以此多歸孟嘗君。此中定無佳物。孟嘗君客無所擇，皆善遇之。重寫一遍，飽滿之極。人人各自以爲孟嘗君親己。寫得出。

爲相而結客，固將以網羅天下之英才而爲國樹人也。即不然，亦必綠池應教，文章枚馬

1人當蕭寂之時，偏多道眼。一入繁華之會，頓適迷途。今觀文之説父，以爲『厚積餘藏，遺所不知何人』，可謂明矣。然當『三窟』計成，封殖無厭，聽雍門之歌而涕泗橫流者，又何其戚也！夫患常生於多欲，而感每切於窮時，文之相齊，蓋亦忘公家之事而便其身圖者也。違心之談，徒欲假以奸嫡位耳，豈足道哉？

2《戰國策》載薛公田文語數篇，真得縱橫之精者，乃知孟嘗之機鋒銛利自幼已然。觀此二段可知。

田文起之儔；東閣從游，參佐邢、温之選。於以鼓吹《風》《雅》，翊贊絲綸，不無小補云爾。身庶孽之中，假聲援之助，挾持浮説，固非本懷；乃至號召奸人，侈張幸舍，家作逋逃之藪，身爲盗賊之魁。語有之：『披其枝者傷其心，根之撥者實將落。』齊之不亡亦幸矣！豈特鷄鳴狗盗，近出門墻，爲士林之耻，而裹足不前也哉！夫藥籠之品，應不棄乎溲勃之材；夾袋之名，或曲隱夫疵瑕之士。鷄鳴狗盗，處之末座，政亦何嫌？但文之立心已非，設科無擇，忘公室而便身圖，遂致甘爲奸魁而不惜耳。故原其本而論之。

平原君列傳

秦之圍邯鄲，趙使平原君求救，合從於楚[1]，約與食客門下有勇力、文武備具者二十人偕。平原君曰：『使文能取勝，則善矣。文不能取勝，則歃血於華屋之下，必得定從而還。欲以曹沫劫制之法行之。士不外索，取於食客門下足矣。』自負門下多才，此語雄甚。得十九人，餘無可取者，無以滿二十人。數千人中僅選得十九人，乃十九人仍如無一人，則平原之門下可知矣。門下有毛遂者，前，自贊於平原君曰：『遂聞君將合從於楚，約與食客門下二十人偕，不外索。今少一人，願君即以遂備員而行矣。』自有深沉縝密之氣。平原君曰：『先生處勝之門下幾年於此矣？』駁毛遂，正所以自駁耳。毛遂曰：『三年於此矣。』此言可以迸泪。平原君曰：『夫賢士之處世也，譬若錐之處囊中，其末立見。論亦可人，不愧佳公子口吻。今先生處勝之門下三年於此矣，左右未有所稱誦，勝未有所聞，若以論尋常之士，如十九人之流，固亦可矣。是先生無所有也。先生不能，先生留。』連下三『先生』字，聲音笑貌，紙上活現。毛遂曰：『臣乃今日請處囊中耳。其語快甚。英風逼發，更不能忍。使遂蚤得處囊中，乃穎脱而出，非特其末見而已。』中有無數屈抑之嘆在。平原君竟與毛遂偕，十九人相與目笑之而未廢

1 文章有一事分見，彼此各盡其奇，而彼此亦不必相顧者，必以分寫爲體。若一傳牽合，則各不得盡其妙矣。如邯鄲之圍，《信陵君傳》則極寫侯嬴、朱亥節俠之奇；於《魯仲連傳》則極寫辛桓衍帝秦之辨；於此傳又極寫毛遂自薦定從之策。而究之秦兵之退與諸侯未嘗交鋒，若僅以其事而不惟其文，則於《趙世家》大書『諸侯謀合從救趙，秦兵引還』一語足矣。《史記》之文，文也，不必以其事也。作史家不可以不知也。

也。無以難之故，亦猶備員之見耳。〇即此一笑，其人淺陋已著。

毛遂比至楚，與十九人論議，十九人皆服。平原君與楚合從，言其利害，日出而言之，日中不決。但爲趙起見，固難決。十九人謂毛遂曰：『先生上。』是『皆服』之後語，非姑以調之也。此時何時，猶可戲謔乎？毛遂按劍歷階而上，謂平原君曰：但責平原君，妙。『從之利害，兩言而決耳。先出一題目。今日出而言從，日中不決，何也？』楚王謂平原君曰：『客何爲者也？』平原君曰：『是勝之舍人也。』楚王叱曰：『胡不下！吾乃與而君言，汝何爲者也！』毛遂按劍而前曰：兩『按劍』字，寫得奕奕，與前文『不能取勝』意相應。此時本不恃武，然必以此先折服之，所以揚其氣也。不然，便開口不得。『王之所以叱遂者，以楚國之衆也。今十步之内，王不得恃楚國之衆也，王之命懸於遂手。吾君在前，叱者何也？且遂聞湯以七十里之地王天下，方折入正議。文王以百里之壤而臣諸侯，略開作勢。豈其士卒衆多哉？誠能據其勢而奮其威。今楚地方五千里，耑咬住楚，最善立言。持戟百萬，此霸王之資也。以楚之彊，天下弗能當。白起，小竪子耳，率數萬之衆，興師以與楚戰，一戰而舉鄢、郢，再戰而燒夷陵，三戰而辱王之先人[2]。令人慚憤汗浹。其從之也，自不待其辭之畢矣。此百世之怨而趙之所羞，

2 時邯鄲之圍方急，秦明告諸侯，有敢救趙者，已拔趙必移兵先擊之，以故諸侯觀望不前。不知今日以此孤趙，他日復以此孤他國，則有任其蠶食而盡焉耳。無奈諸侯畏葸性成，惟顧目前，故不説到『發冢燒尸』極傷心無地處必不能激發。毛遂一氣趕出『一戰』『再戰』『三戰』等句，使楚王更無地縫可入，正與魯連『烹醢梁王』之語同一作用。當時之風氣巽懦亦可知矣。

3楚王叱遂，何至遂以『命懸己手』辱之？妙在兩提『吾君在前』句，便見叱舍人便是辱平原，則主辱臣死之義，亦胡能更忍？古人立言周匝有體，絕不專恃一朝之氣也。

只此插一『趙』字，妙。而王弗知惡焉。合從者爲楚，非爲趙也。此所謂『兩言而决』也。吾君在前，叱者何也？』3再找一句，餘氣勃勃。楚王曰：『唯唯，誠若先生之言，謹奉社稷而以從。』毛遂曰：『從定乎？』再扣一句，有聲勢。楚王曰：『定矣！』毛遂謂楚王之左右曰：『取鷄狗馬之血來。』毛遂奉銅盤而跪進之楚王曰：『王當歃血而定從，次者吾君，次者遂。』『次者遂』三字妙，穎脱而出矣。遂定從於殿上。殿上與堂下對看。毛遂左手持盤血而右手招十九人曰：『公相與歃此血於堂下。公等録録，所謂因人成事者也。』報目笑之耻，然亦不必。戰國之士，固難責備也。

平原君已定從而歸，歸至於趙，曰：『勝不敢復相士。平原語處處肖其爲人。勝相士多者千人，寡者百數，只爲其盛士之囊太疏闊耳。自以爲不失天下之士，今乃於毛先生而失之也。以《信陵列傳》觀之，恐所失不止一毛先生。毛先生一至楚，而使趙重於九鼎大呂。毛先生以三寸之舌，彊於百萬之師。勝不敢復相士。』嘖嘖連翩，文有畫意。遂以爲上客。

信陵君列傳

魏公子無忌者[1]，魏昭王少子而魏安釐王異母弟也。昭王薨，安釐王即位，封公子爲信陵君。先點出信陵，所以然者，通篇着眼在『公子』二字，故其號只於起處帶過也。是時范雎亡魏相秦，以怨魏齊故，秦兵圍大梁，破魏華陽下軍，走芒卯。魏王及公子患之。此句有移雲接月妙手。

公子爲人，仁而下士，四字綱中之綱。士無賢不肖，皆謙而禮交之，此句立一篇之綱，而又即爲『仁而下士』之目。不敢以其富貴驕士。士以此方數千里爭往歸之，致食客三千人。當是時，兩『是時』離合入妙，索解人不得。諸侯以公子賢，多客，不敢加兵謀魏十餘年。[2]此句直兜到邯鄲救趙、公子留趙之時，絶大筆力。

公子與魏王博，而北境傳舉烽，傳，驛也。下傳同，非傳聞之謂。言『趙寇至，且入界』。魏王釋博，欲召大臣謀。公子止王曰：『趙王田獵耳，非爲寇也。』寫得神情躍躍。復博如故。王恐，心不在博。如畫一筆，反映出『如故』二字之安閑來。居頃，復從北方來傳言曰：『趙王獵耳，只减一字。非爲寇也。』魏王大驚，曰：『公子何以知之？』公子曰：『臣之客特先虛寫一客，爲通篇起綫，而公子淳樸亦因此盡見，好手筆。有能探

1 他傳多本《國策》原本舊文而删潤成篇。惟此別無粉本，故信陵君是史公意中極愛慕之人，此傳亦生平最用意之筆也。

2 秦圍大梁一事，在安釐即位之初，既不得不書，書之而無以爲公子地，則不如勿書也。妙在輕着一語，云『王及公子患之』，而下即陡接『仁而愛士』一段。移後之『不復敢加兵十餘年』者，統結一筆，而華陽下軍之敗便無些子關礙矣。若出後人，必要掩過此事，則何以爲良史之書哉？

3侯生一節，史公用二十分精神、二十分筆力對付得來。《史記》中如此文亦不多得也。

4侯生千古大俠，迥非朱家、郭解一流人所及。想其遁迹夷門，桑榆日薄，而一腔熱血未遇真知己者酬之，其意中固久將四公子本領車輪打算，而知其無如信陵賢矣。然至白首從人而或仍歸豪舉，則前此自愛之謂何故，必再四試之，而知其人信可依也。然尚不遽告以真心之言，直至大事臨機，而後一場轟烈，爲天地間

得趙王陰事者，趙王所爲，客輒以報臣，臣以此知之。』是後魏王畏公子之賢能，不敢任公子以國政。伏根有深意。

魏有隱士曰侯嬴，[3]特提法。年七十，家貧，爲大梁夷門監者。老且貧，其官又卑，一筆色提到。公子聞之，往請，欲厚遺之。不肯受，曰：『臣脩身潔行數十年，終不以監門困故而受公子財。』只此一行，是特寫侯生人品。以後凡寫侯生處，皆是出力寫公子矣。公子於是乃置酒，別起一案。大會賓客。二句提清。坐定，先安頓他客，有法。公子從車騎，虛左，自迎夷門侯生。古人尚左，此指車中之位言。侯生攝敝衣冠，生色。直上載公子上坐，不讓，謂坐公子之上也。倒句法。欲以觀公子。公子執轡愈恭。[4]第一節。侯生又謂公子曰：『臣有客在市屠中，願枉車騎過之。』此等伏法，真是神施鬼攝，自是史公妙文耳，非必其事實然也。公子引車入市，侯生下見其客朱亥，俾倪，同傲慢之狀。故久立與其客語，微察公子。公子顏色愈和。第二節。語益深。當是時，魏將相賓客滿堂，待公子舉酒；市人皆觀公子執轡；從騎皆竊罵侯生。方寫市中公子、侯生，忽從家內插一筆，從騎插一筆，市人插一筆。神妙之筆，當面飛來，又憑空抹倒。侯生視公子色終不變，第三節。語又變。乃謝客就車。至家，公子引侯生坐上坐，遍贊賓客，賓客皆驚。贊

者，通其名於賓客也。如贊嘆之贊。酒酣，公子起，爲壽侯生前。侯生因謂公子曰：着此一篇話，令『今日』不寂寞耳，絕非所重，故意借此掩却自己一片深心。智勇深沉如此。『今日嬴之爲公子亦足矣。嬴乃夷門抱關者也，而公子親枉車騎，又借侯生自言將前段零零碎碎熔做一串，妙甚。自迎嬴於衆人廣坐之中，不宜有所過，今公子故過之。然嬴欲就公子之名，淺甚，即所謂『爲公子亦足矣』之實也。故久立公子車騎市中，過客以觀公子，十五字作一句。公子愈恭。市人皆以嬴爲小人，而以公子爲長者能下士也。』所謂『就公子之名』也，淺甚。於是罷酒，侯生遂爲上客。此時公子究未識得侯生。

侯生謂公子曰：『臣所過屠者朱亥，此子賢者，此事只以餘波蕩漾及之，文章律法不苟。世莫能知，故隱屠間耳。』公子往數請之，朱亥故不復謝，公子怪之。試想此二句，亦可作得一篇。然詳在彼即略在此，可悟古文之訣矣。

魏安釐王二十年，秦昭王已破趙長平軍，倒補一筆，見其兵勢之重。他人則直云圍邯鄲矣。又進兵圍邯鄲。公子姊爲趙惠文王弟平原君夫人，數遺魏王及公子書，請救於魏5。公子姊，則亦安釐王之姊若娣也。特歸重公子，有法。魏王使將軍晉鄙將十萬衆救趙。先從惠王帶出公子。○專叙惠王一段。秦王使使者告魏王曰：『吾攻趙旦暮且下，

不可少之人。唐人《夷門詩》有云：『非但忼慨獻奇謀，意氣兼將身命酬。向風剄頸送公子，七十老人何所求。』可謂善論古者矣。

5趙惠文王與魏安釐王，二國之主也，而爲平原、信陵之兄。以當日事勢言之，固以二公子爲政，然國家安危大計則豈有不仰重於王者？看史公從二王卸到二公子，漸漸引下，無一毫痕迹，真叙事神品。

6以賓客赴秦軍俱死，下策也。在公子，雖以救趙爲仁，比之從井救人，可謂分毫不異矣。公子之賢，何遂出此？故知『數請魏王』及『賓客辯士説王萬端』二語最重。蓋侯生費如許計畫，并以身命相殉，其實不過使公子代晉鄙爲將耳。至後之所以破秦而存趙者，非生所能教也。公子之才足以抑秦存趙，而魏王必不肯聽之者，此番掃國內之兵，寧以屬之晉鄙，不肯屬之公子，正前此北境舉烽，探得趙王陰事一着深犯其

而諸侯敢救者，『而』字娟峭。已拔趙，必移兵先擊之。』魏王恐，使人止晉鄙，留軍壁鄴，方起案。名爲救趙，實持兩端以觀望。妙寫魏王心事。平原君使者已卸下惠文王矣，妙手。冠蓋相屬於魏，讓魏公子曰：已卸下安釐王矣，妙手。『勝所以自附爲婚姻者，以公子之高義，爲能急人之困。帶『婚姻』句來，不提魏王，專責公子，妙手。今邯鄲旦暮降秦而魏救不至，安在公子能急人之困也！文字有聲韻，讀之如適見其告語之狀，惟史公有之。且公子縱輕勝，棄之降秦，獨不憐公子姊耶？』只以親情責公子，方不礙魏王。公子患之，數請魏王，及賓客辯士説王萬端。魏王畏秦，終不聽公子。6此數語極重，故叙之不一而足。通身標的只在此。公子自度終不能得之於王，計不獨生而令趙亡，必至此而後出於赴秦軍之策，方不孟浪。乃請賓客，約車騎百餘乘，欲以客往赴秦軍，與趙俱死。要看『請』字、『欲以』字。蓋尚欲假是以感魏王耳。

行過夷門，見侯生，具告所以欲死秦軍狀。辭決而行，要看『具告所以』字，亦以請計畫於生耳。侯生曰：『公子勉之矣，老臣不能從。』明謂是孟浪之行。公子行數里，心不快，激魏王而不悟，訪賢士而無辭；數里躊躇，兩端並鬱，非專指侯生而不快也。曰：『吾所以待侯生者備矣，天下莫不聞，今吾且死而侯生曾無一言半辭送我，我豈有所失

所忌，故名爲畏秦，實畏公子。此『萬端』之説，所以必不能移也。使非萬難之會，亦何待侯生出死力哉？

7天下有心人當其窮賤閑廢之時，無事不留心采察。侯生作用極似唐之虬髯客、古押衙一流人，謂之大俠不虛也。看其兩個『聞』字中包却許多機事。回思『久立車騎市中』時，直似小兒作劇，瞞却生人眼耳。

哉？』復引車還，問侯生。只問生所以外我之故，而請計在其中。侯生笑曰：『臣固知公子之還也。』侯生何不早爲之計，而必使其去而復還？此中英雄相視之妙，索解不得，當與黃石之期子房參看，非偶然之騰挪也。曰：『公子喜士，名聞天下。今有難，無他端而欲赴秦軍，辟若以肉投餒虎，何功之有哉？尚安事客？駡殺同赴秦軍之客。然公子遇臣厚，公子往而臣不送，略顧本身，其意不重。以是知公子恨之復返也。』此『恨』字非怨恨之恨，謂心有所不足也。《史記》嘗有此字。公子再拜，因問。方是問計。侯生乃屏人閒語，曰：方是深言。『嬴聞晉鄙之兵符常在王卧內，而如姬最幸，出入王卧內，力能竊之。嬴聞如姬父爲人所殺，如姬資之三年，自王以下欲求報其父仇，莫能得。如姬爲公子泣，公子使客斬其仇頭，敬進如姬。如姬之欲爲公子死，無所辭，顧未有路耳。知如姬之力能竊，又知如姬之必肯竊。着着算定，方幹得事。公子誠一開口請如姬，如姬必許諾，則得虎符奪晉鄙軍，北救趙而西却秦，此五伯之伐也。』7此數語只輕帶，妙，留爲公子地也。公子從其計，亦只略叙，文勢不容不如此。請如姬。如姬果盜晉鄙兵符與公子。

公子行，此『公子行』三字與後『公子遂行』句相應，須知只是一日内事。蓋盜符危事，非可稍濡也。侯生曰：『將在外，主令有所不受，以便國家。公子即合符，而晉鄙不授公子

8 兵符合驗，國家重事。有符而逆料其不聽，侯生於何處想出？此段變局，蓋晉鄙嚄唶持重，其深知魏王之疑忌公子者。在公子或默知之，而侯生未必知也。生之意不過如國手布局，更不留一毫空隙耳。故必云『聽則大善，不聽則擊之』，寫出謀事審機，毫髮畢具。

兵而復請之，事必危矣。臣客屠者朱亥可與俱，看其先着久已布定，真乃異樣出色事。此人力士。晉鄙聽，大善；不聽，可使擊之。』[8] 於是公子泣。寫公子寫得樸忠可愛，蓋有侯生之英鷙，正須公子之樸忠相映成奇。侯生曰：『公子畏死耶？何泣也？』公子曰：『晉鄙嚄唶嚄唶，音厄窄，多言也。宿將，往恐不聽，必當殺之，是以泣耳，豈畏死哉？』看此數語，公子亦曾料到，只讓侯生占一先着，便不及遠矣。於是公子請朱亥。朱亥笑曰：『臣市井鼓刀屠者，而公子親數存之，所以不報謝者，以爲小禮無所用。朱亥口角粗糙，又另是一種身分，各極其妙。今公子有急，此乃臣效命之秋也。』遂與公子俱。公子過謝侯生。侯生曰：『臣宜從，老不能。請數公子行日，以至晉鄙軍之日，北鄉自剄，以送公子。』讀至此，令人不寒而栗。非此不足以見大俠。公子遂行。方結過一重公案。至鄴，矯魏王令代晉鄙。晉鄙合符，疑之，舉手視公子曰：描寫聲情都肖。『今吾擁十萬之衆，屯於境上，國之重任，今單車來代之，何如哉？』其語未畢。欲無聽。又描一句。朱亥袖四十斤鐵椎，椎殺晉鄙，此事亦至捷，少需即敗，須合『欲無聽』三字作一句讀之。公子遂將晉鄙軍。勒兵下令軍中曰：此非侯生所及教也。極寫公子處，爲篇末兵法作案。『父子俱在軍中，父歸；兄弟俱在軍中，兄歸；獨子無兄弟，歸養。』得選兵八萬人，總是安其心，作其氣。兵不在多，心安氣盛，無不克也。進兵擊秦軍。秦軍解去，遂救邯鄲，存趙。正面却不用大寫，好。趙王及平原君自迎公子於界，平原君負韊音蘭。矢服。矢，爲公子先引。凡一段文字必豫於隔段隱隱伏綫，如此段極寫趙王、平原之敬禮公子，已爲矜驕伏綫矣。下略加提引而其事了然。趙王再拜曰：『自古賢人未有及公子者也。』當此之時，平原君不敢自比於人。借平原作襯，妙筆。公子與侯生決，至軍，侯生果北鄉自剄[9]。此段了却魏國餘事。

魏王怒公子之盜其兵符矯殺晉鄙，公子亦自知也。已却秦存趙，只數筆耳，情事曲盡，無處留一點滲漏。若能詳而不能簡，非大手筆也。使將將其軍歸魏，而公子獨與客留趙。趙孝成王德公子之矯奪晉鄙兵而存趙，乃與平原君計以五城封公子。檃括『自迎於界』一段，再一提引，而其事畫出。公子聞之，意驕矜而有自功之色。不必實然，先作此筆，則後之自責愈見其妙。客有説公子曰：此客所言，大有儒者氣象，亦不傳其名，何也？『物有不可忘，或有不可不忘。夫人有德於公子，公子不可忘也；公子有德於人，願公子忘之也。且矯魏王令，奪晉鄙兵以救趙，於趙則有功矣，於魏則未爲忠臣也。能言人肺腑間事。公子乃自驕而功之，竊爲公子不取也。』[10]於是公子立自責，似若

9 或謂侯生爲公子畫策代將，亦可以無死。不知公子以侯生爲上客，通國莫不知。竊符矯命之謀，當莫不謂其受成於生也。公子去而侯生留魏，魏王能忘情於生乎？然侯生苟畏死，則自當從公子俱至趙，今但以老爲詞而甘心自剄者，一以堅公子之志，一以報晉鄙之無罪而殺其軀也。否則七十老翁既報知己，又欲槁項牖下，前之英氣安在哉？

10 侯生之後，毛、薛之前，何可無此客？甚矣信陵之受益於客者不一而足也。

11當時四公子及文信侯之徒爭相誇耀，食客各數千人。然惟信陵間得真士，而又俱不在門下食客中尋出。如侯生、毛、薛，皆未嘗幸舍相從，煦濡乞活者也。固知當時所謂食客者，大都皆窮賤無聊、含垢忍耻之徒，而秦、漢之交如商山茹芝之老，圯上受書之人，不過如毛公、薛公其人，而亂離之際，老死無聞。黄鵠高飛，冥鴻何慕？風塵之外，可勝道哉？

12『始吾聞』『今吾聞』兩兩寫來，不知何所聞而許以『天下

無所容者。極寫公子。趙王掃除自迎，執主人之禮，引公子就西階。公子側行辭讓，從東階上。極摹公子『謙讓』，與上『驕矜』激射成采。自言罪過，以負於魏，無功於趙。口角喁喁如繪。趙王侍酒至暮，口不忍獻五城，以公子退讓也。借趙王口不忍獻地，極寫公子之讓，乃背面鋪粉法。公子竟留趙。趙王以鄗音皓。爲公子湯沐邑，魏亦復以信陵奉公子。結過一重，周匝詳叙。公子留趙。復一句，起案，不可少。

公子聞趙有處士毛公藏於博徒，薛公藏於賣漿家[11]。二『藏』字，妙在從公子意中寫出。若平原則直云『博徒、賣漿者』耳。公子欲見兩人，兩人自匿不肯見公子。便高絕流輩。公子聞所在，乃閑步往從此兩人游，甚歡。兩個『公子聞』，寫出深心卓識。平原君聞之，謂其夫人曰：平原君出醜處，寫來絕倒。『始吾聞夫人弟公子天下無雙，今吾聞之，乃妄從博徒、賣漿者游，公子妄人耳。』[12]夫人以告公子。公子乃謝夫人去，叙得妙。曰：『始吾聞平原君賢，亦用『始吾聞』還他，有妙致。故負魏王以救趙，以稱平原君。歸重語不妄下。平原君之游，徒豪舉耳，二字斷盡，信陵真具眼。不求士也。無忌自在大梁時，常聞此兩人賢，又攔一筆，深心益著。至趙，恐不得見。以無忌從之游，尚恐其不我欲也，今平原君乃以爲羞，其不足從游！』語斬截而辭不待畢，傳神之妙如此。

乃裝爲去。夫人具以告平原君。平原君乃免冠謝，固留公子。只是固留信陵，終未知毛、薛有用。平原君門下聞之，半去平原君歸公子，天下士復往歸公子，此等客正所謂『豪舉』之資，去留固不足惜，但太令平原無色耳。公子傾平原君客。好結筆。

公子留趙十年不歸。秦聞公子在趙，日夜出兵東伐魏。魏王患之，使使往請公子。公子恐其怒之，乃誡門下：『有敢爲魏王使通者，死。』亦故作過激語，以襯下文，不必實然。賓客皆背魏之趙，莫敢勸公子歸。毛公、薛公兩人往見公子曰：二公所見者正大。此等客自不肯輕易食人門下。『公子所以重於趙，名聞諸侯者，徒以有魏也。今秦攻魏，魏急而公子不恤，使秦破大梁而夷先王之宗廟，公子當何面目立天下乎？』説得傷心，所謂曉人當如是。語未及卒，極寫，與『誡門下』處激射成采。公子立變色，告車趣駕歸救魏。13

魏王見公子，相與泣，亦與『奪兵符』自作叫應。而以上將軍印授公子，公子遂將。

魏安釐王三十年，編年處皆當着眼。公子使使遍告諸侯。諸侯聞公子將，各遣將將兵救魏。時實不可少公子耳。不然，縱無秦間，安釐王豈能忘情於公子？公子率五國之兵破秦軍於河外，走蒙驁。遂乘勝逐秦軍至函谷關，抑秦兵，秦兵不敢出。實寫公子功烈，

無雙』。若今之聞，則陋甚矣，則前之聞亦苟焉耳。

13『語未及卒』以下數句，入神之筆。一面摹寫公子納諫之勇，一面公子已至魏矣，省却與趙王、平原作別許多累筆也。《左傳》『屨及乎窒皇之外』數句可以爭奇。

14魏公子所處之地不飛不躍，非田非天，乃天下疑忌之叢也。況負一世之高名，抱非常之將略，乃僅以一朝破敵，善刀而藏，其心則甚苦，而其遇固未爲不幸也。況魏自建國以來，受侮彊鄰固非一日，今得公子而使乃祖願比死者雪耻之痛得以少酬，且使大梁夷門芳流千古，豈非天下之至快耶！史公盡力揄揚，極一彈再鼓之勝，乃知執鞭欣慕，何止晏嬰，此老之神交至矣。

全傳中只此一行。當是時，公子威振天下，結句神王。諸侯之客進兵法，公子皆名之，故世俗稱《魏公子兵法》。14贊一筆，既收用兵之善，兼縮好士之效，終非剩語。

秦王患之，乃行金萬斤於魏，求晉鄙客，令毁公子於魏王，借得便是史公雕龍綉虎能事，必求其人以實之，則鑿矣。曰：『公子亡在外十年矣。今爲魏將，諸侯將皆屬，意重於此。諸侯徒聞魏公子，不聞魏王。亦是實語。公子亦欲因此時定南面而王，輕陪一句。諸侯畏公子之威，方欲共立之。』歸重一句。秦數使反間，僞賀公子得立爲魏王未也。加倍法，文章更有厚味。魏王日聞其毁，不能不信，亦寫得好。後果使人代公子將。公子自知再以毁廢，此『再』字蓋寫未救趙時不敢任以國政，一重疑忌在前。乃謝病不朝，與賓客爲長夜飲，飲醇酒，多近婦女。日夜爲樂飲者四歲，竟病酒而卒。英雄末路，亦自大可人意，比之託赤松子游者，更覺悲壯酣逸。其歲，魏安釐王亦薨。

秦聞公子死，使蒙驁攻魏，拔二十城，初置東郡。其後秦稍蠶食魏，十八歲而虜魏王，屠大梁。獨以魏亡係公子傳末，亦他傳所絶無。

高祖始微少時，數聞公子賢。篇終着高祖一段，頓令全傳生色。及即天子位，每過大梁，常祠公子。餘音裊裊，不絶如縷，讀之令千載下猶有餘慕。奇文移情，一至於此。高祖十二年，從擊黥布還，爲公子置守冢五家，世世歲以四時奉祠公子。

太史公曰：吾過大梁之墟，求問其所謂夷門。夷門者，城之東門也。深愛其人，獨神往夷門枉駕一節，傾倒至矣。天下諸公子亦有喜士者矣，即公子之所謂『豪舉』也。然信陵君之接岩穴隱者，不耻下交，有以也。名冠諸侯，不虚耳。高祖每過之而令民奉祠不絶也。短音促節，咀味無窮。

不知文者，嘗謂無奇功偉烈，便不足垂之青簡，照耀千秋。豈知文章予奪，都不關實事。此傳以存趙起，抑秦終，然『竊符救趙』，本未交兵，即逐秦至關，亦只數言帶叙，其餘摹情寫景，按之無一端實事，乃千載讀之，無不神情飛舞，推爲絶世偉人。文章有神，夫豈細故哉！

范雎蔡澤列傳

范雎者，魏人也，字叔1。游説諸侯，欲事魏王，家貧無以自資，乃先事魏中大夫須賈。此時不知雎之賢而衆人遇之，賈已負雎矣。

須賈爲魏昭王使於齊，范雎從。留數月，未得報。齊襄王聞雎辯口，乃使人賜雎金十斤及牛酒，正使未得報，而從者乃獲無端之賜，此實嫌疑之極。且襄王何自聞之耶？雎辭謝不敢受。須賈知之，大怒，以爲雎持魏國陰事告齊，故得此饋，亦疑得近理。令雎受其牛酒，還其金。既歸，心怒雎，以告魏相。魏相，魏之諸公子，曰魏齊。長句法。魏齊大怒，使舍人笞擊雎，折脅摺齒。雎佯死，即卷以簀，置廁中。不過爲他人作榜樣，其目中亦全不認得范雎。賓客飲者醉，更溺雎。故僇辱以懲後，令無妄言者。雎從簀中謂守者曰：『公能出我，我必厚謝公。』守者乃請出棄簀中死人。魏齊醉，曰：『可矣。』描寫有景。范雎得出。後魏齊悔，此一悔似亦知其不久居人下者。復召求之。魏人鄭安平聞之2，乃遂操字法佳。范雎亡，伏匿，更名姓曰張禄。伏案明净。

當此時，秦昭王使謁者王稽於魏。鄭安平詐爲卒，侍王稽。安平亦有心人，王稽亦然。乃後俱瓦裂塗地無可復覩，何也？王稽問：『魏有賢人可與俱西游者乎？』鄭安平

1 范雎之於魏於秦，所以僅而獲免者數矣。原諸人之意，亦莫不知雎之賢也，徒以一念媢嫉以惡之之私，遂貽身後許多怨仇之氣而不可復解。如篇首言雎在魏欲事魏王，而須賈、魏齊無能爲之先容者，乃居人籬下，逐隊隨行，而鄰國之君顧聞名而致饋，言外便隱隱托出二人蔽賢罪案矣。

2 及其後鄭安平知之，王稽知之，而穰侯以宰輔之尊，偏訑訑拒人而不肯容一外來之客子，是又一重蔽賢公案也。厥後

曰：『臣里中有張禄先生，欲見君，言天下事。』含糊得妙。此語必范雎教之。其人有仇，不敢晝見。』王稽曰：『夜與俱來。』鄭安平夜與張禄見王稽。語未究，王稽知范雎賢，皆反襯魏齊等之愚妒，非浪筆也。謂曰：『先生待我於三亭之南。』與私約而去。

王稽辭魏去，過，載范雎入秦。至湖，望見車騎從西來。特插此段，伏入秦首逐穰侯之根。范雎曰：『彼來者爲誰？』王稽曰：『秦相穰侯東行縣邑。』范雎曰：『吾聞穰侯專秦權，惡内諸侯客，雎固機警，然亦傷弓之鳥，分外細慎。此恐辱我，我寧且匿車中。』知此而冒焉入秦，其胸中智計亦絶危苦矣。有頃，穰侯果至，勞王稽，因立車而語曰：氣色如畫。『關東有何變？』曰：『無有。』又謂王稽曰：『謁君得無與諸侯客子俱來乎？無益，徒亂人國耳。』疑車中有人，言爲心聲，躍然可想。王稽曰：『不敢。』即別去。匆匆得妙。范雎曰：『吾聞穰侯智士也，又警。其見事遲，鄉者疑車中有人，忘索之。』於是范雎下車走，曰：『此必悔之。』夾語夾叙，真是化工之筆。匆匆如見。行十餘里，果使騎還索車中，無客，乃已。心勞日拙，然非范雎安能免耶？敵手下子，只争一先耳。

王稽遂與范雎入咸陽。

范雎既相秦，秦號曰張禄[3]，而魏不知，以爲范雎已死久矣。凡起一段文字，其

雎既得志，辱須賈，僇魏齊，逐穰侯，害人者適以自害。後之君子苟有見於其人終不能抑之使居人下也，無寧早爲援手，以自托於知人、愛人之明，毋使效彼三人，心勞日拙而卒以自禍也。

3此段文寫聲情畢現，纖悉具備。然讀者皆以須賈爲范雎所賣，吾獨以爲范雎則實爲須賈所賣耳。當雎委身於賈之時，絶不聞少爲之地，乃以無端疑忌，假手魏齊，酷刑荼毒，雎之不死，直一髮之間耳。此處隘路相逢，

賈已決無生理，乃徒以當時一日之雅，披褐過存。此時睢有何求？不過欲假此觀賈之情意，是自爲賈開一綫之生機也。及賈微察行藏，綈袍藉手，而遂以進退維谷之身儼然得附於故人之誼，因而大車駟馬，取之若寄。試睢之意既明，而請罪之辭夙構。斯時睢實爲賈所弄而何暇弄賈？雖復堂前馬食少泄冤慫，而較彼魏齊已不啻天宮、鬼國之别。嗟乎！一綈袍何足重輕，而竟以解不釋之仇、無窮之恨？睢何負於賈？賈則實有負於睢耳。

提掇筋節處，須是極有手法。魏聞秦且東伐韓、魏，魏使須賈於秦。范睢聞之，爲微行，敝衣閒步之邸，見須賈。范叔畢竟多情之人，不然，此來别無所益於己，正爲須賈耳。須賈見之而驚曰：『范叔固無恙乎？』范睢曰：『然。』須賈笑曰：須賈極有奸智，只一『笑』字，已猜到八分矣。『范叔有説於秦耶？』曰：『不也。睢前日得過於魏相，故亡逃至此，安敢説乎！』不曰『安能』，而曰『安敢』，在魏則不敢，在秦何所忌乎？此其事賈得而知之矣。須賈曰：『今叔何事？』范睢曰：『臣爲人庸賃。』須賈意哀之，僞也。范叔自入其玄中矣。留與坐飲食，曰：『范叔一寒如此哉！』乃取其一綈袍以賜之。賜得妙。若賚以財物，反覺平常，亦未必受。須賈因問曰：『秦相張君，公知之乎？賜綈之後便與深言。吾聞幸於王，天下之事皆決於相君。今吾事之去留在張君。孺子豈有客習於相君者哉？』苟信其『庸賃』之説，何必再問爾許事？范睢曰：『主人翁習知之。睢自愷直，更忍不住，看他便一氣説出。惟睢亦得謁，睢請爲君見於張君。』須賈曰：『吾馬病，車軸折，非大車駟馬，吾固不出。』明明試之。賈爲國事而來，顧暇驕蹇耶？范睢曰：『願爲君借大車駟馬於主人翁。』意中事。總之更忍不住。

范睢歸取大車駟馬，爲須賈御之，入秦相府。府中望見，有識者皆避匿。須賈怪之。僞也。至相舍門，謂須賈曰：『待我，我爲君先入通於相君。』此豈庸賃者所能？睢欺須賈，賈亦落得僞爲不知。須賈待門下，持車良久，問門下曰：『范叔不出，何也？』門下曰：『無范叔。』須賈曰：『鄉者與我載而入者。』門下曰：『乃吾相張君也。』須賈大驚，僞也。自知見賣，乃肉袒膝行，因門下人謝罪。此着當賜綈時已早辨下，並非意外事。於是范睢盛帷帳，侍者甚衆，見之。須賈頓首言死罪，曰：『賈不意君能自致於青雲之上，賈不敢復讀天下之書，不敢復與天下之事。但自言無識，不能薦拔，絶不提起魏齊一事。賊哉賈也！賈有湯鑊之罪，此死之罪。請自屏於胡貉之地，此生之罪。惟君死生之。』范睢曰：『汝罪有幾？』曰：『擢賈之髮以數賈之罪，尚未足。』只是混説，妙。范睢曰：『汝罪有三耳。三罪只是一罪，此排場法。昔者楚昭王時，而申包胥爲楚却吴軍，楚王封之以荆五千户，包胥辭不受，爲丘墓之寄於荆也。引申包胥之事以明己無外心，其言藹惻從容，可以想其人品心地。今睢之先人丘墓亦在魏，公前以睢爲有外心於齊而惡睢於魏齊，公之罪一也。當魏齊辱我於厠中，公不止，罪二也。更醉而溺我，公其何忍乎？罪三矣。然公之所以得無死者，亦復忼慨悲愴，不止答還一語。以綈袍戀戀，有故人之意，故釋公。』[4]乃謝罷。縱之使出。入言

4 范睢人品心術皆高，其有功於秦亦甚大。某於評點《國策》中每亟予之。

5四公子結客，而其本傳，在平原君殊無足觀，蓋莫孅於信陵君也。然唐人咏史，有『買絲綉出平原君』，又『未知肝膽向誰是，令人却憶平原君』，獨歆慕平原君不啻口出者，何也？蓋學者讀《太史公書》固有彼此互見之妙。《信陵傳》極勝，《平原傳》頗卑，而其附見於《范睢傳》中者，平原之肝膽可以矢天地而泣鬼神，信陵之依違幾以一語而喪厥生平之雅尚。然則立於千載以下，而欲於誦詩讀書之際尚論古人，又安可

之昭王，罷歸須賈。斥之返國。須賈辭於范睢，范睢大供具，恰好與魏齊筵上彷彿，而賈之便宜多矣。盡請諸侯使，與坐堂上，食飲甚設。而坐須賈於堂下，雖辱之亦文甚。置莝豆其前，令兩黥徒夾而馬食之。字法妙。數曰：『爲我告魏王，急持魏齊頭來！但仇其相，不仇其王，以丘墓之存焉故也。不然者，我且屠大梁。』須賈歸，以告魏齊。魏齊恐，亡走趙，匿平原君所。

秦昭王聞魏齊在平原君所[5]，欲爲范睢必報其仇，乃佯爲好書秦人習氣。遺平原君曰：『寡人聞君之高義，願與君爲布衣之友，君幸過寡人，寡人願與君爲十日之飲。』略撮書中大意耳，然亦纏綿可人。平原君畏秦，且以爲然，本大不以爲然，以畏之，故而聊自解耳。而入秦見昭王。昭王與平原君飲數日，亦自不倍其書。昭王謂平原君曰：『昔周文王得吕尚以爲太公，齊桓公得管夷吾以爲仲父，古人出口，定爾深厚，雖狙詐如秦，猶且如此。今范君亦寡人之叔父也。言所以必報仇之故。范君之仇在君之家，願使人歸取其頭來；不然，吾不出君於關。』平原君曰：『貴而爲交者，爲賤也；富而爲交者，爲貧也。平原君所以致食客三千人，趨之若鶩者，正賴此一念耳。夫魏齊者，勝之友也，在，固不出也。好肝膽。今又不在臣所。』昭王乃遺趙王書曰：言外便見終

不參觀而博覽之也？唐人咏平原而不及信陵，有以也夫。

無如平原君何。『王之弟在秦，范君之仇魏齊在平原君之家。王使人疾持其頭來；不然，吾舉兵而伐趙，此嚇趙王正旨。又不出王之弟於關。』只帶説，妙。言終無如平原君何。趙孝成王乃發卒圍平原君家，急，魏齊夜亡出，見趙相虞卿。觀魏齊患難所投，亦可見平日非無知人之鑒，乃失之於范雎，惜哉！虞卿度趙王終不可説，乃解其相印，與魏齊亡，間行，念諸侯莫可以急抵者，此念可憐。乃復走大梁，欲因信陵君以走楚。秦勢之重，幾於天地爲羅。逝將焉適矣？信陵君聞之，畏秦，猶豫未肯見，不覺出醜。曰：『虞卿何如人也？』只此一問，雪淡神情如見。時侯嬴在旁，曰：『人固未易知，知人亦未易也。反言以激之。夫虞卿躡屩擔簦，一見趙王，賜白璧一雙，黄金百鎰；再見，拜爲上卿；三見，卒受相印，封萬户侯。當此之時，天下争知之。得意時天下争知之，失意時遂以『何如人』爲疑，對射不堪。夫魏齊窮困過虞卿，虞卿不敢重爵禄之尊，解相印，捐萬户侯而間行。急士之窮而歸公子，此亦至易知者。公子曰「何如人」。人固不易知，知人亦未易也！』侯生此語，尖利抗爽極矣。信陵君大慚，駕如野迎之。終周旋信陵。魏齊聞信陵君之初難見之，怒而自剄。以負氣死，亦尚有品。趙王聞之，卒取其頭予秦。秦昭王乃出平原君歸趙。

卷四

廉頗藺相如列傳

藺相如者，趙人也，爲趙宦者令繆賢舍人。伏廉頗『相如故賤人』之語。趙惠文王時，得楚和氏璧。1直起案。秦昭王聞之，使人遺趙王書，願以十五城請易璧。十五城豈無地名，欺謾如鏡。趙王與大將軍廉頗諸大臣謀：插廉頗，好。欲予秦，秦城恐不可得，徒見欺；欲勿予，即患秦兵之來。以五句約略當日謀議之端，不寫入某甲口中，最得神理。計未定，求人可使報秦者，未得。是又一議也，不與上文連。宦者令繆賢曰：『臣舍人藺相如可使。』王問：『何以知之？』對曰：『臣嘗有罪，竊欲亡走燕，臣舍人相如止臣，此爲原叙法，若入拙手，必先實叙一事在前，累筆滯機，相去遠矣。曰：「君何以知燕王？」語曲折甚多，叙得明了。臣語曰：「臣嘗從大王與燕王會境上，燕王私握臣手，曰『願結友』，以此知之。故欲往。」相如謂臣曰：「夫趙彊而燕弱，而君幸於趙王，此段見其智謀之遠。故燕王欲結於君。一句一境，一境一轉。今君乃亡趙走燕，燕畏趙，其勢必不敢留君，而束君歸趙矣。君不如肉袒伏斧鑕請罪，則幸得脱矣。」此

1《相如傳》，只『完璧』『會澠池』二事。其末綴以柔廉頗者，直爲合傳地也。故文亦以和氏璧直叙起，更不細列相如他事，此自一家體制也。今人立一小傳，輒牽扯支蔓不已，及細視之，又無一事着精神，蓋史學之不講也久矣。

段見其勇決之情。臣從其計，大王亦幸赦臣。臣竊以爲其人勇士，有智謀，此寺人具眼如此，相如之屈身也亦宜。宜可使。』

於是王召見，問藺相如曰[2]：『秦王以十五城請易寡人之璧，可予否？』相如曰：『秦彊而趙弱，不可不許。』先定『欲予』『欲勿予』之議。王曰：『取吾璧，不予我城，奈何？』相如曰：『秦以城求璧而趙不許，曲在趙；趙予璧而秦不予趙城，曲在秦。均之二策，寧許以負秦曲。』諸大臣但計利害，相如提出曲直來，此便得養勇根本。兩言而決，真爲善謀。王曰：『誰可使者？』此召相如正意，却問在後。好！相如曰：『王必無人，臣願奉璧往使。城入趙，而璧留秦；城不入，臣請完璧歸趙。』料得破，把得定，行得徹，説得快，大奇！大奇！趙王於是遂遣相如奉璧西入秦。

秦王坐章臺見相如，相如奉璧奏秦王。秦王大喜，傳以示美人及左右，左右皆呼萬歲。鬧熱半日，色不在相如可知。相如視秦王無意償趙城，相如却目光炯然，並洞見秦王肺腑。乃前曰：『璧有瑕，請指示王。』請指示，急智。妙。王授璧，相如因持璧却立，倚柱，怒髮上衝冠，先須以氣奪之。謂秦王曰：『大王欲得璧，使人發書至趙王，趙王悉召群臣議，皆曰「秦貪，負其彊，以空言求璧，再借勢直決其詐以悉破之。償城恐

2孟氏之言曰：諸侯之寶三，而寶珠玉者，殃必及身。趙與秦皆大國也，使以一璧之故而興兵構怨，雌雄未知。縱使趙王抱璧以殉，亦何與社稷至計？相如而果爲趙謀，宜正謝秦曰：和氏璧玩好之資，匹夫之好也。君乃捐土地以易無用之具，當不其然，寡君勿敢從命。度秦亦無以彊也。今乃既予之而復詐歸之，亦策士之權宜，非老成之碩畫矣。

不可得」。議不欲予秦璧。臣以爲布衣之交尚不相欺，況大國乎？後以樸忠動之。且以一璧之故逆彊秦之歡，不可。於是趙王乃齋戒五日，使臣奉璧，拜送書於庭。先伏此筆，蓋相如之意，只欲完璧歸趙也。何者？嚴大國之威以修敬也。終乃極言敬順以悦之。今臣至，大王見臣列觀，禮節甚倨；得璧，傳之美人，以戲弄臣。要他齋戒，意亦先説在前。臣觀大王無意償趙王城邑，方説到本意。故臣復取璧。大王必欲急臣，臣頭今與璧俱碎於柱矣！」並説明倚柱之故。相如持其璧睨柱，欲以擊柱。光景甚妙。秦王恐其破璧，乃辭謝固請，召有司按圖，指從此以往十五都予趙。畫得逼現，然十五城交割，自不應草草如此。相如度秦王特以詐佯爲予趙城，實不可得，此『度』字，仍從秦王傳示美人及左右一片泄泄光景想來。乃謂秦王曰：『和氏璧，天下所共傳寶也。趙王恐，不敢不獻。言至此，相如主意久定，秦必無得璧之理矣。趙王送璧時，齋戒五日。今大王亦宜齋戒五日，設九賓於庭，臣乃敢上璧。』秦王度之，終不可彊奪，此『度』字，全在頃刻間辭氣容貌之間攝伏之。故倚柱睨柱之時，多少英氣！遂許齋五日，舍相如廣成傳舍。相如度秦王雖齋，決負約不償城，此『度』字，則相如徒欲以自信其言於趙王，事雖奇特，而當日情事，恐不盡然。乃使其從者衣褐，懷其璧，從徑道亡，歸璧于趙。3

3秦王既齋戒具禮，其勢固不得不予趙城，渠之意不過以爲寄焉而已：今日予之，他日復命一將軍出咸陽，固可還其故物也。且相如前既云『寧許秦以負秦曲』，今秦齋宿按圖，而趙已懷璧私逝，玩弄大國於股掌之上，曲仍在趙不在秦也。總之，相如奉使之日，已將完璧歸趙徹底算盡，故百般騰挪，總以必信其言爲主。然則相如者，誠堅忍彊果之士，而其於謀國之方，先儒或謂爲天幸，良不誣也。

4人臣謀國，只是『致身』二字看得明白，即智勇皆從此生，而天下無難處之事矣。玩相如完璧歸趙一語，當奉使時已自分璧完而身碎，璧歸趙而身不與之俱歸矣。此時隻身庭見，若有絲毫冀倖之情，即一字説不出。看其侃侃數言，有倫有脊，故知其明於致身之義者也。

5秦王轉機甚捷，早已不復從璧起見，左右欲引相如蓋猶視乎藪澤也。

秦王齋五日後，乃設九賓於庭，引趙使者藺相如。加『趙使者』三字，是臚傳語，即設九賓禮之一節也。相如至，謂秦王曰：『秦自繆公以來開口第一句，最得勢得情。二十餘君，未嘗有堅明約束者也。臣誠恐見欺於王而負趙，故令人持璧歸，間至趙矣。且秦彊而趙弱，以已事爲成案，妙。大王遣一介之使至趙，趙立奉璧來。今以秦之彊而先割十五都予趙，趙豈敢留璧而得罪於大王乎？語中情理。蓋前之所以必得其人而使者，只欲伸此語耳。臣知欺大王之罪當誅，臣請就湯鑊，先抽開一身之計，方見斬截。惟大王與群臣孰計議之。』[4]但令其計議割地事。秦王與群臣相視而嘻。寫得絶倒。想此時真是哭不得笑不得。只一『嘻』字，傳神極矣！或以怒解之，誤也。左右或欲引相如去，秦王因曰：『今殺相如，終不能得璧也，而絶秦、趙之歡，轉機亦捷。不如因而厚遇之，使歸趙，趙王豈以一璧之故欺秦耶！』[5]只帶説，所謂彊顔以自解。卒廷見相如，畢禮而歸之。即借九賓大禮以禮相如，故加『廷見』『畢禮』四字。

相如既歸，趙王以爲賢大夫使不辱於諸侯，結過一重。拜相如爲上大夫。秦亦不以城予趙，趙亦終不予秦璧。憑空蹴起，隨手抹倒，正爲相如脱穎耳。

秦王使使者告趙王，欲與王爲好會於西河外澠池。自是詐諼，若無相如，事未可知。

6此合傳也，廉、藺之後，又附趙、李諸人，然以廉頗起，以廉頗結，廉固三人之綱矣。廉、趙、李皆武臣，惟相如爲上卿，乃相如二事皆争勝於口舌之間，而於相如傳中特將立太子以絶秦望一議屬之廉頗，則廉將軍之爲社稷臣，加於相如一等明矣。史公好奇而有奇識，詳藺以著其奇，右廉以見其識，千秋良史之才，豈偶然乎？

趙王畏秦，欲毋行。廉頗、藺相如計曰：串二人有法。『王不行，示趙弱且怯也。』弱以國言，怯以人言。趙王遂行，相如從。廉頗送至境，二人或分或合，傳中巧妙處。與王訣曰：『王行，度道里會遇之禮畢，還，不過三十日。此大臣作略也，獨叙在廉將軍口中，則廉亦豈一武夫已乎？三十日不還，則請立太子爲王，以絶秦望。』6王許之，先壯相如之氣。遂與秦王會澠池。

秦王飲酒酣，曰：『寡人竊聞趙王好音，請奏瑟。』秦人作用好笑。趙王鼓瑟。秦御史前書曰：『某年月日，秦王與趙王會飲，令趙王鼓瑟。』不過欲當場書一『令』字，爲勝趙一籌計，不覺遂同婢妾詬誶伎倆。藺相如前曰：『趙王竊聞秦王善爲秦聲，請奏盆缻秦王，以相娛樂。』寫成一笑，明明奚落夷人不解瑟耳。詞氣又緩。秦王怒，不許。於是相如前進缻，因跪請秦王。其勢實壯。秦王不肯擊缻。何難一擊，擊之則勝着又虚矣。絶倒。相如曰：『五步之内，相如請得以頸血濺大王矣！』反言劫刺之事也，度亦一時猝辨語，但其勢實壯，真不可當。左右欲刃相如，相如張目叱之，左右皆靡。不可無此一筆，不然則情事不周匝。於是秦王不懌，爲一擊缻。苦甚。比之從容鼓瑟者，愈出醜。相如顧召趙御史書曰：『某年月日，秦王爲趙王擊缻。』以『爲』字對『令』字，正復相當。秦之群臣曰：『請以趙十五城爲秦王壽。』不復成體面矣。藺相如亦曰：『請以秦之咸陽爲趙王壽。』咸陽，秦都也。都城可請，則秦不國矣。妙語。秦王竟酒，終不能加勝於趙。須知此語從秦王意中寫出來。趙亦盛設兵以待秦，秦不敢動。無此一着，便成兒戲。

既罷歸國。以相如功大，拜爲上卿，位在廉頗之右。鬬出柔廉頗一段。

秦伐韓，軍於閼與。從趙地進兵伐韓。王召廉頗而問曰：插廉頗有意。『可救不？』對曰：『道遠險狹，難救。』持重，好。頗大將，非戰將也。又召樂乘而問焉，樂乘對如廉頗言。引二人，以頗爲主，側筆有法。又召問趙奢，奢對曰：『其道遠險狹，亦同此語，妙。譬之猶兩鼠鬬於穴中，將勇者勝。』提出本領，只是養氣一法。王乃令趙奢將，救之。兵去邯鄲三十里，而令軍中曰：『有以軍事諫者死。』中有定見，只要静鎮，惟恐氣壹則動志也。此有大見識。秦軍軍武安西，秦軍鼓噪勒兵，武安屋瓦盡振。特寫一事，以見其静鎮之實。此渲染法。軍中候有一人言急救武安，趙奢立斬之。爲許歷事作反襯。堅壁，留二十八日不行，復益增壘。所謂静如處女。秦閒來入，趙奢善食而遣之。7只此已足，妙在更不教以他語。閒以報秦將，秦將大喜曰：一番大喜，氣已浮動，不可制矣。『夫去國三十里而軍不行，乃增壘，閼與非趙地也。』大言妙。趙奢既已遣秦閒，緊接善食

7凡事特患見不破耳，趙奢『將勇者勝』一言已看定閼與之戰只在養氣，然而矢石所交，風雲變色，讙呼所及，屋瓦皆飛，已即不摇，能保此千萬人之耳目心志不潰然而散乎？『堅壁』二句，疾趨兩日，其心中眼中不復有絲毫利害之惑，是真有得於『持其志，而無暴其氣』之旨者也。戰爲聖人之所慎，豈細故哉！馬服君於是乎不可及矣。

句，捷甚。乃卷甲而趨之，二日一夜至，所謂動若脫兔。令善射者去閼與五十里而軍。此句後無所應，必邀其歸路而擊之，所以獲全勝也。軍壘成，秦人聞之，悉甲而至。此句頓住，下別插許歷二段語。此夾叙體。軍士許歷請以軍事諫，趙奢曰：『內之。』活動得妙。許歷曰：『秦人不意趙師至此，其來氣盛，惟此人能窺破趙奢養氣作用，一語便道着，奇士。將軍必厚集其陣以待之。衝突不動。不然，必敗。』趙奢曰：『請受令。』恭遜得妙，許歷曰：『請就鈇質之誅。』趙奢曰：『胥後令胥，待也。含糊得妙。邯鄲。』『邯鄲』二字，似直當作『將戰』二字。許歷復請諫，曰：『先據北山上者勝，得地利以鼓勇氣，建瓴之勢，易爲功也。後至者敗。』8 趙奢許諾，即發萬人趨之。秦兵後至，爭山，不得上，此句直接前『悉甲而至』句。趙奢縱兵擊之，大破秦軍。只是以氣勝之，無他謬巧。秦軍解而走，遂解閼與之圍而歸。結案。

趙惠文王賜奢號爲馬服君，以許歷爲國尉。9 趙奢於是與廉頗、藺相如同位。總結如椽之筆。

太史公曰：知死必勇，能知必死而直蹈之，則勇氣自振，凡人不能勇者，只是冀倖不死耳。然倖生者，顧未必生，而自分必死者，終或不果死也。此贊但發明此義。非死者難也，處死者難。

8 許歷一段，叙得狡獪，只是窺得破趙奢作用，歷之言即奢之言也。如謂奢見不及此，則此行無歷、奢遂不能集事耶？必無之理矣。

9 爲將者之品，有大將，有戰將，廉頗識略高深，能持重而不利於剽疾，有大將之才，而或不足於戰將之用。趙奢自是戰將，至其納許歷之言，而又能表章出之，亦有大將之度者矣。

方藺相如引璧睨柱，及叱秦王左右，勢不過誅，然士或怯懦而不敢發。相如一奮其氣，威信敵國，退而讓頗，名重太山，其處智勇，可謂兼之矣。四人合傳，贊止相如，史公好奇之過也。

廉頗、藺相如、趙奢、李牧合傳，同時同國，各見其奇，與他傳牽連而書者不同。故傳中多作羅紋體，而叙廉頗事則加勤，叙相如事則獨贍，一以爲諸子之綱維，一以見恢奇之絶軌也。以余觀之，則皆朝不及夕，一切苟且以圖存之計焉耳。蓋相如以一璧之故，一擊缶之微，樽俎折衝，以犢觸虎，其得免也，亦云倖矣。及其歸也，不聞昌言碩畫，以爲善後之圖，則忼慨趣湯，五步濺血，此技可長恃乎？李牧、趙奢，一將之用有餘，猛虎在山，藜藿不採，秦人或稍憚焉，而朝廷大計，則非其所知。惟廉將軍沈毅深遠，而一生無大奇節，史公著筆頗輕。及乎晚節被讒，一不得當，而猶有思用趙人之語。夫鍾儀既縶，猶鼓南音；范叔西游，無忘丘墓。廉將軍於此遐哉弗可及已，而惜乎趙之不終其用也。史公嗜奇，所取者在藺不在廉，故文之工贍者，亦在此不在彼，而余之選録，則專以其人也。因廉傳不採，故附論之於此，以著四子之優劣云。

屈原賈生列傳

屈原者，名平，楚之同姓也。全傳眼目。爲楚懷王左徒，博聞彊志，總綱。明於治亂，嫻於辭令。入則與王圖議國事，以出號令；跟『明於治亂』句。出則接遇賓客，應對諸侯。跟『嫻於辭令』句。王甚任之。

上官大夫與之同列，爭寵而心害其能。勢逼而爭，然其能不及，則又難與爭也。一句合二意。懷王使屈原造爲憲令，屈平屬草稿未定。上官大夫靳尚。見而欲奪之，[1]小人無狀至此。屈平不與，亦染習氣。因讒之曰：『王使屈平爲令，衆莫不知，切中庸主之忌。每一令出，平伐其功，曰以爲「非我莫能爲」也。』此三句乃注明所以『衆莫不知』之故。王怒而疏屈平。只是疏而不任，未奪其位。

屈平嫉王聽之不聰也，就王聽讒言。讒諂之蔽明也，就上官行讒於王言。邪曲之害公也，就上官害己之能言。方正之不容也，就己之見疏言。故憂愁幽思而作《離騷》。逗住。『離騷』者，猶離憂也。頓開局勢。夫天者，人之始也；父母者，人之本也。人窮則反本，故勞苦倦極，未嘗不呼天也；疾痛慘怛，未嘗不呼父母也。《離騷》如此洋洋巨篇，只以『呼天呼父母』五字罩之，忠孝之志，所以千古爲昭。史公眼光爍破天下如此。屈平正

1 上官大夫雖妒屈原，而憲令之造既出王使，則即奪之，當無以冒其能也。總之，小人之一念動於惡，恣肆妄誕，必至破壞他人能事而後已，雖己亦不能自曉也。

道直行，竭忠盡智以事其君，讒人間之，可謂窮矣。信而見疑，忠而被謗，能無怨乎？屈平之作《離騷》，蓋自怨生也。以上言《騷》之所由作，以下言《騷》之體制。《國風》好色而不淫，《小雅》怨誹而不亂。若《離騷》者，可謂兼之矣。上稱帝嚳，下道齊桓，中述湯、武，以刺世事，明道德之廣崇，治亂之條貫，靡不畢見。三句從『明於治亂』來。其文約，其辭微，其志潔，其行廉，其稱文小而其指極大，舉類邇而見義遠。六句從『嫻於辭令』來。以下申言其文之潔芳悱惻，而極贊其蓄志之超。其志潔，故其稱物芳；其行廉，故死而不容。自疏濯淖污泥之中，蟬脱於濁穢，以浮游塵埃之外，不獲世之滋垢，皭然泥而不滓者也。推此志也，拈『志』字，精瑩俊邁。雖與日月争光可也。2

屈平既絀，遥接王怒而疏之案。其後秦欲伐齊，齊與楚從親，惠王患之，乃令張儀佯去秦，厚幣委質事楚，曰：『秦甚憎齊，齊與楚從親，楚誠能絶齊，秦願獻商於之地六百里。』如餌小兒，可悲可恨。楚懷王貪而信張儀，遂絶齊，使使如秦受地。張儀詐之曰：『儀與王約六里，不聞六百里。』如謔販傭，更可悲恨。楚使怒去，歸告懷王。懷王怒，大興師伐秦。秦發兵擊之，大破楚師於丹、淅，斬首八萬，虜楚將屈

2《離騷》開口便呼『皇考伯庸』，後又『指九天以爲正』，是呼天呼父母之實證也。再轉出『蓋自怨生』句來，然則號泣於旻天、於父母，孟子以爲怨慕，不與此文相表裏乎？舉千秋血性文章而歸之於忠孝，此傳實《離騷》之弁序，不僅左徒之行狀而已也。

匄，遂取楚之漢中地。所失反不止六百里。懷王乃悉發國中兵以深入擊秦，戰於藍田。魏聞之，襲楚至鄧。楚兵懼，自秦歸。而齊竟怒不救楚，楚大困。3

明年，秦割漢中地與楚以和。知楚未可卒滅，秦之玩弄諸侯極矣。尤可悲可恨。楚王曰：『不願得地，願得張儀而甘心焉。』張儀聞，乃曰：『以一儀而當漢中地，臣請往如楚。』如角力拳勇之夫，一交手後看破伎倆，全不以爲意矣。如楚，又因厚幣用事者臣靳尚，而設詭辯於懷王之寵姬鄭袖。懷王竟聽鄭袖，復釋去張儀。是時屈平既疏，引歸正傳。不復在位，使於齊，七字作一句讀，使齊即不在位，非貶斥也，只是疏遠之意。顧反，諫懷王曰：『何不殺張儀？』懷王悔，追張儀不及。4 何故又悔，總是昏極。

其後諸侯共擊楚，大破之，殺其將唐眛。極匆匆，又未嘗不明畫。

時秦昭王與楚婚，陡然復起一頭。欲與懷王會。懷王欲行，屈平曰：『秦虎狼之國，不可信，不如無行。』懷王稚子子蘭勸王行：『奈何絶秦歡？』屈平之言亦不必極痛切，稚子之言亦不必甚鋒鋩，而行間字裏無人不瞥然親見屈平之冷落無聊者，所以妙也。懷王卒行。5 入武關，秦伏兵絶其後，因留懷王，以求割地。秦之不直不必言，懷王之受辱亦豈足惜。懷王怒，不聽。亡走趙，趙不内。復之秦，竟死於秦而歸葬。

3 既以楚之存亡係於原傳，則楚事不得不敘，然不得喧客奪主也。看其敘事匆匆得妙。

4 此上通爲一大段，只『屈平既絀』『屈平既疏』二句始終關照，是主句，餘皆襯起本傳，非正文也。

5 此上又一段，是懷王入秦不反公案，前段屈平語在後，此段屈平語在前，作文中變化法。

長子頃襄王立，以其弟子蘭爲令尹。只須據事直書，而楚人昏惑已極。楚人既咎子蘭以勸懷王入秦而不反也。

屈平既嫉之，兩句合寫，妙。方見屈平之怨，直舉國之公憤。雖放流，睠顧楚國，繫心懷王，不忘欲反，冀幸君之一悟、俗之一改也。仍入《離騷》，文理匝密，情味悠揚。其存君興國而欲反覆之，一篇之中三致意焉。千古善讀書人語。然終無可奈何，故不可以反，卒以此見懷王之終不悟也。[6]語勢纏綿，酷肖《騷》矣。人君無愚知賢不肖，莫不欲求忠以自爲，舉賢以自佐，特插入一段議論，只此段是史公自發感慨，不得概將前文例之。然亡國破家相隨屬，而聖君治國累世而不見者，其所謂忠者不忠，而所謂賢者不賢也。千古痼疾，一筆點破。懷王以不知忠臣之分，故内惑於鄭袖，外欺於張儀，疏屈平而信上官大夫、令尹子蘭。兵挫古本作「剉」。地削，亡其六郡，身客死於秦，爲天下笑。此不知人之禍也。《易》曰：『井泄不食，爲我心惻，可以汲。王明，並受其福。』王之不明，豈足福哉！引一筆即疏宕。

令尹子蘭聞之大怒，遥接屈平既嫉之段，此句是篇中第一奇筆。卒使上官大夫短屈原於頃襄王，頃襄王怒而遷之。始斥而放之。乃作《懷沙》之賦，懷石遂自投汨羅

6 善讀書者取其意而遺其詞，今史公每插一段論斷，取《離騷》讀之，即處處有吻合之妙。予故曰此《離騷》之弁序也。

以死。7

屈原既死之後，楚有宋玉、唐勒、景差之徒者，皆好辭而以賦見稱；然皆祖屈原之從容辭令，終莫敢直諫。一段終屈原。其後楚日以削，數十年竟爲秦所滅。一段並終楚，與篇首楚之同姓也句關合。

自屈原沈汨羅後百有餘年，漢有賈生，爲長沙王太傅，此傳過文，獨有味外味。過湘水，投書以弔屈原。

太史公曰：余讀《離騷》《天問》《招魂》《哀郢》，悲其志。本傳前半拈出『志』字，意正知此。適長沙，觀屈原所自沈淵，未嘗不垂涕，想見其爲人。及見賈生弔之，又怪屈原以彼其材，游諸侯，何國不容，而自令若是。從《長沙賦》中看出，即『歷九州而相君』等句。讀《服鳥賦》，同生死，輕去就，又爽然自失矣。即以賈破賈，知弔屈原賦亦有爲之言也。

屈靈均，千古潔人也。觀其《離騷》《九歌》《九章》撰著，美人香草，觸手芬菲，何處不滋蘭九畹而樹蕙百畮哉。史遷之知靈均，只在於至潔中見其一片血性，而其狷介無憀之況，俱於言外見之，本作《離騷》序言，而即移爲左徒傳贊耳。當與莊叟《天下篇》及《史記·自序》篇參覽，斯得其旨。

7楚懷雖狂惑之主，然其始本能寵任屈平，則亦不可謂之不知人也。惟其一念之欲，自見其才而掩人之善以爲己有，遂致爲宵小所窺，而巧以中之。然屈大夫於此殆亦不無文人習氣，矜惜己美而不肯假借，容亦有之，此正不解夫『隨流』『揚波』『餔糟』『啜醨』之理者也。雖然，以屈子之賢，夫豈不知，正以狷潔之性必不能少貶耳。故自撰《漁父》辭、《懷沙》賦以明本志，史公獨摘此二文以終本傳，真讀書論世之巨眼也。

刺客列傳

荆軻者，衛人也。其先乃齊人，徙於衛，衛人謂之慶卿。而之燕，燕人謂之荆卿。備叙履歷，固見鄭重，然兩名兼載，正欲插『而之燕』三字耳。荆卿好讀書擊劍，占身分語。以術説衛元君，劍術耶？縱横之術耶？一荆卿豈足係衛之存亡？史公痛惜其無成，故偏作爾許身分。衛元君不用。其後秦伐衛，置東郡，徙衛元君之支屬於野王。

荆軻嘗游過榆次，此二段皆極寫荆軻，摧剛爲柔，又似重之，又似惜之，其妙乃在筆墨之外。與蓋聶論劍，蓋聶怒而目之。荆軻出，人或言復召荆卿。蓋聶曰：『曩者吾與論劍有不稱者，吾目之；試往，是宜去，不敢留。』蓋聶蓋劍客之才者，此段原爲篇末擊劍不中而伏，而後乃獨引魯勾踐之言，正見二段同意也。使使往之主人，荆卿則已駕而去榆次矣。使者還報，蓋聶曰：『固去也，吾曩者目攝之！』寫英雄心目凛凛，字法妙。

荆軻游於邯鄲，魯勾踐與荆軻博，争道，魯勾踐怒而叱之，荆軻默而逃去，遂不復會。士不遇知己，徒死無益，兩番逃去，直與淮陰俛出胯下同意。

荆軻既至燕，愛燕之狗屠及善擊筑者高漸離。此時方獲同調。荆軻嗜酒，日與

1荆卿列於《刺客傳》，爲燕太子丹也，不得不以燕爲主。然其游歷諸國，遍交賢豪，各有奇特可紀處，又不忍割棄不寫，看其從齊、衛插入『而之燕』三字，以定其名，隨後逆敘游衛、游榆次、游邯鄲三段，因以『既至燕』一語遥接，方寫燕市，淋灕興致。又隨添『所游諸侯』二句，復以『其之燕』三字收還，針路之密，極盡經營，固不得以史公藉《國策》爲藍本而專摘其刺秦王一段也。今特録前後史公叙傳本文，凡《國策》所有者不復著云。

狗屠及高漸離飲於燕市，一段酣暢淋灕之極。酒酣以往，字法沉釄可味。高漸離擊筑，荆軻和而歌於市中，相樂也，已而相泣，旁若無人者。一生忼慨，發洩殆盡，不但樂時暢遂也。荆軻雖游於酒人乎，四字雅絕。然其爲人沈深好書；復應好書，加以沉深，身分高絕。其所游諸侯，盡與其賢豪長者相結。拓一筆。其之燕，即收轉。燕之處士田光先生高擡田光，正是極予荆卿。亦善待之，知其非庸人也。1

高漸離變名姓爲人庸保，有深志。匿作於宋子。地名。久之，作苦，聞其家堂上客擊筑，傍徨不能去。忍不住露穎，尋常語令人墮泪，故奇。每出言曰：『彼有善有不善。』妙語苦心。從者以告其主，曰：『彼庸乃知音，竊言是非。』家丈人召使前擊筑，一坐稱善，賜酒。以上爲一節，未重擊筑。而高漸離念久隱畏約無窮時，高生當日向誰道之？而史公偏能代道其肺腑中語，妙甚。乃退，出其裝匣中筑與其善衣，更容貌而前。舉坐客皆驚，下與抗禮，以爲上客。使擊筑而歌，以上爲一節，方正寫擊筑。客無不流涕而去者。燕市流離，久不隕此涕矣。宋子傳客之，聞於秦始皇。秦始皇召見，人有識者，乃曰：『高漸離也。』秦皇帝惜其善擊筑，重赦之，祖龍頗亦不俗。乃矐其目。使擊筑，未嘗不稱善。以上爲一節，是得見始皇之由。稍益近之，漸寫得情。高漸離乃以鉛置筑中，復進得近，舉筑撲秦皇帝，不中。於是遂誅高漸離，即撲殺此獠，高生豈不爲虀粉耶？舍生之節，大爲荆卿增重。終身不復近諸侯之人。2

《國策》『荆軻刺秦王』一篇，文章固妙絶千古，然其寫荆軻處，可議實多。如聶政尚不肯輕受嚴仲子百金之饋，而軻則早恣享燕太子車騎美女之奉，一也。聶政恐多人語泄，獨行仗劍至韓，而軻則既必待吾客與俱，又且白衣祖餞，擊筑悲歌，豈不慮事機敗露，二也。聶政抉面屠腸，自滅形迹，軻乃箕踞笑罵，明道出欲生劫報太子丹之語，三也。至以虎狼之秦而欲希風曹沫，約契不渝，其愚狂無識，更不足道矣。史公想愛其文之奇，又不可妄爲點竄，故特於前後自出手眼，寫得荆卿沉深儒雅，迥絶恒流，並高漸離隱約精靈，雙峙千古，遂使其疏莽無成處，俱藏却許多疑案，令人不忍多訾矣。此其筆力迷離，獨有超解，軻得此庶幾不枉此一死也。今人誦《國策》，多置史傳始末，又安見古人之深意哉！

2 荆卿之有高漸離，猶聶政之有姊嫈也。大丈夫爲知己者死，一腔熱血，本不求表暴於天下，而無如荆卿之於太子丹，疏莽猜嫌，實算不得知己，七尺之軀浪付竪子，殊爲可惜。故當時若不得高生一番奇烈，荆之減價良不少也。酒酣歌泣，託以千秋，豈徒然哉！

張耳陳餘列傳

范陽人蒯通説范陽令曰[1]：本名徹，以武帝諱易通。『竊聞公之將死，故弔。雖然，賀公得通而生。』蒯通明於事機，與戰國傾危之士絶異，矢口弔賀並至，善於聳動。范陽令曰：『何以弔之？』對曰：『秦法重，明其前之得罪於咸陽父老子弟，法實使然，雖爲作周旋語，然亦非彊飾。足下爲范陽令十年矣，殺人之父，孤人之子，斷人之足，黥人之首，不可勝數。寫得滿眼冤頭債主，不由人不動心。然而慈父孝子莫敢傳刃公之腹中者，畏秦法耳。今天下大亂，秦法不施，極其明劃，無一語欺范陽令。然則慈父孝子且傳刃公之腹中以成其名，必傳刃而後得爲慈孝，故云成其名。此臣之所以弔公也。今諸侯畔秦矣，轉機逼清。武信君兵且至，即趙王武臣。而君堅守范陽，少年皆争殺君，下武信君。徒然取死，實無益於忠節。君急遣臣見武信君，可轉禍爲福，在今矣。』[2]妙在投身相爲。若空空令之降，濟得甚事？

范陽令乃使蒯通見武信君曰：『足下必將戰勝然後略地，攻得然後下城，臣竊以爲過矣。起法與前同。誠聽臣之計，可不攻而降城，不戰而略地，傳檄而千里定，可乎？』文勢葱蘢郁秀，然與《史記》疏宕自别。武信君曰：『何謂也？』蒯通曰：『今

1 蒯徹以相人之術諷淮陰侯，不聽，佯狂爲巫，嘗著書二十篇。此段從彼採入，故自成一首機軸。

2 如此人方可謂之排難解紛。

范陽令宜整頓其士卒以守戰者也，更不支蔓，單刀直入。怯而畏死，貪而重富貴，故欲先天下降，非罵范陽令，正見滔滔皆是。此其所以不待戰而千里可定也。畏君以爲秦所置吏，誅殺如前十城也。然今范陽少年亦方殺其令，自以城距君。實然。劉、項起事，何嘗不爾？君何不齎臣侯印，拜范陽令，范陽令則以城下君，少年亦不敢殺其令。說來如指上螺紋，細細可辨。令范陽令乘朱輪華轂，使驅馳燕、趙郊。燕、趙郊見之，皆曰此范陽令，先下者也。即喜矣，燕、趙城可毋戰而降也。此三句即前『怯而畏死』二句。此臣之所謂傳檄而千里定者也。』極蔥蘢郁秀之致，寫來妙絶。與其懸鼎鑊以狗，何如懸華衮而招？武信君從其計，因使蒯通賜范陽令侯印。趙地聞之，不戰以城下者三十餘城。[3]從此遂復立趙國。

趙王間出，爲燕軍所得。武臣方與餘、耳略定燕界。燕將囚之，欲與分趙地半，乃歸王。要知求之愈急，雖盡與趙地，猶未必歸也。使者往，燕輒殺之不可嚮邇，妙。以求地。張耳、陳餘患之。以兩賢所患，而養卒易言之，接手入神。有廝養卒謝其舍中曰：『吾爲公説燕，與趙王載歸。』通盤算到之語。舍中皆笑曰：『使者往十餘輩，輒死，若何以能得王？』乃走燕壁。寫得妙。若與笑者辨折一語，便不見奇。『走』字妙。燕將見之，問燕

3《史記》文密而實奇橫，《國策》文幻而實平整，筆徑自然，要關天分。此段最似《國策》，若其爲范陽令及武信君謀，片語之間，免却千里兵戈慘禍，文在魯連之上，品居王蠋之前，非戰國傾危者所能及也。

將曰：『知臣何欲？』若待燕將先問，便不奇，問燕將甚妙。燕將曰：『若欲得趙王耳。』曰：『君知張耳、陳餘何如人也？』先布此著，妙。燕將曰：『賢人也。』曰：『知其志何欲？』然後敲緊。曰：『欲得其王耳。』趙養卒乃笑曰：一『笑』字，從容之極。此是謝舍中時成竹也。『君未知此兩人所欲也。夫武臣、張耳、陳餘三人總提，便不是真正君臣。杖馬箠，下趙數十城，此亦各欲南面而王，豈欲爲卿相終已耶？豈誑燕將哉？但求王時想不到此耳。夫臣與主豈可同日而道哉？此等宕筆，《史記》天生妙筆。顧其勢初定，未敢參字法。分而王，且以少長先立武臣爲王，以持趙心。目光如炬，而口齒伶俐之極。今趙地已服，此兩人亦欲分趙而王，時未可耳。勢以國言，時以人言。今君乃囚趙王，此兩人名爲求趙王，實欲燕殺之，此兩人分趙自立。此三語則未必果然，然燕果殺之，則分趙自立，誠何待論？夫以一趙尚易燕，況以兩賢王一也。左提右挈，二也。而責殺王之罪，三也。滅燕易矣！』燕將以爲然，乃歸趙王，養卒爲御而歸。4應載歸，趣極。

漢七年，高祖從平城過趙，自將伐匈奴，解圍歸。趙王耳子敖，高祖婿。朝夕袒韝蔽，袒而割牲韝蔽，所以約袖而捧盤匜也。自上食，禮甚卑，有子婿禮。高祖箕倨詈，甚慢易之。隆準公善罵，常以此失功臣意。實是亭長惡習，不足爲佳。趙相貫高、趙午等年六十餘，

4養卒之論事勢，明透已極，蓋深知武臣之不足事而見張、陳之必非人下者也。此段語張、陳固不欲人道破，然即謂此時名爲求王，實欲燕殺之，則殊未必然。蓋此時果欲燕之殺武臣，便當鼓行而前，決一死戰，則趙王必危；乃殺十餘使而未敢興兵，正其投鼠忌器之私衷耳。但養卒歸王而不聞特賞，則未必不以其道破隱情而忌之也。即謂欲殺趙王，亦未爲逆詐已甚。

故張耳客也。始與高祖等夷可知。生平爲氣，寫得勃然。乃怒曰：『吾王孱主也。』先自怒，後説王，有情景。説王曰：『夫天下豪傑並起，能者先立。玩此二語，益見平昔等夷不肯相服。今王事高祖甚恭，而高祖無禮，高祖字皆誤，姑仍之。請爲王殺之。』不濟。張敖齧其指出血，曰：『君何言之誤！張敖固好人，然誤處不小。且先人亡國，賴高祖得復國，德流子孫，秋毫皆高祖力也。語甚鄭重。願君無復出口。』[5]稚甚，誤甚。貫高、趙午等十餘人皆相謂曰：此何事而同事者多於十人，蓄謀者餘於一歲，豈有不敗之理？『乃吾等非也。吾王長者，不倍德。且吾等義不辱，今怨高祖辱我王，故欲殺之，何乃污王爲乎？語氣極忼慨。令事成歸王，事敗獨身坐耳。』真有定力。

漢八年，上從東垣還，過趙，又過一年。貫高等乃壁人柏人，要之置廁。此語極古奥，遂多謬解，蓋伏刺客於柏人縣之要路館驛以待之。置，驛舍也。上過欲宿，心動，問曰：『縣名爲何？』曰：『柏人。』『柏人者，迫於人也。』[6]趣甚，警甚。不宿而去。有天命。

漢九年，貫高怨家知其謀，乃上變告之。於是上皆并逮捕趙王、貫高等。十餘人皆爭自剄，無此襯不出貫高。貫高獨怒罵曰：『誰令公爲之？如聞其聲。今王實無謀，而并捕王。公等皆死，誰白王不反者？』提出題目。乃檻車膠致，膠，固也，乃防

5張敖固無反謀，然而人臣之義，將則必誅。貫高謀叛激於禮貌之微，罪固當死。敖爲人臣而隱忍保奸，借使其事竟成，敖得不儼然南面乎？爲敖者力能誅高則誅之，不能則告之高祖，方是純白心事，爲人臣者所以不可不知《春秋》之義也。

6高祖賜婁敬姓劉而云『婁者乃劉也』，於柏人心動則云『柏人者迫於人也』。粗糙杜撰可哂，亦可愛。小處傳神，三毫欲活矣。

[7] 貫高固叛人，然身爲張耳故客，其視高祖等夷耳。天下初定，逐鹿未忘，老驥雄心，不能忍辱，與他人作逆者殊科。況其立節張敖，亦是跖犬吠堯常理，不當概以叛目之。

護嚴密之意。與王詣長安。治張敖之罪。上乃詔趙群臣賓客有敢從王皆族。貫高與客孟舒等十餘人，疑此句『與』字當作『之』字，蓋貫高首爲怨家所告，亦當逮治，何待髡鉗從王，孟舒等自是貫高之客耳。皆自髡鉗，爲王家奴，從來。貫高至，對獄，曰：『獨吾屬爲之，王實不知。』[7]久要不忘，是真俠士。吏治榜笞數千，刺剟，身無可擊者，總言酷刑。終不復言。呂后數言張王以魯元公主故，不宜有此。忽插此段文章，所以得疏宕也。上怒曰：『使張敖據天下，豈少而女乎？』不聽。呂后不能回而囚能回之，益見貫高義烈動人。廷尉以貫高事辭聞，上曰：『壯士！誰知者，以私問之。』真主啓口，培植名節不少。中大夫泄公曰：『臣之邑子，素知之。此固趙國立名義不侵爲然諾者也。』泄公亦難得，方治反獄時，親友惟恐波及，誰肯爲之游揚者？亦可見端友之從其類也。上使泄公持節問之箯輿前，寫得慘苦激昂，令人泪落。仰視曰：『泄公耶？』泄公勞苦如平生歡，與語，所謂以私問也。以下俱是友朋私語。問張王果有計謀否？高曰：『人情寧不各愛其父母妻子乎？可泣鬼神，可感金石，不得以其叛人而少之。今吾三族皆以論死，豈以王易吾親哉！透甚。顧爲王實不反，獨吾等爲之。』具道本指所以爲者王不知狀。一語所該甚多，古健絶倫。於是泄公入，具以報，上乃赦趙王。

上賢貫高爲人，難得高祖。能立然諾，品題無溢美。使泄公具告之，曰：鄭重妙，蓋下八個字乃隱括大旨，其言甚多。『張王已出。』因赦貫高。貫高喜曰：『吾王審出乎？』生動。泄公曰：『然。』泄公曰：特加一『泄公曰』，以致其鄭重之意，妙絶。『上多足下，故赦足下。』貫高曰：『所以不死一身，無餘者，白張王不反也。特照定前十餘人爭自剄句。今王已出，吾責已塞，死不恨矣。且人臣有篡弑之名，何面目復事上哉！縱上不殺我，我不愧於心乎？』無此不成忼慨。乃仰絶肮，遂死。當此之時，名聞天下。史公極得意語。

張敖已出，以尚魯元故，封爲宣平侯[8]。於是上賢張王諸客以鉗奴從張王入關，無不爲諸侯相、郡守者。高祖鼓舞一世處甚奇。及孝惠、高后、文帝、孝景時，張王客子孫皆得爲二千石。[9]人歷四朝，則其子孫之所以不失富貴者，不關張王事矣，乃猶冠以張王客，史公好奇如此。

太史公曰：張耳、陳餘，世傳所稱賢者；其賓客厮役，莫非天下俊傑，一語直貫全傳始末。所居國無不取卿相者。以客之故。然張耳、陳餘始居約時，無利則好。相然信以死，豈顧問哉？及據國爭權，卒相滅亡，利至則爭。何鄉者相慕用之誠，後相

8張敖知貫高謀，不早發覺，得免死幸矣，乃猶爵以列侯，非法也，故特以尚魯元故冠之。

9漢法至重，韓信、彭越開國元功，皆以莫須有之獄并至參夷，貫高親謀弑逆，其客亦均爲黨援，乃以能立然諾之故，嗟賞寬赦，富貴蟬聯。高祖固有過人之度，而張敖所以保全者，亦不無陰持其重之勢。篇中始載呂后之數言，終指魯元之故，亦言外微旨，非漫然之事也。

倍之戾也！「誠」字「戾」字，天地懸隔，對看得妙。豈非以勢利交哉？名譽雖高，賓客雖盛，收得完足。所由殆與太伯、延陵季子異矣。蓄意深遠。

張、陳初起之時，秦募購之，耳以千金，餘以五百。及其後餘死泜水之南，耳王常山之北，一不能保其首領，一且利及苗裔。然則鄉評月旦，久判低昂；而敵國徵求，因分貴賤。餘之見殺，殆不必耳能殺之，盡人而能殺之也。考鉅鹿之圍，張敖以子赴父之難，亦且按甲徘徊，似未可以不救深責陳餘。張耳於陳餘解綬之際，引佩不辭，致成大隙，耳亦稍負餘矣。雖然，信陵之兵符未竊，原欲赴邯鄲俱亡；魏其之觸網無辭，義不令仲孺獨死。此中耿耿，餘或者未之前聞。向使趙果燼於章邯，不知餘何以處此？末特附一「不侵然諾」之貴高，未必不爲彼「刎頸交」痛下一札也。

淮陰侯列傳

淮陰侯韓信者，淮陰人也。始爲布衣時，貧無行，不得推擇爲吏，又不能治生商賈，此一行虛寫，却將下數實事櫽括於此。常從人寄食飲，人多厭之者。漢初將相中第一人，其落魄無憀，亦居第一。細寫將來，涕笑交集。常數從其下鄉南昌亭長寄食，數月，亭長妻患之，可與戛羹嫂同傳。乃晨炊蓐食。蓐食者，亟食耳。不知作床蓐謬解。食時信往，不爲具食。信亦知其意，怒，竟絶去。蓋久知之，至是則不得不怒耳。可憐。

信釣於城下，豈是謀食耶？諸母漂，有一母見信飢，此一『見』字深甚，非一『見』可了也。飯信，竟漂終漂之事。數十日。信喜，謂漂母曰：『吾必有以重報母。』前怒今喜，其可憐一也。前絶去，今圖報，其無憀一也。母怒曰：以一怒激揚其委頓之氣，勝於援桴而鼓之，大非凡品。『大丈夫不能自食，吾哀王孫而進食，豈望報乎？』

淮陰屠中少年有侮信者，前一段極寫無憀，此一段深明沉毅，意各有在，不可一例看去。曰：『若雖長大，好帶刀劍，中情怯耳。』惡訕往往然。衆辱之加『衆辱之』，方成其爲侮。曰：『信能死，刺我；不能死，出我袴下。』彼直以拚命爲勇。於是信孰視之，一片沉毅，在『孰視』二字，非復向日爲一饑飽輕喜輕怒故態矣。須參，須參。俛出袴下，蒲伏。一市人皆笑信，以爲怯。1

1淮陰侯乃史公所痛惜者，觀其起處詳寫貧時落魄景況，遂與《孟子》『將降大任』一節一樣摇曳，其意中固以漢初第一人目之。淮陰雖爲列侯，未嘗之國，勒居私第，奉朝請而已。蓋因其爲淮陰人，故以邑名表之，益見謀叛之爲冤獄。

2或謂以淮陰之才，豈無良禽擇木之智？當項梁未起時，六國紛紛復立，信既可依涉、廣輩以免饑寒；即沛公入關，約法三章，秦民額手之時，亦可棄羽事漢矣；而信皆不出此，至廡下無成，連敖坐法，機緣稍格，便已無身，得毋其自謀者固拙乎？余以爲信之工於謀天下，而拙於謀身者，在成功身退之後，而不在未遇之前。蓋未遇之前，落魄無憀，動而獲咎，是有天焉，非人之所可爲也。至於後車囚廢，私第閑居，不爲赤松游，亦可效平

及項梁渡淮，信仗劍從之，居戲麾同。下，無所知名。既已出頭，却復連連跌蹶如此。項梁敗，又屬項羽，羽以爲郎中。數以策干項羽，早伏登壇日之語。羽不用。漢王之入蜀，信亡楚歸漢，亦計無復之，未必先有擇木之意。未得知名，爲連敖。坐法當斬，臨末又遭一大躓，成就之艱如此。其輩十三人皆已斬，次至信，寫成險絶。信乃仰視，適見滕公，曰：『上不欲就天下乎？何爲斬壯士！』《淮陰傳》開首第一語。滕公奇其言，壯其貌，滕公夏侯嬰，其知信又在蕭何前。釋而不斬。與語，大悦之。言於上，上拜以爲治粟都尉，上未之奇也。2頓住，爲下一段領頭。

信數與蕭何語，何奇之。先伏一筆。至南鄭，諸將行道亡者數十人，以入蜀無東歸望，故亡去。信度何等已數言上，『等』字該滕公在內。上不我用，即亡。何聞信亡，不及以聞，作意妙。自追之。人有言上曰：『丞相何亡。』上大怒，如失左右手。二語不接，寫得妙。蓋如失左右手，是愛惜之極，并非怒也。居一二日，何來謁上，上且怒且喜，傳神。罵何曰：『若亡，何也？』何曰：『臣不敢亡也，作意。臣追亡者。』上曰：『若所追者誰？』何曰：『韓信也。』上復罵曰：『諸將亡者以十數，活畫出視信無奇來。公無所追；追信，詐也。』『詐』之一字，則誠有之。何曰：『諸將易得耳。至如信者，國

士無雙。薦語簡當可味，下即疾轉與漢王商國事，妙筆。王必欲長王漢中，無所事信；必欲爭天下，非信無所與計事者。著『計事』二字，已非一將之用矣。顧王策安所決耳。』王曰：『吾亦欲東耳，安能鬱鬱久居此乎？』隆準公神情態色，躍然可見。何曰：『王計必欲東，能用信，信即留；不能用，信終亡耳。』看此數語，則何之追信，實有預謀可知。王曰：『吾爲公『吾爲公』妙，是不知信語，又是責成保任語。以爲將。』何曰：『雖爲將，信必不留。』王曰：『以爲大將。』亦爽甚。何曰：『幸甚。』於是王欲召信拜之。何曰：『王素慢無禮，今拜大將如呼小兒耳，此乃信所以去也。又提亡去爲言，前謀益可見。王必欲拜之，擇良日，齋戒，設壇場，具禮，乃可耳。』何自有大臣識略，非刀筆吏所及。王許之。諸將皆喜，此文外形容語，不必果然。人人各自以爲得大將。至拜大將，乃信也，一軍皆驚。

信與張耳以兵數萬，點兵數，要著。欲東下井陘擊趙[3]。點戰地，要著。趙王、成安君陳餘聞漢且襲之也，並提出二人，爲起訖眼目。聚兵井陘口，聚而不肯分，已拙。號稱二十萬。陳餘以兵多，不肯用奇計，故必先點出兩邊兵數。廣武君李左車說成安君曰：『聞漢將韓信涉西河，明謂餘非信、耳敵手，非漫數前功也。虜魏王，禽夏説，新喋血閼與，今

陽飲耳，乃猶羞伍絳、灌，誇將多多，卒至長樂鐘前，受誅兒女，一身瓦裂，三族誅夷，謂非自謀之至拙者乎？嗟乎！蓋亦有天焉，信亦無如之何矣。

3井陘之戰，至危之劫着也。先下一個『欲』字，及間視不用左車之策，又下『乃敢』二字，此皆文中絕大關目。蓋韓信天授智勇，老於行間，必不肯犯險嘗試，以冀倖於萬一。若左車之策果用，信必不來送死。左車雖智，終讓韓侯一着，而信能折節師事之，此信之所以愈不可及也。

4左車之策果用，必不使敵人得知。所以爲信知者，餘方以大言恫喝，創虚聲以折之之故耳。

乃輔以張耳，議欲下趙，此乘勝而去國遠鬭，其鋒不可當。只此一句，韓信作用俱見。臣聞千里餽糧，士有飢色，樵蘇後爨，師不宿飽。造語整秀不凡，此四句言遠征常理。下復以井陘道險作一層，深明兵法，而指畫極了了。今井陘之道，車不得方軌，騎不得成列，行數百里，其勢糧食必在其後。願足下假臣奇兵三萬人，從間路絶其輜重；此一路抄出其後。足下深溝高壘，堅營勿與戰。此一軍堅壘其前。彼前不得鬭，退不得還，分承明畫之極。吾奇兵絶其後，使野無所掠，又有錮之之法。不至十日，而兩將之頭可致於戲下。此殆謂彼軍必内叛也，作用神密，未可明言耳。願君留意臣之計。否，必爲二子所禽矣。』再點此句，應『鋒不可當』數語。成安君，儒者也，常稱義兵不用詐謀奇計，迂緩得妙，要之此直大言欺人，意中只是恃其兵多，且以逸待勞耳。曰：『吾聞兵法，十則圍之，倍則戰。今韓信兵號數萬，其實不過數千。兵豈在多？迂論可笑！能千里而襲我，亦以罷極。不知惟其遠來，故士必致死，蓋退一步，即無生望也。今如此避而不擊，大言得妙。後有大者，何以加之！則諸侯謂吾怯，而輕來伐我。』不顧目前，却算後日，迂狀可掬。不聽廣武君策，一句凡三寫，連綿而下，所以深惜之也。當著眼。廣武君策不用4。韓信使人間視，知其不用，還報，則大喜，乃敢引兵遂下。正極寫廣武君處，『大喜』，『乃敢』，則信之來實懂懂矣。未至井陘口三十里，止舍。夜半傳發，細寫號令，絶大筆力。選輕騎二千人，人持一赤幟，第一令却先算結末一著，奇幻之至。從間道萆山而望趙軍，誡曰：『趙見我走，必空壁逐我，若疾入趙壁，拔趙幟，立漢赤幟。』寫得如聚米排沙，一一清出。令其裨將傳飱，曰：『今日破趙會食。』第三令并在戰後，益奇。然傳飱出戰，亦疾速都起矣。諸將皆莫信，詳應曰：『諾。』謂軍吏曰：『趙已先據便地爲壁，此必引其空壁來逐之故，欲以客而據主之壘，兵不得不奇。且彼未見吾大將旗鼓，未肯擊前行，恐吾至阻險而還。』見難而退，行師之常，成安所及知者也。故不見大將旗鼓，必不空壁來逐，疑信、耳不在行間故也。信乃使萬人先行，出，背水陣，趙軍望見而大笑。笑得儒氣。平旦，與夜半應。信建大將之旗鼓，鼓行出井陘口，致師之法。趙開壁擊之，大戰良久。分作三段看，凡三寫大戰，蓋此日之事至危，成敗之機，間不容髮，無非以見背水一軍之死而致生之妙也。於是信、張耳佯棄鼓旗，走水上軍。水上軍開入之，復疾戰。趙果空壁爭漢鼓旗，必至之理。逐韓信、張耳。韓信、張耳已入水上軍，軍皆殊死戰，不可敗。5蓋亦戰苦雲深，非常鏖戰矣。信所出奇兵二千騎，叙得明浄，《左》《國》所無。共候趙空壁逐利，則馳入趙壁，皆拔趙旗，立漢赤幟二千。煞出『二千』字，有力。趙軍已不勝，寫得從容，此所以不能

5出井陘以決一日之雌雄，必無一戰不克而需再舉之理。成安君固非韓信敵手，而兵之懈與奮，亦誠有天淵相去者。蓋趙兵空壁逐利，前有倖功之樂，後無致死之憂，則見利而進，知難而退而已。漢兵則不然，力戰則各救其生，一退則俱無噍類，所以一曰『大戰良久』，再曰『復疾戰』，三曰『皆殊死戰』，彼懈我奮，一以當千，又何十則圍而倍則戰之有？此左車所以早有成禽之慮也。

勝人也。不能得信等，遂還歸壁，壁皆漢赤幟，而大驚，一句寫目中之亂。以爲漢皆已得趙王將矣，一句寫意中之亂。兵遂亂，遁走，趙將雖斬之，不能禁也。於是漢兵夾擊，大破虜趙軍，收得如疾風卷籜。斬成安君泜水上，禽趙王歇。

信乃令軍中毋殺廣武君，信於此真有國士之風。有能生得者購千金。於是有縛廣武君而致戲下者，信乃解其縛，東鄉坐，西鄉對，師事之。此一句急寫於效首虜之前，極寫韓信。

諸將效首虜，畢賀，因問信曰：『兵法右倍山陵，『倍』與『背』同。前左水澤，『左』與『阻』同。今者將軍令臣等反背水陣，曰破趙會食，臣等不服。然竟以勝，此何術也？』此即前所謂趙已據便地爲壁者也。信以便地先爲趙據，故出奇以劫之，諸將終未解此。信曰：『此在兵法，顧諸君不察耳。當面指破，爲章句泥儒説法，正與成安君所引兵法對着。兵法不曰「陷之死地而後生，置之亡地而後存」？且信非得素拊循士大夫也，此轉自有深意。此所謂「驅市人而戰之」，其勢非置之死地，使人人自爲戰；今予之生地，皆走，寧尚可得而用之乎！』6韓信用之固妙，然而泥其説以取敗者亦多矣。不可不知。諸將皆服曰：『善。非臣所及也。』

6岳忠武論兵曰：『運用之妙，存乎一心。』夫心之精微，口不能言也，況於書乎？漢王嘗以十萬之兵夾濉水陣，爲楚所蹙，濉水爲之不流。此與置之死地者何異？而敗衄至此！使泥韓信之言，其不至顛蹶輿尸載胥及溺者幾何矣。此總難爲死守訓詁者言也。

齊人蒯通知天下權在韓信，欲爲奇策而感動之，蒯通大有遠識，此段大文字，絶非苟且僥倖之圖。以相人説韓信曰：『僕嘗受相人之術。』借端入港，并非真會相人。韓信曰：『先生相人何如？』先問其術之所主。對曰：『貴賤在於骨法，憂喜在於容色，以二句作陪，方不覺。成敗在於決斷，主意在此。以此參之，參之甚深。萬不失一。』韓信曰：『善。先生相寡人何如？』對曰：『願少間。』以説話代敘事。信曰：『左右去矣。』通曰：『相君之面，不過封侯，又危不安。奇語巧舌，千古無兩。相君之背，貴乃不可言。』背，反也。勸其反漢，爲此隱語。韓信曰：『何謂也？』怪其非相人常法。蒯通曰[7]：『天下初發難也，以下絶不復提相法。俊雄豪傑連號一呼，『連』，一作『建』。天下之士雲合霧集，魚鱗雜遝，熛至風起。當此之時，憂在亡秦而已。此段即『秦失其鹿，天下共逐之』語而小變之，見信與劉何必便有君臣之定分也。妙。今楚、漢分争，使天下無罪之人肝腦塗地，父子暴骸骨於中野，不可勝數。此段即下所云『天下之禍』也，禍慘如此，欲信起而定之，原非僅爲富貴起見，更妙。楚人起彭城，轉鬭逐北，方分二扇，此言楚人已困，不足以定天下之禍。至於滎陽，乘利席卷，威震天下。勢似彊。然兵困於京、索之間，迫西山而不能進者，三年於此矣。楚所以困於京、索之間者，信扼之也。便見制楚之權者在信。漢王將數十萬之

7 蒯通之論，蓋長於論人事而暗於决天時，智於見目前而愚於見日後者也。張子房一見沛公，即云沛公殆天授，彼則可謂豪傑矣。若信智勇有餘而實無君人之度。且使果如通言，三分天下，兩利俱存，則天下何時而定於一乎？目前之肝膽塗地，或得暫休，異時之暴骨枕骸，竟無寧息。漢之爲漢，固未可知；而韓之爲韓，恐亦難長恃也。然其危而不安之語則切矣。

8韓信下齊之後，漢王方困於成皋，旦夕望救而信乃擁兵觀望，遣使請爲假王以鎮之。漢王怒罵，良、平躡足而有『寧能禁信自王』之語，漢王之忌信至矣。此時主爲漢王，臣爲齊王。楚鋒方鋭而漢以兩王分居，臣主之分安在？信猶自謂不敢嚮利背義，恐亦難以欺天下之豪傑也。迨騎虎之勢既成，而顧以推食解衣之私，謂爲厚遇。虎狼入穽，投肉飼饑，事機可乘，揮戈恐後者也。而信終不悟，豈非天奪其鑒乎？故通之爲信謀者，直

衆，此言漢王多敗，亦不足以定天下之禍。距鞏、雒，阻山河之險，一日數戰，勢本弱。無尺寸之功，折北不救，敗滎陽，傷成皋，漢所以傷敗不支者，信不救也。又見制漢之權者亦在信。遂走宛、葉之間，『葉』，古本作『棄』。此所謂智勇俱困者也。夫鋭氣挫於險塞，而糧食竭於内府，總承上二段，言楚、漢俱困。百姓罷極怨望，容容無所倚。此仍應到『使天下無罪之人』數句。以臣料之，其勢非天下之賢聖固不能息天下之禍。一句直衝到信，好筆力，好局段。當今兩主之命縣於足下。足下爲漢則漢勝，與楚則楚勝。8束上數段，語勁而簡，一字增減不得。臣願披腹心，輸肝膽，效愚計，恐足下不能用也。先作摇曳，亦知一時難決。誠能聽臣之計，莫若兩利而俱存之，三分天下，鼎足而居，其勢莫敢先動。前後凡用無數波瀾，而主意只一口喝出於此，賈太傅《治安策》絶類此文。夫以足下之賢聖，有甲兵之衆，此又三分鼎足後作用。據彊齊，從燕、趙，出空虛之地而制其後，有餘力。因民之欲，西嚮爲百姓請命，則天下風走而響應矣，孰敢不聽！應歸定『天下之禍』句，較正題目。割大弱彊，以立諸侯，諸侯已立，天下服聽而歸德於齊。此却與酈生建策立六國相似。若果行此，未免樹兵矣。案齊之故，舊境。有膠、泗之地，收膠東、泗上以益封。懷諸侯之德，倒句法，言諸侯懷德。深拱揖讓，則天下之君王相率而朝於齊矣。說到揖讓，

所以救信於死也。引陳餘、文種以爲言，寧猶曰從容圖利而已哉？危哉信，警哉通矣！

仍照定息禍言之，亦未免言之太易，蓋歆動之極矣。蓋聞天與弗取，反受其咎；時至不行，反受其殃。此本策士常談，然以語韓信，則最確。願足下孰慮之。』

韓信曰：『漢王遇我甚厚，信之暗於事機，在漢王術中而不悟如此。載我以其車，衣我以其衣，食我以其食。吾聞之，乘人之車者載人之患，衣人之衣者懷人之憂，食人之食者死人之事，其言如古箴銘，樸至可味。吾豈可鄉利倍義乎？』公之嚮利久矣，安能使隆準忘情乎？蒯生曰：『足下自以爲善漢王，寫得怪詫可掬，「自以爲」三字妙甚，言自見爲善，而他人殊未見爲善也。欲建萬世之業，臣竊以爲誤矣。始常山王、成安君爲布衣時，相與爲刎頸之交，引張耳、陳餘一案，只破他『遇我甚厚』語。後爭張黶、陳澤之事，二人相怨。常山王背項王，餘、耳之事，隙始於餘不救耳，然耳實先負餘，觀蒯生述來，更自曲直了然。奉項嬰頭而竄逃，歸於漢王。漢王借兵而東下，殺成安君泜水之南，頭足異處，卒爲天下笑。不但笑餘，亦兼笑耳，只是笑其好之不終也。此二人相與，天下至歡也。然而卒相禽者，何也？患生於多欲而人心難測也。此亦通概言之，即通之説信背漢，何嘗不是人心難測？但不早爲計，則我不負人者，人終負我，故必爭先一着耳。今足下欲行忠信以交於漢王，必不能固於二君之相與也，而事多大於張黶、陳澤。妙語透極。故臣以爲足下必漢王之不危己，亦誤矣。應還『誤』字，格律甚緊。大夫種、范蠡存亡越，霸勾踐，種、蠡一死一隱，文蓋大概言之，古文如此者甚多。立功成名而身死亡。野獸已盡而獵狗烹。韻語。此數語找足功臣，特於交友外添出，有意。夫以交友言之，則不如張耳之與成安君也；一層恃愛。以忠信言之，則不過大夫種、范蠡之於勾踐也。一層盡忠。此二人者，足以觀矣。二人統指張、陳，文、范。願足下深慮之。慮深比前熟慮又切。且臣聞勇略震主者身危，而功蓋天下者不賞9。韓信自負功多，故漢終不負我，不知信之危，正以其功多也。特枚舉其功言之，可謂説之極工者。臣請言大王功略：足下涉西河，虜魏王，禽夏説，引兵下井陘，誅成安君，徇趙，脅燕，定齊，南摧楚人之兵二十萬，東殺龍且，西鄉以報，總承十句。此所謂功無二於天下，而略不世出者也。此非贊其能事，正是窮其禍根。今足下戴震主之威，挾不賞之功，『戴』字、『挾』字、『持』字，正如身有贅疣，象有齒，犀有角，皆身之害也。歸楚，楚人不信；歸漢，漢人震恐：足下將持是安歸乎？説到此處，不由人不毛骨寒竪。夫勢在人臣之位而有震主之威，名高天下，竊爲足下危之。』『危』字比深慮又切。韓信謝曰：『先生且休矣，吾將念之。』心已動矣，而不能決，天奪之鑒。後數日，蒯通復説曰：『夫聽者事之候也，計者事之機也。不容蹉過之謂候，少

9此以下專就功高不賞言之，在韓信固爲萬金良藥，若以概諸古今功臣則非也。人臣但患不善居功耳，豈曰功高必不利於身乎？洵如通言，則扶危定傾之際，爲人臣者必將留不盡之力以自爲，如明末左寧南擁重兵而養寇以自重，其罪有不可勝誅者。果善於居功，如諸葛武侯、郭汾陽，豈患功高而禍至哉！史公贊中，但以學道讓謙爲信所少，蓋有識之言也。

縱即逝之謂機。聽過計失而能久安者，鮮矣。聽不失一二者，不可亂以言；計不失本末者，不可紛以辭。此二語寬一步，言除非聽之多失旨，而計之非萬全，或可紛亂於中而不决。今我所陳，則本末燦然，一一無失者也。夫隨厮養之役者，失萬乘之權；守儋石之禄者，闕卿相之位。此段細微之事，以譬其駑馬戀棧之愚。故知者决之斷也，疑者事之害也，審毫釐之小計，遺天下之大數，申明「厮養」「儋石」二句意。智誠知之，决信非不知，只是猶豫顧惜耳。不敢行者，百事之禍也。此語是頂門一針。故曰「猛虎之猶豫，不若蜂蠆之致螫；騏驥之局躅，不如駑馬之安步；孟賁之狐疑，不如庸夫之必至也；雖有舜、禹之智，吟而不言，不如瘖聾之指麾也」。三排之後，忽引長一筆，妙絶文情。此言貴能行之。單繳「弗敢行者」句。夫功者難成而易敗，時者難得而易失也。「時乎時乎，不再來」。詞畢矣，獨提一『時』字，歌吟而警之，態色聲情，俱臻絶品。願足下詳察之！』韓信猶豫不忍倍漢[10]，此是正意。又自以爲功多，漢終不奪我齊，此是不信徹言之意。遂謝蒯通。蒯通説不聽，已詳狂爲巫。

10成敗之間，間不容髮，信果不欲倍漢亦無所用其猶豫。猶豫者，心已動之詞也。縱不倍漢，已非純臣矣。惜哉！

1 漢異姓王至被恩寵者盧綰，至忠謹無過者吴芮，其他所誅滅，雖未必盡當其罪，然亦實有以自取也。綰之恩遇，又非芮所敢望，則苟其純白乃心，恭順守節，當亦未必遂有敗亡之禍，無如信、越之死，皆出牝鷄。逖聽心寒，聞風股栗，不得不爲三窟自全之計，卒使布衣昆弟之歡，變而爲走越亡胡之勢。綰誠孤恩，漢亦負義，此無他，吕雉有以驅之而小人復以謀身之私智煽之也。爲人臣者，尚鑒之哉！

韓王信盧綰列傳

盧綰者，豐人也，與高祖同里。[1] 盧綰親與高祖太上皇相愛，一路寫親厚殊絶，筆墨複沓，而各極變態，文之最穠至葱蘢者。及生男，高祖、盧綰同日生，里中持羊酒賀兩家。及高祖、盧綰壯，俱學書，又相愛也。多一『也』字，便饒姿態。里中嘉兩家親相愛，生子同日，壯又相愛，偏能總束一番。復賀兩家羊酒。倒前句，雖小處必變化。高祖爲布衣時，有吏事辟匿，盧綰常隨出入上下。『常隨出入上下』『常侍中』『常出入卧内』一意，而文亦三變。及高祖初起沛，盧綰以客從，入漢中爲將軍，常侍中。從東擊項籍，以太尉常從，出入卧内，衣被飲食賞賜，群臣莫敢望，雖蕭、曹等，特以事見禮，舉第一等功臣，以見優禮之絶等。至其親幸，莫及盧綰。綰封爲長安侯。長安，故咸陽也。獨此封注一句，蓋咸陽秦之故都，以之爲封，盛大莫與京矣。

漢五年冬，以破項籍先云五年冬，下乃云七月、八月等事，蓋漢以冬十月爲歲首，然亦可以徵改朔而不改時也。乃使盧綰别將，與劉賈擊臨江王共尉，破之。七月還，從擊燕王臧荼，臧荼降。高祖已定天下，原叙法。諸侯非劉氏而王者七人。欲王盧綰，爲群臣觖望。及虜臧荼，乃下詔諸將相列侯，擇群臣有功者以爲燕王。群臣知上欲王盧綰，皆言曰：『太尉長安侯盧綰常從平定天下，盧綰初無特建之功，何以得與信、越等並？妙即『常從』二字，隱括一生寵遇。功最多，可王燕。』詔許之。漢五年八月，乃立盧綰爲燕王。諸侯王得幸莫如燕王。又擱一筆。

漢十一年秋，陳豨反代地，高祖如邯鄲擊豨兵，豨王代，在燕之西南。燕王綰亦擊其東北。當是時，陳豨使王黄求救匈奴。燕王綰亦使其臣張勝於匈奴，言豨等軍破。本所以絶其聲援。張勝至胡，故燕王臧荼子衍出亡在胡，見張勝曰：『公所以重於燕者，以習胡事也。只從張勝切己處説入，可見小人之情，原非爲主也。燕所以久存者，以諸侯數反，兵連不決也。無據之談。今公爲燕欲急滅豨等，豨等已盡，次亦至燕，公等亦且爲虜矣。又説到張勝切膚之危。公何不令燕且緩陳豨而與胡和？事寬，得長王燕；即有漢急，可以安國。』此雖非人臣所當言，然爲燕謀，固亦忠矣。張勝以爲然，乃私令匈奴助豨等擊燕。以避嫌疑，亦妙。燕王綰疑張勝與胡反，上書請族張勝。勝還，具道所以爲者。燕王寤，乃詐論他人，脱勝家屬，使得爲匈奴間，後終得歸身於胡，未必非勝開之，此著未可深詆，至陳豨反賊而與之相通，則謬甚矣。而陰使范齊之陳豨所，欲令久亡，連兵勿決。2

2 從來邊鄙要害之地，不以王異性，此人主自守邊之義也。燕王綰亦以親幸殊絶之故，託以獨當一面耳。然人臣無外交，而况與匈奴陰相往來，即使不反，亦非中國之體，况卒至於反耶！

漢十二年，東擊黥布，豨常將兵居代，漢使樊噲擊斬豨。其裨將降，言燕王綰使范齊通計謀於豨所。此處綰已有當誅之罪。高祖使使召盧綰，看高祖之意，終未肯廢綰。然綰至此殊已危迫，使歸身於漢，恐終亦未能瓦全也。綰稱病。上又使辟陽侯審食其、御史大夫趙堯往迎燕王，因驗問左右。綰愈恐，閉匿，綰無能反之資，只是懼死，使高祖能諒其隱，徙之關内，列爲徹侯，雖至今存可也。謂其幸臣曰：『非劉氏而王，獨我與長沙耳。往年春，漢族淮陰；夏，誅彭越，皆吕后計。今上病，屬任吕后。所見固是。吕后婦人，專欲以事誅異姓王者及大功臣。』即稱病亡匿，可僥倖久存耶？謀之不臧，甚矣。乃遂稱病不行。其左右皆亡匿。語頗泄，辟陽侯聞之，歸具報上，上益怒。相負如此，不得不怒。又得匈奴降者，降者言張勝亡在匈奴，爲燕使。於是上曰：『盧綰果反矣！』使樊噲擊燕。燕王綰悉將其宫人家屬騎數千居長城下，候伺，幸上病愈，自入謝。前迎之不至，此時未必果有此意，然寫得妙。四月，高祖崩，盧綰遂將其衆亡入匈奴，匈奴以爲東胡盧王。東胡王也，因其姓加之。綰爲蠻夷所侵奪，常思復歸。餘音裊裊。居歲餘，死胡中。

高后時，盧綰妻子亡降漢，會高后病，不能見，舍燕邸，爲欲置酒見之。寫得終有家人婦子之意，真是好筆。高后竟崩，不得見。其情不得遂，轉益終窮。盧綰妻亦病死。3

孝景中六年，盧綰孫他之，以東胡王降，封爲亞谷侯。

3有起處許多稠疊恩寵，即不得不生出結處許多宛轉餘情，令人讀之而望古遥集。君臣離合死生之際，有嗚咽感欷而不能已者，傳中之絶唱也。

酈生陸賈列傳

酈生食其者，陳留高陽人也。連載地名，便伏下綫索，如此等處，皆不草草。好讀書，家貧落魄，無以爲衣食業，爲里監門吏。不能謀生而獨爲里監門，欲以陰識天下之豪傑耳。然縣中賢豪不敢役，縣中皆謂之狂生。酈生一生負氣，起境便與人不同。及陳勝、項梁等起，諸將徇地過高陽者數十人，已至其里，而未聞采訪賢士。酈生自問之，與後對看。酈生問其將皆握齱好苛禮自用，不能聽大度之言，酈生乃深自藏匿。後聞沛公將兵略地陳留郊，但在陳留郊，不但未入其里，亦尚未入其邑。此一段妙文，純在空中撮出，不然，即直從高陽傳舍寫起矣。沛公麾下騎士適酈生里中子也，沛公時時問邑中賢士豪傑，寫得不同。此『問』字與酈生問諸將對看，空中妙文。騎士歸，酈生見，謂之曰：『吾聞沛公慢而易人，與好苛禮反。多大略，與自用反。此真吾所願從游，亦與深匿反。莫爲我先。若見沛公，謂曰「臣里中有酈生，自薦語，奇妙絶人。年六十餘，長八尺，人皆謂之狂生，生自謂我非狂生」。』正在拉雜得妙，宛然畫個小影，恰與『慢而易人，多大略』七字合拍也。騎士曰：『沛公不好儒，諸客冠儒冠來者，沛公輒解其冠，溲溺其中。自有一輩溺器在，豈真不好儒哉！與人言，常大罵。先逗一罵取致。未可以儒生説也。』酈生明自謂非狂生，而騎士眼孔固難與深言也。酈生曰：『第言之。』騎士從容言如酈生所誡者。省而亮。

沛公至高陽傳舍，敘次地名，皆有綫索。使人召酈生。酈生至，入謁，沛公方踞床使兩女子洗足，而見酈生。寫景處，所以發明沛公之大度與酈生之負氣，並非閑筆。酈生入，則長揖不拜，骯髒落拓有氣。曰：『足下欲助秦攻諸侯乎，問得奇。且欲率諸侯破秦也？』沛公罵曰：『豎儒！快甚，總是率真大度。夫天下同苦秦久矣，故諸侯相率而攻秦，何謂助秦攻諸侯乎？』摸不著頭路，不得不罵，却非慢也。酈生曰：『必聚徒合義兵誅無道秦，不宜倨見長者。』負氣骯髒，口角如畫。於是沛公輟洗，起攝衣，延酈生上坐，謝之。1以上只是沛公、酈生作合之始事。酈生因言六國縱横時。隱括得妙，稱其爲人，如此足矣。沛公喜，賜酈生食，問曰：『計將安出？』六國合縱連横，俱是説客本領，蓋生業已將游説自任，故沛公直問『計將安出』，言何處起手也。酈生曰：『足下起糾合之衆，收散亂之兵，不滿萬人，欲以徑入彊秦，此所謂探虎口者也。『入』字、『探』字妙，寫得孟浪之極。夫陳留，天下之衝，四通五達之郊也，自爲陳留人，亦只從近地展布，與彊秦探口特特相反。今其城又多積粟。臣善其令，請得使之，令下足下。此俱是爲監門時留心打算停

1前半幅未曾寫酈生一毫實事，只曲描英雄相與之初，始如霄壤，繼如針芥，而高祖、酈生神情俱活。如欲寫酈生自薦，却先寫沛公時時問騎士，則沛公之精神不爲生掩也。既有沛公問騎士，又寫騎士未肯薦酈生，則酈生之精神不爲沛公掩也。至於長揖不拜，輟洗起迎，宛然見當時交接之景，蓋頰上三毫，傳神遠矣。

當。即不聽，足下舉兵攻之，臣爲内應。』兩存其計，妙。蓋酈生於此原無奇特，只如此了之。虚者既實，實者乃反虚也。於是遣酈生行，沛公引兵隨之，遂下陳留。號酈食其爲廣野君。[2]略寫已足。

陸賈者，楚人也。以客從高祖定天下，先下斷案語，與他傳特别。名爲有口辨士，居左右，常使諸侯。[3]隱括未即位以前事，甚簡妙，以其不足書也。

及高祖時，中國初定，尉佗平南越，因王之。事在中國未定前，追書之，不必太明晰也。高祖使陸賈賜尉佗印爲南越王。不暇討，姑以虚名羈縻之。陸生至，尉佗魋結箕踞見陸生。初寫得尉佗如鹿豕不可狎，方顯得陸生辨捷出。陸生因進説佗曰：『足下中國人，親戚昆弟墳墓在真定。開口妙，即此一語，已箝住尉佗矣。今足下反天性，棄冠帶，此只責其自棄於漢。欲以區區之越與天子抗衡爲敵國，禍且及身矣。此三句方爲利害關頭提綱。且夫秦失其政，看其逐節布置，井井有法。諸侯豪傑並起，惟漢王先入關，據咸陽。先言其理至順，此意輕。項羽倍約，自立爲西楚霸王，諸侯皆屬，可謂至彊。正對『區區越』句。然漢王起巴蜀，鞭笞天下，劫略諸侯，遂誅項羽滅之。次言其力至彊，此意重。五年之間，海内平定，此非人力，天之所建也。又統言獲助於天，曉倔彊人不可少此意。天子聞君

2 酈生以游説爲己任，然生平亦無甚奇特功名，説下陳留而成名，説下田齊爲韓信所賣而身膏鼎鑊矣。所差彊人意者『而公不爲若更言』一語，負氣到底，不枉此『高陽一酒徒』耳。故史公全傳，只是描其骯髒。

3 考《漢書》，陸賈初從高祖時，嘗奉使九江王，以家鄉在楚，即降楚，不復思漢。識昧於擇君，而情溺於懷土，初無豪傑之略。乃其後卒得拔身還漢，終享榮名，從容壽考，頗能以智

謀自蓋前愆。太史公於其初之孟浪，則諱而不録，於其終之佚樂，則書之不啻口出，虛實錯互，爛然成美篇焉。真良史家法也。

王王南越，不助天下誅暴逆，將相欲移兵而誅王，天子憐百姓新勞苦，故且休之，尉佗霸有南越，在漢未有天下之前，非漢人所得而討其罪者。『不助天下誅暴逆』句，極有體，不然，必不足服佗之心。遣臣授王印，剖符通使。君王宜郊迎，北面稱臣，此正意，亦只略道之，蓋本無臣主之分故也。乃欲以新造未集之越，屈彊於此。四字妙不可易。漢誠聞之，掘燒王先人冢，夷滅宗族，方發明禍且及身，語語切骨，真好辨口。使一偏將將十萬衆臨越，則越殺王降漢，如反覆手耳。』不言漢誅之，却言越殺王降漢，令其內顧自生疑忌。妙！妙！

於是尉佗乃蹶然起坐，謝陸生曰：『居蠻夷中久，殊失禮儀。』便只是認中國人，不更辨他語，屈彊而有意思。因問陸生曰：『我孰與蕭何、曹參、韓信賢？』本不服漢天子語，却問得有次序。陸生曰：『王似賢。』奬一句，妙。復曰：『我孰與皇帝賢？』咄咄逼人。陸生曰：『皇帝起豐沛，以下六句，正言高祖之賢，然却折不倒尉佗之盛氣，故略言便止。下乃全以彊弱形勢奪之。討暴秦，誅彊楚，爲天下興利除害，繼五帝三皇之業，統理中國。中國之人以億計，地方萬里，居天下之膏腴，人衆車轝，萬物殷富，政由一家，自天地剖判未始有也。只是一個中國之大，累累説成一串。今王衆不過數十萬，皆蠻夷，崎嶇山海間，只是鄙其蠻夷，便當不起。譬若漢一郡，王何乃比於漢？』尉佗大笑曰：

大笑妙，是服是不服？『吾不起中國，故王此；使我居中國，何渠不若漢？』倔彊有意，英風凜然，正復大洒落。乃大悦陸生，玩其意並不肯服陸生，却又大悦之，妙人，解人。留與飲數月。曰：『越中無足與語，至生來，令我日聞所不聞。』4顧盼非常。賜陸生橐中裝直千金，他送亦千金。陸生此等處甚不滿人意，史公寫來轉成高曠，文能榮人。信哉！陸生卒拜尉佗爲越王，令稱臣奉漢約。歸報，高祖大悦，拜賈爲太中大夫。

陸生時時前説稱《詩》《書》。起得波峭。高帝罵之曰：『乃公居馬上而得之，安事《詩》《書》！』此一語下作兩面破之。陸生曰：『居馬上得之，寧可以馬上治之乎？接口甚捷，自是滑稽之雄。且湯、武逆取而以順守之，文武並用，長久之術也。策士習氣，不足深辨。若真謂湯、武逆取，則害道不小。昔者吴王夫差、智伯極武而亡；秦任刑法不變，卒滅趙氏。謂滅亡於趙高之手。一云秦伯翳後，與趙同出。如此，則馬上伎倆，通無用處。更破得盡致。鄉使秦已並天下，行仁義，法先聖，陛下安得而有之？』高帝不懌而有慚色，乃謂陸生曰：『試爲我著秦所以失天下，吾所以得之者何，及古成敗之國。』亦錯落有奇致。陸生乃祖述存亡之徵，凡著十二篇。標題疏莽，正自雅稱。每奏一篇，高祖未嘗不稱善，自具《詩》《書》種子。左右呼萬歲5，太裝點。號其書曰《新語》。

4尉佗英爽闊達，殊有君人之度，漢廷諸臣，誠無出其右者。且其言曰『越中無足與語』，得一陸賈，遂謂『日聞所未聞』，亦可知南越臣寮俱極瑣賤，則以佗之氣局，誠得良、平輩爲之輔，勝於項而埒於劉，誠何待論？此時實以新造之國難以爭衡，又以墳墓在漢，故姑示遜以胥後效耳。　雖有奉約之虛名，仍不改帝制如故，漢固不得過而問之也。　陸生拏定中國墳墓以動其天性，指出新造未集，以見其病根，真直透肯綮之論。佗内識其意而絶不與辨，解人哉！此所以悦之深也。

5凡言呼萬歲者，皆慶幸之意，因高祖善陸生之説，則其將偃武修文與民休息也，故幸而祝之。左右將順之美，不可忽過。

6以欲王諸吕起，以諸吕擅政接，中間藏過六七年事務，却以家居飲樂迷離掩之，雲開月現，别是一天。陸生固奇，而非此奇文，亦安能寫出。

即聞所未聞意。

孝惠帝時，吕太后用事，欲王諸吕，畏大臣有口者，『有口』二字，即從篇首用來，而陸生即閉口而退，寫來有深意。陸生自度不能争之，乃病免家居，以好畤田地善，可以家焉。以『家居』二字領全段，可以家，又找足家居之地。妙筆。有五男，乃出所使越得橐中裝，賣千金，分其子，子二百金，令爲生産。纖悉明畫。陸生常安車駟馬，從歌舞鼓琴瑟侍者十人，寶劍直百金，三句即陸生自己資貨也，爲『所死家』一句伏脉。謂其子曰：『與汝約：過汝，汝給吾人馬酒食，極欲，十日而更。所死家，得寶劍車騎侍從者。常來過從如此，若卒於某男之家，即以車馬寶劍侍者與之。一歲中往來過他客，率不過再三過，數見不鮮，無久慁公爲也。』此句素無確解，愚謂句中明有『他客』二字，蓋在其子則十日而更，若過他家，則一年中不過二三來往，不欲數見不鮮也。

吕太后時，王諸吕。諸吕擅權，欲劫少主，危劉氏。6 右丞相陳平患之，力不能争，恐禍及己，是陳平隱衷。常燕居深念。陸生往請，直入坐，而陳丞相方深念，不時見陸生。入坐而平若無見，此正寫深念之景入神處。或謬以『不時見』爲不亟出，則『直入坐』三字既無着落，而『何念之深』一問，亦無來由。陸生曰：『何念之深也？』陳平曰：『生揣我何念？』有景有態。陸生曰：『足下位爲上相，食三萬户侯，可謂極富貴無欲矣。然有憂念，不過患諸吕、少主耳。』陳平曰：『然。爲之奈何？』陸生曰：『天下安，注意相；天下危，注意將。此數語絶大見識，遂爲千古不朽名論。生於歌舞飲樂時，知其熟籌而静俟之者久矣。將相和調，則士務附；『務』一作『豫』。士務附，天下雖有變，即權不分。爲社稷計，在兩君掌握耳。臣常欲謂太尉絳侯，絳侯與我戲，易吾言。周勃何爲戲侮陸生？蓋勃少文，而陸生時時稱説《詩》《書》。勃之易賈，即高祖『馬上得之』之見耳。又着此句，方見陸生大可意處。君何不交歡太尉，深相結？』爲陳平畫吕氏數事。陳平用其計，乃以五百金爲絳侯壽，厚具樂飲。結歡之具，不過如是，知兩人於吕后朝，一向冷淡。太尉亦報如之。此兩人深相結，則吕氏謀益衰。7以斷語結，甚奇。陳平乃以奴婢百人，車馬五十乘，錢五百萬，遺陸生爲飲食費。接歸陸生本傳，恰與『好時』『家居』一副筆墨，故妙。陸生以此游漢廷公卿間，名聲籍甚。此時仍家居未嘗在位。

及誅諸吕，立孝文帝，陸生頗有力焉。即前所畫計也，略繳已足。孝文帝即位，欲使人之南越。陳丞相等乃言陸生爲太中大夫，往使尉佗，令尉佗去黄屋稱制，令比諸侯，皆如意旨。後之使越，實文帝一書有以柔之，非賈特建之績，故云『如意旨』，最得體。語

7陳平、周勃嘗佐高祖定天下，協恭之誼，當素講矣，何至此時待陸生畫策而始和調耶？蓋高祖遺命，蕭、曹之後可相者，即推平、勃，而平於王諸吕之際，頗失於阿諛吕后。勃必疑其心意，不肯與之共事矣。勃既疑平，平亦患勃，將來之禍有不可言者。陸生窺見此隙而亟爲調之，實智謀之殊絶，而安劉之功不在周勃之下。乃有而不尸，卒以樂死，生之晚節，真過人遠矣。

在《南越》語中。陸生竟以壽終。好結，有深意。

酈、陸兩生，皆以舌佐命，然酈以負氣鼎烹，陸以委蛇壽考。史公合而傳之，於酈則詳其始見之時，一腔英偉；於陸則詳其病免之後，無限高超。意蓋以人生斯世，隱見無常，險夷難必，能合兩生之始末而並有之，庶可無憾矣。不然，則漢廷臣子壽終者多，獨大書於鼎烹者之傳後，此何意哉？

1叔孫通，古之鄉願也。忠信廉潔，時復似之，而壞人心術，亂敗經常，固已不淺。漢世以此子爲儒宗，治之雜霸，不亦宜乎。王莽鼓其穿窬之才，盗竊神器而舉世恬然，不以爲耻，凡以希世之餘風，中乎隱微深痼之間，而胚胎日壞也。余嘗有文極論之，姑約其旨於此。

劉敬叔孫通列傳

漢二年，漢王從五諸侯入彭城，襲楚之時。叔孫通降漢王1。叔孫之降，蓋不一而足矣，下特云『因竟從漢』，反著前此從人之皆不終也。漢王敗而西，因竟從漢。叔孫通儒服，漢王憎之；乃變其服，服短衣，楚製，漢王喜。先從細處，寫一希世樣子在前。

叔孫通之降漢，從儒生弟子百餘人，然通無所言進，專言諸故群盜壯士進之。此是一段大章法，乃希世度務中之近乎理者。弟子皆竊罵曰：前竊罵，後大喜，鄙陋可嘆。極醜之事，而津津寫出，觀其弟子而知其先生，極不滿叔孫生處。『事先生數歲，幸得從降漢，今不能進臣等，專言大猾，何也？』叔孫通聞之，乃謂曰：『漢王方蒙矢石爭天下，諸生寧能鬬乎？度務之言。故先言斬將搴旗之士。諸生且待我，我不忘矣。』市道口角，直說愈妙。漢王拜叔孫通爲博士，號稷嗣君。取嗣音稷下之義。

漢五年，已并天下，諸侯共尊漢王爲皇帝於定陶，叔孫通就其儀號。伏一筆，正見其希世煞費苦心在。高帝悉去秦苛儀法，爲簡易。可見已不盡用叔孫所就。群臣飲酒爭功，醉或妄呼，拔劍擊柱，高祖患之。悉與後對看。叔孫通知上益厭之也，必插此六字，筆端有眼。說上曰：『夫儒者難與進取，可與守成。度務之言。臣願徵魯諸生，與臣弟子共起朝儀。』重在魯諸生，因以弟子附入，巧便處。高帝曰：『得無難乎？』叔孫通曰：『五帝異樂，三王不同禮。禮者，因時世人情爲之節文者也。故夏、殷、周之禮所因損益可知者，謂不相復也。其言不必甚謬，自通言之，則希世之吻如畫，以上下文勢相湊而成也。此則妄甚。臣願頗采古禮與秦儀雜就之。』此千古禮樂興亡一大關目，須着眼。上曰：『可試爲之，令易知，度吾所能行爲之。』古朝廷禮，天子皆有儀，自漢以下，下有儀上無儀矣。皆此言啓之。

於是叔孫通使徵魯儒生三十餘人。魯有兩生不肯行2，真高世之士，而世或以訾謷拘滯之人，非也。曰：『公所事者且十主，皆面諛以得親貴。可見禮樂非此人所能識。今天下初定，死者未葬，傷者未起，又欲起禮樂。禮樂所由起，積德百年而後可興也。叔孫所就者，苟且之朝儀，原說不得禮樂。兩生責之，亦似過當，然其言則粹然無疵。吾不忍爲公所爲。公所爲不合古，吾不行。公往矣，無污我！』連下五句，如見其掉頭揮手咄咄不屑之狀，傳神妙手。叔孫通笑曰：彊顏。『若真鄙儒也，不知時變。』含糊得妙，當以不甚解解之。

2先輩多病史遷輕名節而進奸雄，如田橫之二客、魯之兩生，皆超軼絶塵之士，而史並失其名，殊可惜也。禮樂之事，固難倉卒，然使賈誼、仲舒之流，亦必粗可復古。今觀其言曰『所事且十主，皆面諛以取親貴』，則正夫子所謂：人而不仁，如禮樂何哉。兩生不可謂不知禮樂之本者也。

遂與所徵三十人西，及上左右爲學者不偏徇其弟子，亦希世手段。與其弟子百餘人爲綿蕞野外。習之以茅置蕝爲朝會之位。月餘，叔孫通曰：『上可試觀。』應試爲之語。上既觀，使行禮，曰：『吾能爲此。』乃令群臣習隸，會十月。令習之，以就元日大會。蓋漢初以十月爲歲首也。隸亦肄也，音異。

漢七年，長樂宮成，諸侯群臣皆朝十月3。儀：一段朝儀。先平明，謁者治禮，引以次入殿門，寫漢官威儀，亦甚肅穆，要是史公筆力之整贍耳。廷中陳車騎步卒衛宮，設兵張旗志。幟同。傳言『趨』。殿下郎中俠夾同。陛，陛數百人。功臣列侯諸將軍軍吏以次陳西方，東鄉；此儀蓋至今仍之。文官丞相以下陳東方，西鄉。大行設九賓，臚句傳。於是皇帝輦出房，百官執職傳警，引諸侯王以下至吏六百石以次奉賀。朝事畢。自諸侯王以下莫不振恐肅敬。寫情一句。至禮畢，復置法酒。一段宴酒。諸侯坐殿上皆伏抑首，以尊卑次起上壽。觴九行，謁者言『罷酒』。御史執法舉不如儀者輒引去。宴事畢。竟朝置酒，無敢讙譁失禮者。分頂二段，甚明畫。於是高帝曰：『吾乃今日知爲皇帝之貴也。』以此一語結禮樂。是嘲是笑，是贊是嘆，任人自領。乃拜叔孫通爲太常，賜金五百斤。

3古者君臣之禮，相去不甚懸絶。立見群臣，郊勞宴享，伯父、伯舅之稱，敬慎有加。至於拜上者驕，下堂者替，而積重之勢，不得不矯枉而過正焉。至於漢初，頗闊略簡易，一革亡秦苛習，正可參酌古禮而求其中。乃叔孫通徒以高帝之難之，而遂痛繩其下，而不復拘其主，是朝儀法酒皆爲臣設而君不與焉。君爲臣綱，君無禮而何以責其臣，於此叔孫希世之罪，萬世莫能逭也。

叔孫通因進曰：『諸弟子儒生隨臣久矣，與臣共爲儀，願陛下官之。』看其委蛇之致，處處如畫。高帝悉以爲郎。叔孫通出，皆以五百斤金賜諸生。正與東漢桓榮自言稽古之力，意思相反。諸生乃皆喜曰：『叔孫生誠聖人也，知當世之要務。』一官一金，遂市聖人之名，而『知要務』句却妙。

季布欒布列傳

季布者，楚人也。爲氣任俠，有名於楚[1]。八字一篇之綱，直貫至末。項籍使將兵，另提法，非接『有名』句也。數窘漢王。及項羽滅，高祖購求布千金，敢有舍匿，罪及三族。季布匿濮陽周氏。任俠者以氣類相感，寫周氏、朱家，皆極生動。周氏曰：『漢購將軍急，迹且至臣家，將軍能聽臣，臣敢獻計；即不能，願先自剄。』先自剄，亦不能活季布，直激之耳。季布許之。乃髡鉗季布，衣褐衣，置廣柳車中，並與其家僮數十人，之魯朱家所賣之。朱家心知是季布，周氏自知不如朱家權力能脱季布之難，故嫁與之，正其能用朱家處。兩個心知對照，眉宇爍爍。乃買而置之田。誠其子曰：『田事聽此奴，必與同食。』只九個字，處分極妙。朱家乃乘軺車之洛陽，軺車，賈人之車，蓋微行至京師。見汝陰侯滕公。滕公留朱家飲數日。朱家又能用滕公。因謂滕公曰：看其緩急中程，好作用。『季布何大罪，而上求之急也？』開口有致。滕公曰：『布數爲項王窘上，上怨之，故必欲得之。』朱家曰：『君視季布何如人也？』接口又别，俱有針路，蓋早伏『忌壯士、資敵國』一意。曰：『賢者也。』朱家曰：『臣各爲其主用，季布爲項籍用，職耳。此一層正理開釋。項氏臣可盡誅耶？即用一層劫制，言外便有許多壯士在。今上始得天下，獨以

1 季布傳史公贊中獨反覆嘆息於始之爲奴朱家，自重其死處，故起一段亦極意描寫，比《游俠傳》尤覺有精神，而特以能『摧剛爲柔』先下一句斷語，然既將其柔處寫得奄奄欲盡，勢必再將其剛處特一振刷之，方顯得始之貶損，大有深意。故接手便將廷折樊噲語寫得毛髮欲竪，此相救之法也。不然，吕太后朝平，勃輩皆無恙，豈不容參一議耶？此等處俱要於書縫中識得。

己之私怨求一人，何示天下之不廣也！又用一層正理開釋。且以季布之賢而漢求之急如此，此不北走胡即南走越耳。然後説出主意，純用劫制之法。蓋不如此，即老生常談，不足爲俠。夫忌壯士以資敵國，此伍子胥所以鞭荆平王之墓也。此語不無過火，然大俠口談，却不得以尋常律之。君何不從容爲上言耶？』汝陰侯滕公心知朱家大俠，應前心知。意季布匿其所，滕公亦俠，朱家不投他人而獨投滕公，固亦氣類相感耳。乃許曰：『諾。』待間，果言如朱家指。上乃赦季布。當是時，諸侯皆多季布能摧剛爲柔，朱家亦以此名聞當世。雙收整贍。季布召見，謝，上拜爲郎中。2

孝惠時，爲中郎將。單于嘗爲書嫚呂后，不遜，呂后大怒，召諸將議之。書有『以所有易所無』之語，蓋犬羊挑釁之端。呂后以私憤欲用兵，故季布折之爲是。上將軍樊噲曰：『臣願得十萬衆，横行匈奴中。』諸將皆阿呂后意，着此五字，反襯季布剛直。曰：『然。』季布曰：『樊噲可斬也！語勢斬截，是負氣人。夫高帝將兵四十餘萬衆，困於平城，今噲奈何以十萬衆横行匈奴中？面欺！面欺、面諛，平分直下，文有似板而實横者，此類是也。且秦以事於胡，陳勝等起。于今創痍未瘳，噲又面諛，欲摇動天下。』所以便謂可斬，戇而頗工。是時殿上皆恐，反映布之負氣。太后罷朝，遂不復議擊匈奴事。3 一人

2 先輩或謂朱家脱季布，布顯達後不聞有以報之，爲布病，不知此數人皆大俠，可以尋常報施論哉！

3 折樊噲不足爲季布生色，只是形其剛，論已詳於前。

折之，而舉朝莫敢抗，其氣如此。

季布爲河東守，孝文時，人有言其賢者，孝文召，欲以爲御史大夫。復有言其勇，使酒難近。毀語亦恰當。至，留邸一月，見罷。季布因進曰：『臣無功竊寵，待罪河東。陛下無故召臣，此人必有以臣欺陛下者；今臣至，無所受事，罷去，此人必有以毀臣者。此段又説得宛曲條暢，與樊噲語不同，豈更事久而粗豪漸化耶？夫陛下以一人之譽而召臣，一人之毀而去臣，臣恐天下有識聞之有以窺陛下也。』巖巖大臣之言，深達治體，非復俠氣之常。上默然慚，良久曰：『河東吾股肱郡，故特召君耳。』飾詞，亦嫵媚有致。布辭之官[4]。

楚人曹丘生，辨士，數招權顧金錢。事貴人趙同等，與竇長君善。歷舉其生平，所以深病季布之卒爲所中也。季布聞之，寄書諫竇長君曰：『吾聞曹丘生非長者，勿與通。』始則戒人，而終不能自禁。及曹丘生歸，欲得書請季布。早被渠看破病根。竇長君曰：『季將軍不説足下，足下無往。』固請書，遂行。使人先發書，季布果大怒，待曹丘。季布早入其掌握中，不復以爲意。曹丘至，即揖季布曰：『楚人諺曰「得黃金百，不如得季布一諾」，足下何以得此聲於梁、楚間哉？只此一片諛唇，令人不復自持。然季

4 布傳凡列三段，段段皆虛，無一實事在內，只起處『摧剛爲柔』，是其實事。然讀之生氣勃勃，愈見史公點染之妙。

布於此煞是可笑。且僕楚人，足下亦楚人也。又引而親之。僕游揚足下之名於天下，顧不重耶？何足下距僕之深也！』又拓而遠之。季布乃大説，引入，何遽大悦？留數月，爲上客，厚送之。亦復説出一串，與前相應。季布名所以益聞者，曹丘揚之也。[5]不必然也。姑以縮住篇首有名於楚故耳。

季布弟季心，氣蓋關中，遇人恭謹，二語相反，而聯筆寫出，乃見俠處。爲任俠，方數千里，士皆争爲之死。嘗殺人，亡之吴，從袁絲匿。長事袁絲，弟畜灌夫、籍福之屬。以吴中豪傑聯貫出之，妙有雲烟之氣。嘗爲中司馬，中尉郅都不敢不加禮。又以酷吏見憚，爲負氣寫照。少年多時時竊籍其名以行。當是時，季心以勇，布以諾，著聞關中。雙收極見筆力。

季布母弟丁公，爲楚將。曰弟、曰母弟，得聯絡之巧，非漫然附見者。丁公爲項羽逐窘高祖彭城西，短兵接，簡語危情。高祖急，顧丁公曰：『兩賢豈相厄哉！』急中妙語，妙在不甚可解，故奇耳。於是丁公引兵而還，漢王遂解去。及項王滅，丁公謁見高祖。可斬在此一謁，儼然責主求榮之意，亦特與布之逃匿相對。高祖以丁公徇軍中，曰：『丁公爲項王臣不忠，使項王失天下者，乃丁公也。』遂斬丁公，曰：『使後世爲人臣者無

5戰國時多游士，皆拱揖於君公之廷，取卿相如探懷而得也。漢興，四海爲一，此輩無着落處，遂有曹丘生一輩人出。觀其求書薦引，納賄招權，宛然近世抽豐客矣。乃知此風實始於此，此亦可以觀世變也。嗣此而梁園詞客、陳豨後車，接迹於千古矣。

6高祖名爲大度，而恩仇之際，實不能忘。如季布、雍齒初實欲誅之，以屈於公義而止；又如戛羹小怨，而終不忘情於丘嫂；他可知矣。丁公短兵急接之時，窘迫可知，雖以謾詞倖免，而怒之者實深，故因其來謁而斬之，其本心未必果責其不忠於項王也。不然，何以不并誅項伯乎？〇傳末附季心、丁公二人，以季心正陪布之勇，以丁公反映布之忠，皆是極寫季布處。

效丁公。』6語頗矯彊，而意甚暢。

欒布者，梁人也。始梁王彭越爲家人時，嘗與布游。欒布一生大節，在哭越一案，故傳即託始于越。窮困，賃傭於齊，爲酒人保。極叙辛苦，爲保爲奴，亦暗與季將軍廣柳車相映。凡合傳多有閑中襯射之妙。數歲，彭越去之巨野中爲盜，而布爲人所略賣，爲奴於燕。爲其家主報仇，燕將臧荼舉以爲都尉。以上歷叙窮約，簡而能詳，兩行中有無數事，他人無此筆力。臧荼後爲燕王，以布爲將。及臧荼反，漢擊燕，虜布。梁王彭越聞之，乃言上，請贖布以爲梁大夫。遥遥相赴，寫得情深。使於齊，未還，漢召彭越，責以謀反，不直云謀反，而但漢言召而責之，句中有眼。夷三族。已而梟彭越頭於雒陽，下詔曰：『有敢收視者，輒捕之。』特着此詔，明布之非不知而誤冒於死。布從齊還，奏事彭越頭下，祠而哭之。奇景烈迹。吏捕布以聞。上召布，罵曰：『若與彭越反耶？吾禁人勿收，若獨祠而哭之，與越反明矣。亦即彊責以罪聲口。趣烹之。』方提趣湯，寫危急之中，躍躍欲活。布顧曰：『願一言而死。』上曰：『何言？』布曰：『方上之困於彭城，敗滎陽、成皋間，項王所以不能遂西，徒以彭王居梁地，與漢合從苦楚也。此句妙，蓋彭居梁地與漢合從，本屬友邦，原非臣主。當是之時，彭王一顧，與楚則漢破，與漢而楚破。一『則』字，一『而』字，一虛一實，易一字耳。奇筆。且垓下之會，微彭王，項氏不亡。天下已定，彭王剖符受封，亦欲傳之萬世。淒壯之詞。今陛下一徵兵於梁，彭王病不行，而陛下疑以爲反，反形未見，以苛小案誅滅之，臣恐功臣人人自危也。此皆彭王所欲吐而不及吐之語，代爲暢言，可謂知己矣。今彭王已死，臣生不如死，請就烹。』7只此一筆，自明心迹。於是上乃釋布罪，拜爲都尉。私忌奪於公理。

孝文時，爲燕相，至將軍。布乃稱曰：『窮困不能辱身下志，非人也；富貴不能快意，非賢也。』史公意亦只是發舒窮阨之氣耳，語似忼慨，然不可訓。於是嘗有德者厚報之，有怨者必以法滅之。益不可訓。吳楚反時，以軍功封俞侯，復爲燕相。燕、齊之間皆爲欒布立社，號曰欒公社。有德於民可知，却寫得簡甚。

景帝中五年薨。子賁嗣，季布不詳其卒，欒布并及其嗣。用世家體，亦變體。爲太常，犧牲不如令，國除。8

太史公曰：以項羽之氣，而季布以勇顯於楚，見其以勇顯之難，方是真勇。身屨軍搴旗者數矣，可謂壯士。然被刑戮，爲人奴而不死，何其下也！此贊全就幽辱處寫自

7 蒯通以韓信之黨被責，但以桀犬吠堯自明其心。欒布以彭越之黨就刑，獨暢言越之功烈，深明越之心事；及其自言，則又不過君亡與亡，絶無梗避。蓋一則辨士之雄，一則忠臣之義。通志在於免戮，故其詞遜；布本不欲求生，故其語激，不可同日而論也。

8 季布傳娓娓附以數大段，欒布只得哭故主一節，前後皆以簡括語備載始末，蓋前傳雖紓徐而虛，後傳雖簡促而實，此中相生之妙，當意會而不可言傳也。

己一腔鬱結，所謂借他人酒杯，澆自己塊壘，故獨宛曲盡情。彼必自負其材，故受辱而不羞，欲有所用其未足也，故終爲漢名將。賢者誠重其死。爲『有所用其未足』一句在胸中，便幻出一篇充滿文字。夫婢妾賤人感慨而自殺者，非能勇也，其計畫無復之耳。欒布哭彭越，趣湯如歸者，彼誠知所處，不自重其死。特特合傳之意。雖往古烈士，何以加哉！

季布傳始末不詳，特深感其爲奴不死一節，深服其摧剛爲柔一念，便將自己一腔蓬勃，俱要發洩出來。只是贊中『欲有所用其未足也』一句，爲一篇《報任安書》骨子，即有用所未足之言，不得不於其歸漢之後出力渲染，以見其未足之實。然細玩赦布之後，高祖朝既無可見，吕后朝只是折樊噲用兵匈奴一語，文帝朝只是恐以毀譽窺上一語。至曹丘面諛，變怒爲悦，益復出醜。總之無一實事可書，而纚纚數百言，讀去却甚豐茂，此以虛爲實之妙也。欒布傳徹始徹終，無事不載，然如吴楚之軍功、燕相之惠澤，俱引而不發，此以實爲虛之妙也。此皆古人精意所在，故摘出之。

卷五

張釋之馮唐列傳

張廷尉釋之者，堵陽人也，字季。有兄仲同居。初叙得落落不自得，與後對看。以貲爲騎郎，事孝文帝，十歲不得調，無所知名。釋之曰：『久宦減仲之產，不遂。』[1]欲自免歸。以文帝之賢，而猶是釋之也。當其未遇時會，則一無可見。人之表見，固有時數耶？中郎將袁盎知其賢，惜其去，乃請徙釋之補謁者。始請未授，且召見之，見文帝慎重官材處。釋之既朝畢，因前言便宜事。文帝曰：『卑之，無甚高論，二句戒抑之詞。令今可施行也。』此句導其降格陳言。於是釋之言秦、漢之間事，則前之所言爲三代以上可知。秦所以失而漢所以興者久之。秦、漢事亦多，又注此句，則其言愈約。文帝稱善，此篇數用『久之』字，有意。乃拜釋之爲謁者僕射。蓋謁者令，乃是官之長。

釋之從行，登虎圈。上問上林尉諸禽獸簿，因觀虎圈，遂稽各禽獸簿籍。十餘問，尉左右視，盡不能對。實無賴。虎圈嗇夫從旁代尉對上所問禽獸簿甚悉，長句法。欲以觀其能口對響應無窮者。此後又著許多問，寫出兩下神情俱活。文帝曰：『吏不當

1昔人入貲爲宦，宦乃益貧；今人不宦則已，宦則倍獲，什伯而取償焉。讀此傳及司馬長卿傳，良足以見漢世之輕薄貲郎，猶有忠厚之意也。

2利口者，變亂是非之謂。虎圈嗇夫以禽獸簿爲職掌，奏對詳明，洵爲才吏，豈得以利口斥之？周勃不能對刑名錢穀，猶謂别有主者，上林尉豈得藉口於彼輩耶？按張釋之始進，即言秦所以失、漢所以興者，以此當上意。後參乘徐行，又問秦之敝，具以質言。蓋其胸中獨有一腔革薄從忠、矯枉過正之旨，故於不肯拜嗇夫處，借事發揮，痛言秦之敝，尚文無實，惻隱消亡，誠救時之篤論，而不惜以一夫之進退係天下之盛衰也。須深觀其立意，不當泥其言詞。

若是耶？尉無賴！』亦大見得是，斷語又高甚。乃詔釋之拜嗇夫爲上林令。令又在尉之上，故爲超遷。有思致。釋之久之前曰：『陛下以絳侯周勃何如人也？』發問妙。從『久之』二字算出。上曰：『長者也。』又復問：『東陽侯張相如何人也？』上復曰：『長者。』釋之曰：『夫絳侯、東陽侯稱爲長者，此兩人言事曾不能出口，援此二人作喻，只取易見，其本意不在此，須分别觀之。豈斆此嗇夫諜諜利口捷給哉！且秦以任刀筆之吏，以下方是移風易俗大主見，然已離却來龍矣。蓋如謂上林尉不能對者，爲有惻隱之實，此固三尺童子所不許也。吏爭以亟疾苛察相高，然其弊徒文具耳，無惻隱之實。以故不聞其過，陵遲而至於二世，天下土崩。今陛下以嗇夫口辯而超遷之，臣恐天下隨風靡靡，爭爲口辯而無其實。拜一嗇夫有何奇？正恐相煽成風耳。此誠至論。且下之化上疾於景響，舉錯不可不審也。』此又統言之，不止尚口一節。文帝曰：『善。』乃止不拜嗇夫。上就車，召釋之參乘，聖主。徐行，問釋之秦之敝。具以質言。聞陵遲土崩之語，默動於中，故又詳問而令其極言之。至宮，上拜釋之爲公車令。2

頃之，太子與梁王共車入朝，不下司馬門，於是釋之追止太子、梁王無得入殿門。遂劾不下公門不敬，奏之。薄太后聞之，文帝免冠謝曰：『教兒子不謹。』

細書此節，見西京家法之嚴如此，而釋之風力，藉以益顯。薄太后乃使使承詔赦太子、梁王，然後得入。文帝由是奇釋之，文帝賞釋之舊矣，至是始云奇之，見脱穎而出，實在此處。拜爲中大夫。

頃之，至中郎將。從行至霸陵，漢帝立一年爲陵，霸陵即文帝山陵，以近霸水名之。居北臨厠。是時慎夫人從，邯鄲人。上指示慎夫人新豐道，曰：『此走邯鄲道也。』使慎夫人鼓瑟，上自倚瑟而歌，因懷生離，旋念死别，因念死别，遂計無窮，綿綿延延，相引而下。意慘悽悲懷，寫得最入情。顧謂群臣曰：『嗟乎！以北山石爲椁，用紵絮斮陳，蕠漆其間，豈可動哉！』[3]左右皆曰：『善。』釋之前進曰：『使其中有可欲者，雖錮南山猶有郄；使其中無可欲者，雖無石椁，又何戚焉？』[4]數語大得黄老之精，透極達極。文帝稱善。其後拜釋之爲廷尉。後半篇提綱。

頃之，上行出中渭橋，有一人從橋下走出，乘輿馬驚。於是使騎捕，屬之廷尉。重頓。釋之治問。曰：『縣人來，聞蹕，匿橋下。久之，以爲行已過，即出，見乘輿車騎，即走耳。』只是案牘供詞，瑣屑明净而簡古。漢人文字，雖小處絶異於人。廷尉奏當，『當』字，與律相符之謂，遂以爲成案字目。一人犯蹕，當罰金。文帝怒曰：兩怒。特以『怒』字

3 預憂發冢之禍，欲爲石椁以錮之，痴想亦哀思。

4 漢承秦後，陵寢盛極前古，文帝感釋之之言，後遂成薄葬之令，其所利益於當時者多矣。文義與雍門鼓瑟相似，而此更束之以正也。

寫釋之執法不畏人主。『此人親驚吾馬，吾馬賴柔和，令他馬，固不敗傷我乎？三『馬』字如貫珠。而廷尉乃當之罰金！』語不完，妙。蓋語不完而神情躍如，若更足一句，神情反減矣。此文章三昧也。釋之曰：『法者天子所與天下公共也。今法如此而更重之，是法不信於民也。法律名言，萬世不敝。且方其時，上使立誅之則已。欲文勢抑揚以盡其意，不免大留語病。今既下廷尉，廷尉，天下之平也。一傾而天下用法皆爲輕重，民安所錯其手足？許大關係，妙在至確。惟陛下察之。』[5]良久，屢用『良久』『久之』，其味深長。上曰：『廷尉當是也。』

其後有人盜高廟坐前玉環，兩事連寫，無一毫排比氣。捕得，文帝怒，此先伏一『怒』字，爲大怒張本。下廷尉治。釋之案律盜宗廟服御物者爲奏，即『廷尉奏當』『釋之案律』二句亦必換過，古人真不草草。奏當棄市。上大怒曰：『人之無道，乃盜先帝廟器，吾屬廷尉者，欲致族之，而君以法奏之，非吾所以共承宗廟意也。』其言與前又不同，看他怒是怒，大怒是大怒，各有身分。釋之免冠頓首謝曰：亦加五字。『法如是足也。意與前同，而持論益奇。且罪等，然以順逆爲差。此『順逆爲差』，真得法家精意。今盜宗廟器而族之，有如萬分之一，詞氣斟酌，恭順之至。假令愚民取長陵一抔土，意謂發掘陵寢也，而語妙可

5先正謂廷尉爭犯蹕事，至云『方其時，上使立誅之則已』，啓人主憑怒妄殺之端，若律之以宰我戰栗之言，釋之自有餘愧。但渠意徒欲歸重廷尉故云然，蓋使上以意誅殺，則非廷尉所與聞；不然，則有法在，不容撓矣。此與『將在外君命有所不受』同意，不覺言之太烈，斯輕重失宜耳。勿以辭害意可也。

6罪等以順逆爲差，謂如兩人所犯之罪相等，又當揆其情。盜宗廟器物者，尚無得罪於神靈，其情順；盜長陵抔土者，直敢震驚乎體魄，其情逆。故同一盜，而又當原情以差等重輕，此制律之精意也。雖然，論情於方制律之時則可，若律既畫一而又參之以情，則舞文之吏，可以意爲輕者，亦可以意爲重，而苛請他比將不勝言，此條例之所以日繁也。論法者尚慎旃哉！

味。陛下何以加其法乎？』6久之，文帝與太后言之，乃許廷尉當。慎重如此，得敬慎宗廟意。是時，中尉條侯周亞夫與梁相山都侯王恬開見釋之持議平，乃結爲親友。張廷尉由此天下稱之。此數語極濃郁，中有極感慨在內。蓋釋之以入貲爲郎，回翔十年，無所知名，至是已脱穎而出，然必得動舊大臣延結，而後天下稱之也。

後文帝崩，景帝立，釋之恐，稱病。欲免去，以劾不下公門故。懼大誅至；欲見謝，則未知何如。二『欲』字寫意中打算如畫。用王生計，卒見謝，景帝不過也。如此補寫王生小傳，匪夷所思。

王生者，善爲黄老言，處士也。提筆。嘗召居廷中，三公九卿盡會立，王生老人，加『老人』字，嫵媚弄筆。曰『吾襪解』，顧謂張廷尉：『爲我結襪。』此處似黄石公待子房事。釋之跪而結之。既已，人或謂王生曰：『獨奈何廷辱張廷尉，使跪結襪？』王生曰：『吾老且賤，自度終無益於張廷尉。張廷尉方今天下名臣，吾故聊辱廷尉，此處又似侯生待信陵君事。使跪結襪，欲以重之。』意殊淺陋，蓋黄老之皮毛耳。太史好奇，故必寫之。諸公聞之，賢王生而重張廷尉。

張廷尉事景帝歲餘，爲淮南王相，猶尚以前過也。與『景帝不過也』句首尾回抱，妙。

久之，釋之卒。其子曰張摯，字長公，官至大夫，免。以不能取容當世，故終身不仕。有此子，大爲張廷尉壯色。

馮唐者，其大父趙人。父徙代。叙起無一閑字，入他手則『安陵人』三字足矣。須思。漢興徙安陵。7唐以孝著，唐每言必稱先人，故必伏此筆，最有味。爲中郎署長，事文帝。文帝輦過，問唐曰：『父老呼起妙，以『父老』起，以年九十餘舉賢良收，皆有綫脉。何自爲郎？家安在？』唐具以實對。文帝曰：『吾居代時，吾尚食監高祛數爲我言趙將李齊之賢，閑閑漫語，而代、趙已事，恰與馮公祖父關照，無不入扣。戰於鉅鹿下。今吾每飯，意未嘗不在鉅鹿也。父知之乎？』語意深婉，便知胸中有憂匈奴一事。唐對曰：『尚不如廉頗、李牧之爲將也。』引入閑而緊。上曰：『何以？』唐曰：『臣大父在趙時，言必稱先，忠孝之意可掬。爲官卒將，善李牧。臣父故爲代相，必字字應還，故妙。善趙將李齊，知其爲人也。』此亦約舉其詞，當時必更詳悉，所以文帝深悦。上既聞廉頗、李牧爲人，良説，而搏髀曰：描寫深婉。『嗟乎！吾獨不得廉頗、李牧時爲吾將，吾豈憂匈奴哉！』凡史公描寫太息神情處，必有遠致。唐曰：『主臣！惶懼之意，以其言直，故以此二字先之。陛下雖得廉頗、李牧，弗能用也。』上怒，起，入禁中。良久，召唐讓曰：正是聖主。

7 馮唐傳只論將一段，卓絶千古，遂爲立傳。而當其白首郎署以前，無可表見，特將大父與父兩次遷徙寫出，一種藹然忠孝家風，便令人咀玩不已，文章之神妙，良非宋子京一流漫然删潤自謂簡核者所能夢見也。

『公奈何衆辱我，獨無間處乎？』其言如家人，妙。唐謝曰：『鄙人不知忌諱。』

當是之時，匈奴新大入朝那，殺北地都尉卬。凡叙事必當補者，插入問答中，要有健筆。上以胡寇爲意，乃卒復問唐曰：『公何以知吾不能用廉頗、李牧也？』一步一深惋。唐對曰：『臣聞上古王者之遣將也，此段洋洋灑灑文字，抵過一篇極妙奏疏。跪而推轂，曰閫以内者，寡人制之；閫以外者，將軍制之。軍功爵賞皆决於外，歸重此句。歸而奏之。此非虚言也。臣大父言，一轉斡入大父言，妙，妙，如聞其聲。李牧爲趙將居邊，軍市之租凡久屯之軍，即有軍市，百貨所集，税亦隨之。皆自用饗士，賞賜决於外，不從中擾也。此句意同前，而專言賞賜，是陪筆。委任而責成功，故李牧乃得盡其智能，遣選車千三百乘，彀騎萬三千，百金之士十萬，是以北逐單于，破東胡，滅澹林，西抑彊秦，南支韓、魏。當是之時，趙幾霸。詳寫李牧戰功，所以極爲歆動處，定不可少。其後會趙王遷立，其母倡也。憾遷之聽讒，而并微其所出，與齊威王叱嗟『而母婢也』相似，折筆生姿，不可以爲閑句。王遷立，乃用郭開讒，卒誅李牧，令顔聚代之。是以兵破士北，爲秦所禽滅。今臣竊聞魏尚爲雲中守，是馮唐陳言根柢，却轉得極便。其軍市租盡以饗士卒，私養錢，五日一椎牛，饗賓客軍吏舍人，軍租爲公費，又别出私錢，以備宴會。極言魏尚

8漢初文法最苛，功臣列侯所以鮮得自完。馮公此論，雖爲魏尚言之，實救時之良藥也。至景、武之間，網益密矣。史公備引之，而再言其有味，蓋所感者深矣。

9觀馮公論將之言，殊有大臣識略，而不竟其用。篇末累累綴言，絶有慨想深情。

10古人偶然酬對之文，機局靈警，照應精嚴，雖使後人執管爲之，推敲盡日，有不能及者。如武侯隆中之對、淮陰登壇之語，及馮公此段議論，摘來便是絶妙古文。晉、唐以下，嗣

之賢。是以匈奴遠避，不近雲中之塞。虜曾一入，尚率車騎擊之，所殺甚衆。以上言魏尚已事，至此略頓住不説完，別插一段議論，文情超軼絶塵至矣。夫士卒盡家人子，起田中從軍，安知尺籍伍符？終日力戰，斬首捕虜，上功莫府，一言不相應，文吏以法繩之。冒功誠不可縱，妙在説得極辛苦入情，令人憤惋。其賞不行而吏奉法必用。二語參差相匹，言大將之賞有不行，而文吏之法則必用，極偏枯可憾也。臣愚，以爲陛下法太明，賞太輕，罰太重。8且雲中守魏尚遥接『所殺甚衆』句。坐上功首虜差六級，陛下下之吏，削其爵，罰作之。方實語正面，回視前文，千巖萬壑矣。由此言之，陛下雖得廉頗、李牧，弗能用也。9只用一句應，文有餘味。臣誠愚，觸忌諱，死罪死罪！』10文帝悦。是日二字妙。令馮唐持節赦魏尚，即使馮唐，又妙，見文帝從諫之勇。復以爲雲中守，而拜唐爲車騎都尉，主中尉及郡國車士。結完唐傳，然特詳著其官，言外有餘惜。

七年，景帝立，以唐爲楚相，免。武帝立，求賢良，舉馮唐。唐時年九十餘，不能復爲官，有餘惜，亦復有餘慕。乃以唐子馮遂爲郎。遂字王孫，亦奇士，與余善。特與張釋之子相配，成章法。

太史公曰：張季之言長者，守法不阿意；二語各指一事，而意重在前句。馮公之論

音寡矣。文推兩漢，豈虛語哉！登壇語即淮陰本傳『請言項王之爲人』云云。

11 贊語不十分著意，徒取立心之公合嘆之，亦有自悼之微情焉。

將率，同帥。有味哉！有味哉！贊語亦妙而不盡。語曰『不知其人，視其友』。二君之所稱誦，可著廊廟。獨指周勃、東陽、魏尚一事，取其相配也。《書》曰『不偏不黨，王道蕩蕩；不黨不偏，王道便便』。張季、馮公近之矣。[11]

何以云『張馮列傳』？子長有自悼之微情也。曰：漢初文法雖嚴，而上下之情易達，往往有觸禁抵網之餘，局外數言，轉圜立見。故蕭何入獄，王衛尉得以陳言；雍齒見仇，張留侯爲之陰釋。下至壺關三老，得明太子之冤；魯國朱家，亦解逋臣之厄。誠以當局者難爲説，而納牖者易爲功也。方史遷爲李陵進説之時，與馮唐稱魏尚何異？乃一言未察，刑禍隨之，而遷可爲陵明心迹，誰復爲遷頌隱情？此無他，顧忌既多，偏陂頓極，而市道之交，轉相懲戒而莫之非也。故於贊中特撮出釋之稱『長者』，馮唐之論將率，嘆其稱誦朋友，爲王道公平，可謂極慨想之深情，盡揄揚之能事者矣。

扁鵲倉公列傳

扁鵲者，勃海郡鄭人也，姓秦氏，名越人。少時爲人舍長。守舍以待館客。舍客長桑君過，扁鵲獨奇之，神人。常謹遇之。長桑君亦知扁鵲非常人也。出入十餘年，寫兩人相視莫逆處，不用幻僻語，而已入神。乃呼扁鵲私坐，間與語曰：『我有禁方，年老，加此二句，更有情。欲傳與公，公毋泄。』扁鵲曰：『敬諾。』乃出其懷中藥予扁鵲：『飲是以上池之水，此等事入唐人手，便成小説；入漢人手，便成文章。三十日當知物矣。』語深而雅。乃悉取其禁方書盡與扁鵲。忽然不見，殆非人也。1何等幻，又何等雅！扁鵲以其言飲藥三十日，視見垣一方人。隔墻見物。以此視病，盡見五臟癥結，特以診脉爲名耳。總挈靈奇，語益輕俊。爲醫或在齊，或在趙。二句總括始末。在趙者名扁鵲。始點明。

當晉昭公時，諸大夫彊而公族弱，閑句亦不苟。趙簡子爲大夫，專國事。此句俱從彊弱句生來。簡子疾，五日不知人，大夫皆懼，於是召扁鵲。扁鵲入視病，出，董安于問扁鵲，扁鵲曰：『血脉治也，而何怪！一句答完，鏗然有韻。昔秦穆公嘗如此，七日而寤。此段幻極，不可以常理致詰。寤之日，告公孫支與子輿曰：「我之帝所甚樂，

1每見俗士賤工傳授一書，輒萬種離奇，并珍之秘笈，勿授匪人之語，每作惡竟日。今觀史公寫長桑授書扁鵲及黄石授書子房之文，亦何嘗不極怪奇？然其筆徑之古雅，則迥絶人間世也。後世善舉怪筆而能雅者，昌黎而外，明有李于鱗耳，東坡即不免於褻。

2扁鵲縱能洞見五臟癥結，然安能知簡子夢中事？頗涉荒怪。妙在援秦穆公往事作一榜樣而聊以『間必有言也』一語微示其端，則鏡花水月，實處皆空。又妙在兩番夢囈，有應有不應，離離奇奇，可賞可愕，但覺興會淋漓，而不暇致詰其所以然之故，真千年絕調也。

吾所以久者，適有所學也。章法呼應，自成一篇小文字。《左氏》《國策》俱無此丰韻，真乃妙迹如生。帝告我：『晉國且大亂，五世不安。其後將霸，未老而死。說得整緻而不見堆垛，故佳。霸者之子且令而國男女無別。』二語妙，若僅云敗亂宣淫，則無味矣。公孫支書而藏之，秦策於是出。夫獻公之亂，文公之霸，而襄公敗秦師於殽而歸縱淫，此子之所聞。今主君之病與之同，不出三日必間，間必有言也。』虛虛實實，却在個中。

居二日半，應不出三日。簡子寤，語諸大夫曰：『我之帝所甚樂，章法。與百神游於鈞天，廣樂九奏萬舞，不類三代之樂，其聲動心。無端夢囈，却說得如此興會，又在醫士傳中見之，真乃異樣文章。有一熊欲援我，帝命我射之，中熊，熊死。不必有徵應，而文與事皆可喜。有羆來，我又射之，中羆，羆死。帝甚喜，賜我二笥，皆有副。吾見兒在帝側，帝屬我一翟犬，曰：「及而子之壯也以賜之。」帝告我：「晉國且世衰，章法。七世而亡。嬴姓將大。此所謂晉國者，通趙而言之。嬴姓指秦。敗周人於范魁之西，而亦不能有也。」』此則趙亡之讖，舊注皆誤。指秦二世而亡，亦可。董安于受言，書而藏之。以扁鵲言告簡子，簡子賜扁鵲田四萬畝。2扁鵲名醫，而首段顧類卜筮者，言亦奇。

其後扁鵲過虢，虢太子死，扁鵲至虢公門下，於趙、齊之外，別插虢事。按虞、虢之滅，在晉獻公時，至趙簡子世，號亡久矣，此必有誤也。問中庶子喜方者曰：『太子何病，國中治穰『禳』通。蓋禳禱求生是新死未收時事。過於衆事？』[3]中庶子曰：『太子病血氣不時，交錯而不得泄，暴發於外，則爲中害。有此數語，上方倒插『喜方者』三字，此文密處。精神不能止邪氣，邪氣畜積而不得泄，是以陽緩而陰急，故暴蹶而死。』論亦明白，故扁鵲聞言即知其病之狀。扁鵲曰：『其死何如時？』曰：『鷄鳴至今。』曰：『收乎？』曰：『未也，其死未能半日也。』言臣齊勃海秦越人也，家在於鄭，未嘗得望精光，侍謁於前也。從容之中，自具驚人意態，寫來入神。聞太子不幸而死，臣能生之。』鑿然妙。中庶子曰：『先生得毋誕之乎？何以言太子可生也！臣聞上古之時，又應喜方本領。醫有俞跗，治病不以湯液醴灑，飲散之屬。鑱石撟引，案杬毒熨，針砭之屬。一撥見病之應，正是洞見癥結處。因五臟之輸，乃割皮解肌，訣脉結筋，搦髓腦，揲荒爪幕，湔浣腸胃，漱滌五臟，練精易形[4]。先生之方能若是，則太子可生也；可見自知藝薄，亦非謂太子必不可生也。不能若是而欲生之，曾不可以告咳嬰之兒。』終日，詞氣未畢轉有風神。扁鵲仰天嘆曰：『夫子之爲方也，若以管窺天，以郄視文。越人之爲方也，不待切脉、望色、聽聲、寫形，此六字至精。言病之所在。聞病之陽，論得其陰；

3 扁鵲治虢太子一事，當是實録。故叙其問答之詳，病症之源流，療治之方略，以至前有中庶子之辨析，後有生死人之傳聞，無不如掌上螺紋，細細寫出。他若簡子夢游之荒怪，桓侯諱疾之餘文，皆借作一篇結構，所以助文章之波瀾。當别具隻眼以分别觀也。

4 皆神醫刮剖療治手段，其言古雅，當以意會，不必求甚解也。

5越人論病，只宗主『陰陽』二字，便是超絕一世之解。詳味其理，即可通於《太極圖說》及《箕疇》律曆之文也。勿僅以方伎待之。

聞病之陰，論得其陽。正應陽緩陰急之說，非空言也。病應見於大表，不出千里，决者至衆，不可曲止也。言病應至近，非若千里之遥遠難徵，不可以偏曲之見泥也。子以吾言爲不誠，試入診太子，當聞其耳鳴而鼻張，循其兩股以至於陰，當尚温也。』[5]可謂知病之所在，先與一個左證。

中庶子聞扁鵲言，目眩然而不瞚，舌撟然而不下，只此等數句，似褚少孫累墨耳。乃以扁鵲言入報虢君。虢君聞之大驚，出見扁鵲於中闕，曰：『竊聞高義之日久矣，然未嘗得拜謁於前也。亦與『未嘗得望精光』二句相應。先生過小國，幸而舉之，偏國寡臣幸甚。有先生則活，無先生則棄捐填溝壑，長終而不得反。』語勢連綿，寫得哀迫之情如畫。言未卒，因嘘唏服臆，魂精泄横，流涕長潸，忽忽承睫，悲不能自止，容貌變更。此等筆墨，褚少孫固不能爲，史遷亦不甚似，疑古史舊文，史遷所據入者。扁鵲曰：『若太子病，所謂「尸蹷」者也。夫以陽入陰中，動胃纏緣，中經維絡，動於胃而脉糾結。别下於三焦、膀胱，是陽入陰之正義。是以陽脉下遂，陰脉上争，會氣閉而不通，陰上而陽内行，下内鼓而不起，上外絶而不爲，使上有絶陽之絡，下有破陰之紐，分晰下墜上争之狀，精奥辨達，得未曾有。破陰絶陽，色廢脉亂，故形静如死狀。太子未死也。此即死狀，先提在此，下乃點破。夫以陽入陰支蘭藏者生，支，直節；蘭，横節，膽臓也。以陰入陽支蘭藏者死。故知其不死，只在陰陽順逆中辨之。凡此數事，皆五藏蹶中之時暴作也。良工取之，『取』字有庖丁解牛之妙。拙者疑殆。』[6]

扁鵲乃使弟子子揚厲針砥石，以取外三陽五會，取者，引之使出，不陷入於陰中也。有間，太子蘇。乃使子豹爲五分之熨，以八減之齊劑同。和煮之，以更熨兩脅下。[7]太子起坐。更適陰陽，四字冒二旬之湯藥在内。但服湯二旬而復故。故天下盡以扁鵲爲能生死人，謂生已死之人。扁鵲曰：『越人非能生死人也，此自當生者，越人能使之起耳。』拈破真諦，醫工所不肯道。

扁鵲過齊，齊桓侯客之。當趙簡子之時，齊亦無桓侯，此皆傳寫之誤。入朝見，曰：『君有疾在腠理，皮肉交會處。不治將深。』桓侯曰：『寡人無疾。』扁鵲出，桓侯謂左右曰：『醫之好利也，欲以不疾者爲功。』非桓侯愎傲，實此輩良多，故誤之耳。後五日，扁鵲復見，曰：『君有疾在血脉，不治恐深。』桓侯曰：『寡人無疾。』扁鵲出，桓侯不悦。變化亦入情。後五日，扁鵲復見，曰：『君有疾在腸胃間，不治將深。』桓侯不應。扁鵲出，桓侯不悦。後五日，扁鵲復見，望見桓侯而退走。桓侯使人

6 醫經陳語，每苦於數見不鮮，又悶眩難解，經太史筆轉成精瑩奥衍之文，即豈但市肆券籍點綴而成妙文哉！

7 熨法古有之，今但有灸。

問其故，扁鵲曰：『疾之居腠理也，湯熨之所及也；在血脉，針石之所及也；其在腸胃，酒醪之所及也；其在骨髓，雖司命無奈之何。吾知此時，桓侯猶以爲危言劫之，故漠然尚不以爲意。今在骨髓，臣是以無請也。』後五日，桓侯體病，使人召扁鵲，扁鵲已逃去。桓侯遂死。8

使聖人豫知微，能使良醫得蚤從事，則疾可已，身可活也。此語通乎治術，寓意甚深，不僅爲醫藥言之。人之所病，病疾多；而醫之所病，病道少9。故病有六不治，此承『人之所病，病疾多』而晰舉之。驕恣不論於理，一不治也；輕身重財，二不治也；特以此終桓侯病事，意重『驕恣不論於理』及『輕身重財』，故舉以爲不治之首，而下遂類言之，亦諷諫之旨也。衣食不能適，三不治也；陰陽并，藏氣不定，四不治也；形羸不能服藥，五不治也；信巫不信醫，六不治也。有此一者，則重難治也。

扁鵲名聞天下。過邯鄲，聞貴婦人，即爲帶下醫；市名耶？漁利耶？此中頗開後人方便之門，此其所以終不離乎方術家伎倆也。過雒陽，聞周人愛老人，即爲耳目痹醫；來入咸陽，聞秦人愛小兒，即爲小兒醫；隨俗爲變。秦太醫令李醯自知伎不如扁鵲也，使人刺殺之。此一禍也，豈不從争名争利得來。至今天下言脉者，由扁鵲也。

8嘗聞疾自內而達者，在本而難治；疾自外而感者，在標而易攻。今扁鵲視桓侯之疾，由外而入於內，而當其感於腠理、血脉，不覺其患苦之形，何也？恐亦寓言十九，非如虢太子之實事成文也歟。〇虢太子之死而致生之者也。齊桓侯之生而致死之者也。致生者，越人之功；致死者，非越人之咎。兩事連寫，警醒憒憒多矣。

9舊注以下『所病』，作療病解，固謬，而董潯陽以爲下『所病』言所短，借上句

『病』字言之，亦未徹。愚謂句中既有『疾』字，則二『病』字並非正言，猶云人之所患，患在疾病多，而醫之所患，患在治病之道少耳。

10淳于意當時自有其詔問奏對之書，太史因取而刪潤之，以爲列傳，此亦古文家一體也。然此等文字，全在自出手眼，刪潤得妙，便有點鐵成金之譽。若宋子京輩徒知減字換字，則大非作手也。

太倉公者，齊太倉長，官名。臨菑人也，里名。姓淳于氏，名意。少而喜醫方術。高后八年，更受師同郡元里公乘陽慶。官名，人名。慶年七十餘，無子，使意盡去其故方，更悉以禁方予之10，若不盡去其故方，亦不足傳也。此有英雄作用，非苟然者。傳黃帝、扁鵲之脉書，五色診病，知人死生，決嫌疑，定可治，及藥論，甚精。受之三年，爲人治病，決死生多驗。然左右行游諸侯，不以家爲家，寫得落拓有趣味，方術家高手多如此。或不爲人治病，病家多怨之者。告言刑罪之由。

文帝四年中，人上書言意，以刑罪當傳西之長安。意有五女，隨而泣。此自爲緹縈附傳，不復關倉公事。意怒，罵曰：『生子不生男，緩急無可使者！』於是少女緹縈傷父之言，乃隨父西。上書曰：『妾父爲吏，齊中稱其廉平，此文可以單傳，特於意傳見耳。今坐法當刑。妾切痛死者不可復生而刑者不可復續，哀惻忼慨。雖欲改過自新，其道莫由，終不可得。纏綿沉痛。妾願入身爲官婢，以贖父刑罪，使得改行自新也。』書聞，上悲其意，此歲中亦除肉刑法。文帝真聖主，後世有以一女子上書感當寧者乎？

意家居，詔召問所爲治病死生驗者幾何人，主名爲誰。先挈其大旨，再叙詔書。

11自此以下，詳答『受學幾何歲』及『嘗有所驗』之總旨。

12奏對中能如此宛轉古雅，奇絶千古。○倉公即名醫，然以天子而鰓鰓詔問，極其瑣屑，殊覺無謂。意者當時史公既立天官卜筮等傳，欲爲醫方立傳，而不得其詳，故請詔存問，俾其更端陳奏以爲立傳之據。既見其奏書古雅，因即裁剪成文，而復取春秋時之扁鵲以附益其前耶？先輩未有論及者，特附鄙見於此，以俟智者折衷焉。

詔問故太倉長臣意：『方伎所長，漢文爾雅，繁而不殺，無不可愛。及所能治病者？有其書無有？皆安受學？受學幾何歲？嘗有所驗，何縣里人也？何病？醫藥已，其病之狀皆何如？具悉而對。』臣意對曰：竟用制策體，成一篇妙文。『自意少時，喜醫藥，奇甚。醫藥方試之多不驗者。從方伎所長說入。至高后八年，得見師臨菑元里公乘陽慶，答『安受學』。慶年七十餘，意得見事之。謂意曰：「盡去而方書，非是也。補前文語，尤妙。慶有古先道遺傳黄帝、扁鵲之脉書，答有其書。五色診病，知人生死，決嫌疑，定可治，及藥論書，甚精。我家給富，心愛公，欲盡以我禁方書悉教公。」臣意即曰：「幸甚，非意之所敢望也。」[11]臣意即避席再拜謁，受其《脉書》上下經、以下七種皆當時所受之書，今或傳或不傳，不必彊爲之説也。《五色診》《奇咳術》《揆度陰陽外變》《藥論》《石神》《接陰陽禁書》，受讀解驗之，可一年所。明歲即驗之，有驗，旋讀旋解旋試驗。然尚未精也。要事之三年所，即嘗已爲人治診病，決死生，有驗，精良。不但驗之而術且精良。今慶已死十年所，臣意年盡三年，年三十九歲也。』[12]時文帝後三年，言盡今年，則爲三十九歲，古人論齒必終年，乃謂增一歲也。

魏其武安侯列傳

魏其侯竇嬰者，孝文后從兄子也。[1] 父世觀津人。喜賓客。一篇骨子陡插於此，奇甚。孝文時，嬰爲吴相，病免。豫伏薄其官。孝景初即位，爲詹事。

梁孝王者，孝景弟也，其母竇太后愛之。即孝文后。梁孝王朝，因昆弟燕飲[2]。昆弟燕飲者，蓋用家人禮，故嬰亦得侍宴。是時上未立太子，酒酣，從容言曰：『千秋之後，傳梁王。』原只作閑話頭，然此一段，已伏諸竇無如嬰賢之根本。太后驩。竇嬰引卮酒進上，曰：妙如罰之者然。『天下者，高祖天下，父子相傳，此漢之約也，上何以得擅傳梁王！』其辭正而少回護，魏其生平大略可見。太后由此憎竇嬰。竇嬰亦薄其官，因病免。寫不肯依毗宫闈處，極有身分。太后除竇嬰門籍，不得入朝請。

孝景三年，吴、楚反，上察宗室諸竇，毋如竇嬰賢，起自宸衷獨斷，有身分。乃召嬰。嬰入見，固辭謝病不足任。久屈而氣不衰，有身分。太后亦慚。於是上曰：『天下方有急，以天下委之，並非出於私恩。王孫寧可以讓耶？』與『薄其官』相呼應。乃拜嬰爲大將軍，賜金千斤。竇嬰乃言袁盎、欒布諸名將在家者進之。甫得進位，即推賢進能，大有身分。所賜金，陳之廊廡下，軍吏過，輒令裁取爲用，金無入家者。魏其不必果以軍功

1 叙魏其事，須看其段段與武安針鋒相對，豫爲占地步處。

2 田蚡藉太后之勢以得侯，魏其詘太后之私以去位，此一大異也。田蚡貴幸，鎮撫多賓客之謀；魏其賜環，投身赴國家之難，此二大異也。田蚡居丞相之位，不肯詘於其兄；魏其受大將之權，必先進乎其友，此三大異也。田蚡之狗馬玩好，遍徵郡國而未厭其心；魏其之賜金千斤，盡陳廊廡而不私於己，此四大異

也。魏其以彊諫謝病，賓客説之莫來；田蚡以怙勢見疏，人主麾之不去，此五大異也。凡此之類，皆史公著意推轂魏其，以深致痛惜之情，而田蚡之不值一錢，亦俱於反照處見之矣。

3魏其，賢侯也。惟勘不破勢利關頭，因而忽爲所動而不能自持，又欲矯激爲高而或過於正，此正景帝所謂『多易』者。

進，特於虛處設色，所以極寫魏其也。竇嬰守滎陽，監齊、趙兵。七國兵已盡破，封嬰爲魏其侯。三句隱括，明明謂嬰之得侯以奮迹戎行，與武安絶殊也。諸游士賓客争歸魏其侯。帶住賓客，有針綫。孝景時每朝議大事，條侯、魏其侯，諸列侯莫敢與亢禮。魏其之盛，至此爲極。又特引一賢侯作伴，則盛處皆覺可思。

孝景四年，立栗太子，栗姬之子，以母姓名之。使魏其侯爲太子傅。孝景七年，栗太子廢，魏其數争不能得。亦必爲占身分。魏其謝病，至此凡三以病免，皆極寫其恬退以致惜。屏居藍田南山之下數月，諸賓客辯士説之，莫能來。又帶賓客。梁人高遂乃説魏其曰：『能富貴將軍者，上也；能親將軍者，太后也。主意只如此，初無異論。今將軍傅太子，太子廢而不能争；争不能得，又弗能死。此四句並非責望魏其仗節死義，只作親貴陪客。味之自曉。自引謝病，擁趙女，屏閑處而不朝。此三句是其不能自親，引過正旨。相提而論，雙承入妙。是自明揚主上之過。有如兩宮螫將軍，則妻子毋類矣。』3只如患失俗情。要之，魏其本沾沾自喜，故爲所動。魏其侯然之，乃遂起，朝請如故。此後魏其蹉跌便多。

桃侯免相，竇太后數言魏其侯。孝景帝曰：『太后豈以爲臣有愛，不相魏

4寫魏其、武安或合或分處經緯之妙，全在賓上歷然，當細辨之。

其？魏其者，沾沾自喜耳，景帝言條侯『怏怏』、魏其『沾沾自喜』，皆中切二人之病。多易。難以爲相持重。』遂不用，用建陵侯衛綰爲丞相。

武安侯田蚡者，孝景后同母弟也，生長陵。魏其已爲大將軍後，即從魏其串入。方盛，蚡爲諸郎，未貴，往來侍酒魏其，跪起如子姓。特先寫其底裏，爲後之驕貴伏案，令人不堪。及孝景晚節，蚡益貴幸，爲太中大夫。蚡辯有口，此語直至東朝辨灌夫事處應出。學《槃盂》諸書，王太后賢之。孝景崩，即日太子立，稱制，所鎮撫多有田蚡賓客計筴。此非寫田蚡之功，正著其攬權之漸。蚡、弟田勝，皆以太后弟孝景後三年封：蚡爲武安侯，勝爲周陽侯。4徒以椒房之故得侯。與魏其監齊、趙兵破七國對看。

武安侯新欲用事爲相，卑下賓客，進名士家居者貴之，欲以傾魏其諸將相。同一好客進賢，用兩『欲』字寫其心事，遂與進盎、布等大別。建元元年，孝武朝。丞相綰病免，上議置丞相、太尉。籍福説武安侯曰：籍福亦錚錚佼佼者，不惟善作調人，兼亦深明世故。『魏其貴久矣，天下士素歸之。今將軍初興，未如魏其，即上以將軍爲丞相，必讓魏其。魏其爲丞相，其意似爲魏其地，若作教武安博讓賢名，未是。將軍必爲太尉。太尉、丞相尊等耳，曉人當如是。又有讓賢名。』武安侯乃微言太后風上，不能明言於上，而惟於

5合傳曲直了然易辨，然吾不能不責備於魏其也。魏其以外戚名臣，喜士好客，當吴、楚告警之際，少著軍功，及嗣君初政之年，循資爰立。一有不合，抑亦可以止矣。乃屢欲出没於炎涼之隊，飽嘗夫勢利之情，反已難堪，責人太甚；又與使酒尚氣之灌夫共事，則未有不載胥及溺者矣。蓋竇、田一傳，事緒雖多，約而論之，不過爲勢利所驅而已。史公寫來纖悉具備，而前後綫索，亦只在勢利着眼，所以明其所争者

私昵巧發，蓋寫田蚡筆筆輕薄。於是乃以魏其侯爲丞相，武安侯爲太尉。籍福賀魏其侯，因弔曰：此番有大見識，其意正與景帝「多易」之語相發。『君侯資性喜善疾惡，方今善人譽君侯，自謂也，却不露出，益見其人品之高。故至丞相；然君侯且疾惡，惡人衆，亦且毁君侯。此明指田蚡。或以善人指蚡，惡人他屬者，不得其立言之微旨者也。君侯能兼容，則幸久；不能，今以毁去矣。』魏其不聽。5

魏其、武安俱好儒術，合叙一段。推轂趙綰爲御史大夫，王臧爲郎中令。迎魯申公，欲設明堂，令列侯就國，除關，以禮爲服制，以興太平。「興太平」一段是陪，然必魏其之謀，武安順之而已。舉適諸竇宗室毋節行者，除其屬籍。此句是主，應上文「疾惡，惡人衆」語。時諸外家爲列侯，列侯多尚公主，皆不欲就國，以故毁日至竇太后。明應「毁」字。太后好黄老之言，而魏其、武安、趙綰、王臧等總叙，筆力甚大。務隆推儒術，貶道家言，是以竇太后滋不悦魏其等。及建元二年，御史大夫趙綰請無奏事東宫。此東宫指太后，以武帝尚幼，時太后稱制决事。竇太后大怒，乃罷逐趙綰、王臧等，而免丞相、太尉，以柏至侯許昌爲丞相，武彊侯莊青翟爲御史大夫。罷太尉官，别置御史大夫。魏其、武安由此以侯家居。二人同退。

甚微，而爲禍最烈。使後世沾沾多易之人失其所與，而自貽伊戚者讀之，而早知所以自戢也。

6 魏其傳有三事：諫傳梁王之失言也，諫監兵討吴、楚也，諫廢太子也。武安傳亦有三事：風太后以相魏其因以自重也，薦人除吏也，請考工地益宅也。君子小人，心事天淵，此皆其自己本傳，至其他兩人串合處，則不煩言而明矣。故當分看合看，以盡其理。

武安侯雖不任職，獨接武安，筆力矯健之甚。以王太后故，親幸，數言事多效，天下吏士趨勢利者，只添一二字，盡出其醜。皆去魏其歸武安。武安日益横。以上是總綱。建元六年，竇太后崩，丞相昌、御史大夫青翟坐喪事不辦，免。以武安侯蚡爲丞相，以大司農韓安國爲御史大夫。天下士郡國諸侯愈益附武安。再言之，加郡國諸侯，而蚡之陰事已伏於此。

武安者，貌寢，生貴甚。忽另提起，似閑筆而文致大佳。又以爲諸侯王多長，上初即位，富於春秋，蚡以肺腑爲京師相，非痛折節以禮詘之，天下不肅。小人怙勢肺腑，寫得可畏可恨。當是時，上虚寫一段，此實徵一段。丞相入奏事，坐語移日，所言皆聽。薦人或起家至二千石，權移主上。上乃曰：『君除吏已盡未？吾亦欲除吏。』妙語。武帝何如主，而可令其蓄怒此乎？蚡之倖免誅戮，實仗太后卵翼之，餘無一能可知也。嘗請考工地益宅，上怒曰：『君何不遂取武庫！』是後乃退。6 嘗召客飲，坐其兄蓋侯南鄉，自坐東鄉，以爲漢相尊，不可以兄故私橈。武安由此滋驕，接『是後乃退』句，却更舉其驕蹇，乃見小人之侈肆無狀，無所往而不然者也。治宅甲諸第。田園極膏腴，而市買郡縣器物相屬於道。前堂羅鍾鼓，立曲旃；後房婦女以百數。歷舉其罪狀，前後皆有照應。諸侯奉金玉狗馬玩好，不可勝數。此句暗綰淮南王在內。魏其失竇太后，益疏不用，無勢，諸客稍稍自引而怠傲，重提魏其失勢，接入灌夫，中有無數頭緒，一齊綰結在內，非尋常過渡之法。惟灌將軍獨不失故。魏其日默默不得志，而獨厚遇灌將軍。

灌將軍夫者，潁陰人也。夫父張孟，嘗爲潁陰侯嬰舍人，得幸，因進之，至二千石，故蒙灌氏姓爲灌孟。吴、楚反時，潁陰侯灌何爲將軍，屬太尉，請灌孟爲校尉。夫以千人與父俱。細密。灌孟年老，潁陰侯彊請之，鬱鬱不得意，故戰常陷堅，遂死吴軍中。以老不欲出而鬱鬱不自得，則宜其縮胸選懦矣。乃反以陷堅趨死，是其負氣忼慨可知。夫固綽有父風者也。軍法，父子俱從軍，有死事，得與喪歸。灌夫不肯隨喪歸，出色矯拔。奮曰：『願取吴王若將軍頭，以報父之仇。』忠孝之氣，勃窣而横起。於是灌夫被甲持戟，先寫『披甲持戟』，則下一段俱是直前無滯之景，不及轉矚之情矣。寫生妙手。募軍中壯士所善願從者數十人。及出壁門，莫敢前。獨二人及從奴十數騎真奇絶之事。馳入吴軍，至吴將麾下，所殺傷數十人。不得前，復馳還，走入漢壁，寫得灌將軍矯如游龍，便是項王鉅鹿一戰身分。皆亡其奴，獨與一騎歸。若盡亡其騎，轉似兒戲，正妙在『獨與一騎歸』耳。夫身中大創十餘，適有萬金良藥，故得無死。夫創少瘳，又復請將軍曰：便知其非偶然憤怒之氣，方是忠孝本領。『吾益知吴壁中曲折，請復往。』將軍壯義之，恐亡夫，乃言太尉，太尉乃固止之。寫將軍、太尉交愛，夫之忠勇愈著。吴已破，灌夫以此名聞天下[7]。全傳出色在此。故不惜極揚之。

潁陰侯言之上，上以夫爲中郎將。數月，坐法去。後家居長安，長安中諸公莫弗稱之。再提『名聞天下』公案一筆。孝景時，至代相。孝景崩，今上初即位，以爲淮陽天下交，勁兵處，故徙夫爲淮陽太守。仍從『名聞天下』處得來。建元元年，入爲太僕。二年，與長樂衛尉竇甫飲，輕重不得，夫醉，搏甫。先寫一小小使酒樣子於此。甫，竇太后昆弟也。上恐太后誅夫，徙爲燕相。使酒人却能使大臣人主交愛如此，故妙。數歲，坐法去官，家居長安。

灌夫爲人剛直，使酒，不好面諛。貴戚諸有勢在己之右，不欲加禮，必陵之；[8]諸士在己之左，愈貧賤，尤益敬，與鈞。稠人廣衆，薦寵下輩。士亦以此多之。總寫生平處，能使瑕瑜不相掩，而令人讀之，畢竟多愛其瑜而恕其瑕。此則筆妙使然也。夫不喜文學，好任俠，夫之得禍，正坐不學無術耳。已然諾。諸所與交通，無非豪

7 灌夫圖報父仇，冒死不顧，其中直無一毫打算，而其終身處己待人處，亦不用一毫打算，此皆取死之道也。然死於忤田蚡，誠不若死於走吴壁矣。惜哉！

8 夫不好面諛，似矣。而在己之右者，必欲陵之，此何理也？夫此處正與酷吏作用同符，矯枉過正，自禍厥軀，良不足法。

桀大猾。一寫賓客之豪。家累數千萬，食客日數十百人。再寫賓客之多。陂池田園，宗族賓客爲權利，横於潁川。三寫賓客之横。潁川兒乃歌之曰：『潁水清，灌氏寧；潁水濁，灌氏族。』9引此豈無意哉！夫之得禍有由，豈惟田蚡能殺之。

灌夫家居雖富，然失勢，卿相侍中賓客益衰。及魏其侯失勢，兩『失勢』，相應成局。亦欲倚灌夫引繩批根生平慕之後棄之者。魏其假灌夫以形他人之薄，一團私意。灌夫亦倚魏其而通列侯宗室爲名高。灌夫又假魏其以交通權貴，一發無謂，真知進而不知退，知存而不知亡者。兩人相爲引重，其游如父子然。相得歡甚，無厭，恨相知晚也。10偏寫得恁地濃至。

灌夫有服，過丞相。丞相從容曰：『吾欲與仲孺過魏其侯，會仲孺有服。』此蓋逆料其必以服爲辭，故意虚討好，實無意行也。灌夫曰：『將軍乃肯幸臨貺魏其侯，夫安敢以服爲解！何説此？乃與剛直負氣處大不同，真不足取。請語魏其侯帳具，將軍旦日早臨。』武安許諾。一發多事。驕蹇小人之前，出此勢利語。武安蓋有以窺其微而薄之矣。灌夫具語魏其侯如所謂武安侯。健句。魏其與其夫人益市牛酒，夜灑掃，早帳具一團勢利俗腸，然不得謂非灌夫誤之。至旦。平明，令門下候伺。至日中，丞相不來。瑣事寫得入

9 極寫灌夫家居之暴横，三提賓客，所以力爲灌夫出脱也。

10 此傳三人皆有疵病，嬰之病在多易而大節殊可觀；夫之病在使氣而任俠亦可尚；至田蚡之病，實不過怙勢恣驕，紈袴小兒習氣。使兩人善於馴擾之而不犯其犬牙蝎尾之毒，蚡固不必有害人之心者也。史公惟痛惡田蚡，故叙三人疵病處，嬰與夫皆用好醜夾叙之法，而蚡則用加倍渲染之法，遂使蚡之惡一望無盡，彼二人之病，隱躍難知。此皆筆墨褒貶之妙。然吾

情如許。魏其謂灌夫曰：『丞相豈忘之哉？』大掃興。灌夫不懌，曰：『夫以服請，宜往。』更多事。乃駕，自往迎丞相。丞相特前戲語灌夫，殊無意往。小人口吻，肺腑皆見。及夫至門，丞相尚卧。過意形容。於是夫入見，曰：『將軍昨日幸許過魏其，魏其夫妻治具，自旦至今，未敢嘗食。』武安愕謝曰：『吾昨日醉，忽忘與仲孺言。』乃駕往，此自小人常態，武安於此原不足多責。又徐行，此『徐行』從灌夫眼中看出。灌夫愈益怒。及飲酒酣，夫起舞屬丞相，丞相不起，夫從坐上語侵之。忽慢忽恭，無一而可。魏其乃扶灌夫去，謝丞相。丞相卒飲至夜，盡歡而去。11 此句極寫得奸雄性情出，雖百世可知也。

丞相嘗使籍福請魏其城南田。漸逼，妙。魏其大望曰：『老僕雖棄，將軍雖貴，寧可以勢奪乎？』仍從勢利起見。不許。灌夫聞，怒，罵籍福。罵得不當。籍福惡兩人有郄，乃謾自好謝丞相曰：蓋自謂未往請也。『魏其老且死，易忍，且待之。』已而武安聞魏其、灌夫實怒不予田，錯雜妙。亦怒曰：『魏其子嘗殺人，蚡活之。可知前所以請，實有挾而求。蚡事魏其無所不可，何愛數頃田？小人聲口如繪。且灌夫何與也？實是。吾不敢復求田。』武安由此大怨灌夫、魏其。12 凡用多少曲折，寫成此句。

以爲灌夫之病，不能勝其賢也。

11 失勢而不肯引退，喜與貴人游，則其受薄於人，必至之理也。以失勢之人，又不忍受人輕薄，而樂與之争，必敗之勢也。既不能摧剛爲柔，樂觀時變，又往往色厲内荏，不脱俗情，必窮之術也。讀史公此傳而悟所以處世之方。惟當責魏其、灌夫，而何暇責武安矣！

12 小人有小人之才，看武安自灌夫出『將軍乃肯幸臨貺魏其』云云數語，早已窺破兩人底裏，以後全不爲意矣。許往而高卧，命駕而徐行，起舞而不答，請田而無忌，種種揶揄，視同几肉，而兩人曾不悟也。可不哀乎？

13前武安本無意過魏其，而灌夫多事彊爲撮合，遂爲結怨之始；今灌夫本不欲過武安，而魏其又多事彊拉之往，而竟成賈禍之媒。此兩人相牽相負處，正復相當。大抵皆有婞直之容，而中無堅忍之志，以此處世，無一而可。惜哉，一念之浮，决裂遂至於此也。

元光四年春，丞相言灌夫家在潁川，橫甚，民苦之。請案。上曰：『此丞相事，何請？』灌夫亦持丞相陰事，爲奸利，受淮南王金與語言。先伏此一段，則下文之怒，發之不嫌其暴；下文之質辨，出之各有其因，而淮南語言一事，直貫至傳末，此刻意經營處。賓客居間，遂止，俱解。

夏，丞相取燕王女爲夫人，有太后詔，偏是太后詔，此下半篇眼目，俱以太后作主。召列侯宗室皆往賀，魏其侯過灌夫，欲與俱。更屬多事之極。夫謝曰：『夫數以酒失得過丞相，丞相今者又與夫有郄。』灌夫此處，自知未嘗不明。魏其曰：『事已解。』彊與俱。13何所見而爲此，欲藉此求親厚耶？多事之極。飲酒酣，武安起爲壽，坐皆避席伏。已魏其侯爲壽，獨故人避席耳，餘半膝席。此段寫勢利之態，令人作惡，真叙事神品。灌夫不悦。伏一筆，凡叙事必隱隱隆隆而起。起行酒，至武安，武安膝席曰：『不能滿觴。』實輕之也，然頗蘊藉。夫怒，因嘻笑曰：一怒一笑，活畫欲發不得發之狀。『將軍貴人也，屬之！』時武安不肯。行酒次至臨汝侯，臨汝侯方與程不識耳語，亦輕之，故不時見夫；及至前，則又不膝席。又不避席。夫無所發怒，乃罵臨汝侯曰：詩甚。『生平毀程不識不直一錢，蓋臨汝侯生平嘗有此毀，夫蓋訐其私而刺之，故謂之『罵臨汝侯』，並非罵程不識也。今日長者爲壽，乃效女兒呫囁耳語！』武安謂灌夫曰：『程、李俱東西宮衛尉，今衆辱程將軍，仲孺獨不爲李將軍地乎？』放過臨汝反拈不識，又從不識扯過李廣，小人風雲轉變，暗激出許多對頭。妙。灌夫曰：『今日斬頭陷胸，何知程、李乎？』醉語哞嘈，直是索解不得。坐乃起更衣，稍稍去。攪散一場良會，不得不恨。魏其侯去，麾灌夫出。武安遂怒曰：此三句一氣讀，其事甚疾。『此吾驕灌夫罪！』語坐客罪己，故巧甚。乃令騎留灌夫。橫甚。灌夫欲出不得。籍福起爲謝，案灌夫項令謝。夫愈怒，不肯謝。描絶。武安乃麾騎縛夫置傳舍，橫極。召長史曰：『今日召宗室，有詔。』劾灌夫罵坐不敬，繫居室。隨口撰出一個棄市罪名，小人之智何捷也。遂按其前事，既有賓客居間一段，則此事約舉之而已明矣。遣吏分曹逐捕諸灌氏支屬，皆得棄市罪。魏其侯大愧，『大愧』寫得入情。爲資使賓客請，莫能解。加一筆，見武安焰焰之勢，不可向邇。武安吏皆爲耳目，諸灌氏皆亡匿，夫繫，遂不得告言武安陰事。[14] 瞻前顧後，縝密乃爾。

魏其鋭身爲救灌夫。此段寫魏其身分極高。夫人諫魏其曰：『灌將軍得罪丞相，與太后家忤，特點太后，有眼。寧可救耶？』魏其侯曰：『侯自我得之，自我捐之，無所恨。且終不令灌仲孺獨死，嬰獨生。』數語慷慨，可泣鬼神。乃匿其家，竊出上書。

[14] 發怒於杯酒之間，而賓客居間者遂莫能挽，要見田蚡積怒於灌夫，向之罷手，徒以陰事恐爲所告，故姑忍以俟之耳。兩人不知，自投陷阱。觀其先繫灌夫，又分曹捕灌氏支屬，而後以大罪劾之，所以絶其告密之門，則不殺之而不已者矣。蚡固奸人之雄，豈二子所能及耶！

立召入，特寫上注意魏其之殷，俱是反映太后，無一閑筆。具言灌夫醉飽事，不足誅。上然之，賜魏其食，曰：『東朝廷辯之。』不直武安可知。魏其之東朝，盛推灌夫之善，言其醉飽得過，乃丞相以他事誣罪之。此處明暗之妙，乃史公極用意處。武安又盛毁灌夫所爲横恣，罪逆不道。已上先暗舉一段。魏其度不可奈何，因言丞相短。此非自尋對頭，蓋勢已不容更止。武安曰：『天下幸而安樂無事，蚡得爲肺腑，所好音樂狗馬田宅。蚡所愛倡優巧匠之屬，不如魏其、灌夫日夜招聚天下豪桀壯士與論議，腹誹而心謗，不仰視天而俯畫地，辟倪兩宫間，幸天下有變，而欲有大功。俱是莫須有之事，説來隱隱躍躍，巧極險極。臣乃不如魏其等所爲。』[15]仍用含糊語收之，妙。於是上問朝臣：上意可知。『兩人孰是？』御史大夫韓安國曰：借韓口中明宣出兩人之言來，法奇而妙。『魏其言灌夫父死事，身荷戟馳入不測之吴軍，身被數十創，名冠三軍，此天下壯士，非有大惡，争杯酒，不足引他過以誅也。魏其言是也。先是魏其言，則意中自然左袒魏其。丞相亦言灌夫通奸猾，侵細民，家累巨萬，横恣潁川，凌轢宗室，侵犯骨肉，此數語實無大惡在内，早已放過『幸變』『辟倪』等語，其立説正而巧，當細思之，益人神智不淺。此所謂「枝大於本，脛大於股，不折必披」，

15 武安之言，便佞旖旎，句句作自己投首，因而以危法中人，前朝嚴分宜情狀絶與此類，方知小人自有衣鉢。

丞相言亦是。惟明主裁之。』[16]主爵都尉汲黯是魏其。內史鄭當時是魏其，後不敢堅對。餘皆莫敢對。以汲黯之賢，而猶不敢堅對，深寫武安勢盛。總之一太后主之耳。上怒內史曰：『公平生數言魏其、武安長短，今日廷論，局趣效轅下駒，吾并斬若屬矣！』[17]上意愈益可知。即罷起入，上食太后。使着意寫太后。太后亦已使人候伺，具以告太后。太后怒，不食，曰：『今我在也，而人皆藉吾弟，令我百歲後，皆魚肉之矣！婦人偏執口氣，絕不論理之曲直，寫得如畫。且帝寧能爲石人耶？先説己，後説帝，妙有分寸。此特帝在，即録録；設百歲後，是屬寧有可信者乎？』上謝曰：『俱宗室外家，故廷辯之。言外明明有實太后在，正與『藉吾弟』句對針。不然，此一獄吏所決耳。』是時郎中令石建爲上分別言兩人事[18]。上接『怒內史』一案，不明載其語云何，要亦袒魏其者。

武安已罷朝，出止車門，召韓御史大夫載，寫得氣勢焰焰。怒曰：『與長孺共一老禿翁，何爲首鼠兩端？』言皆垂死之人，不足顧惜，蓋怒之甚也。韓御史良久思所以對者，寫得好。謂丞相曰：『君何不自喜？接口奇妙。夫魏其毀君，君當免冠解印綬歸，曰「臣以肺腑幸得待罪，固非其任，魏其言皆是」。如此，上必多君有讓，不廢君。魏其必內愧，杜門齰舌自殺。此數語可以傾魏其，亦可以安魏其。傾之者，武安未屈；而太后已

16韓安國平敘兩人是非，雖似首鼠兩端，然前明云『非有大惡不足引他過以誅』，後僅舉『橫恣』『凌轢』數句，正所謂他過，而田蚡所誣，指天畫地，曖昧大惡，早已撇開，此正是老吏斷獄能手，不得少之。○敘煩重之事，而筆徑輕清，情詞兩活，此非細故也，全要得避就之妙。如東朝一辨，言甚多矣，然先將魏其、武安之言虛敘一番，此是點清主腦法；然後用田蚡自己口中借表出魏其所言丞相之短，借韓安國口中代宣出

田、竇二人所言灌夫長短，俱是一番話作兩番叙法。惟田蚡言灌、竇二人惡處，安國口中芟去不提，即從蚡口正叙出來。此中皆有苦心經營之妙，要須識得。

17只是駡朝臣，絶不提魏其。而魏其之援手者已絶矣。

18特贊石建一言，亦有深意。是獄也，彊直之汲、鄭是之，謹厚之石建分别之，而優於儒，以循吏稱之韓安國，顧陰爲之地而不敢明言。漢人之風氣略見，而武安之恣横益明，蓋傳外傳也。

怒，况以此激之乎？安之者，魏其本爲灌夫，魏其言是，則灌夫不死，彼沾沾自喜之性，未必内愧自裁也。大抵安國意終爲魏其。今人毁君，君亦毁之，譬如賈豎女子爭言，何其無大體也。』此却説得藴藉有致，使奸雄心服。安國良善爲説詞。武安謝罪曰：『爭時急，不知出此。』於是遥接『太后怒，不食』一段。上使御史簿責魏其所言灌夫頗不讎，欺謾。劾繫都司空。初未見魏其所言不讎處，明借以塞太后之怒。然欺謾之罪，不過失侯，繫都司空獄，則不得復見上，不得已而思及此，然魏其竟自取死，可謂非數耶。孝景時，魏其常受遺詔，曰：『事有不便，以便宜論上。』及繫，灌夫罪至族，事日急，諸公莫敢復明言於上。仍爲灌夫起見，不負初心，言見魏其不令灌夫獨死，一片肝膽。魏其乃使昆弟子上書言之，幸得復召見。書奏上，而案尚書大行無遺詔。詔書獨藏魏其家，家丞封。乃劾魏其矯先帝詔，罪當棄市[19]。案者誰，劾者誰，皆田蚡使之也。不待蜚語惡言而始知鬼蜮之技矣。五年十月，悉論灌夫及家屬。魏其良久乃聞，聞即恚，病痱，不食欲死。此時絶粒而死，賢於後死數日多矣。或聞上無意殺魏其，魏其復食，治病，總是『沾沾』『多易』，策立不定之病。議定不死矣。乃有蜚語爲惡言聞上，寫得甚曖昧，蚡惡甚於秦繆醜。故以十二月晦論棄市渭城。加『故以』字，見上始終不肯殺魏其。

其春，特寫得速於影響，語雖稍涉荒唐，而勸戒正復不少。武安侯病，專呼服謝罪。使巫視鬼者視之，見魏其、灌夫共守，欲殺之。竟死。子恬嗣。元朔三年，武安侯坐衣襜褕入宮，不敬。國除。

淮南王安謀反覺，治。王前朝，武安侯爲太尉，時迎王至霸上，此即灌夫所欲告之陰事，夫繫不得告，而史公代爲書之，以告天下後世，快絶，嚴絶。謂王曰：『上未有太子，大王最賢，高祖孫，即宮車晏駕，非大王立當誰哉？』武安前言魏其、灌夫指天畫地，幸天下有變，而欲有大功，恰可謂自道其情矣。淮南王大喜，厚遺金財物。上自魏其時不直武安，特爲太后故耳。及聞淮南王金事，上曰：『使武安侯在者，族矣！』

太史公曰：魏其、武安皆以外戚重，灌夫用一時決筴而名顯。魏其之舉以吴、楚，武安之貴在日月之際。輕薄之甚。然魏其誠不知時變，灌夫無術而不遜，斷語鑿然，銖兩悉稱。兩人相翼，乃成禍亂。卓識具眼。武安負貴而好權，杯酒責望，陷彼兩賢。嗚呼哀哉！遷怒及人，命亦不延。指兩人索命一段。衆庶不載，竟被惡言。指淮南事覺一段。嗚呼哀哉！禍所從來矣。20以上後半恩仇。

君子讀此傳而深嘆夫與人之不可以不慎也。灌夫之爲人，惟有挺矛馳壁，奮不顧身，圖

19從來大行皇帝遺詔，尚書藏其副，而受賜者録其真。魏其以貴戚賢侯勳業爛焉，便宜論上之旨，理所宜有。但詔書既係家丞封識，則必受賜於孝景臨幸或曲宴燕朝之時，尚書別無副本，宜也。小人巧發害人，無所不至，而魏其之計實疏，即使復得召見，然不能借助於朝，又豈能轉圜於便殿？但以交情篤而奮不顧身言之可耳。若謂魏其非矯詔，灌、竇可完，則未可信也。

20此贊字字稱量過，毫髮不苟。末段嘆惋深長，獨異諸篇，咀之無極。

報父仇，一朝轟烈，謂之壯士，綽有英風而已。洎乎失勢家居，批根矯枉，已非明哲保身，況復賓客厮徒，田園恣横，其視田蚡伯仲間耳。魏其感其歲寒柯葉，不改故常，遂視爲左右手，而與之並驅，並激於炎凉之場，即無田蚡，亦自致殺身之禍。夫鼓刀養母，聶政原無宜死之方；露版薦賢，孔融豈有當誅之罪。而睚眦嚴仲，以百金貿厥頭顱；輕肆禰衡，爲數語覆其巢卵。蓋意氣之場，相靡相擁，瓦裂而不可復收，往往而然。此因不失其親之語，聖門所以惓惓也。

嗟乎！潁川歌起，灌族久危；而厲鬼得朋，田侯頓滅。恩怨之於人甚矣哉！然君子於此則以爲蚡不足道矣。

李將軍列傳

李將軍廣者，隴西成紀人也。其先曰李信，秦時爲將，逐得燕太子丹者也。世爲名將，綴信於前，綴陵於後，亦一章法。故槐里，徙成紀。廣家世世受射。提出一傳眼目，以射爲綫道。孝文帝十四年，匈奴大入蕭關，廣以匈奴起，以匈奴終。而廣以良家子從軍擊胡，用善騎射，殺首虜多，爲漢中郎。善射一。廣從弟李蔡亦爲郎，綴一陪客，爲篇末感慨伏脉，絶非浪筆。皆爲武騎常侍，秩八百石。嘗從行，有所衝陷折關及格猛獸，又虚寫一段，隱括殊有遠神。而文帝曰：『惜乎，子不遇時！如令子當高帝時，萬户侯豈足道哉！』1 以天子愛之，而復以不遇時爲慨。初見之似不情，細味之亦具遠識。及孝景初立，廣爲隴西都尉，徙爲騎郎將。細詳官閥，處處有感慨之意。吴、楚軍時，廣爲驍騎都尉，從太尉亞夫擊吴、楚軍，取旗，顯功名昌邑下。於不甚可揚處，著力揚一筆。以梁王授廣將軍印，廣不自重處。還，賞不行。徙爲上谷太守，處之極邊，實左遷之，爲賢者諱，而叙來無迹。匈奴日以合戰。典屬國公孫昆邪爲上泣曰：寫出愛才入骨。『李廣才氣，天下無雙，自負其能，數與虜敵戰，恐亡之。』2 此數語是廣一生知己，『才氣無雙』『自負其能』，一揚一抑。於是乃徙爲上郡太守。後廣轉爲邊郡太守，徙上郡。

1文帝『惜乎，子不遇時』之言，非謂高帝時尚武而今偃武修文也。文帝時匈奴無歲不擾，豈得不倚重名將？帝意正以廣才氣跅弛，大有黥、彭、樊、灌之風，當肇造區宇之時，大者王，小者侯，取之如探策矣。今天下已定，雖勒兵陷陣，要必束之於簿書文法之中，鰓鰓紀律，良非廣之所堪也。故嘆惜之。此實文帝有鑒別人才處；廣之一生數奇，早爲所决矣。

2廣之勝人處只是『才氣無雙』四字盡之。然才氣既勝，則未有肯引繩切墨而軌於法之正者，則其一生數奇，亦才氣累之也。篇中首載公孫昆邪一語，褒貶皆具。史公雖深愛李廣，而卒亦未嘗不并著其短，所以爲良史之才，他人不能及也。

嘗爲隴西、北地、雁門、代郡、雲中太守，皆以力戰爲名。此處凡六遷，俱在北邊，故總叙於此，以力戰約之。

匈奴大入上郡，天子使中貴人從廣勒習兵擊匈奴。重提在上郡時一事爲寫生。此亦以名將故重之也。中貴人將騎數十，縱，『縱』字以一字爲一句，言縱解之，使馳逐遠出也。見匈奴三人，與戰。三人還射，傷中貴人，殺其騎且盡。中貴人走廣。廣曰：『是必射雕者也。』是習邊事者之言。射雕乃匈奴至精之騎，别勒爲部。廣乃遂從百騎往馳三人。以百餘騎逐三人，不足爲武，此自以射雕者形容廣之善射，以百餘騎作下數千騎引子，看去乃見其筆法之妙。三人亡馬步行，行數十里。廣令其騎張左右翼，而廣身自射彼三人者，殺其二人，生得一人，善射二。果匈奴射雕者也。已縛之上馬，望匈奴有數千騎，此處方爲百騎正寫。見廣，以爲誘騎，皆驚，上山陳。廣之百騎皆大恐，欲馳還走。廣曰：以膽兼略，非僥幸可比。『吾去大軍數十里，今如此以百騎走，匈奴追射我立盡。今我留，匈奴必以我爲大軍誘之，必不敢擊我。』以上是其略。廣令諸騎曰：『前！』已下是其膽。前未到匈奴陳二里所，止，細寫軍令，奇而法，整而暇。令曰：『皆下馬解鞍！』其騎曰：『虜多且近，即有急，奈何？』廣曰：『彼虜以我爲走，今皆解鞍以示不走，用堅其意。』拿得定，做得徹。於是胡騎遂不敢擊。有白馬將出護其兵，復綴此一段，勇決愈見。李廣上馬與十餘騎奔射殺胡白馬將，善射三。而復還至其騎中，解鞍，令士皆縱馬卧。是時會暮，逐時寫出，如身在行間目擊之者。胡兵終怪之，不敢擊。夜半時，胡兵亦以爲漢有伏軍於旁廣之意固爾。欲夜取之，胡皆引兵而去。平旦，李廣乃歸其大軍。暇甚。大軍不知廣所之，故弗從。3注一筆，亦見李出之輕易。

居久之，孝景崩，武帝立，左右以爲廣名將也，忽插左右一語，見廣無特達之知。於是廣以上郡太守爲未央衛尉，而程不識亦爲長樂衛尉。又拈一陪客，此處愛廣惜廣意俱見，全在兩兩形擊。程不識故與李廣俱以邊太守將軍屯。及出擊胡，而廣行無部伍行陣，就善水草屯，舍止，人人自便，不擊刁斗以自衛，莫府省約文書籍事，軍行無紀律至此，鮮有不敗者，廣於此誠不可訓，疑亦言之太過。然亦遠斥候，未嘗遇害。要亦適有天幸。程不識正部曲行伍營陳，擊刁斗，士吏治軍簿至明，軍不得休息，然亦未嘗遇害。程才固不如李，而語語對寫，却不肯一字排仗，非史公不能。不識曰：『李廣軍極簡易，然虜卒犯之，無以禁也；而其士卒亦佚樂，咸樂爲之死。我軍雖煩擾，然虜亦不得

3史公甚愛李廣，而獨不滿於衛青。青傳之『會有天幸』，此語亦頗不厭人意。至如廣之任情孤往，敗處每多於勝處，然略其敗而詳其出奇制勝之勇，令人讀之，滿腔都是奇特意思，則文字生色不少。如射雕一段，精神更自爍爍可愛。

4廣惟有勇略又能愛人，於兵法仁、信、智、勇、嚴五者實有其四，惟少一嚴耳。然其遠斥候以防患，法亦未嘗不密也。但説到無部伍行陣，省文書籍事，此大亂之道，恐不能一日聚處，疑亦言之過甚。先輩謂載程不識以形擊之，愚謂要是文字生色耳，未必簡易至此極也。

5此段云『破敗廣軍』，後云『漢兵死者大半』，則廣之麾下失亡不可勝計，而廣才以善射自完，律以常法，殊難爲廣占地

犯我。』[4]特載不識之語，所以明軍法之正，即爲程不識附小傳，非與李廣也。是時漢邊郡李廣、程不識皆爲名將，然匈奴畏李廣之略，看其歸到李廣，輕重不失之妙。士卒亦多樂從李廣而苦程不識。程不識孝景時以數直諫爲大中大夫。爲人廉，謹於文法。並詳程不識之究竟，是附傳意。

後漢以馬邑城誘單于，此王恢之失策，別有傳，此特以廣在行間無功而帶及之。使大軍伏馬邑旁谷，而廣爲驍騎將軍，領屬護軍將軍。是時單于覺之，去，漢軍皆無功。廣之數奇，亦在其中。其後四歲，廣以衛尉爲將軍，敘廣官閥進退兼銜俱詳悉。出雁門擊匈奴。匈奴兵多，破敗廣軍，生得廣。單于素聞廣賢，令曰：『得李廣必生致之。』胡騎得廣，廣時傷病，置廣兩馬間，絡而盛卧廣。敗軍之餘，身且爲虜，有何足紀，而史公偏寫得十分英矯奇特，蓋文之能榮辱人也如此。行十餘里，廣佯死，睨其旁有一胡兒騎善馬，廣暫騰而上胡兒馬，因推墮兒，取其弓，伏弓巧甚。鞭馬南馳數十里，復得其餘軍，因引而入塞。壯滿可想。匈奴捕者騎數百追之，廣行取胡兒弓，射殺追騎，以故得脱。[5]善射四。於是至漢，漢下廣吏。數奇至此。吏當廣所失亡多，爲虜所生得，當斬，贖爲庶人。

步矣。但其敗後之勇決奇變，殊勝於他人之奏凱策勳者百倍，史公必不肯以成敗論英雄，是其一生獨得之妙，故出力數寫如此。

6『飛將軍』三字疑亦從絡盛兩馬間騰身忽上馳入塞内之事而得，實懾於其一身之勇，非嘆服其御衆之能也。

頃之，家居數歲。廣家與故潁陰侯孫屏野居藍田南山中野蕊疏花，點綴入妙。射獵。亦不脱善射。嘗夜從一騎出，從人田間飲。還至霸陵亭，霸陵尉醉，呵止廣。廣騎曰：『故李將軍。』四字慘淡。尉曰：『今將軍尚不得夜行，何乃故也！』醉詈倨侮如畫。止廣宿亭下。居無何，匈奴入殺遼西太守，敗韓將軍，韓將軍後徙右北平。於是天子乃召拜廣爲右北平太守。廣以僨軍之將，能使天子屢思而召之，豈偶然哉！非蓋世之才，何以致此。廣即請霸陵尉與俱，至軍而斬之。廣瑣瑣處亦不爲之諱。

廣居右北平，匈奴聞之，號曰『漢之飛將軍』6，避之，數歲不敢入右北平。廣之戰功不足紀，每就不戰處寫出精神。

廣出獵，見草中石，以爲虎而射之，善射五。中石没鏃，視之，石也。非漫寫奇事，實亦其才氣爲之。因復更射之，終不能復入石矣。惟不能復入，乃益見其射之奇。廣所居郡聞有虎，嘗自射之。善射六。及居右北平，射虎，虎騰傷廣，廣亦竟射殺之。善射七。

廣廉，得賞賜輒分其麾下，飲食與士共之。終廣之身，爲二千石四十餘年，家無餘財，終不言家産事。一段又特書其廉，而愛士之節亦並見。

廣爲人長，猨臂，其善射亦天性也。又就善射出色虛寫一段，精神百倍。雖其子孫他人學者，莫能及廣。與篇首『世世受射』對。廣訥口少言，插此五字，妙在不倫。因益見射之專。與人居則畫地爲軍陣，射闊狹以飲，專以射爲戲，竟死。竟死，猶終世也。言畢生以射爲事。

廣之將兵，乏絕之處，見水，士卒不盡飲，廣不近水；士卒不盡食，廣不嘗食。復寫愛人。寬緩不苛，復寫簡易。士以此愛樂爲用。其射，見敵急，非在數十步之内，度不中不發，發即應弦而倒。縷縷寫善射，而其語愈出而愈精彩。用此，其將兵數困辱，其射猛獸亦爲所傷云7。因必待其近而後發，故猝不及制，亦得傷敗。

居頃之，石建卒，於是上召廣代建爲郎中令。此段直接前『數歲不敢入右北平』句。看他中間瑣瑣嵌入四段，俱是虛景，蓋實事動輒無功，故特以虛間寫之。

元朔六年，廣復爲後將軍，從大將軍軍出定襄，擊匈奴。諸將多中首虜率，以功爲侯者，相形一句，益難堪。而廣軍無功。數奇如此。後三歲，廣以郎中令將四千騎出右北平，博望侯張騫將萬騎與廣俱，異道。行可數百里，匈奴左賢王將四萬騎圍廣，又是一番敗衄，而廣益見精神，真乃奇事。廣軍士皆恐，廣乃使其子敢往馳之。敢

7云芟其繁複以類相從，則此傳之零零碎碎處當刪當竄者多矣。須熟讀此等段落，方悟其理。

獨與數十騎馳，直貫胡騎，出其左右二句兩意。直貫者，入其中；出左右者，繞其外。其視四萬人直如無物。而還，告廣曰：『胡虜易與耳。』軍士乃安。廣爲圜陣外嚮，胡急擊之，矢下如雨。漢兵死者過半，漢矢且盡。廣乃令士持滿毋發，即『度不中不發』之教。而廣身自以大黃射其裨將，殺數人，大黃即連弩，一發可殪數人。善射八。胡虜益解。會日暮，吏士皆無人色，借他人以形廣之勇。而廣意氣自如，益治軍。軍中自是服其勇也。軍中服其勇，亦匪自今日，至是乃益著耳。明日，復力戰，而博望侯軍亦至，匈奴軍乃解去。漢軍罷，此張騫之軍。弗能追。是時廣軍幾沒，罷歸。8 漢法，博望侯留遲後期，當死，贖爲庶人。廣軍功自如，無賞。數奇如此。

初，廣之從弟李蔡與廣俱事孝文帝。遥應篇首。景帝時，蔡積功勞至二千石。歷舉仕途順適，咄咄逼人。孝武帝時，至代相。以元朔五年爲輕車將軍，從大將軍擊右賢王，有功中率，與律同，所獲首虜合格也。封爲樂安侯。元狩二年中，代公孫弘爲丞相。蔡爲人在下中，名聲出廣下甚遠，著意輕薄李蔡，言外如聞嘆息之聲。然廣不得爵邑，官不過九卿，而蔡爲列侯，位至三公。重説一遍，徘徊感愴，敘事中夾有議論，絶非他傳常格。諸廣之軍吏及士卒或取封侯。廣嘗與望氣王朔燕語，曰：寫出忼慨不自聊光景。

8 此段廣之勇烈乃其遇之艱危，皆大略與其孫陵相似，皆以别將失道，獨與虜遇，皆以少敵衆。而廣之終得拔身還漢者，卒以救軍之來也。史公寫此極詳，蓋亦有所感云。附入李敢，又奇，蓋見隴西家風，世優才氣，而陵卒頹其家聲，故篇末亦不復少爲之地也。

『自漢擊匈奴而廣未嘗不在其中，有慨乎其言之。而諸部校尉以下，才能不及中人，史公既爲之言，而廣又自言，其情良有不能自已者。然以擊胡軍功取侯者數十人，而廣不爲後人，然無尺寸之功以得封邑者，何也？此與項王既敗，喋喋自稱語，情實相似。豈吾相不當侯耶？且固命也？』説相説命，英氣索然，寫無聊如畫。朔曰：『將軍自念，豈嘗有所恨乎？』朔固術者，却與言陰騭之理，亦有高識。廣曰：『吾嘗爲隴西守，羌嘗反，吾誘而降，降者八百餘人，吾詐而同日殺之。至今大恨獨此耳。』武安杜郵之刎，亦以殺降爲恨，但此處史公只是惜廣之深，反覆推言，以明其才本過人耳，並不重誅降。意當從其前後神理求之。朔曰：『禍莫大於殺已降，此乃將軍所以不得侯者也。』9

後二歲，大將軍、驃騎將軍大出擊匈奴，廣數自請行。天子以爲老，弗許；良久乃許之，以爲前將軍。始以老絀之，既復用爲前部，實紿之也。是歲，元狩四年也。此番爲廣之結局，特倒點年分，鄭重有法。

廣既從大將軍青擊匈奴，既出塞，青捕虜知單于所居，乃自以精兵走之，貪功之心如揭。而令廣并於右將軍軍，出東道。東道少回遠，而大軍行水草少，其勢不屯行。數語寫得極明劃，便足爲李將軍功罪鐵案，真良史之筆。廣自請曰：再自請，妙。『臣部

9 廣之將兵，敗釁既多，其所以不得侯者，似亦無難共曉，而廣獨鰓鰓於才能不爲人後，不當困躓，自疑自惜。王朔別援陰禍以解之，予謂此可備一説，而終非定論。廣才氣有餘而紀律不整，如虎豹雖雄豪絶世，然羈縻於文物之中，有不如立仗之馬，駕輦之牛者，此豈可以焜煌霍擲之奇論哉？

爲前將軍，今大將軍乃徙令臣出東道，不可曉，故不得不請。且臣結髮而與匈奴戰，今乃一得當單于，詞厲氣蹙，想見憤踴。臣願居前，先死單于。』其言不利，青益不肯。大將軍青亦陰受上誡，以爲李廣老，數奇，毋令當單于，恐不得所欲10。補寫此數句，正是前自請行良久乃許注脚，文法則明入妙。而是時公孫敖新失侯，爲中將軍從大將軍，大將軍亦欲使敖與俱當單于，故徙前將軍廣。前從上誡，足以徙廣矣，必又將衛青私公孫敖之意再寫一層，惡青而惜廣也。廣時知之，固自辭於大將軍。兩自請，又固自辭。大將軍不聽，令長史封書與廣之幕府，曰：『急詣部，如書。』以軍令勒之，惡甚。廣不謝大將軍而起行，意甚愠怒而就部，引兵與右將軍食其合軍出東道。軍亡導，或失道，後大將軍。既回遠又亡導，謂非青有意殺之，可乎？大將軍與單于接戰，單于遁走，弗能得而還。却又仍不能得所欲，豈數奇者誤之哉？南絶幕，遇前將軍、右將軍。軍還始遇。廣已見大將軍，還入軍。餘怒猶勃勃，不出一語，妙。大將軍使長史持精醪遺廣，因問廣、食其失道狀，先用慰勞，後用激厲。廣負氣宿將，必不能堪。青欲上書報天子軍曲折。此亦長史述青之言。廣未對，大將軍使長史急責廣之幕府對簿。11廣曰：『諸校尉無罪，乃我自失道。吾今自上簿。』慷慨憤踴。

10 廣歷事三朝，文帝以爲不遇時，武帝之時邊功日競，而天子復以年老數奇少之。要之二君皆不可謂不知廣者。文帝以爲跅跐之士多見長於草昧之初，武帝以爲數躓之才難與共功名之會也。前朝戚元戎繼光爲一代名將，臨陣之際，裨將以下必視其體貌充暢者遣之，以爲功名之事，不可與福薄者共之，恐或因以僨大事。此雖偶然之論，蓋亦未可廢也。

11 衛青不必有害廣之意，而史公寫得隱隱躍躍，使人不能釋然，要是惡青之深耳。

12廣一生蹭蹬，至白首之年，自請出塞，其意實以衛青福將，欲藉之以成大功，不意反爲所賣。觀其『幸從大將軍』『又徙廣部』等語，飲恨無窮，真乃一字一涕。

13此下悉將廣子若孫官位事功性情生平纖悉零碎一一寫出，盡於二百餘字之中；又妙在人人負氣，往往屈阨，皆影影與李將軍弔動，此所謂神情見於筆墨之表者也。

至幕府，廣謂其麾下曰：『廣結髮與匈奴大小七十餘戰，今幸從大將軍出接單于兵，而大將軍又徙廣部行回遠，而又迷失道，其言深婉，非一見可盡曉，其含意甚遠也。豈非天哉！歸之於天，總爲兩『又』字，一嘆。且廣年六十餘矣，終不能復對刀筆之吏！』[12]遂引刀自剄。負氣到老，死乃賢於生。廣軍士大夫一軍皆哭。百姓聞之，知與不知，無老壯皆爲垂涕。廣廉而愛人，又以名將數奇，死非其罪，此哭要有無數痛惜在内。而右將軍獨下吏，趙食其。當死，贖爲庶人。

廣子三人，以下附傳。曰當户、椒、敢，爲郎[13]。天子與韓嫣戲，嫣少不遜，當户擊嫣，又一個負氣人。嫣走。於是天子以爲勇。當户早死，拜椒爲代郡太守，皆先廣死。當户有遺腹子名陵。各伏一筆，叙事有組織之妙。廣死軍時，敢從驃騎將軍。廣死明年，李蔡以丞相坐侵孝景園壖地，當下吏治，蔡亦自殺，不對獄，國除。漢丞相坐法多自裁，常事也。但此處亦影動多負氣男子。

李敢以校尉從驃騎將軍擊胡左賢王，力戰，奪左賢王鼓旗，斬首多，賜爵關内侯，食邑二百户，於李蔡之下，復接李敢從驃騎之功，彼失一侯，此得一侯，聊爲廣吐氣，妙。代廣爲郎中令。頃之，怨大將軍青之恨其父，乃擊傷大將軍，大將軍匿諱之。擊韓嫣於天子之前，壯士也。然擊傷衛青，斯尤壯矣。居無何，敢從上雍，至甘泉宮獵。驃騎將軍去病與青有親，射殺敢。去病時方貴幸，上諱云鹿觸殺之。[14]居歲餘，去病死。特綴此語，若敢爲厲者然，冷得妙。而敢有女爲太子中人，愛幸；敢男禹有寵於太子，然好利，李氏陵遲衰微矣。責備李氏處，正其極推李廣處。

李陵既壯，選爲建章監，監諸騎。善射，愛士卒。五字綽有祖風。天子以爲李氏世將，而使將八百騎。常深入匈奴二千餘里，過居延視地形，無所見虜而還。此時便已英略蓋世。拜爲騎都尉，將丹陽楚人五千人，教射酒泉、張掖以屯衛胡。

數歲，天漢二年秋，貳師將軍李廣利將三萬騎擊匈奴右賢王於祁連天山，匈奴謂天爲祁連，祁連山即天山，合稱之者，傳寫之誤也。而使陵將其射士步兵五千人出居延北可千餘里，欲以分匈奴兵，此『欲』字乃武帝隱衷，恐貳師之不能成奇功也。極平常語，却有針綫在。毋令專走貳師也。陵既至期還，而單于以兵八萬圍擊陵軍。陵軍五千人，特再點清五千人，妙。兵矢既盡，士死者過半，而所殺傷匈奴亦萬餘人。且引且戰，連鬬八日，數語寫得極詳匝，亦極精神。先輩謂其匆匆，非也。還未到居延百餘里，匈奴遮狹絶道，陵食乏而救兵不到，誰實陷之？虜急擊招降陵。陵曰：『無面目報陛下。』遂降

14 衛青隱匿擊傷，毋亦心虧理屈，且懾於其氣而不敢校耶？且果諱之，則彼去病者又烏敢取諸天子之旁而彎弓報怨，誰實主之乎？青本人奴，霍亦奸種，一時遭際，妄誕至此，君子是以知孝武之失刑也。

匈奴。此處却絕不下一曲筆，所以爲高。其兵盡没，餘亡散得歸漢者四百餘人。單于既得陵，素聞其家聲，句中赫然有李廣在。及戰又壯，乃以其女妻陵而貴之。漢聞，族陵母妻子。自是之後，李氏名敗，而隴西之士居門下者皆用爲耻焉。15收得凛然有餘響，責備李氏處正極推尊李氏。

太史公曰16：『《傳》曰：『其身正，不令而行；其身不正，雖令不從。』其李將軍之謂也？余睹李將軍悛悛如鄙人，口不能道辭。及死之日，天下知與不知，皆爲盡哀。彼其忠實心誠信於士大夫也？比本傳更寫得壯浪。諺曰：『桃李不言，下自成蹊。』此言雖小，可以喻大也。

15子長以李陵得禍，而陵傳亦櫽括事迹，不復細爲描摹，正以陵之所以然者，本末已具於任少卿一書也。古人動筆早信其文之必傳，若東塗西抹，彼此複沓，義之所不肯出也。後人不識此意，或謂陵傳匆匆，正持大體，或謂臨文不諱，良史獨裁，皆非定論。

16本傳皆摹寫李將軍才氣，而贊又極嘆其忠誠，文固有彼此互見之法，蓋當於未盡處渲染，不當於精透處畫添也。

匈奴列傳

單于有太子名冒頓。音墨突。後有所愛閼氏，生少子，而單于欲廢冒頓而立少子，乃使冒頓質於月氏。音肉支。冒頓既質於月氏，而頭曼急擊月氏。欲藉手殺之。月氏欲殺冒頓，冒頓盜其善馬，騎之亡歸。非久下人者可知。頭曼以爲壯，令將萬騎。反假之爲逆之具。冒頓乃作爲鳴鏑，習勒其騎射，蓄志甚遠，而大有作略。令曰：『鳴鏑所射而不悉射者，斬之。』行獵鳥獸，逐層叙來如畫。有不射鳴鏑所射者，輒斬之。已而冒頓以鳴鏑自射其善馬。梟雄之姿，殊乃可愛。左右或不敢射者，冒頓立斬不射善馬者。居頃之，復以鳴鏑自射其愛妻，左右或頗恐，不敢射，叙法俱變動。冒頓又復斬之。居頃之，冒頓出獵，以鳴鏑射單于善馬，左右皆射之。於是冒頓知其左右皆可用。從其父單于頭曼獵，以鳴鏑射頭曼，其左右亦皆隨鳴鏑而射殺單于頭曼，遂盡誅其後母與弟及大臣不聽從者。冒頓自立爲單于。[1]

冒頓既立，是時東胡彊盛，聞冒頓殺父自立，乃使使謂冒頓，欲得頭曼時有千里馬。[2]冒頓問群臣，群臣皆曰：『千里馬，匈奴寶馬也，勿與。』冒頓曰：『奈何與人鄰國而愛一馬乎？』遂與之千里馬。妙在絶不露圭角，藏之九淵之識也。居頃之，

1冒頓弑父作逆，犬羊之俗，不足復道，然其作用，一何妙哉！觀其蓄志行弑，却絶不囁嚅呫嗶，託意腹心，惟以勒兵之中嚴明斬斷，則大事就而舉國無敢摇動者，無他，積威約之漸也。岳忠武之論兵曰：『顧方略何如耳！』霍冠軍亦有『運用存乎一心』之論。冒頓之方略運用，何嘗從成法得來，才過孫、吴遠矣。肇造朔廷，千古常勁，豈偶然哉！

2既聞殺父，何不以此爲問罪之名，顧别尋他釁，非冒頓敵手可知。

3冒頓不惟志滅東胡，并欲借東胡以摧諸國，以纂國新造之時，而蓄鋭養精，開創大業，先須想其堅忍之志，而終乃觀其迅疾之情。

東胡以爲冒頓畏之，逐處停蓄。乃使使謂冒頓，欲得單于一閼氏。如此尋釁，底裹已爲人窺破。冒頓復問左右，左右皆怒曰：『東胡無道，乃求閼氏。請擊之。』冒頓曰：『奈何與人鄰國愛一女子乎？』遂取所愛閼氏予東胡。加『所愛』二字，見其志遠大，絶不在區區色欲玩好上着眼。東胡王愈益驕，西侵。與匈奴間，中有棄地，伏筆。莫居，千餘里，各居其邊爲甌脱。東胡使使謂冒頓曰：『匈奴所與我界甌脱外棄地，匈奴非能至也，吾欲有之。』此處偏作遜詞，文勢起落入妙。冒頓問群臣，群臣或曰：『此棄地，予之亦可，勿予亦可。』於是冒頓大怒曰：『地者，國之本也，大學問，與《孟子》「諸侯之寶」章合吻，然非真語。奈何予之！』諸言予之者，皆斬之。冒頓上馬，令國中有後者斬，具有處女脱兔之奇。遂東襲擊東胡。東胡初輕冒頓，不爲備。前兩番忍辱，只爲此耳。及冒頓以兵至，擊，大破滅東胡王，而虜其民人及畜産3。匈奴本行國，故只以人民畜産爲重，而地則空之而已。乃知前『地者，國之本』一句實駕言也。既歸，西擊走月氏，南并樓煩、白羊河南王。侵燕、代，悉復收秦所使蒙恬所奪匈奴地者，長句亦勁。與漢關故河南塞，以周時河南舊塞爲交關境。至朝那、膚施，皆長安邊邑。遂侵燕、代。是時漢兵與項羽相距，中國罷於兵革，以故冒頓得自彊，補筆，好理方周匝，不但爲中國占身分

4按淳維自夏后氏立國至冒頓時，已二千餘年矣。而一朝振興，南抗中國，固古今來夷夏一大關會也。觀《詩》《書》所載，僅有攘斥撻伐之詞，及漢以來，方有和親款塞之説，則冒頓之爲匈奴第一代開疆鼻祖可知。然其開疆始祖而即以殺父誅母魚肉昆弟爲務，是則禮教親厚之意，總不足以繫屬之，亦明甚矣。奈何漢啓和親之門，唐、宋以下，世世有加，始如奉驕子，後且若事嚴父，可勝嘆哉！吾讀此傳，而知孝武之功良亦何可少也。

也。控弦之士三十餘萬。

自淳維以至頭曼千有餘歲，總束之。文筆力宏大，又有疏宕之氣，故奇。時大時小，別散分離，尚矣，其世傳不可得而次云。然至冒頓而匈奴最彊大，盡服從北夷，總前文作一句。而南與中國爲敵國，其世傳國官號乃可得而記云。4收上即以提下。

置左右賢王，左右谷蠡王，左右大將，左右大都尉，左右大當户，左右骨都侯。匈奴謂賢曰『屠耆』，故常以太子爲左屠耆王。官號雜引漢、胡之語，蓋即事著撰，非屑屑求合也。如屠耆王即賢王，推此可見『谷蠡』『骨都』皆胡語。自如左右賢以下至當户，大者萬騎，小者數千，凡二十四長，立號曰『萬騎』。已上通舉官號。諸大臣皆世官。呼衍氏、蘭氏，其後有須卜氏，此三姓其貴種也。諸左方王將居東方，官號凡稱左者，皆居東，凡稱右者，皆居西。直上谷以往者，東接穢貉、朝鮮；右方王將居西方，直上郡以西，接月氏、氐、羌；其郡之大可知。然此皆以近中國一面言，其北則不能知也。而單于之庭直代、雲中，各有分地，逐水草移徙。而左右賢王、左右谷蠡王最爲大國，左右骨都侯輔政。諸二十四長亦各自置千長、百長、什長、裨小王、相、將、都尉、當户、且音疽。渠之屬。已上又詳官制。

歲正月，諸長小會單于庭，祠。五月，大會龍城，祭其先、天地、鬼神。秋，馬肥，大會蹛林，課校人畜計5。一國之政，除祠祭外，惟課校人畜以爲富彊之資而已。其法：拔刃尺者死，坐盜者没入其家；有罪，小者軋，軋只作鞭笞解。大者死。獄久者不過十日，一國之囚不過數人。中國安能及此？而單于朝出營，拜日之始生，夕拜月。亦有古禮朝日夕月之義。其坐，長左而北鄉。日上戊己。然則亦有曆法也。其送死，有棺槨金銀衣裘，而無封樹喪服；近幸臣妾從死者，多至數千應作十。百人。舉事而候星月，月盛壯則攻戰，月虧則退兵。亦覺爽利。其攻戰，斬首虜賜一卮酒，而所得鹵獲因以予之，得人以爲奴婢。故其戰，人人自爲趣利，實良法，然中國必不可行。善爲誘兵以冒敵。冒，欺也。故其見敵則逐利，如烏之集；其困敗，則瓦解雲散矣。晝出情狀宛然。戰而扶輿死者，盡得死者家財。

後北服渾庾、屈射、丁靈、鬲昆、薪犂之國，前已叙東西南三路并呑，此復補出北路一面來，文密如此。於是匈奴貴人大臣皆服，以冒頓單于爲賢。作一大結穴。

故摘其要者，以見大凡，而餘則略之。

5匈奴本無城郭都邑，惟逐水草課人畜爲富彊，故其法簡善可行。若明季闖、獻二賊，驅烏合之衆，横行天下，戰則克，攻則破，亦不過得其人人自爲趨利一法及烏集瓦解行徑耳。及據城奸位，則坐困而立摧矣。故匈奴之彊，亦第可彊於匈奴，非其法之果善也。

衛霍列傳

元狩四年春，上令大將軍青、驃騎將軍去病將各五萬騎[1]，總提。步兵轉者踵軍數十萬，轉輸糧糗輜重者。而敢力戰深入之士皆屬驃騎。務欲令去病成不世之功，當時非明有此令，乃史公特筆也。驃騎始爲出定襄，當單于。不令大將軍當單于，而委曲徙部，務令去病成不世之功。捕虜言單于東，乃更令驃騎出代郡，令大將軍出定襄，郎中令爲前將軍，太僕爲左將軍，李廣、公孫賀不書名，亦偶然。或謂諱之，不必。主爵趙食其爲右將軍，平陽侯襄爲後將軍，皆屬大將軍。兵即度幕，一往深入。人馬凡五萬騎，重提明畫。與驃騎等咸擊匈奴單于。[2]穿筆。趙信漢將亡降匈奴者。爲單于謀曰：『漢兵既度幕，人馬罷，匈奴可坐收虜耳。』乃悉遠北其輜重，皆以精兵待幕北。而適值大將軍軍出塞千餘里，見單于兵陳而待，始固欲去病當單于，而大將軍偏又當之。用『適值』二字妙，蓋出於武帝意外也。於是大將軍令武剛車自環爲營，而縱五千騎往當單于。匈奴亦縱可萬騎。會日且入，一路逐節詳寫，精神百倍。大風起，沙礫擊面，兩軍不相見，此時已苦戰良久。漢益縱左右翼繞單于。單于視漢兵多，而士馬尚彊，戰而匈奴不利，應『士馬罷』句。薄暮，單于遂乘六贏，壯騎可數百，直冒漢圍西北馳去。第二節單

1以衛將軍、李廣相提而論，則抑衛而右李。以霍驃騎與衛青相提而論，則右衛而貶霍。史公筆補造化，卓識超空，迥非班、范所得夢見也。此段爲漢擊匈奴末後一著。

2大將軍深入窮追，戰功最烈，又且因糧於敵，使幕南積聚一空，又且單于跳身苟免，使其衆不知所在，漢威已極，此平城以後第一吐氣之功也。乃孝武以親幸驃騎之故，務欲其騰踔而駕青之上。因令其徙部代郡，獨當單于，又悉配以敢

戰深入之士。追單于適與青值，絕幕窮追，而驃騎反得以斬級搴旗之功，從容而收其利，因而菀枯勢異，顯晦頓殊，此亦絀伸之際，不得其平之極致也。史公偏於青之一戰，臚次極其詳盡，使千古以下，猶若身在行間，聞鼓鼙而搏髀者。於去病之功，悉削之不書，而惟以詔書代敘事，則炙手之勢，偏引重於王言，而裹革之忠，自銘勞於幕府。其輕其重，文人代握其權矣。不但寫景之工，開却唐人許多沙場佳句也。

于夜遁。時已昏，漢、匈奴相紛挐，殺傷大當。漢軍左校捕虜言單于未昏而去，第三節餘兵蹂躪。漢軍因發輕騎夜追之，大將軍軍因隨其後。匈奴兵亦散走。第四節乘勝窮追。遲明，行二百餘里，不得單于，第五節深入奏凱。頗捕斬首虜萬餘級，先束一筆，寫追亡逐北之雄。遂至寘顏山趙信城，得匈奴積粟食軍。軍留一日而還，悉燒其城餘粟以歸。直寫至此，功簿明晰，銖兩不遺。

大將軍之與單于會也，另提以補二將失道一案，蓋前專寫大將軍戰功，既不暇夾敘，而於事又不宜漏，故復出一段。而前將軍廣、右將軍食其軍別從東道，或失道，後擊單于。大將軍引還過幕南，乃得前將軍、右將軍。大將軍欲使使歸報，此語又爲青出脱，與李將軍傳不同。令長史簿責前將軍廣，廣自殺。右將軍至，下吏，贖爲庶人。大將軍軍入塞，凡斬捕首虜萬九千級。再總束一句，合寫出塞戰功，明畫之至。

是時匈奴衆失單于十餘日，寫至此，亦寫大將軍一戰之奇也，並非贅筆。右谷蠡王聞之，自立爲單于。單于後得其衆，右王乃去單于之號。

驃騎將軍亦將五萬騎，又重提，更明畫。車重與大將軍軍等，亦穿一筆。而無裨將。悉以李敢等爲大校，當裨將，出代、右北平千餘里，直左方兵，所斬捕功已多大將軍。只用一筆叙過，前極詳，此極略，而悉於詔書中叙出，虛實變化，巧妙絶人，亦開後人無限法門也。軍既還，天子曰：『驃騎將軍去病率師，躬將所獲葷粥之士，約輕齎，絶大幕，謂輕騎度沙漠。涉獲章渠，涉水得王章渠。以誅比車者3，轉擊左大將，斬獲旗鼓，歷涉離侯。三字山名。濟弓閭，獲屯頭王、韓王等三人，將軍、相國、當户、都尉八十三人，封狼居胥山，禪於姑衍，登臨翰海。三句言其絶遠。執鹵獲醜七萬有四百四十三級，至此方注明『所斬虜功已多大將軍』句。師率減什三，取食於敵，逴行殊遠而糧不絶，4古雅可誦。以五千八百户益封驃騎將軍。』驃騎至此凡五益封矣。右北平太守路博德以下歷叙裨將封賞，愈覺炙手可熱。屬驃騎將軍，會與城，不失期，從至檮余山，斬首捕虜二千七百級，以千六百户封博德爲符離侯。北地都尉邢山從驃騎將軍段段點從驃騎，妙。獲王，以千二百户封山爲義陽侯。故歸義因淳王復陸支、樓專王伊即靬此二人匈奴降王。皆從驃騎將軍有功，以千三百户封復陸支爲壯侯，以千八百户封伊即靬爲衆利侯。從驃侯破奴、昌武侯安稽從驃騎有功，益封各三百户。校尉敢得旗鼓，爲關内侯，食邑二百户。校尉自爲爵大庶長。軍吏卒爲官，賞賜甚多。又虛攏一筆。而大將軍不得益封，軍吏卒皆無封侯者5。此處驃騎甚詳，大將軍極略，相對看，各

3比車者皆匈奴王號。

4『師率減什三』以下三句，叙去病方略最明浄健舉，謂簡練精卒十之七，不携斗糧，但掠食匈奴積聚，而孤軍深入，未嘗乏絶也。舊解謂師率減什三，指漢軍失亡之數少，恐與上下文勢不貫，不必從。

5叙功之狀繁而不殺，正史公筆力大處，若入後人手，必有許多芟除歸併之法，不古甚矣。然史公他文亦頗有可省處，惟此詔備載得體，一字不可去，須味之。

極其妙。兩軍之出塞，此傳外隻眼，史公自作特筆，更不關兩人之事。塞閱官及私馬凡十四萬匹，而復入塞者不滿三萬匹。頓令前文戰功烜赫，腦後一針，妙不可言。乃益置大司馬位，大將軍、驃騎將軍皆爲大司馬。定令，令驃騎將軍秩禄與大將軍等。並爲大司馬，又別定功令，班其禄秩，孝武著意擡舉如此。自是之後，大將軍青日退，而驃騎日益貴。舉大將軍故人門下多去事驃騎，二句附見，亦傳外傳也。輒得官爵，惟任安不肯。

驃騎將軍爲人以下分置品題，不滿驃騎之意固多，然亦終不肯過許衛青。是史公一片之心痛惜李廣處。少言不泄，有氣敢任。天子嘗欲教之孫、吴兵法，對曰：『顧方略何如耳，不至學古兵法。』天子爲治第，令驃騎視之，對曰：『匈奴未滅，無以家爲也。』由此上益重愛之。然少而侍中，此段痛貶，正與李將軍傳仁愛士卒處一一對看。貴，不省士。其從軍，天子爲遣太官齎數十乘，既還，重車餘棄粱肉，而士有飢者。其在塞外，卒乏糧，或不能自振，而驃騎尚穿域蹋鞠。事多此類。如此爲將，鮮不覆敗者，而驃騎竟成大功，即前所云適有天幸也。史公文字彼此互相發明，非偶爾著筆。大將軍爲人仁善退讓，以和柔自媚於上，青爲人實然，原非過抑。然天下未有稱也6。

6驃騎方略殊壯而不恤士卒，衛青仁善退讓而節概鮮聞，二人貴極一時，功冠西漢，而品則如此，則漢之風尚可知矣。爲二人傳，故不得不敘述平生，然敘於菀枯分勢之後，則深有意焉，不僅以簡筆了之。

衛、霍一傳，叙伐胡功烈屢矣，莫奇於元狩四年之役。兩軍分出，彼此各叙，而虚實詳略，一一對針，極盡筆力之奇，無一毫零贅也。楊升庵云：自『日且入』至『行二百餘里』寫得如畫。唐詩『胡沙獵獵吹人面，漢虜相逢不相見』，又『月黑雁飛高，單于夜遁逃。欲將輕騎逐，大雪滿弓刀』，皆用此事，實千秋之絶調也。

司馬相如列傳

司馬相如者，蜀郡成都人也，字長卿[1]。少時好讀書，學擊劍，故其親名之曰犬子。豈以讀書、擊劍爲賤伎而被以惡名耶？小處不甚了了，故妙。相如既學，慕藺相如之爲人，更名相如。慕之而生平無一相似，故奇。以貲爲郎，事孝景帝，爲武騎常侍，非其好也。與篇首『好』字反應。會景帝不好辭賦，二句亦倒裝法。是時梁孝王來朝，從游説之士齊人鄒陽、淮陰枚乘、自是詞人氣類。吴莊忌夫子之徒，相如見而説之，因病免，客游梁。梁孝王令與諸生同舍，相如得與諸生游士居，數歲，乃著《子虚之賦》[2]。可見古人作一傳文，必有許多耳濡目染之助。

會梁孝王卒，相如歸，而家貧，無以自業。素與臨邛令王吉相善，吉曰：『長卿久宦游不遂，而來過我。』此平日久要之言，淡而有情味，不知史公如何摹得出來。於是相如往，舍都亭。臨邛令繆爲恭敬，日往朝相如。胸中有一段事在。相如初尚見之，後稱病，使從者謝吉，吉愈益謹肅。從此以下悉是相知之謀，直叙得妙。臨邛中多富人，陡接，妙。而卓王孫家僮八百人，程鄭亦數百人，二人乃相謂曰：富人眼熱，不覺墮計。『令有貴客，爲具召之。』并召令。令既至，卓氏客以百數。至日中，謁司馬長卿，

1 司馬相如迎合孝武之意，開邊病民，以遂自己晝錦題橋之樂，其人殊不足取，但爲詞人之魁傑。而前半叙文君事絶爲神品，則真未可廢也。

2 捨官而作游客，是擊劍讀書之胚胎。

長卿謝病不能往，作態本極可厭，以有琴心一韻事，則涎臉皆佳。臨邛令不敢嘗食，自往迎相如。相如不得已，彊往，一坐盡傾。富人筵中，豈有韻客？傾者，爲令而傾，非爲相如而傾也。酒酣，臨邛令前奏琴曰：『竊聞長卿好之，願以自娱。』相如辭謝，爲鼓一再行。極意作態，憨韻俱有。是時卓王孫有女文君新寡，好音，故相如繆與令相重，而以琴心挑之。倒轉前『繆爲恭敬』句，可知此番作用，本出相如主謀。相如之臨邛，從車騎，雍容閒雅甚都；前既以琴心感文君，又補此句，不過以車騎動富人也，筆極周匝。及飲卓氏，弄琴，文君竊從户窺之，心悦而好之，恐不得當也。寫文君心曲，妙。既罷，相如乃使人重賜文君侍者通殷勤。至此即不復用繆態矣。文君夜亡奔相如，3真乃雄警女子，非可妄訾。相如乃與馳歸成都。家居徒四壁立。卓王孫大怒曰：『女至不材，我不忍殺，不分一錢也。』以如許之事，而乃名節不足論，惟以分錢爲斤斤，真富人語，笑柄不小。人或謂王孫，王孫終不聽。文君久之不樂，曰：苦境實難捱，非自咎其相從之孟浪也。玩『久之』二字，甚妙。『長卿第俱如臨邛，從昆弟假貸猶足爲生，何至自苦如此！』相如與俱之臨邛，盡賣其車騎，買一酒舍酤酒，而令文君當鑪。相如身自著犢鼻褌，與保庸雜作，滌器於市中。藏過一段計謀，只以實筆寫出，而千古以下，無不知其爲詭詐，故奇。卓王孫聞而

3以相如之才，且又令客，車騎雍容，亦久爲富人所屬目，則以令爲蹇修，文君不患不歸相如矣。而乃必挑以琴心，奔於亡命，何哉？蓋相如、文君，千古之佳儷也，使以令爲媒，以勢相合，以利相隨，則亦賈兒販婦之常徑耳，何以見兩人之自具錦心、自留青眼乎？彼挑此奔，所以明此段風流絶不緣勢利作合耳。 君王后之識法章，紅拂之識李藥師，皆是一腔雄警心事，雖不得爲正，而亦胡可浪訾？史公娓娓寫之，固欲

傳其奇耳，豈以著其醜哉！具隻眼者，須別有識以處此。

4相如文賦皆可單行，附於傳，恐讀之不能終篇也。若史公之傳相如則止此而已，故删録之。

5已上撮《子虚賦》大旨於前。

耻之，爲杜門不出。又中計。昆弟諸公更謂王孫曰：『有一男兩女，所不足者非財也。先説破就裏，此子善説富人。今文君已失身於司馬長卿，長卿故倦游，雖貧，其人材足依也，此非富人所知，故只輕帶，急歸重『令客』，妙。且又令客，獨奈何相辱如此！』卓王孫不得已，富人出手不易。分予文君僮百人，錢百萬，及其嫁時衣被財物。文君乃與相如歸成都，買田宅，爲富人。

居久之，蜀人楊得意爲狗監，侍上。上讀《子虚賦》而善之，曰：『吾獨不得與此人同時哉！』倒應景帝不好詞賦。得意曰：『臣邑人司馬相如自言爲此賦。』上驚，乃召問相如。千古第一遭逢。相如曰：『有是。然此乃諸侯之事，未足觀也。請爲天子游獵賦，即後半篇無是公所云。賦成奏之。』上許，令尚書給筆札4。相如以『子虚』，虚言也，爲楚稱；開千古文人滑稽之祖。『烏有先生』者，烏有此事也，爲齊難；『無是公』者，無是人也，明天子之義。故空藉此三人爲辭，以推天子諸侯之苑囿。其卒章歸之於節儉，因以風諫5。奏之天子，天子大説。

淮南列傳

淮南王削地之後，其爲反謀益甚。諸使道從長安來，爲妄妖言，言上無男、漢不治，即喜；即言漢廷治，有男，王怒，以爲妄言、非也。描畫愚騃人入骨，真妙筆。王日夜與伍被、左吳等案《輿地圖》1，此處明插伍被，而後文多伍被美詞，可見前是考竟之辭，後乃伍被文致之語。部署兵所從入。王曰：『上無太子，宮車即晏駕，廷臣必徵膠東王，不即常山王，諸侯並爭，吾可以無備乎！詞亦蘊藉。且吾高祖孫，親行仁義，以行仁義而必欲奸天位，小人有所爲而爲之，往往有此口吻。陛下遇我厚，吾能忍之；萬世之後，吾寧能北面事豎子乎？』

王坐東宮，召伍被與謀，曰：『將軍上。』欲與促膝深談。被悵然曰：『上寬赦大王，賜几杖事在前。王復安得此亡國之語乎！臣聞子胥諫吳王，吳王不用，乃曰「臣今見麋鹿游姑蘇之臺也」。今臣亦見宮中生荆棘，露霑衣也。』伍被誠見及此，何故終不能自持，故未可信。王怒，繫伍被父母，囚之三月。復召曰：『將軍許寡人乎？』被曰：『不，直來爲大王畫耳！又順其勢而隱奪之。臣聞聰者聽於無聲，被言直是一篇《王命論》，好體制。明者見於未形，故聖人萬舉萬全。所謂來謀者，謀萬全也。此是正答。

1淮南既禽，詞連伍被，上以被雅詞多稱引漢之美，欲寬赦之，爲張湯所爭，而并及於戮。則可見伍被諫淮南前後言語，并得上聞矣。此等言語，所謂秘謀間説也，誰爲籍紀者？殆伍被對簿漢廷，自述其始終條對之詳，以規免脱耳。迹其徵引往事，具見巔末，『逆天而不知時』一語，亦卓識不磨。然其知之既明，何故又依違隱忍，而卒爲畫僥幸之謀以自取族誅之慘？是猩猩嗜酒，其貪昧冥頑，反甚於不知其勢而妄圖之者矣。被之人與言俱不足取，而文義斐然，理暢而氣古，比於莽大夫之《劇秦美新》，不啻駕之倍蓰，故録之。

昔文王一動而功顯於千世，列爲三代，此所謂因天心以動作者也，已上似論冒。故海内不期而隨。此千歲之可見者。夫百年之秦，近世之吴、楚，亦足以喻國家之存亡矣。『千歲』『百年』『近世』，累累説下，若入後人手，不排則冗矣。臣不敢避子胥之誅，仍跟前説，亦密。願大王毋爲吴王之聽。已上似提段。昔秦絶先王之道，以下三段，承『百年之秦』言之。殺術士，燔《詩》《書》，棄禮義，尚詐力，任刑罰，轉負海之粟致之西河。東南輓漕以給西北。當是之時，男子疾耕不足於糟糠，女子紡績不足於蓋形。此句中已含欲爲亂者十之三四矣。古文以明暗互見爲變化者甚多。遣蒙恬築長城，東西數千里，暴兵露師常數十萬，死者不可勝數，僵尸千里，流血頃畝，百姓力竭，欲爲亂者十家而五。五六七三段，極整齊，又極排宕。又使徐福入海求神異物，還爲僞辭曰：「臣見海中大神，言曰：凡欲動人之聽者，必雜以恢宏曼衍之辭，此最得縱横遺習。『汝西皇之使耶？』臣答曰：『然。』『汝何求？』曰：『願請延年益壽藥。』神曰：『汝秦王之禮薄，得觀而不得取。』蓬萊仙子竟似貨藥馬醫，可笑極矣。即從臣東南至蓬萊山，見芝成宫闕。若並不得觀，則望遂絶矣。餌得妙。有使者銅色而龍形，光上照天。幻絶。《封禪書》所未見。於是臣再拜問曰：『宜何資以獻？』海神曰：『以令名男子若振女即童男女，振與侲同。與百工之事，即得之矣。』」試問神仙何所資於人間百工之事？愚弄至此而不悟，蓋其蔽之者深矣。秦皇帝大悦，遣振男女三千人，資之五穀種種百工而行。徐福得平原廣澤，止王不來。即今之日本國。於是百姓悲痛相思，欲爲亂者十家而六。又使尉佗逾五嶺攻百越。尉佗知中國勞極，止王不來，中國鼎沸，偏是化外之人得恣其欲。使人上書，求女無夫家者三萬人，以爲士卒衣補。秦皇帝可其萬五千人。於是百姓離心瓦解，欲爲亂者十家而七。先是力竭，繼是悲思，終於瓦解，層次井然。客謂高皇帝曰：「時可矣！」陡接。高皇帝曰：「待之，聖人當起東南間。」但以首難者爲聖人，非質言也。不一年，陳勝、吴廣發矣。高皇始於豐沛，一倡天下不期而響應者不可勝數也。此所謂蹈瑕候間，四字立論之本。因秦之亡而動者也。百姓願之，若旱之望雨，故起於行陳之中而立爲天子，功高三王，德傳無窮。今大王見高皇帝得天下之易也，勘破隱衷，妙。獨不觀近世之吴、楚乎[2]？折落近世之吴、楚，其語猶夷恣肆而秩然整齊。夫吴王賜號爲劉氏祭酒，復不朝，王四郡之衆，地方數千里，内鑄銷銅以爲錢，東煮海水以爲鹽，上取江陵木以爲船，言畔者本領絶大，而非時終不能成功。一船之載當中國數十兩車，國富民衆。行珠玉金帛賂諸侯宗室大臣，獨竇氏不與。以竇嬰爲將擊吴、楚

2 漢高祖以匹夫得天下，而其子孫往往效尤。明高祖亦以匹夫得天下，而文皇靖難，喋血家門，因而逆藩作逆者亦接踵而起。原其意，皆見前人得之之易也。然亦何不并觀於前人覆敗之酷乎？伍被引高帝之易，折入吴、楚，此實有功世道不淺。

故。計定謀成，舉兵而西。破於大梁，敗於狐父，奔走而東，至於丹徒，越人禽之，身死絶祀，爲天下笑。寫得前如屯雲之集，後如落葉之掃，令人索然意消。夫以吳、越之衆，不能成功者何？誠逆天道而不知時也。『逆天』是正論，但就時勢上説，已失之矣。方今大王之兵衆不能十分吳、楚之一，天下安寧有萬倍於秦之時，願大王從臣之計。略用一頓，即疾轉，好筆力。大王不從臣之計，今見大王事必不成而語先泄也。此中大有鈐束之妙。臣聞微子過故國而悲，於是作《麥秀》之歌，亦暗與『宮中生荆棘，露沾衣』語遥作關會。是痛紂之不用王子比干也。故《孟子》曰：「紂貴爲天子，死曾不若匹夫。」是紂先自絶於天下久矣，非死之日而天下去之。隱括『聞誅一夫紂矣』之意而不襲其辭。今臣亦竊悲大王棄千乘之君，必且賜絶命之書，爲群臣先，死於東宮也。』3 直以獨夫紂指斥王，可謂犯顔敢諫之至矣。卒爲畫僥幸之計何也？於是王氣怨結而不揚，涕滿匡而横流，即起，歷階而去4。

君子讀伍被折淮南反謀之言，而嘆見幾之宜審，赴義之不可以不決也。夫被而非智者則已，被誠智者，則宮中麋鹿，已成爲沼之憂；故國黍禾，業隕沾襟之涕。持之過急，勢不過誅；狎之既深，氣將見奪。天下豈有父母縶於王宮，密畫需之半載，而猶不虞泄機謀於道

3 人臣無將，將則必誅。爲人臣子，位忝親藩乃不思維城鞏固之忠，而出於覬覦非分之計，其心之逆，固已難逭。伍被但爲計算成敗，而絶不與較論是非，便非純臣之節矣。其終與之同陷於大戮也，不亦宜乎？

4 楚靈王聞子革誦《祈招》之詩，饋不食，寢不寐，卒不能自克，以及於難。淮南王聞伍被之言，氣怨結而涕滿匡，可謂深感矣，而卒亦終不免於叛逆者，甚矣邪心之難格也。故孟子論大人以格君心之非爲主。

路，啓猜釁於漢廷者哉？淮南之亡，翹足可待。乃被猶依違兩可，卒爲首謀者，不過刀鋸當前，冀賒旦夕之死；事幸可成，則依日月之末光，固堪化家爲國。即不成，亦欲藉此兩番苦口，爲免脱之緣耳。見幾不審，赴義不决，卒傾廟社，並陷身家，於乎惜哉！

卷六

汲鄭列傳

汲黯字長孺，濮陽人也[1]。衛地，爲下句引。其先有寵於古之衛君。無意著此語，亦爲戇直者反面襯映。至黯七世，世爲卿大夫。黯以父任，門蔭中有此人，故奇。孝景時爲太子洗馬，以莊見憚。武帝爲太子時，知黯已久。孝景帝崩，太子即位，黯爲謁者。東越相攻，上使黯往視之。兩使黯往視，實非其任，而黯不辭，意固欲相機尋事，出其囊中之穎也。不至，至吴而還，報曰：『越人相攻，固其俗然，不足以辱天子之使。』出使半道廢命而還，雖曰持大體，然亦見漢法寬厚，迥非後世所及。河内失火，延燒千餘家，上使黯往視之，還報曰：『家人失火，屋比延燒，不足憂也。兩『不足』字，皆爲朝廷占地步。然何不於奉命之時言之，故知尋事見才，是其本意。臣過河南，河南貧人傷水旱萬餘家，或父子相食，臣謹以便宜，持節發河南倉粟以振貧民。臣請歸節，伏矯詔之罪。』數語簡盡，足抵一篇奏疏，黯非一味率直者也。上賢而釋之，武帝大過人。遷爲滎陽令。黯耻爲令，病歸田里。上聞，乃召拜爲中大夫。畢竟於爲太子時知之有素，故惓惓如此。以數切諫，不得

1 汲長孺，武帝朝第一直臣而不相；李將軍，武帝朝第一名將而不得侯。史公蓋深惜之，故兩傳皆用零零碎碎寫法，鬚眉畢著，性情皆活。然黯之爲人，幾於至誠動物，忌之者不能傷，驕之者不能折，愛之者不能私，短之者不能損，危言危行，如蹈康莊，真西漢第一流人物也。

久留内，遷爲東海太守。黯學黄老之言，治官理民，好清靜，擇丞史而任之。其治，責大指而已，不苛小。此等自是大臣宰相局量，史公以爲學黄老所致，此西漢人習氣，須分別論之。黯多病，卧閨閤内不出。歲餘，東海大治。稱之。[2]此豈談清净者所能爲。上聞，召以爲主爵都尉，列於九卿。治務在無爲而已，弘大體，不拘文法。即以治郡者治天下，古大臣原無兩副本領。

黯爲人性倨，少禮，面折，不能容人之過。合己者善待之，不合己者不能忍見，此段總叙其性情，須相筆尖轉動之處，裊裊如游絲欲墜。士亦以此不附焉。此『亦以』是一層。然好學，游俠，篇中用『然』字轉處，俱健絶。任氣節，内行脩潔，好直諫，數犯主之顔色，常慕傅柏、袁盎之爲人也。宕筆多姿。善灌夫、鄭當時及宗正劉棄。數人皆有一節類黯耳。亦以數直諫，不得久居位。此『亦以』又一層。

當是時，太后弟武安侯蚡爲丞相，此段證實性倨少禮。中二千石來拜謁，蚡不爲禮。然黯見蚡未嘗拜，常揖之。具畫意。天子方招文學儒者，上曰吾欲云云，寫生手。黯對曰：『陛下内多欲而外施仁義，奈何欲效唐、虞之治乎！』[3]此段證實直諫犯顔。上默然，怒，變色而罷朝。公卿皆爲黯懼。點染法。上退，謂左右曰：『甚矣，

2切直人能以清靜無爲之本領，所以爲賢。若刻礉以濟其直，則不惟病國，亦必禍身矣。然吾謂黯之賢，誠爲體，清靜爲用，此正仲弓所謂『居敬行簡』者也。子長雄於文，而樂言黄老，其見地固不無少偏者，須論世者自得之。

3武帝『多欲』一著乃其隱微深痼之病，其四十餘年之間，開邊榷貨，封禪求仙，無數敝政，皆此二字爲之根。忽然被黯一言指破，實乃慚悚不遑，故但怒其戇而不能罷。至於徘

徊顧嘆，終不得不以『社稷臣』目之。史公於面折犯顔之下，特寫一段帝之愛，一段帝之敬，煞有深意存焉。

汲黯之戇也！』一字定評。群臣或數黯，黯曰：『天子置公卿輔弼之臣，寧令從諛承意，陷主於不義乎？且已在其位，縱愛身，奈辱朝廷何！』借點語特爲『戇』字作注脚，蓋武帝『戇』字之評，褒貶雙合，非直少黯也。

黯多病，病且滿三月，上常賜告者數，終不愈。此段寫上之愛黯。最後病，莊助爲請告。上曰：『汲黯何如人哉？』中有主見，問以决之，玩下『然』字，悠然神往。助曰：『使黯任職居官，無以逾人。然至其輔少主，此一事。守城深堅，此又一事。招之不來，麾之不去，總承上二句。雖自謂賁、育亦不能奪之矣。』數語皆信於其未然，可謂知己矣。上曰：『然。古有社稷之臣，至如黯，近之矣。』武帝朝多才，獨以『社稷臣』許黯，可思。

大將軍青侍中，此段寫上之敬黯。上踞厠而視之。丞相弘燕見，上或時不冠。至如黯見，上不冠不見也。總寫一筆。上嘗坐武帳中，又撮一事以實之，零星入妙。黯前奏事，上不冠，望見黯，避帳中，使人可其奏。其見敬禮如此。

張湯方以更定律令爲廷尉，黯數質責湯於上前，曰：此段證實面折不能容人之過。『公爲正卿，上不能褒先帝之功業，下不能抑天下之邪心，安國富民，使囹圄空虚，二者無一焉。其言甚正，其識甚偉，足令老奸心死。非苦就行，放析就功，何乃取高皇帝約束紛更之爲？詰得無致辯處。公以此無種矣。』4毒罵妙。然小人不敢仇，非至誠動物者不能。黯時與湯論議，湯辯常在文深小苛，黯伉厲守高不能屈，忿發罵曰：意匠經營，化工肖物，千載而下，如聞其聲。『天下謂刀筆吏不可以爲公卿，果然。必湯也，令天下重足而立，側目而視矣！』

是時，漢方征匈奴，招懷四夷。黯務少事，此真武帝朝清涼散，如果相黯，爲四海造福遠矣。承上間，常言與胡和親，無起兵。上方向儒術，尊公孫弘。及事益多，吏民巧弄。上分別文法，湯等數奏決讞以幸。前後只歸重律令一事。而黯常毀儒，面觸弘等徒懷詐飾智以阿人主取容，而刀筆吏專深文巧詆，陷人於罪，隱括處亦極精彩。使不得反其真，以勝爲功。妙語可入典謨。上愈益貴弘、湯，不情得妙，不如此，不足見黯之積誠動物。弘、湯深心疾黯，惟天子亦不説也，欲誅之以事。寫弘意中事，狠甚。弘爲丞相，乃上言曰：『右内史界部中多貴人宗室，難治，非素重臣不能任，以譽之爲陷之，千古小人害君子多用此術。請徙黯爲右内史。』爲右内史數歲，官事不廢。只如此妙。

大將軍青既益尊，姊爲皇后，然黯與亢禮。人或説黯曰：『自天子欲群臣下大將軍，大將軍尊重益貴，君不可以不拜。』黯曰：『夫以大將軍有揖客，反不重

4黯一生與張湯牴牾，篇中凡三叙責湯之言，其意前後相足，不甚歧異，大概以刀筆吏深文周内，紛改舊章爲恨。按秦法創於商鞅，重於李斯。漢悉除去苛法，蕭何定爲二十二篇，曹參守之不失，蓋民之去湯火而濯清涼者，歷高、惠、文、景四朝而始有勝殘去殺之意。自湯一出而紛紛舞亂，嗣是而蒼鷹、屠伯鼓牙而興，糜爛其民，又甚於亡秦之世，則皆湯作之俑也。作俑無後，天理固宜，『無種』之言，豈爲過哉？

然湯子安世竟以名德見稱，高官顯爵，赫奕有加。所謂天道，是耶非耶？史公於黯責湯之言，再三寫之，繁而不殺，其所感者深矣。殺運既開，雖聖人復起，未如之何。存黯之論，所以爲萬世計也。

耶？』善爲大將軍地。大將軍聞，愈賢黯，數請問國家朝廷所疑，遇黯過於平生。此豈武夫所能，青於此稍有大臣之度。

淮南王謀反，憚黯，曰：『好直諫，守節死義，難惑以非。直諫守節之臣，能令逆臣忌憚，故奇，豈必赳赳武夫而後爲公侯干城哉！至如説承相弘，如發蒙振落耳。』

天子既數征匈奴有功，黯之言益不用。

始黯列爲九卿，而公孫弘、張湯爲小吏。及弘、湯稍益貴，與黯同位，逐步寫來，咄咄逼人，與李廣傳同一機局。黯又非毁弘、湯等。已而弘至丞相，封爲侯；湯至御史大夫；此爲三公，正位極人臣矣。故黯時丞相史皆與黯同列，又加擱一筆。或尊用過之。益妙。黯褊心，不能無少望，善寫人肺腑間事。見上，前言曰：『陛下用群臣如積薪耳，後來者居上。』巧中帶戇，非黯不能道。上默然。有間畫得盡致。黯罷，上曰：『人果不可以無學，觀黯之言也日益甚。』學爲諂媚耶？評得不情而有態。

居無何，匈奴渾邪王率衆來降，漢發車二萬乘。縣官無錢，從民貰馬。民或匿馬，馬不具。上怒，欲斬長安令。怒得無理。黯曰：『長安令無罪，獨斬黯，民乃肯出馬。激得更無理，故妙。且匈奴畔其主而降漢，妙得《春秋》之旨。漢徐以縣次傳之，其持大體猶前也。何至令天下騷動，罷敝中國而以事夷狄之人乎！』上嘿然。數寫嘿然，俱妙。及渾邪至，賈人與市者，坐當死者五百餘人。漢法，擅以中國貨物闌出關外通互市者，棄市。黯請間，見高門，曰：『夫匈奴攻當路塞，絶和親，其罪如此。中國興兵誅之，死傷者不可勝計，其爲中國患又如彼。而費以巨萬百數。臣愚以爲陛下得胡人皆以爲奴婢，以賜從軍死事者家；所鹵獲，因予之：處分妙絶。以謝天下之苦，塞百姓之心。大義正法，不復有道及者。今縱不能，渾邪率數萬之衆來降，虚府庫賞賜，發良民侍養，譬若奉驕子。5說得短氣，又說得傷心。愚民安知市買長安中物而文吏繩以爲闌出財物于邊關乎？仍是痛詆刀筆吏口吻。陛下縱不能得匈奴之資以謝天下，又以微文殺無知者五百餘人，是所謂「庇其葉而傷其枝」者也，臣竊爲陛下不取也。』6還回上意而收之，章法極不草草。上嘿然，不許，『嘿然』者，深動心於黯之論，因自咎而不許論誅互市之人也。曰：『吾久不聞汲黯之言，今又復妄發矣。』後數月，黯坐小法，會赦免官。於是黯隱於田園。

居數年，會更五銖錢，民多盜鑄錢，楚地尤甚。上以爲淮陽楚地之郊，乃召拜黯爲淮陽太守。黯，名巨也，小過免之，過矣。至遇盤根錯節，則終思利器。武帝之用人，不亦末

5『譬若奉驕子』一語，自漢以來，直至趙宋，無不如此。千秋短氣之事，發端者，劉敬也；摘破者，汲長孺也。是古今一大關捩也。

6以上争律令，此二段争邊功，黯之深心大識，一生只惓惓此二事。然漢廷群在夢熟時，雖振臂疾呼，無益也。

7黯傳畢矣。治淮陽不過『如故』二字盡之，史公偏於受詔之時、去國之際，極力寫出其一腔忠誠惻怛之意，蓬勃忼慨，生氣凜然。其意中固以黯爲第一流人物，須以第一副筆墨寫之。或謂實政少而文章不能生色者，豈非妄哉！

乎？黯伏謝不受印，詔數彊予，然後奉詔。詔召見黯，寫得侘傺，而文清剛。黯爲上泣曰：『臣自以爲填溝壑，不復見陛下，不意陛下復收用之。臣常有狗馬病，力不能任郡事。臣願爲中郎，出入禁闥，補過拾遺，臣之願也。』薑桂之性愈辣，葵藿之心不移，老臣心地，以安社稷爲悦者，如趙鼎過嶺出涕，同一副本領也，不得以前恥爲令意例看之。上曰：『君薄淮陽耶？吾今召君矣。帝雖不情，然其待黯亦未嘗不厚。顧淮陽吏民不相得，吾徒得君之重，臥而治之。』黯既辭行，過大行李息，曰：老臣去國如此，所以爲社稷臣。『黯棄居郡，不得與朝廷議也。然御史大夫張湯暢發張湯巧佞之隱，真如燃犀照渚，百怪惶惑。湯縱不能害黯，黯則必將誅湯，如有明嚴相之於椒山，其勢固不兩立，此帝之所以必欲出黯於外也。智足以拒諫，詐足以飾非，務巧佞之語，辯數之辭，非肯正爲天下言，專阿主意。主意所不欲，因而毀之；主意所欲，因而譽之。好興事，舞文法，內懷詐以御主心，外挾賊吏以爲威重。公列九卿，不早言之，公與之俱受其僇矣。』7息畏湯，終不敢言。黯居郡如故治，淮陽政清。寫出行所無事，簡而妙。後張湯果敗，上聞黯與息言，抵息罪。令黯以諸侯相秩居淮陽。七歲而卒。帝之重黯極矣，然終不樂近之，惟其多欲故也。

卒後，上以黯故，官其弟汲仁至九卿，子汲偃至諸侯相。黯姑姊子司馬安亦少與黯爲太子洗馬。安文深，巧善宦，與黯相反，激射得奇。官四至九卿，以河南太守卒。昆弟以安故，同時至二千石者十人。濮陽段宏特點『濮陽』字，與篇首應。始事蓋侯信，信任宏，宏亦再至九卿。然衛人仕者皆嚴憚汲黯，出其下。[8]總一句收得有味外味。

鄭當時者，字莊，陳人也。其先鄭君嘗爲項籍將；黯與當時爲人相似處甚少，各引其先一人，又各與本人不類，俱文章羅紋之妙。籍死，已而屬漢。高祖令諸故項籍臣名籍，鄭君獨不奉詔。詔盡拜名籍者爲大夫，而逐鄭君。鄭君古之節烈士，而史公不著其名，不爲立傳，所以爲輕節義而重奸雄。鄭君死孝文時。

鄭莊以任俠自喜，脱張羽於厄，實寫一士於前。聲聞梁、楚之間。孝景時，爲太子舍人。每五日洗沐，常置驛馬長安諸郊，存諸故人，請謝賓客，夜以繼日，至其明旦，常恐不遍。此事亦後世所難行，莊之好客，自是任俠自喜故態。莊好黄老之言，特插此語，爲與汲黯同也。其慕長者如恐不見。年少官薄，然其游知交皆其大父行天下有名之士也。極寫得士之盛。武帝立，莊稍遷爲魯中尉、濟南太守、江都相，至九卿爲

8 篇首既云『濮陽人』，又云『其先有寵於古之衛君』，至篇末遂牽連衛人仕宦者，而以『皆嚴憚汲黯，出其下』結之。史公作文，雖閑句冷字，無一處無著落如此。

9 鄭當時傳只極寫其愛士好客，然通體皆用虚寫，獨以脱張羽於厄一事起，以任人賓客逋負貽累一事終，其成其敗，皆以客之故也。則當其廷議田、竇一事時，始是魏其，後不能堅對，則以竇嬰、灌夫亦好客之甚者，故氣類有以感之，不必實爲骨鯁之論也。故於廷議受貶既甚略，而後復以『趨和承意，不敢引當否』言之，而惟極嘆其愛士真切。蓋古人雖臨文愛賞極意處，終不肯妄許一字也如此！千古稱良史才，斷非偶然。

右内史。綜叙生平歷任官閥，别是一格，可爲權式。以武安侯、魏其時議，貶秩爲詹事，此當時骨鯁處，却寫得極略，以全傳不重此也。遷爲大農令。9

莊爲大吏，誡門下：『客至，無貴賤無留門者。』執賓主之禮，以其貴下人。莊廉，又不治其産業，仰奉賜以給諸公。尤難在此。然其饋遺人，不過算器食。以竹器貯食物，儉之至也。每朝，候上之間，説未嘗不言天下之長者。總只一意變化出來。其推轂士及官屬丞史，兩頭二『言』字虚寫。誠有味其言之也，神往語，奇絶，有至味。常引以爲賢於己。即有味中紬繹出來。未嘗名吏，與官屬言，若恐傷之。已上極寫好客之誠。聞人之善言，進之上，惟恐後。山東士諸公以此翕然稱鄭莊。

鄭莊使視決河，自請治行五日。此段只引證『翕然稱』之實。上曰：『吾聞「鄭莊行，千里不齎糧」，此言其結客之多，到處有逢迎也。『莊』『糧』葉韻，蓋是時傳頌之語。請治行者何也？』然鄭莊在朝，常趨和承意，不敢甚引當否。此與黯相反處，然廷議獨與黯同，是魏其侯傳中偏不詳寫。古人作法，須看全局，不肯草草如此。及晚節，漢征匈奴，招四夷，天下費多，財用益匱。莊任人賓客爲大農僦人，多逋負。司馬安爲淮陽太守，發其事，莊以此陷罪，贖爲庶人10。頃之，守長史。上以爲老，以莊爲汝南太守。數歲，以官卒。以太守而卒，與黯同。

鄭莊、汲黯始列爲九卿，廉，内行脩潔。此兩人中廢，家貧，賓客益落。合寫二人相同處，發明合傳之意，大有感慨。及居郡，卒後家無餘資財。只用一句帶出贊語來。莊兄弟子孫以莊故，又一關鎖。至二千石六七人焉。

太史公曰[11]：夫以汲、鄭之賢，以傳外意作贊，别寓感欷。有勢則賓客十倍，無勢則否，況衆人乎！下邽翟公有言，始翟公爲廷尉，賓客闐門，及廢，門外可設雀羅。翟公復爲廷尉，賓客欲往，翟公乃大署其門曰：『一死一生，乃知交情。一貧一富，乃知交態。一貴一賤，交情乃見。』汲、鄭亦云，悲夫！

10 其廢亦以賓客之故累之，一意到底。

11 汲傳不及賓客盛衰，鄭傳亦惟篇末『賓客益落』一語。贊語自發生平太息之意，故横插翟公之言作案，實不專爲汲、鄭也。

酷吏列傳

孔子曰：『道之以政，齊之以刑，民免而無耻。道之以德，齊之以禮，有耻且格。』引孔、老兩家言起，以『德』字壓倒刑法，史公卓識。老氏稱：『上德不德，是以有德；下德不失德，是以無德。法令滋章，盜賊多有。』[1]在史公意，以『不德』爲清净無爲，以『不失德』爲科條詳備，而老子本旨又不盡然。太史公曰：信哉是言也！雙承孔、老之言而嘆之。法令者治之具，而非制治清濁之源也。卓識名言。昔天下之網嘗密矣，此指秦時言之。然奸僞萌起，其極也，上下相遁，即指鹿爲馬之禍，亦以法嚴令酷致之。至於不振。當是之時，吏治若救火揚沸，非武健嚴酷，惡能勝其任而愉快乎！[2]因網密而致奸多，因奸多而更立嚴法，其實無可奈何。史公顧若許其能靖亂者，亦反言之，以剔起漢興之效耳。言道德者，溺其職矣。故曰『聽訟，吾猶人也，必也使無訟乎』。『下士聞道大笑之』。非虚言也。仍以孔子之言結之，意重無訟之道，爲末世嗤笑，亦斷章取義。漢興，破觚而爲圜，斲雕而爲朴，網漏於吞舟之魚，此以高帝悉去秦苛法之時言之。而吏治烝烝，不至於奸，黎民乂安。由是觀之，在彼不在此。可見救火揚沸，亦終不在武健嚴酷，寓意深遠，咀嚼不盡。

高后時，酷吏獨有侯封，刻轢宗室，侵辱功臣。吕氏已敗，遂禽侯封之家。

1 西漢之初，多頌法黃、老之言，其與孔、孟之書醇駁固未暇辨也。起處所引《老子》『上德不德』云云，正所謂德其所德，而非吾所謂德者。今但約舉大旨，不必深解，即是解人。

2 武帝之用酷吏也，皆以爲能而任之，而酷吏又實有公廉彊幹之才。當武帝開邊括利之際用之，亦往往有成效。故借亡秦吏治武健嚴酷之風而贊其勝任愉快，此明是刺譏武帝本旨。下即以『由是觀之，在彼不在此』，纖明尚德之意，又隨引兩酷吏之被誅以爲炯戒。諷諫微情，盎然可掬，此極用意文字也。

孝景時，晁錯以刻深頗用術輔其資，而七國之亂，發怒於錯，錯卒以被戮。先寫兩個榜樣在前，重禽錯被戮處。其後有郅都、寧成之屬。

郅都者，楊人也。以郎事孝文帝。孝文仁主，都無所見才可知。孝景時，都爲中郎將，敢直諫，面折大臣於朝。慘酷本領，必附義理而行。嘗從入上林，賈姬如廁，野彘卒入廁。上目都，都不行。繪出木彊情狀。上欲自持兵救賈姬，都伏上前曰：『亡一姬復一姬進，天下所少寧賈姬等乎？其言固正，只是覺得不近情，便成慘礉之氣耳。陛下縱自輕，奈宗廟太后何！』立言又奸巧。上還，彘亦去。太后聞之，賜都金百斤，由此重郅都。

濟南瞯氏宗人三百餘家，豪猾，二千石莫能制，於是景帝乃拜都爲濟南太守。至則族滅瞯氏首惡，餘皆股栗。居歲餘，郡中不拾遺。旁十餘郡守畏都如大府。酷吏之效如此。

都爲人虛叙一段，足盡生平。勇，有氣力，公廉，不發私書，問遺無所受，請寄無所聽。常自稱曰：『已倍親而仕，身固當奉職死節官下，終不顧妻子矣。』清剛奉職，自是能臣；一念慘惡，遂成酷吏，顧用之何如耳。

3古語云『察見淵魚者不祥』，蓋天下之事每忌太盡，如郅都之爲人，公廉彊毅，直諫敢言，守節奉公，居邊御侮，固屬能臣之最。即其族滅豪宗，臨江對簿，亦分所應爲耳。只以一念酷烈，不近人情，遂致身膏刀鋸而天下快之。君子是以有『仁可過，義不可過』之言也。郅都蓋過於義者也。汲長孺及宋之包孝肅、明之海忠介，清彊峻厲處固有，而寬簡愛人，不務苛察，故爲賢耳。

郅都遷爲中尉。丞相條侯至貴倨也，而都揖丞相。都似汲黯處頗多，然在黯傳寫來俱可慕，此傳寫來俱可畏，筆妙如化工肖物也。是時民朴，畏罪自重，而都獨先嚴酷，致行法不避貴戚，列侯宗室見都側目而視，號曰『蒼鷹』。數句是其殺身罪狀。臨江王徵詣中尉府對簿，臨江王欲得刀筆爲書謝上，而都禁吏不予。都之立意，總之入其門者，不復放一綫生路而已。魏其侯使人以間與臨江王。臨江王既爲書謝上，因自殺。臨江王罪不致死，都殺之，適以自禍，亦天道使然。竇太后聞之，怒，以危法中都，已將殺之，却又少住，以盡其才，須看兩『中法』句呼應。都免歸家。孝景帝乃使使持節拜都爲雁門太守，而便道之官，得以便宜從事。匈奴素聞郅都節，居邊，爲引兵去，竟郅都死不近雁門。酷吏負邊才如此，亦豈易得哉！匈奴至爲偶人象郅都，令騎馳射，莫能中，見憚如此。極寫其威攝人。匈奴患之。竇太后乃竟中都以漢法。所中之法不明言，蓋都不必有可殺之罪，而一生實迹則無一念不足以殺其身耳。景帝曰：『都忠臣。』欲釋之。竇太后曰：『臨江王獨非忠臣耶？』於是遂斬郅都。3郅都斬。

寧成者，穰人也。以郎謁者事景帝。好氣，寧成只是『好氣』二字，做成一個酷吏。爲人小吏，必陵其長吏；爲人上，操下如束濕薪。猾賊任威。又足四字，好氣之所以濟其惡者也。稍遷至濟南都尉，而郅都爲守。串郅都。始前數都尉皆步入府，因吏謁守如縣令，其畏郅都如此。借襯法。及成往，直陵都出其上。好氣而敢陵人所不敢陵之人，乃見其酷。都素聞其聲，於是善遇，與結歡。能使都屈，亦非漫然使氣如灌夫之流。久之，郅都死，後長安左右宗室多暴犯法，於是上召寧成爲中尉，其治效郅都，其廉弗如，以串法寫，詳略俱有骨力。然宗室豪桀皆人人惴恐。

武帝即位，徙爲内史。外戚多毁成之短，從中尉内史得禍。抵罪髡鉗。甯成髡鉗，髡柑不足以蔽酷吏之辜也，故再寫一筆以志快，史公之意可見。是時九卿罪死即死，少被刑，而成極刑，自以爲不復收，於是解脱，詐刻傳出關歸家。是其猾賊作用。稱曰：『仕不至二千石，賈不至千萬，可比人乎！』與郅都所稱，相去遠矣。乃貰貸買陂田千餘頃，假貧民，役使數千家。又寫抵罪之後一番作用，猾賊任威之技乃盡。亦是文字逐段變化妙處。數年，會赦。致産數千金，爲任俠，持吏長短，出從數十騎。其使民威重於郡守。4爲小吏而陵上官，奇矣。至爲刑餘而威重過郡守，不更異乎？成之才亦實有過人者，未可深訾也。

周陽由者，其父趙兼以淮南舅父侯周陽，周陽，地名。故因姓周陽氏。由以宗

4寧成一生只是尚氣，篇中陵上操下，豪彊惴恐處雖極寫豪暴，然尚無糜爛其民之事也。爲吏者苟當驕侈之世而力矯其狂瀾，如子産惠人而猶謂『政莫如猛』，成亦何可厚非？故雖抵罪髡鉗，而猶得以素封，威重於世，有以也夫！

家任爲郎，宗家者，諸侯外戚之家。『任』與『蔭』同。事孝文及景帝。景帝時，由爲郡守。武帝即位，吏治尚循謹甚，先寫此筆，便定由罪案。然由居二千石中，最爲暴酷驕恣。『驕恣』字甚於『猾賊任威』，總寫其惡，不但絶異於郅都之公廉，亦殊遠於寧成之任俠。所愛者，撓法活之；所憎者，曲法誅滅之。所居郡，必夷其豪。爲守，視都尉如令。爲都尉，必陵太守，奪之治。加『奪之治』三字，便非僅好氣，好氣者不爲勢位所詘，奪權則罔上行私，何所不至！此所以終及於禍也。與汲黯俱爲忮，司馬安之文惡，俱在二千石列，同車未嘗敢均茵伏5。

由後爲河東都尉，時與其守勝屠公争權，相告言罪。勝屠公當抵罪，義不受刑，自殺，而由棄市。周陽由棄市。

自寧成、周陽由之後，忽總束一筆，文勢極變動。事益多，民巧法，大抵吏之治類多成、由等矣。至以群惡之罪歸之，即作俑無後之嘆也。

趙禹者，斄音臺。人。以佐史補中都官，用廉爲令史，禹稍廉平，獨以文深列於酷吏。事太尉亞夫。亞夫爲丞相，禹爲丞相史，府中皆稱其廉平。然亞夫弗任，曰：『極知禹無害，然文深，不可以居大府。』亞夫有大臣識略，正與汲黯斥張湯意同。今上時，禹

5汲黯廷折張湯處亦類於忮，然疾惡耳，非争權也，奈何與周陽由并論？史公往往有文外支節不大了了處。又舊注以『未嘗敢均茵伏』句總承汲黯、司馬安，非是。言與汲黯俱爲忮害，雖以司馬安之文惡，然且同列而不敢亢禮也。

6趙禹能識田仁、任安於微賤之中，亦賢大夫也。徒以文深爲酷吏，須看『與張湯定律』、『用法益刻自此始』數句，可見以三寸管釀禍無窮，正與殺人以梃與刃者同科。史公垂戒之深意可見矣。

以刀筆吏特點出『刀筆吏』三字，妙。積勞，稍遷爲御史。上以爲能，傳中眼目。至太中大夫。與張湯論定諸律令，串法。作見知，見知者，律法名，即知而不舉者連坐之。吏傳得相監司。用法益刻，蓋自此始。6禹傳未畢，即入張湯，又變。

張湯者，杜人也。其父爲長安丞，出，湯爲兒守舍。還而鼠盜肉，其父怒，笞湯。湯掘窟得盜鼠及餘肉，劾鼠掠治，傳爰書，訊鞫論報，并取鼠與肉，具獄，磔堂下。爰書即獄詞，其中備具士師訊鞫之由，及論罪如律，而朝廷報可諸款式。然後並取盜鼠贓證具獄而後磔，寫得絲毫不漏，故爲天生酷吏才也。其父見之，視其文辭如老獄吏，大驚，遂使書獄。引一小事起，見湯乃天生酷吏之才。父死後，湯爲長安吏，久之。

周陽侯始爲諸卿時，即周陽由之父趙兼。嘗繫長安，亦從治獄中出身。湯傾身爲之。及出爲侯，大與湯交，徧見湯貴人。湯給事内史，爲寧成掾，看其步步從刀筆吏露穎，便知與士大夫出身迥别。以湯爲無害，言大府，調爲茂陵尉，治方中。督治山陵中壙室。

武安侯爲丞相，徵湯爲史，時薦言之天子，補御史，使案事。治陳皇后蠱獄，深竟黨與。於是上以爲能，此方是湯脱穎而出處，故亟下『上以爲能』句。稍遷至太中大夫。與趙禹共定諸律令，文有見於彼傳而此不復書者，獨『共定律令』事，禹傳、湯傳兩書之，所以深著

7古之取人，必視其所與。張湯之所與者，皆非端士也。始因趙兼定交，繼爲寧成掾屬，又爲田蚡長史，終與趙禹交歡，天性既優於深刻，薰染俱極其傾邪，宜其爲酷吏中之首惡也。

8見『文法輒取，亦不覆案』，極寫趙禹癖好深文處。文法者，刻鞫文致之法，以爲精核而取録之，亦不復檢覆律令故典以求其相合否也。惟其喜好刻深，所以嘗求官屬陰罪而致之於法，若張湯於上所是，即受而著讞决法附於廷尉絜令，是

其惡也。務在深文，拘守職之吏。已而趙禹遷爲中尉，徙爲少府，而張湯爲廷尉，兩人交歡，而兄事禹。7 先作一束。禹爲人廉倨。忽入禹傳，離奇開合，極文之變。爲吏以來，舍毋食客。公卿相造請禹，禹終不報謝，務在絶知交賓客之請，孤立行一意而已。見文法輒取，亦不覆案，求官屬陰罪。8 禹之爲人，與湯事事相反，徒以一念刻深，遂相得無間。特以禹爲人、湯爲人平提二段，以不没二人之真。湯爲人多詐，句句與禹反，妙極。整齊又極參差，故奇。舞智以御人。始爲小吏，乾没，與長安富賈田甲、魚翁叔之屬交私。及列九卿，收接天下名士大夫，己心内雖不合，然陽浮慕之。爲小吏，婪賄不立品如此，至爲三公却有廉名，其詐可知。盡抉肺腑，惡之至也。

是時上方鄉文學，湯决大獄，欲附古義，『决大獄』『附古義』，美事也。惟其一詐，寫得不值一文。乃請博士弟子治《尚書》《春秋》補廷尉史，亭疑法。亭即平，謂以經術平疑獄，如嚴延年以《春秋》律衛太子是也。奏讞疑事，必豫先爲上分別其原，上所是，受而著讞决法廷尉絜令，揚主之明。絜即絜矩之義，比較舊法而附合之，即新例也。奏事即譴，湯應謝，此段數用『即』字，皆妙。鄉上意所便，必引正、監、掾史賢者，曰：『固爲臣議，如上責臣，臣弗用，愚抵於此。』罪常釋。詳寫一大段，如秦宮寶鏡，無隱不燭。蓋湯好深文，

即近世新例之法也。即此二語，洞見禹、湯二人更定律令，紛紜繁重，大改高帝舊章，使人無所措手足矣。此二傳中骨子也。

9湯立意亦要鋤豪彊、振貧弱、收恤故舊、薦揚屬吏及弘獎經術、敦尚廉耻，皆是美事。惟一以詐行之，遂覺無往不陰邪曖昧。史公盡力雕繪，所謂雖百世可知也。

故史公亦即以深文寫之，此亦酷吏手段，非他文所有也。間即奏事，上善之，曰：『臣非知爲此奏，乃正、監、掾史某爲之。』其欲薦吏，揚人之善蔽人之過如此。揚善蔽惡，亦美事也。惟其一詐，亦寫得不值一文。所治此段專就治獄上寫其詐。即上意所欲罪，予監史深禍者；即上意所欲釋，與監史輕平者。所治即豪，必舞文巧詆；即下户羸弱，時口言，雖文致法，上財察。『財』同『裁』。於是往往釋湯所言。先見上口奏以開釋之，故雖文致於法，而往往裁察見釋。湯至於大吏，内行修也。亦終不没其善。通賓客飲食。於故人子弟爲吏故人子弟爲吏者飲食之，此倒句法。及貧昆弟，調護之尤厚。其造請諸公，不避寒暑。本欲寫湯之得聲譽，却先着造請不避寒暑，則其得之者，更不值一文。是以湯雖文深意忌不專平，然得此聲譽。而刻深吏多爲爪牙用者，依於文學之士。丞相弘數稱其美。9弘好儒術，以湯依於文學之士，故亦稱美之，亦倒句法。及治淮南、衡山、江都反獄，皆窮根本。湯之刻深，治獄只『陳皇后蠱獄，窮竟黨與』，及此處『窮根本』二實案，餘悉用虛寫。嚴助及伍被，上欲釋之。湯爭曰：『伍被本畫反謀，而助親幸出入禁闥爪牙臣，乃交私諸侯，如此弗誅，後不可治。』於是上可論之。前言上所欲釋，即與輕平者，此又將欲釋者爭而誅之，然則湯之立意刻酷，益可見矣。其治獄所排大臣自爲功，多此類。於是湯益尊任，遷爲御史大夫。

會渾邪等降，漢大興兵伐匈奴，山東水旱，貧民流徙，皆仰給縣官，縣官空虛。於是承上指，大書『承上指』，既不怒湯，亦深譏上也。請造白金及五銖錢，籠天下鹽鐵，排富商大賈，出告緡令，鉏豪彊并兼之家，舞文巧詆以輔法。聚斂實弘羊、孔僅等所爲，湯惟舞文巧詆以附法，故盡寫在湯案内。筆法嚴極。湯每朝奏事，語國家用，即承聚斂來。日晏，天子忘食。丞相取充位，天下事皆決於湯。所謂天下之惡皆歸焉。百姓不安其生，騷動，縣官所興，未獲其利，姦吏並侵漁，此皆桑、孔等罪案，今皆並入『皆決於湯』句。於是痛繩以罪。則自公卿以下，至於庶人，明明以群凶之罪，並歸一人。咸指湯。湯嘗病，天子至自視病，其隆貴如此。10『天子忘食』『天子視病』，兩頭以寵異結成罪案。

匈奴來請和親，群臣議上前。獨作一段，寫湯排陷朝士樣子。博士狄山曰：『和親便。』上問其便，山曰：『兵者凶器，未易數動。高帝欲伐匈奴，大困平城，乃遂結和親。言既曲謹，不足以動雄略之主，而歷叙累朝之事，亦絕不知忌諱。宜其言之不見聽而反以貫禍也。孝惠、高后時，天下安樂。及孝文帝欲事匈奴，北邊蕭然苦兵矣。文帝乃不得已而用兵，非欲事匈奴之謂。孝景時，吳、楚七國反，景帝往來兩宮間，寒心者數月。言

10群酷吏非無暴過於湯者，然用事之專且久，得君之深且篤，則未有及湯者也。所以煩酷之氣，溢於四海，上自公卿，下及黎庶，無不被其毒。湯即煦煦於故人昆弟，亦何益矣。宛轉寫來，不留餘力也如此。

以用兵而懼。吴、楚已破，竟景帝不言兵，天下富實。今自陛下舉兵擊匈奴，中國以空虚，邊民大困貧。由此觀之，不如和親。』和親傷中國之體，本非長策。帝方欲威服四夷，何惜煩費。上問湯，湯曰：『此愚儒，無知。』亦不達時務之謂。狄山曰：『臣固愚忠，若御史大夫湯乃詐忠。『愚忠』『詐忠』，其言甚確，但不應捨本議而捃拾他事耳。若湯之治淮南、江都，以深文痛詆諸侯，别疏骨肉，使藩臣不自安。與議和親事何與，而自尋硬對耶？臣固知湯之爲詐忠。』於是上作色曰：『吾使生居一郡，能無使虜入盗乎？』上方任湯而山痛詆之，故欲以事誅之，亦與本議無涉。曰：『不能。』曰：『居一縣？』對曰：『不能。』復曰：『居一障間？』衝邊列亭障爲屯戍。山自度辯窮且下吏，曰：『能。』於是上遣山乘鄣。至月餘，匈奴斬山頭而去。自是以後，群臣震慴。11此蓋湯所使，非真匈奴也。所以群臣震慴。

湯之客田甲，雖賈人，有賢操。應田甲一段，大爲湯惜。始湯爲小吏時，與錢通，及湯爲大吏，甲所以責湯行義過失，亦有烈士風。湯傳未畢，綴此句於田甲段下，有味。

湯爲御史大夫七歲，敗。自此以後，皆湯所以致敗之事，亦極曲折。

河東人李文嘗與湯有郤，已而爲御史中丞，恚，數從中文書事有可以傷湯

11武帝朝有三大敝政：貴治獄之吏、信興利之臣、啓窮兵之禍是也，惟張湯一傳兼有之。即如狄山所議，固不中肯綮，湯特以『愚儒無知』一語駁之，迨山自觸湯而武帝自責之乘鄣耳。段後獨綴『群臣震慴』一語，便見窮兵之禍皆湯養成，而鉗結衆口之威，幾如指鹿爲馬，皆文章辣手處。

者，不能爲地。文欲傷湯，而顧爲湯所殺；然湯之敗，卒以此事發端也。湯有所愛史魯謁居，知湯不平，使人上蜚變告文奸事，事下湯，湯治論殺文，而湯心知謁居爲之。數寫心知，以著其陰險不可測揣。上問曰：『言變事蹤迹安起？』湯佯驚曰：『此殆文故人怨之。』詐變將窮，數數描寫，皆爲後『面欺』二字伏脉。謁居病卧閭里主人，湯自往視疾，爲謁居摩足。感其爲己報復，然極暖昧，文極平常，俱用零碎寫法疊成死案。趙國以冶鑄爲業，王數訟鐵官事，湯常排趙王。趙王求湯陰事。謁居常案趙王，趙王怨之，并上書告：『湯，大臣也，史謁居有病，湯至爲摩足，疑與爲大奸。』告得不甚了了，而能中武帝之忌，故妙。事下廷尉。謁居病死，謁居不死，湯未必敗，此天亡之也。事連其弟，弟繫導官。導官，獄名。湯亦治他囚導官，見謁居弟，欲陰爲之，而佯不省。湯一生善詐，今偏以詐敗，可謂非天乎？謁居弟弗知，怨湯，使人上書告湯與謁居謀共變告李文。摩足之事，固從李文起，事有原委。事下減宣。串入減宣。宣嘗與湯有郤，及得此事，窮竟其事，與湯窮竟他人處應。未奏也。頓住另起。會人有盗發孝文園瘞錢，丞相青翟朝，與湯約俱謝，至前，湯念獨丞相以四時行園，當謝，湯無與也，不謝。又詐，凡寫湯事，俱從心曲傳出。丞相謝，上使御史案其事。湯欲致其文丞相見知，即前所造『見知律』，欲以此誅青翟，狠甚。丞相患之。三長史皆害湯，欲陷之。12忽起案，奇。始長史朱買臣，會稽人也。朱買臣亦有奇特處，而史公不爲立傳，僅附見張湯傳中，故其書法較兩長史差詳，班掾遂爲補傳，蓋未得龍門去取之意也。讀《春秋》。莊助使人言買臣，買臣以《楚辭》與助俱幸，侍中，爲太中大夫，用事；而湯乃爲小吏，跪伏使買臣等前。害湯三長史，俱只從炎凉起見，非有他故也，自然兩敗俱傷。已而湯爲廷尉，治淮南獄，排擠莊助，買臣固心望。此念猶爲感助薦舉之恩。及湯爲御史大夫，買臣以會稽守爲主爵都尉，列於九卿。數年，坐法廢，守長史，凡守丞相長史，皆後用效力起用之意。見湯，湯坐床上，丞史遇買臣，弗爲禮。買臣楚士，深怨，常欲死之。酷吏本好以氣凌人，況廢員乎？楚人剽悍，寫得深穩。王朝，齊人也。以術至右内史。右内史及諸侯相，皆真二千石。邊通，學長短，戰國縱横之學。剛暴彊人也，官再至濟南相。故皆居湯右，二人總寫。已而失官，守長史，詘體於湯。與買臣詳略各妙。湯數行丞相事，知此三長史素貴，常凌折之。由王朝而下，自一人總二人，又總三人，文筆妥帖。以故三長史合謀曰：遥接三長史『害湯，欲陷之』句。『始湯約與君謝，已而賣君；今欲劾君以宗廟事，此欲代君耳。皆與莊青翟謀之言，直激之耳，未必果然。吾知湯陰事。』使吏捕案湯左田信等，左，因佐證其

12湯喜排陷大臣，總是一腔忮刻之念，然獨莊青翟一事，竊謂湯不必有陷人之志，直苟欲自免而已。蓋大臣有罪則見謝，所以明奉職無狀耳。湯以御史大夫無園陵闌繫，因不復謝。及後上問賈人居物之謀，亦不復謝；其意總謂非己之罪而已。況一則曰『欲文致』，再則曰『欲劾君』；不過因三長史謀陷湯，借是以激丞相，恐未必有實迹之可尋也。且丞相即是行園之職，而瘞錢被盜，亦豈遂與長陵抔土同科，斷不至連及宰相而慫咎頓加也。總之，湯

之苛刻，自是取死之道；湯之詐妄，早伏見疑之根。而買臣等以深怨圖報，減宣、趙禹又以同類相戕，天道好還，巧於假手陷人者，人亦陷之。味趙禹之言，可以自悟，而事之有無，不足更辨矣。

13 漢之誅戮大臣，多以蜚語告奸及腹誹反唇諸曖昧之法，往往不厭人心，獨張湯以摩足細故，遂致殺身，而讀者若猶以從容自裁未足蔽辜者，以湯之懷詐面欺，無一念不足以自賊其軀也。故湯之得幸也以詐，其致禍也亦以詐；其

罪者也。曰湯且欲奏請，信輒先知之，居物致富，與湯分之，此亦賈人徼貴徼賤常態，遂以泄禁令陷湯，自是冤獄。且湯既貴之後，亦不聞黷貨事也。三公之貴，何事不可致富，乃垂涎賈人羨餘耶？及他奸事。事辭頗聞。上問湯曰：『吾所爲，賈人輒先知之，益居其物，是類有以吾謀告之者。』問得猜狠之甚。湯不謝。湯又佯驚曰：『固宜有。』叠寫二句，狡詐如鏡。『固宜有』三字，湯固欲移罪他人耳。適會減宣、趙禹兩酷吏與作勍敵，遂不可收拾，天實殺之也。減宣亦奏謁居等事。天子果以湯懷詐面欺，使使八輩簿責湯。湯具自道無此，不服。頗頑鈍。於是上使趙禹責湯。即同定律令、素所兄事者也。果報可畏。禹至，讓湯曰：『君何不知分也！君所治夷滅者幾何人矣？妙絶。不與辨本案，只以現前果報愓之。今人言君皆有狀，天子重致君獄，欲令君自爲計，何多以對簿爲？』趙禹至，湯固無生理矣。來俊臣鞫周興，亦如此。湯乃爲書謝曰：『湯無尺寸功，起刀筆吏，陛下幸致爲三公，無以塞責。然謀陷湯罪者，三長史也。』遂自殺。13

湯死，家産直不過五百金，皆所得奉賜，無他業。特書此語，見與田信分利之誣。史公雖甚惡湯，然初未嘗怨買臣等也。昆弟諸子欲厚葬湯，湯母曰：『湯爲天子大臣，被污惡言而死，何厚葬乎！』爲天子大臣而有與賈豎分財之名，污辱極矣。此母善於爲子報仇。載以

牛車，有棺無椁。天子聞之，曰：『非此母不能生此子。』乃盡案誅三長史。武帝蓋終惜湯。丞相青翟自殺。此以三長史故，非爲宗廟事也。出田信。上惜湯，稍遷其子安世。惟湯有後。

趙禹中廢，又接趙禹，其傳始終以一傳繞出湯傳之前後，文體極奇。已而爲廷尉。始條侯以爲禹賊深，弗任。及禹爲少府，比九卿。禹酷急，至晚節，事益多，吏務爲嚴峻，而禹治加緩，而名爲平。褒貶處銖兩不苟，筆態千曲百折，精悍特甚。王温舒等後起，治酷於禹。妙句，是恕禹，即是終不恕禹。禹以老，徙爲燕相。數歲，亂悖有罪，免歸。後湯十餘年，以壽卒于家[14]。獨禹稍平，遂以壽終。

義縱者，河東人也。[15]爲少年時，嘗與張次公俱攻剽爲群盗。伏張次公，傳外傳也，筆有餘妍。縱有姊姁，以醫幸王太后。王太后問：『有子兄弟爲官者乎？』姊曰：『有弟無行，不可。』有識，然亦巧於薦弟。太后乃告上，拜義姁弟縱爲中郎，補上黨郡中令。寫得妙絶，又是一種氣色。治敢行，少蘊藉，縣無逋事，舉爲第一。縱本群盗，故其一生只是盗賊器魄，一味斬殺，別無伎能。遷爲長陵及長安令，直法行治，不避貴戚。以捕案太后外孫脩成君子仲，上以爲能，遷爲河内都尉。至則族滅其豪穰氏之

陷人也以詐，其終自陷也亦以詐。嗚呼，山木自伐，膏火自煎，今之以智囊自負者，何不鑒於湯也？

14 禹只是文深，而責湯處尚能以夷滅人爲湯罪案，則其平緩可知也。壽終於湯死十餘年之後，宜哉！

15 從義縱以下殘惡糜爛，無復人理，回視郅都、趙禹諸人，又如祥麐威鳳矣。史公用彼此形擊之法，相推相效，相忮相滅，如造蠱者聚百毒於一器，恣其吞噬，劫運至此，正何必閻、吴諸公繪焰摩變相也。

16前寧成以髡鉗抵罪，豪於閭里，其傳未畢，又見義縱傳中，方結成案，猶張湯傳中，歸結趙禹之法也。若他手則傳各爲起結，豈有此離奇出没之妙。

17按軍數出定襄而吏民亂敗，則亦由於上之擾之而不聊生耳。乃以殘暴之吏，恣其賊虐，何哉？武帝之罪，上通於天矣。『爲死罪解脱』句，向以此語爲私入相視罪名，謬甚。縱意蓋以死囚本無生理，今盡殺之，如爲解脱其淹繫之苦者然，此惡人口吻也。

屬，河内道不拾遺。酷吏治效如此。而張次公亦爲郎，以勇悍從軍，敢深入，有功，爲岸頭侯。

寧成家居，又入寧成，極言成之暴，以託起義縱之暴倍蓰於成來。背面鋪粉之法，最爲文字生色。上欲以爲郡守，御史大夫弘曰：『臣居山東爲小吏時，寧成爲濟南都尉，其治如狼牧羊。其狼如此。成不可使治民。』上乃拜成爲關都尉。歲餘，關東吏隸郡國出入關者，號曰『寧見乳虎，無值寧成之怒』。其見畏於人又如此。義縱自河内遷爲南陽太守，陡接。聞寧成家居南陽，及縱至關，與他吏出入關者應。寧成側行送迎，成見縱又若羊遇狼矣。奇甚。然縱氣盛，弗爲禮。至郡，遂案寧氏，盡破碎其家。成坐有罪，及孔、暴之屬皆奔亡，南陽吏民重足一迹。16四字妙絶，即無所措手足之變化也。而平氏朱彊、杜衍、杜周爲縱牙爪之吏，任用，遷爲廷史。酷吏未有不任其爪牙者。軍數出定襄，定襄吏民亂敗，於是徙縱爲定襄太守。縱至，掩定襄獄中妙在一『掩』字，殘酷無復人理在此。重罪輕繫二百餘人，及賓客昆弟私入相視亦二百餘人。『輕繫』既與『重罪』殊科，『私入』又非見囚可比，而縱一概殺之，所以爲掩也。縱一捕鞫，曰『爲死罪解脱』。是日皆報殺四百餘人。17其後郡中不寒而栗，猾民佐吏爲治。奸猾反有生涯，從來如此。

是時趙禹、張湯以深刻爲九卿矣，沉痛可味。然其治尚寬，輔法而行，而縱以鷹擊毛摯爲治，後會五銖錢白金起，民爲奸，京師尤甚，乃以縱爲右内史，王温舒爲中尉。兩凶相聚，而縱之惡愈熾。温舒至惡，其所爲不先言縱，縱必以氣凌之，到底盜賊器魄。敗壞其功。其治，所誅殺甚多，然取爲小治，奸益不勝，積痼盡底提出。直指始出矣。綉衣使者始出刺舉奸暴。吏之治以斬殺縛束爲務，閻奉以惡用矣。閻奉從史之惡者，公然拔用，皆縱之罪案也。兩『矣』字有太息之聲。縱廉，其治放郅都。上幸鼎湖，病久，已而卒起幸甘泉，道多不治。上怒曰：『縱以我爲不復行此道乎？』嗛之。縱之惡，人不敢問，而偶以意外取死，天也。至冬，楊可方受告緡，縱以爲此亂民，部吏捕其爲可使者。楊可受告緡，上所使也，而縱捕之，豈得以修成子仲爲例耶？天子聞，使杜式治，以爲廢格沮事，棄縱市。後一歲，張湯亦死。[18]天子方以告緡爲可獲利，故發怒。義縱棄市，又綴張湯，似無謂而妙。

王温舒者，陽陵人也。少時椎埋爲奸。出身與義縱略同。已而試補縣亭長，數廢。爲吏，以治獄至廷史。事張湯，串法妙。遷爲御史。督盜賊，殺傷甚多，稍遷至廣平都尉。擇郡中豪敢任吏十餘人，以爲爪牙，皆把其陰重罪，而縱使督盜賊，

18 惟縱傳歷舉群酷吏相并而集其成，如破碎寧成，折服王温舒，治放郅都，遠過張湯、趙禹，蓋萃衆人之惡爲一人之惡，而超軼絶倫者也。恣肆寫來，筆有餘怒。

快其意所欲得[19]。此人雖有百罪，弗法；即有避，因其事夷之，亦滅宗。縲絡在手，此人亦有將帥之才，但用以督盜賊，亦未爲不可；用以戕民，即無人理矣。以其故齊、趙之郊盜賊不敢近廣平，廣平聲爲道不拾遺。『聲爲』妙，不必實然。上聞，遷爲河內太守。

素居廣平時，皆知河內豪奸之家，及往，九月而至。提九月。令郡具私馬五十匹，爲驛自河內至長安，部吏如居廣平時方略，捕郡中豪猾，此一念之惡，直包至『冬月益展一月，足吾事矣』一嘆，所謂惟日不足也。郡中豪猾相連坐千餘家。上書請，大者至族，小者乃死，家盡沒入償臧。奏行不過二三日，得可事。論報，私驛之效。至流血十餘里。比盡殺之語，慘酷什倍。河內皆怪其奏，以爲神速。盡十二月，繳十二月，蓋三月中殺千餘家。郡中毋聲，毋敢夜行，野無犬吠之盜。疊三句，酷焰猶赫。其頗不得，偶有逋亡。失之旁郡國，黎來，『黎』與『比』同，及也。會春，溫舒頓足嘆曰：『嗟乎，令冬月益展一月，足吾事矣！』[20]漢法，立春後不許決囚，此溫舒置驛之意。其好殺伐行威不愛人如此。天子聞之，以爲能，前『聞』聞其廣平『道不拾遺』，此『聞』聞其河內『無犬吠之盜』也。亦遙接法。遷爲中尉。其治復放河內，徙諸名禍猾吏與從事，河內則楊皆、麻戊，關中楊贛、成信等，河內、關中皆其舊治，故徙其爪牙以爲搏擊之助。義縱爲內史，憚未敢恣

19豪猾奸吏，持其陰罪而縱使督奸，固亦一法，然曰『快其意所欲得』，則貫其罪勿問，則彼必競爲賊害以希上之旨，而冤抑罹禍，有不可勝言者矣。法非不善，而慘酷者行之，必不可長耳。

20溫舒遷河內，久知豪猾之家，其殺氣之摩厲以須者，刻不容緩矣。無奈之郡日已是深秋，則捕鞠論奏，得報行誅，度三月之中未能集事，則無以逞其殘殺之威。故一到即私具驛馬，從河內至京，飛馳奏請，數日得報，流血

治。悍者，温舒悍義縱也。其文已在前，舊解作縱悍温舒。及縱死，張湯敗後，徙爲廷尉，而尹齊爲中尉。

尹齊者，東郡茌平人。以刀筆稍遷至御史。事張湯，以下皆張湯故吏，史公所以不肯恕湯而必列於酷吏中也。班史不知此義，別爲立傳，使非史識。張湯數稱以爲廉武，使督盜賊，所斬伐不避貴戚。遷爲關内都尉，聲甚於寧成。上以爲能，虚寫，各有詳略之妙。遷爲中尉，吏民益凋敝。尹齊木彊少文，豪惡吏伏匿而善吏不能爲治，以故事多廢，抵罪。尹齊才具不逮温舒遠甚，而廉過之，便知牽尹齊只是極寫温舒之惡。上復徙温舒爲中尉，再爲中尉。而楊僕以嚴酷爲主爵都尉。又過一傳，離合有天巧。

楊僕者，宜陽人也。此段只爲楊僕爲主爵都尉小注。以千夫爲吏。河南守案舉以爲能，遷爲御史，使督盜賊關東。治放尹齊，以爲敢摯行。[21]稍遷至主爵都尉，列九卿。天子以爲能。南越反，拜爲樓船將軍，有功，封爲梁侯。爲荀彘所縛。居久之，病死。[22]征東越時敗衄，失爵。史究言之，非此時事。

而温舒復爲中尉。即再爲中尉事，接前段。爲人少文，居廷惛惛不辯，至於中尉則心開。寫出惡人性情，奇而確。督盜賊，素習關中俗，知豪惡吏，豪惡吏盡復爲用，

成渠，而猶恨亡走之未及并殺，因頓足浩嘆。如此形容酷吏，真藥叉、羅刹未足以比其凶殘。

21楊僕本非酷吏，而前以『嚴酷』二字爲提，後以『治放尹齊』四字爲繳本，和融無迹。史公亦着意斡旋如此。

22温舒在十人中至爲殘惡，而尹齊、楊僕特附見温舒傳中，以温舒之爲中尉，適與彼相交卸也。舊説謂温舒之惡，本傳不盡者，又見尹齊傳中，是未知史公隱見出没，若斷若聯之妙者也。

爲方略。應尹齊爲中尉時伏匿不能爲治。吏苛察，盗賊惡少年投缿音項。購告言奸，令人爲匿名告密。缿，銅櫃，可入不可出。置伯格長即百家連坐法。以收司奸盗賊。温舒爲人諂，又虛寫一段，見其品之污賤，不足比數，惡之至也。善事有勢者；即無勢者，視之如奴。有勢者，雖有奸如山，弗犯；無勢者，貴戚必侵辱。舞文巧詆下户之猾，以君大豪。君大豪，謂巧爲文致名作大豪也。舊解謂熏炙之，如借此懲彼之謂，則與諂態不符。其治中尉如此。奸猾窮治，大抵盡糜爛獄中，行論無出者。其爪牙吏虎而冠。温舒之惡在用奸吏，而其敗也亦根於此，故處處提出。於是中尉部中中猾以下皆伏，有勢者爲游聲譽，稱治。治數歲，其吏多以權富。又點爪牙之惡。

温舒擊東越還，議有不中意者，坐小法抵罪免。是時天子方欲作通天臺而未有人，温舒請覆中尉脱卒，得數萬人作。諂上希旨故態。上悦，拜爲少府。徙爲右内史，治如其故，文簡而變化。奸邪少禁。坐法失官，復爲右輔，行中尉事，三爲中尉。如故操。文法小變。

歲餘，會宛軍發，詔徵豪吏，温舒匿其吏華成，終以庇吏貫禍。及人有變告温舒受員騎錢，他奸利事，罪至族，自殺。其時兩弟及兩婚家亦各自坐他罪而族，王温舒五族。光禄徐自爲曰：『悲夫！夫古有三族，而王温舒罪至同時而五族乎？』假他人口出之，咨嗟涕洟，快耶？恨耳？即寫得妙絶。温舒死，家直累千金。23 贓污狼籍如此。後數歲，尹齊亦以淮陽都尉病死，家直不滿五十金。特借尹齊相形如此。所誅滅淮陽甚多，及死，仇家欲燒其尸，尸亡去歸葬24。尹齊亡尸。

自温舒等以惡爲治，此該諸人在内。而郡守、都尉、諸侯二千石欲爲治者，其治大抵盡放温舒，而吏民益輕犯法，盗賊滋起25。此又獨歸罪温舒，妙。南陽有梅免、白政，楚有殷中、杜少，齊有徐勃，燕、趙之間，有堅盧、范生之屬。枚舉群盗，與群酷吏正略相當也。然則酷吏非惟不足以禁寇，而實爲致寇之媒，酷何裨於國哉！大群至數千人，擅自號，攻城邑，取庫兵，釋死罪，縛辱郡太守、都尉，殺二千石，爲檄告縣趣具食；寫出視漢吏如兒戲，妙。小群盗以百數，掠鹵鄉里者不可勝數也。此尤其小者，故上云百數，此云不可勝數。於是天子始使御史中丞、丞相長史督之。酷吏之一變。但督之此亦酷耳。猶弗能禁也，乃使二變。光禄大夫范昆、諸輔都尉及故九卿張德等衣綉衣，持節，虎符發兵以興擊，斬首大部或至萬餘級，又加酷焉。及以法誅通飲食，坐連諸郡，甚者

23 十人中第一無品者，其才亦遠不逮寧成輩，只是一個任用猾吏而已。宜其咎連五族，而千金之産，適爲屠劊之場也。

24 温舒最酷，禍亦最慘。若尹齊雖不實寫，而誅滅既多，幸得免死，可謂天道疏而漏矣。遂以『尸亡去歸葬』著其死有餘辜，不得從容成禮以正首丘之報也。而舊注或謂尸自飛去，則豈殘人酷吏，頓有飛升羽化之術耶？不經甚矣！

25 獨於温舒傳後痛發酷暴之吏無益於治而貽害甚大，則向

數千人。數歲，乃頗得其渠率。筆端有眼，殺戮無辜不可勝紀，而間一二盜魁以塞責。散卒失亡，復聚黨阻山川者，往往而群居，無可奈何。於是作『沈命法』，三變。沉没其命，即連坐誅死也。曰群盜起不發覺，發覺而捕不滿品者，二千石以下至小吏主者皆死。所謂沉命坐也。其後小吏畏誅，雖有盜不敢發，恐不能得，坐課累府，千古錮弊，至今爲烈。府亦使其不言。終究無可奈何。故盜賊寖多，上下相爲匿，以文辭避法焉[26]。

減宣者，楊人也。以佐史無害給事河東守府。衛將軍青使買馬河東，見宣無害，言上，徵爲大廄丞。即從馬上得來。官事辨，稍遷至御史及中丞。使治主父偃及治淮南反獄，所以微文深詆，殺者甚衆，稱爲敢決疑。疑獄有矜，不聞敢决也。品目殊妙。數廢數起，别是一般叙法。爲御史及中丞者幾二十歲。王温舒免中尉，串温舒。而宣爲左内史。其治米鹽，事大小皆關其手，獨以苛細刻薄爲治。自部署縣名曹實物，官吏令丞不得擅摇，痛以重法繩之。居官數年，一切郡中爲小治辨，語有斟酌。然獨宣以小致大，能因力行之，難以爲經。宣起小吏，算榷精敏，故能行其法。中廢。爲右扶風，坐怨成信，信亡藏上林中，宣使郿令格殺信，吏卒格信時，射中上林苑門，此天殺宣也。宣下吏詆罪，以爲大逆，當族，自殺[27]。減宣族殺。而杜周任用。忽過一句，

所謂『道不拾遺』『野無犬吠之盜』云云者，豈不誣哉！亦當時人主尊尚酷吏，而文致其美，以自欺欺人而已。史公文字，彼此激射者，極工。

26 正發明首叙『法令者，治之具，而非制治清濁之源也』，一段真詮。

27 減宣大抵纖嗇苛察之人，其才亦有過人者，然無大臣之度，而又濟之以酷急，則其禍不可勝言矣。明梁儉庵爲楚左藩伯，凡屬吏日用薪菜，各有一牌，經其判斷，乃許市買，謂之『食料判』。然自

妙。

杜周者，南陽杜衍人。義縱爲南陽守，串義縱。以爲爪牙，酷吏各有衣鉢。舉爲廷尉史。事張湯，湯數言其無害，至御史。使案邊失亡，所論殺甚衆。奏事中上意，任用，與減宣相編，『相編』字法妙，猶相次相等也。更爲中丞十餘歲。

其治與宣相放，然重遲，外寬，內深次骨。善摹人情狀。宣爲左內史，周爲廷尉，與上段排比，而長短疏密大殊。其治大放張湯而善候伺。上所欲擠者，因而陷之；上所欲釋者，久繫待問巧甚。而微見其冤狀。客有讓周曰：『君爲天子決平，不循三尺法，專以人主意指爲獄。獄者固如是乎？』自是正論。周曰：『三尺安出哉？彊詞却自足以奪理。前主所是著爲律，後主所是疏爲令，當時爲是，何古之法乎！』28律外有例，千古爲昭，此語實發其竅。

至周爲廷尉，此句遞入詔獄，有飛梁架棟之妙。詔獄亦益多矣。二千石繫者新故相因，不減百餘人。此舉天下多故而言之，殆非周等之故。郡吏大府舉之廷尉，一歲至千餘章。章大者連逮證案數百，小者數十人；遠者數千，近者數百里。極意恣寫，如聞嘆息之聲。會獄，吏因責如章告劾，不服，以笞掠定之。此句接上舉之廷尉，此言廷尉會訊不容

奉至儉，性仍和易，故遂爲名臣盛節。減宣則非其人也。

28 一段放減宣而外寬稍勝，一段放張湯而伺上更工，然則周之惡概可見矣。然上意欲誅者乃誅之，則贖刑酷殺，皆武帝有以啓之也。下段遂將當時詔獄之繁，極寫一段，以終酷吏十人之局，是即篇中無數『上以爲能』等句之大結穴處。故酷吏一傳，凡所以刺孝武也。此一傳之大結構也。

展辯也。於是聞有逮，皆亡匿。獄久者至更數赦十有餘歲而相告言，大抵盡詆以不道，重寫一遍，撮出詔獄所坐罪名。以上廷尉及中都官，詔獄逮至六七萬人，吏所增加十萬餘人。又總計算一遍。

周中廢，後爲執金吾，逐盜，執金吾之屬吏，有逐盜校尉。捕治桑弘羊、衛皇后昆弟子刻深，天子以爲盡力無私，處處深刻。遷爲御史大夫。家兩子，夾河爲守。又添出二子之酷。其治暴酷皆甚於王温舒等矣。温舒至酷，而周及其子又過之，煩慘極目。杜周初徵爲廷史，有一馬，且不全；及身久任事，至三公列，子孫尊官，家訾累數巨萬矣。29 又補出其貪婪，皆深惡之辭。

太史公曰：自郅都、杜周十人者，此皆以酷烈爲聲。總斷一筆。然郅都伉直，然後分別其善處。引是非，爭天下大體。張湯以知陰陽，陰陽，即向背也。人主與俱上下，時數辯當否，國家賴其便。趙禹時據法守正。杜周從諛，以少言爲重。獨提此四人，亦有微意。自張湯死後，網密，多詆嚴，官事寖以耗廢。九卿碌碌奉其官，救過不贍，何暇論繩墨之外乎！可見官事之廢，實酷法有以致之。而酷法之吏，皆湯有以釀之也。史公不肯怒湯如此，而班氏獨別提出之，失其旨矣。然此十人中，其廉者足以爲儀表，其污

29 杜周非酷吏，直巧宦耳。張湯亦然。惟二人行徑相似，故湯之後有安世，周之後有延年。班史遂將此兩人別立傳，蓋亦不爲無見。但史遷十人合傳，只作一篇文字，其中結撰靈妙，固亦缺一不得。

者足以爲戒，方略教導，禁奸止邪，一切亦皆彬彬質有其文焉。雖慘酷，斯稱其位矣。至若蜀守馮當暴挫，廣漢李貞擅磔人，東郡彌僕鋸項，天水駱璧推咸，河東褚廣妄殺，京兆無忌、馮翊殷周蝮鷙，水衡閻奉朴擊賣請，何足數哉！何足數哉！30

30《酷吏傳》後引馮當、李貞等，猶《游俠傳》後引群盜之意也。酷不可無才，俠不可無守，如此取人，真堪當冰鑒之目。

1 逐段承接，文法斬斬不亂。史公才大而心未嘗不細，如此密尋之，方見其妙。

2 先言游俠之義足多，又言緩急時有，以見世實少不得此輩人。此進一步法。

游俠列傳

《韓子》曰：『儒以文亂法，而俠以武犯禁。』二者皆譏，而學士多稱於世云。引《韓子》語，以儒、俠並譏起案，匹俠於儒，已占地步。至如以術取宰相卿大夫，此如公孫弘、張湯一輩人，似褒實貶。輔翼其世主，功名俱著於春秋，固無可言者。此正亂法之僞儒，撇開一邊。及若季次、原憲，閭巷人也，讀書懷獨行君子之德，義不苟合當世，當世亦笑之。再引真儒無可譏笑者，而世復笑之。然則世俗之評論不足據可知，亦爲下排擯游俠俗見起案。故季次、原憲終身空室蓬户，褐衣疏食不厭。死而已四百餘年，而弟子志之不倦。[1]當時雖笑，没而愈光。今游俠，陡接。其行雖不軌於正義，然其言必信，其行必果，已諾必誠，不愛其軀，赴士之厄困，既已存亡死生矣，而不矜其能，羞伐其德，蓋亦有足多者焉。[2]數語洗出游俠真面目，一篇骨子。

且緩急，人之所時有也。頓起，文勢宕甚。太史公曰：述父談之恒言，引證『緩急時有』句。昔者虞舜窘於井廩，伊尹負於鼎俎，傅説匿於傅險，吕尚困於棘津，夷吾桎梏，百里飯牛，仲尼畏匡，菜色陳、蔡。此皆學士所謂有道仁人也，亦應起段學士。猶然遭此災，況以中材而涉亂世之末流乎？其遇害何可勝道哉！不覺説到己身，脱口沉痛。

鄙人有言曰：此段文極詆當世輕嘲匹夫游俠之見，不過嗜利俗腸。『何知仁義，已饗其利者爲有德。』故伯夷醜周，餓死首陽山，而文、武不以其故貶王；跖、蹻暴戾，其徒誦義無窮。由此觀之，『竊鉤者誅，竊國者侯，侯之門，仁義存』，非虚言也。重此二句，言其所稱道不過攘利之魁耳。

今拘學或抱咫尺之義，久孤於世，豈若卑論儕俗，與世沈浮而取榮名哉！3 以上是譏儒之失，引起下段。而布衣之徒，設取與然諾，千里誦義，爲死不顧世，此亦有所長，非苟而已也。故士窮窘而得委命，此豈非人之所謂賢豪間者邪？檃括上『亦有足多』及『緩急時有』二段，重複唱嘆一遍，意味深長。誠使鄉曲之俠，然後合鎖儒、俠而歸到游俠一面來。與季次、原憲比權量力，效功於當世，不同日而論矣。此是伸儒詘俠。要以功見言信，俠客之義又曷可少哉！4 此是伸俠詘儒。

古布衣之俠，靡得而聞已。至此方獨點布衣之俠來。近世延陵、孟嘗、春申、平原、信陵之徒，大爲俠客裝門面。皆因王者親屬，藉於有土卿相之富厚，招天下賢者，顯名諸侯，不可謂不賢者矣。此如順風而呼，聲非加疾，其勢激也。明所以不取有位人之故。至如閭巷之俠，修行砥名，聲施於天下，莫不稱賢，是爲難耳。5 明所以獨取

3 排宕處正在黏而不黏，脱而不脱。

4 通篇長峽在此一段中，有絶妙經營。

5 游俠之士，要是人生極意好爲苟難之事，若以富厚豪公子揮金結客者當之，則一文不值矣。史公之意，千回百折，直送至龍門碣石之源，真極用意文字也。

『布衣之俠』故。然儒、墨皆排擯不載。自秦以前，匹夫之俠，湮滅不見，余甚恨之。應明『古布衣之俠，靡得而聞』意。以余所聞，漢興有朱家、田仲、王公、劇孟、郭解之徒，雖時扞當世之文罔，應上『以武犯禁』句，筆下不肯恕人如此。然其私義廉潔退讓，有足稱者。名不虛立，士不虛附。極贊，峭潔。至如朋黨宗彊比周，設財役貧，豪暴侵凌孤弱，恣欲自快，游俠亦醜之。妙以游俠之醜，見俠亦有真僞，正與儒同。余悲世俗不察其意，而猥以朱家、郭解等令與暴豪之徒同類而共笑之也。隱隱與起手論僞儒相仿，好結構。

魯朱家者，與高祖同時。魯人皆以儒教，而朱家用俠聞。猶有總叙餘影，此文家事外遠致。所藏活豪士以百數，其餘庸人不可勝言。然終不伐其能，歆其德，諸所嘗施，惟恐見之。史公重游俠處在此，所以娓娓不去口。振人不贍，奇特。先從貧賤始。家無餘財，俱用虛叙，最高。衣不完采，食不重味，乘不過軥牛。專趨人之急，甚己之私。既脱季布將軍之厄，及布尊顯，終身不見也。實事，亦略扯作證。自關以東，莫不延頸願交焉。6

楚田仲以俠聞，田仲只附見朱家傳中，筆極跳脫。喜劍，父事朱家，自以爲行弗及。

6稱朱家不容口而不使一實筆，然朱家竟足千古，嘆今之菜傭墓志，亦刺刺細事，堆垛滿紙，閱之無一毫聳神，蓋古文之法不講久矣。

田仲已死，而雒陽有劇孟。捷遞過，好筆！周人以商賈爲資，起法與前傳同。而劇孟以任俠顯諸侯。正面只一句，奇絶。吴、楚反時，條侯爲太尉，乘傳車將至河南，得劇孟，喜曰：『吴、楚舉大事而不求孟，吾知其無能爲已矣。』條侯事見他人傳者，俱可傳。天下騷動，宰相得之若得一敵國云。斷語響。劇孟行大類朱家，而好博，多少年之戲。然劇孟母死，自遠方送喪蓋千乘。及劇孟死，家無餘十金之財。7 而符離人王孟附傳一段。亦以俠稱江淮之間。

是時濟南瞯氏、即郅都所滅。陳周庸亦以豪聞，景帝聞之，使使盡誅此屬。其後代諸白、白氏不止一豪，故曰『諸白』。梁韓無辟、陽翟薛況、陝韓孺紛紛復出焉。

郭解，軹人也，字翁伯，善相人者許負外孫也。史公最重郭解，獨書其字，又詳其系；末復綴其字，俱有深致。解父以任俠，孝文時誅死。先了一案。解爲人短小精悍，頗上三毫。不飲酒。少時陰賊，慨不快意，身所殺甚衆。以軀借交報仇，藏命作奸，剽攻不休，乃鑄錢掘冢，固不可勝數。備著其少時盜賊奸宄之狀，愈見後之折節爲奇。適有天幸，窘急常得脱，若遇赦。及解年長，更折節爲儉，以德報怨，厚施而薄望。然其自喜爲俠益甚。此段是解立節之大凡。既已振人之命，不矜其功，其陰賊著於心，卒

7 朱家傳虛矣，而劇孟傳更虛。蓋朱家傳尚從正面著筆，而劇孟傳皆從四面八方著筆也。始言『宰相得之若得敵國』，則其傾動公卿，隱然操朝寧之重何如？次言母死而送者千乘，則其風靡四海，儼然駕王公之上何如？終言死無餘財，則其振人之急，不遺餘力何如？蓋因孟之行事大類朱家，則不容更復一語，故除却死法，更尋活法也。古人文字金針，亦大可識矣。

8前二傳句句虛，此傳則句句實，古人避就之法未嘗不極精密也。

9考漢法，有卒更、過更、踐更，皆守夜戍卒也。雖丞相子亦在調。卒更者，正調也。踐更者，受人之值而代役之者也。過更者，出錢三百納之官，官給戍者，如今之丁錢是也。後世丁役之法，大都本此。卒更編户之常，踐更貧人之事，過更富民及宦室之事。

10朱家、劇孟一以振人之意爲主，郭解則急欲著己之奇。如人殺姊子，必令其窘急

發於睚眦如故云。此又見其天性之本具。而少年慕其行，亦輒爲報仇，不使知也。8貫徹通篇。解姊子負解之勢，可殺。與人飲，使之嚼。非其任，彊必灌之。語質而有味。人怒，拔刀刺殺解姊子，亡去。解姊怒曰：『以翁伯之義，人殺吾子，賊不得。』三句語氣不完，而神態畢具。棄其尸於道，弗葬，狠甚。欲以辱解。解使人微知賊處。俠者作用。賊窘自歸，具以實告解。解曰：『公殺之固當，吾兒不直。』遂去其賊，罪其姊子，乃收而葬之。此固見解之能收能展。然殺人賊王法不得過而問焉，解之犯禁網，已根於此矣。諸公聞之，皆多解之義，益附焉。

解出入，人皆避之。有一人獨箕踞視之，解遣人問其名姓。即微知賊處之意。客欲殺之。解曰：『居邑屋至不見敬，一布衣出入不回避，何罪可殺。是吾德不脩也，僞自反。彼何罪！』乃陰屬尉史曰：欲其感而悔謝。『是人，吾所急也，至踐更9時脱之。』一箕踞之故，不見較亦已矣，何必又特加惠乎？總是僞耳！每至踐更，數過，吏弗求。怪之，問其故，乃解使脱之。踐更字，亦取更替之義，亦取更籌之義。箕踞者乃肉袒謝罪。少年聞之，愈益慕解之行。10處處找此句妙。

雒陽人有相仇者，邑中賢豪居間者以十數，終不聽。客乃見郭解。解夜見

自歸，然後舍之；箕踞不敬，必使其知感謝罪，然後滿志。由此而推，則可知其執恭謹以待人者，皆欲假此以傾動天下，而陰賊剽攻，實其根於性而不可回者矣。夫以上有猜忌之君，下有刻深之相，而一布衣之士，方且任俠行權，風靡海内，此時即無殺人罪過，猶且不免於誅，況一人爲俠而爲之羽翼者皆儼然群盗乎？解之族滅，非冤也。史公酷嗜奇烈之士，故次之獨詳，然予奪在手，瑕瑜并呈，使千古讀之，宛如交臂，亦豈真進奸雄也哉？

仇家，欲不使人知。仇家曲聽解。解乃謂仇家曰：『吾聞雒陽諸公在此間，多不聽者。今子幸而聽解，解奈何乃從他縣奪人邑中賢大夫權乎？』此意殊詳密周匝，語氣亦藹然可感。乃夜去，不使人知，夾語夾叙。曰：『且無用待我，待我去，令雒陽豪居其間，乃聽之。』

解執恭敬，不敢乘車入其縣廷。之旁郡國，爲人請求事，事可出，出之；不可者，各厭其意，然後乃敢嘗酒食。諸公以故嚴重之，争爲用。又找。邑中少年及旁近縣賢豪，夜半過門常十餘車，請得解客舍養之。少年慕解之行，知解客亡命多，人請代爲給養。

及徙豪富茂陵也，提筆别甚。解家貧，不中訾，《索隱》曰：訾不滿三百萬爲不中。吏恐，不敢不徙。吏以其有豪名之故。衛將軍爲言：『郭解家貧不中徙。』上曰：『布衣權至使將軍爲言，此其家不貧。』語甚聰察，解之禍根伏矣。解家遂徙。諸公送者出千餘萬。又找一筆，餘氣猶勁。軹人楊季主子爲縣掾，舉徙解。解兄子斷楊掾頭。由此楊氏與郭氏爲仇。語未畢。

解入關，關中賢豪知與不知，聞其聲，争交歡解。先安頓一處。解爲人短小，不

[11]前云『吏恐，不敢不徙』，蓋上之督責既嚴，不得不然耳。彼何罪，而駢首戮之？公孫弘之言，頗得大體，不得概以深文目之也。

[12]附見諸子，概以『逡巡退讓』一語括之，蓋得朱家等之一節者爾。

飲酒，出未嘗有騎。忽又找此數語，纏綿有餘味。已又殺楊季主。遥接楊、郭爲仇句。楊季主家上書，人又殺之闕下。一時惡焰，與大逆無異矣。上聞，乃下吏捕解。解亡，置其母家室夏陽，身至臨晋。臨晋籍少公素不知解，解冒，因求出關。籍少公已出解，得人死力如此，所以深爲解惜也。解轉入太原，所過輒告主人家。謂到此處，即以先所主之家告之。吏逐之，迹至籍少公。少公自殺，口絶。奇男子。久之，乃得解。窮治所犯，爲解所殺，皆在赦前。先言解可無死，筆端裊娜盡致。軹有儒生侍使者坐，補入一案，非另叙也。文法絶奇。客譽郭解，生曰：『郭解專以奸犯公法，何謂賢？』解客聞，殺此生，斷其舌。吏以此責解，解實不知殺者。殺者亦竟絶，莫知爲誰。奇甚。吏奏解無罪。御史大夫公孫弘議曰：『解布衣爲任俠行權，以睚眦殺人，解雖弗知，此罪甚於解殺之。當大逆無道。』天子、宰相皆首提『布衣』爲言，此總叙中『侯之門，仁義存』一段議論所從出也。遂族郭解翁伯。[11]又綴其字，奇甚。

自是之後，爲俠者極衆，敖而無足數者。先抑一筆，然後揚之，恐其遂與朱家等並列也。然關中長安樊仲子，槐里趙王孫，長陵高公子，西河郭公仲，太原鹵公孺，臨淮兒長卿，東陽田君孺，雖爲俠而逡巡有退讓君子之風[12]。至若北道姚氏，西道諸杜，南道仇景，東道趙他、羽公子，南陽趙調之徒，此盜跖居民間者耳，易足道哉！此乃鄉者朱家之羞也。文有餘響。

太史公曰：吾視郭解，傳重朱家，贊獨言解，彼此互見之法。狀貌不及中人，言語不足採者。然天下無賢與不肖，知與不知，皆慕其聲，言俠者皆引以爲名。此俠之效而禍之根也，説之津津，其惜極矣。諺曰：『人貌榮名，豈有既乎！』於戲，惜哉！

貨殖列傳

《老子》曰：『至治之極，鄰國相望，鷄狗之聲相聞，小小一事，必從大處立脚。民各甘其食，美其服，安其俗，樂其業，至老死不相往來。』必用此爲務，此伏下『善者因之』道理。輓近世塗民耳目，則幾無行矣[1]。此伏下『最下與之争』。

太史公曰：夫神農以前，吾不知已。至若《詩》《書》所述虞、夏以來，耳目欲極聲色之好，口欲窮芻豢之味，身安逸樂，而心夸矜勢能之榮使，俗之漸民久矣，貨殖爲養生之源，世非淡泊，則人争智巧，貨殖亦安可少哉！雖户説以眇論，大道理，名議論。終不能化。故善者因之，此至治之世。其次利道之，開其不竭之源。其次教誨之，撙節法制。其次整齊之，霸者作用。最下者與之争。掊克巧取。

夫山西饒材、竹、穀、纑、旄、玉石；山東多魚、鹽、漆、絲、聲色；江南出楠、梓、薑、桂、金、錫、連、丹砂、犀、瑇瑁、珠璣、齒革；龍門、碣石北多馬、牛、羊、旃裘、筋角；銅、鐵先臚列四方大凡。則千里往往山出棊置：此其大較也。皆中國人民所喜好，謠俗被服飲食奉生送死之具也。遥承耳目口體等意。故待農而食之，虞而出之，工而成之，三句賓。商而通之。一句主。此寧有政教發徵期會哉？此所以貴其因

1 此序當與《平準書》相參而論，大抵皆爲武帝聚斂而發。觀其從至治之世安俗樂業，而輓近塗民耳目，幾於無行説起，後又言『最下者與之争』，總見民生日用安逸樂康，關乎至性，爲人上者，當因其勢而利導之，則非有期會徵發，而如水之趨下，自然竭能盡智，上下通泰，各見優裕。若榷貨算緡，秋毫搜括，而與之争，則必且如《周書》所云，四民不出而匱乏，公私交困，人不聊生矣。大意如此。舊説或謂史公

自傷貧困而傳貨殖，所謂以盲引盲也。

而導之也。人各任其能，竭其力，以得所欲。故物賤之徵貴，貴之徵賤，各勸其業，樂其事，若水之趨下，日夜無休時，不召而自來，不求而民出之。豈非道之所符，而自然之驗耶？深遠精微。

《周書》曰：『農不出則乏其食，工不出則乏其事，商不出則三寶絶，虞不出則財匱少。』財匱少而山澤不辟矣。此四者，民所衣食之原也。借用『原隰』之『原』。原大則饒，原小則鮮。以原隰作比。上則富國，下則富家。貧富之道，莫之奪予，而巧者有餘，拙者不足。中有深感，令人不復貧富於命。

范蠡既雪會稽之耻，必從謀國起綫，是門面語。乃喟然而嘆曰：『計然之策七，越用其五而得意。既已施於國，吾欲用之家。』貨殖遂與君相同道，所謂善者因之，固通上下而言也。乃乘扁舟浮於江湖，變名易姓，適齊爲鴟夷子皮，之陶爲朱公。朱公以爲陶天下之中，諸侯四通，貨物所交易也。攬大勢，占全局。乃治產積居，與時逐而不責於人。是因字善術。故善治生者，能擇人而任時。忽下斷語，片言居要。十九年之中三致千金，再分散與貧交疏昆弟。此所謂富好行其德者也。傳外別調。後年衰老而聽子孫，子孫脩業而息之，遂至巨萬。故言富者皆稱陶朱公。2

2范大夫一傳，分見於《貨殖傳》及《越世家》。然《越世家》亦詳居陶之事，而特以長男不能棄財爲謀吴餘勁；此傳却只虛舉與時逐而不責於人，爲治生總持。文各有針路，非偶然也。

3二句提起如題目，然其說乃見下文。

4總論江、淮、沂、泗之間民俗風氣，即具有沃土之民不材，瘠土之民莫不向義一段大道理在內。然則貨殖者，亦勞民勸相之一端也。君子臨文之際，必具小心恭慎之懷，而豈徒爲市井賈人兒作身分哉！

5『廉吏久，久更富』，其牟利之方，亦有日計不足而歲計有餘之益。『廉賈歸富』者，始若儉於取，終則厚於藏也。各舉廉者言之，而貪者可無論矣。設意至深。

夫天下物所鮮所多，人民謠俗，[3]編紀海內物產風俗，歷落零碎，仍饒疏逸之致。山東食海鹽，山西食鹽鹵，嶺南、沙北固往往出鹽，三句言鹽，而其文三變，可知利權所首重。大體如此矣。

總之，楚、越之地，言大凡如此。地廣人稀，飯稻羹魚，或火耕而水耨，果隋蠃蛤，隋與蓏同。不待賈而足，地勢饒食，無飢饉之患，以故呰窳偷生，無積聚而多貧。此即拙者不足之故，而具有大議論在內。是故江、淮以南，無凍餓之人，亦無千金之家。沂、泗水以北，宜五穀桑麻六畜，地小人衆，數被水旱之害，民好畜藏，故秦、夏、梁、魯好農而重民。明明是兩扇文字，却極意參差，古樸倫然可愛。三河、宛、陳亦然，加以商賈。齊、趙設智巧，仰機利。燕、代田畜而事蠶。[4]然則通天下計之，蓋莫惰於江淮以南之人也。

由此觀之，賢人深謀於廊廟，論議朝廷，守信死節隱居巖穴之士設爲名高者安歸乎？歸於富厚也。此段殊不厭人意，爲其盡舉一世之人心行誼，而悉歸之於利也。不知文章感慨處，只是確耳。今之訾病此文者，其居心果何等乎？是以廉吏久，久更富，廉賈歸富。[5]富者，人之情性，所不學而俱欲者也。感入心脾、痛入骨髓之言。故壯士在軍，以下歷舉一世之名節事功，而一歸之於貨。逐段且看其辭藻繽紛、感欷深遠之妙。攻城先登，陷陣卻敵，斬將搴旗，前蒙矢石，不避湯火之難者，爲重賞使也。其在閭巷少年，攻剽椎埋，劫人作奸，掘冢鑄幣，任俠并兼，借交報仇，篡逐幽隱，不避法禁，走死地如騖者，其實皆爲財用耳。句句變。今夫趙女鄭姬，設形容，揳鳴琴，揄長袂，躡利屣[6]，目挑心招，出不遠千里，不擇老少者，奔富厚也。説盡猥鄙。游閑公子，飾冠劍，連車騎，亦爲富貴容也。弋射漁獵，犯晨夜，冒霜雪，馳阬谷，不避猛獸之害，爲得味也。博戲馳逐，鬭雞走狗，作色相矜，必争勝者，重失負也。醫方諸食技術之人，焦神極能，爲重糈也。吏士舞文弄法，刻章僞書，不避刀鋸之誅者，没於賂遺也。此中有挾術奸巧者，亦有自力本計者，事雖不同，而心實一致。讀書應制舉，何獨不然？而當時未有其事，史公亦略過士人登朝一端，終是爲同類諱耳。而讀者猶訾之耶？農工商賈畜長，長，餘也。即家無長物之長，當讀去聲。固求富益貨也。此有知盡能索耳，索亦盡義，舊解謂索財，大謬。終不餘力而讓財矣。妙句。言除是死方休也，卻藴藉而雅。

諺曰：『百里不販樵，千里不販糴。』言隨所畜而不遠取，此殖字精義。居之一歲，種之以穀；十歲，樹之以木；百歲，來之以德[7]。此句便深。德者，人物之謂也。

6 利者，尖纖之義。史公所云『躡利屣』者，其即婦人弓足之始也。然則以帛纏足其不始於潘妃矣。

7 明李滄溟《汪次公墓志》用《貨殖篇》語頗多，其曰『懸疣之祥，應在再世來之以德矣』用『來之以德』句，甚精鑿。因汪次公業賈，而其子道昆生時有豫兆，左乳懸疣，後爲名卿，不但致富，而并致貴，是徵於物者什一，而徵於人者且什九也。故百年之計，必以德來之。來，去聲，即『勞之來之』之義。

8『身有處士之義』句，是特占身分，不肯爲伹儈冒譽。

人聚而物歸之。今有無秩禄之奉，爵邑之入，而樂與之比者，命曰『素封』。素，即『素王』之『素』。封者食租税，歲率户二百。千户之君則二十萬，朝覲聘享出其中。此段專解『素封』二字之義。庶民農工商賈，率亦歲萬息二千，百萬之家則二十萬，而更徭租賦出其中。踐更徭役。衣食之欲，恣所好美矣。封君之奉不能過。故曰陸地牧馬二百蹄，牛蹄角千，千足羊，三句三樣句法，古妙絶倫。澤中千足彘，水居千石魚陂，言養魚之陂，可容千石，又變。山居千章之材。安邑千樹棗；燕、秦千樹栗；蜀、漢、江陵千樹橘；淮北、常山已南，河濟之間千樹萩；陳、夏千畝漆；齊、魯千畝桑麻；渭川千畝竹；及名國萬家之城，帶郭千畝畝鍾之田，言附郭腴田千畝，每畝收一鍾，則千鍾粟也。若千畝卮茜，千畦薑韭：此二句總承『名國萬家』句來。此其人皆與千户侯等。再繳『素封』。然是富給之資也，不窺市井，不行異邑，坐而待收，身有處士之義而取給焉8。又寫出素封之樂，言外有餘美，雖欲不求富，得乎？若至家貧親老，妻子軟弱，歲時無以祭祀進醵，即『博進』之『進』，聚物而輸之謂。飲食被服不足以自通，如此不慚耻，則無所比矣。叙到此處，不覺感慨，乃餘意，非正意也。是以無財作力，少有鬬智，既饒争時，此其大經也。治生大略，盡此三言。今治生不待危身取給，則賢人勉焉。是故本富爲上，末富次之，奸富最下。分别斷制，語無畸重，方足傳世行遠。無巖處奇士之行9，而長貧賤，好語仁義，亦足羞也。然則岩處奇士而貧賤不在此例。

凡編户之民，富相什則卑下之，伯則畏憚之，千則役，萬則僕，物之理也。似太勢利，然史公不作欺人語。夫用貧求富，農不如工，工不如商，刺綉文不如倚市門，此言末業貧者之資也。中略。貪賈三之，廉賈五之。中略。此皆誠壹之所致。由此觀之，富無經業，則貨無常主，能者輻輳，不肖者瓦解。總坐人事，亦『窗下休言命』之意。千金之家比一都之君，巨萬者乃與王者同樂。豈所謂『素封』者耶？非也。

疢齋氏曰：孔子曰：『賜不受命，而貨殖焉。』又曰：『如不可求，從吾所好。』然則受不受，亦即有命存乎其間。史公此傳，獨無一言及於命者，豈所謂『概當以忼』耶？傳中子貢開儒賈之宗，下此若巴寡婦清、刀間，收取桀黠奴；桓發用博戲富；胃脯簡微；濁氏連騎。富貴無種，自昔而然矣。

9收句言行二字對下，最妙。無其行而空爲高大之言，又不能治生自給，所以可羞。班固不察而痛詆之，殊屬無謂。

滑稽列傳

孔子曰：『六藝於治一也。「治」字陪「解紛」二字。《禮》以節人，《樂》以發和，「節人」「發和」等要是有以中人，陪下「微中」字。《書》以道事，《詩》以達意，《易》以神化，《春秋》以義。』太史公曰：天道恢恢，豈不大哉！無所不有故大，豈不能容一滑稽。談言微中，亦可以解紛。[1]解紛亂，亦治也。

淳于髡者，齊之贅婿也。漢人輕贅婿，故獨著，非後世人語。長不滿七尺，滑稽多辯，數使諸侯，未嘗屈辱。以贅婿之困而儀表又不足觀，乃見其數使不屈，全仗滑稽。齊威王之時喜隱，好爲淫樂長夜之飲，沈湎不治，委政卿大夫。百官荒亂，諸侯並侵，國且危亡，在於旦暮，左右莫敢諫。不極寫敗亂，不見滑稽之功。此文章跌宕處，非實事也。淳于髡説之以隱曰：『國中有大鳥，止王之庭，三年不蜚又不鳴，王知此鳥何也？』王曰：『此鳥不飛則已，一飛沖天；不鳴則已，一鳴驚人。』[2]威王警悟如此，若無髡言，豈竟危亡耶？故知前之過作形容也。於是乃朝諸縣令長七十二人，賞一人，誅一人，賞即墨，烹阿。奮兵而出。諸侯振驚，皆還齊侵地。威行三十六年。語在《田完世家》中。

威王八年，楚大發兵加齊。既云『威行三十六年』，旋接以八年被兵，則彼此矛盾矣。蓋文

1 此叙固甚有滑稽之風，然其意亦極明劃，將『天道恢恢』二句總攬六藝，將『亦可以』句頂著六個『以』字，見滑稽之雄，固將掇六藝之菁英而無不可者也。若不得其旨，即被他推墮汪洋大海中矣。

2 此數語豈得謂爲髡之功，而史公如此摇曳者，傳體固不容不爾也。

筆恣縱之，故多此累。齊王使淳于髡之趙請救兵，齎金百斤，車馬十駟。淳于髡仰天大笑，冠纓索絶。王曰：『先生少之乎？』一語使先道破，機警可想。髡曰：『何敢！』王曰：『笑豈有説乎？』明已猜着，故作一閃，乃見滑稽。髡曰：『今者臣從東方來，見道傍有禳田者，操一豚蹄，酒一盂，祝曰：「甌窶，滿篝；汚邪，滿車；五穀，蕃熟；穰穰，滿家。」[3]隨口謅出，古雋不凡，先生真滑稽之首哉！臣見其所持者狹而所欲者奢，故笑之。』仍歸到『少之』句。於是齊威王乃益齎黄金千鎰、白璧十雙、車馬百駟。既以如許厚幣買救，亦無藉先生神舌矣。髡傳俱調笑之辭耳。髡辭而行，至趙。趙王與之精兵十萬、革車千乘。楚聞之，夜引兵而去。

威王大悦，置酒後宫，召髡賜之酒。問曰：『先生能飲幾何而醉？』威王妙人，題目既佳，文字自雋。對曰：『臣飲一斗亦醉，一石亦醉。』威王曰：『先生飲一斗而醉，惡能飲一石哉！其説可得聞乎？』髡曰：『賜飲大王之前，執法在傍，御史在後，髡恐懼俯伏而飲，不過一斗徑醉矣。第一層是爾時正面，掀開一邊説。若親有嚴客，髡帣韝鞠𦝫，袒裼奉觴以致敬。侍酒於前，時賜餘瀝，奉觴上壽，數起，飲不過二斗徑醉矣。若朋友交游，久不相見，卒然相睹，歡然道故，私情相語，飲可五六斗徑醉

3 甌窶之歌，每二字爲句，自相爲葉，古詩之流也。今人率爾讀去，不曉此理。先秦以前用韻之法，迥殊後世，韓昌黎多摹之。家，當葉江。甌窶，高田；汚邪，低濕也。

4二段俱有『男女雜坐』及『男女同席』語，其所諷諫者，固知醉翁之意不在酒也。

5史公雄於文，而未嘗爲賦，惟此段錯綜妍妙，絶有賦心。其中或用韻，或用排，精能之至，幾令子雲、相如斂衽退舍，蓋千古慧業文人，其腕下定無所不有，偶然露穎而終以文單行者，不欲分其力也。

6淳于生機鋒輕妙，而所載廋詞二段，皆無裨於國。故史公但云數使諸侯，未嘗屈辱。若優孟、優旃，雖居弄臣之列，而所言皆足以匡君，故一

矣。若乃州閭之會，男女雜坐，行酒稽留，六博投壺，相引爲曹，握手無罰，目眙不禁，前有墮珥，後有遺簪，髡竊樂此，飲可八斗而醉二參。語意未畢。日暮酒闌，合尊促坐，男女同席，履舃交錯，杯盤狼藉，即承上段，蓋醉餘更酌也。合尊促坐，乃客已半散，並席移樽之意。堂上燭滅，主人留髡而送客，羅襦襟解，微聞薌澤，並非復醉鄉情事矣。當此之時，髡心最歡，能飲一石。[4]故曰酒極則亂，只此一句，承上二段，是主句。樂極則悲；萬事盡然。』言不可極，極之而衰，[5]以諷諫焉。齊王曰：『善。』乃罷長夜之飲，以髡爲諸侯主客。宗室置酒，髡嘗在側。

其後百餘年，楚有優孟。優孟，楚莊王時人，在齊威王前二百餘年，此句誤。

優孟者，故楚之樂人也。長八尺，多辯，常以談笑諷諫。[6]楚莊王之時，有所愛馬，衣以文繡，置之華屋之下，席以露床，啖以棗脯。馬病肥死，馬死得韻，而人之不韻愈見矣。使群臣喪之，欲以棺槨大夫禮葬之。太騃得可笑。左右爭之，以爲不可。王下令曰：『有敢以馬諫者，罪至死。』莊王，賢主也，恐未必有此。優孟聞之，入殿門，仰天大哭。淳于笑，優孟哭，此曹面孔，正復何所不可。王驚而問其故。優孟曰：『馬者王之所愛也，以楚國堂堂之大，何求不得，以將順爲匡弼，最工。而以大夫禮葬之，薄，

則曰『常以談笑諷諫』，一則曰『合於大道』，各於傳首揭出眼目，大有意思，非閑筆也。

7此數語真滑稽妙品，千載而下猶若聞其笑語之聲。

8優孟古之節俠士也，特隱於伶官以玩世耳。孫叔敖秉政之際，堂堂楚國，衆材輻輳，而獨於一伶人冷眼覷定，以爲託妻寄子之友。君子讀此文也，爲之淋漓感激，又爲之盡然而傷心也。

一字句，韻甚。請以人君禮葬之。』王曰：『何如？』對曰：『臣請以雕玉爲棺，文梓爲椁，楩楓豫章爲題湊，發甲卒爲穿壙，老弱負土，齊、趙陪位於前，韓、魏翼衛其後，莊王時無趙、韓、魏三國，蓋文章逗漏處。廟食太牢，奉以萬户之邑。諸侯聞之，皆知大王賤人而貴馬也。』説破反少味。王曰：『寡人之過一至此乎！爲之奈何？』優孟曰：『請爲大王六畜葬之。本曰食之，却仍曰葬之，奇妙。以壠竈爲椁，銅歷爲棺，齎以薑棗，薦以木蘭，祭以粳稻，衣以火光，葬之於人腹腸。』7語似歌謡，是樂人致語長伎。於是王乃使以馬屬太官，無令天下久聞也。

楚相孫叔敖知其賢人也，善待之。點睛有意。病且死，屬其子曰：『我死，汝必貧困。若往見優孟，言我孫叔敖之子也。』8死生之際，公卿大夫無一可託者，而獨託孟，又不刺刺面語，只以一冷語先之，孟之賢可知矣。居數年，其子窮困負薪，逢優孟，與言曰：『我，孫叔敖之子也。父且死時，屬我貧困往見優孟。』優孟曰：『若無遠有所之。』囑得妙。即爲孫叔敖衣冠，抵掌談語。想頭却奇絶。歲餘，像孫叔敖，楚王左右不能别也。言王之左右不能别，蓋如演劇者必試過數次，然後去嘗試人主。莊王置酒，優孟前爲壽。莊王大驚，以爲孫叔敖復生也，欲以爲相。此非實事也，史公妙筆寫來，人不能

9優孟抵掌而談，只是今人演弄爨色摹仿形容之意，莊王筵前撇撮調笑，因以感動之耳。即所謂『三日謀諸婦』者，亦不過落場重上更端迭進之態，俱非實事。若認以一番談笑，莊王真欲以相位授之，乃必無之理。史公妙筆迷離，墮千古學者於雲霧中而不覺耳。

認其蹊徑耳。優孟曰：『請歸與婦計之，三日而爲相。』9莊王許之。三日後，優孟復來。王曰：『婦言謂何？』孟曰：『婦言愼無爲，先切戒之。楚相不足爲也。再明其所以然之故。如孫叔敖之爲楚相，前既貌似叔敖，此處不嫌竟入。盡忠爲廉以治楚，楚王得以霸。只帶説妙。今死，其子無立錐之地，貧困負薪以自飲食。正旨只二句。必如孫叔敖，以上明是賓白。不如自殺。』以下繼之以歌。因歌曰：『山居耕田苦，難以得食。起而爲吏，第一解。身貪鄙者餘財，不顧耻辱。身死家室富，第二解。滅頂多凶，一言道盡。又恐受賕枉法，爲奸觸大罪，身死而家滅。第三解。轉筆趣。貪吏安可爲也！念爲廉吏，奉法守職，竟死不敢爲非。第四解。廉吏安可爲也！先嘆一口氣，妙。楚相孫叔敖持廉至死。第五解。方今妻子窮困負薪而食，不足爲也！』再嘆入神。於是莊王謝優孟，乃召孫叔敖子，封之寢丘四百户，以奉其祀。後十世不絶。此知可以言時矣。此蓋用《論語》『可以言而不與之言』句意，謂叔敖知人也。

其後二百餘年，秦有優旃。莊王至秦始皇時四百年矣，語亦小誤。

優旃者，秦倡侏儒也。善爲笑言，然合於大道。秦始皇時，置酒而天雨，陛楯者皆沾寒。語妙。優旃見而哀之，謂之曰：『汝欲休乎？』陛楯者皆曰：『幸甚。』優旃曰：『我即呼汝，汝疾應曰諾。』居有頃，殿上上壽呼萬歲。優旃臨檻大呼曰：『陛楯郎！』郎曰：『諾。』優旃曰：『汝雖長，何益，幸雨立。我雖短也，幸休居。』兩「幸」字可解不可解，正爾趣絶。於是始皇使陛楯者得半相代。

始皇嘗議欲大苑囿，東至函谷關，西至雍、陳倉。優旃曰：『善。多縱禽獸於其中，寇從東方來，令麋鹿觸之足矣。』絶不詞費而意極警動，有前二子之悠颺，不可無此子之簡捷。始皇以故輟止。

二世立，又欲漆其城。優旃曰：『善。主上雖無言，臣固將請之。漆城雖於百姓愁費，然佳哉！漆城蕩蕩，寇來不能上。即欲就之，易爲漆耳，顧難爲蔭室。』餘意不竭。於是二世笑之，以其故止。居無何，二世殺死，優旃歸漢，數年而卒。

太史公曰：淳于髡仰天大笑，齊威王橫行。優孟摇頭而歌，負薪者以封。優旃臨檻疾呼，陛楯得以半更。豈不亦偉哉！

《滑稽傳》所載三人，一層深一層。髡語勸百而諷一者也，舌辯之雄，而不必有裨於國。孟語篤友誼於死生，明功臣於没世，節俠之流也。旃語惜陛楯之沾寒，警寇機於未至，忠厚之發也。史公特爲諷諫立傳，非徒以談鋒調笑見長，褚先生不得其旨而妄續之，則夸而無當矣。

贏秦方熾之際，舉朝阿諛，寇禍日深，而無敢一字齒及。雖以叔孫通之爲人，猶藉鼠竊狗偷之言，僅得免於虎口。而優旃獨兩提寇至，矢口驚心，長歌之哀，深於痛哭矣，豈非奇士哉！末特結之以『二世殺死，優旃歸漢』，此其故可思也，而不可言也。嗚呼！史公之文，味外有味，疇則見之。

太史公自序

太史公既掌天官，不治民。有子曰遷1。

遷生龍門，耕牧河山之陽。年十歲則誦古文。二十而南游江、淮，上會稽，探禹穴，窺九疑，浮於沅、湘；北涉汶、泗，先將一部《史記》奇偉恢廓大本領指出，並非漫作游記也。講業齊、魯之都，此句獨重，爲通篇伏脉。觀孔子之遺風，鄉射鄒、嶧；承上句言於鄒、嶧行鄉射禮，亦孔子流風所漸被也。戹困鄱、薛、彭城，過梁、楚以歸。於是遷仕爲郎中，奉使西征巴、蜀以南，南略邛、笮、昆明，觀此則知通西南夷一事，史公亦身與其役，不但博望、相如也。還報命。

是歲天子始建漢家之封，武帝元封元年行封禪諸禮。而太史公留滯周南，自陝以東，皆曰周南。不得與從事，故發憤且卒。2此事是天官所掌，故以不與爲恨，然實是習氣。而子遷適使反，見父於河洛之間，太史公執遷手而泣曰：『余先周室之太史也。寫得入情，一篇發憤情事皆化爲忠孝文章矣。自上世嘗顯功名於虞、夏，典天官事。後世中衰，絶於予乎？汝復爲太史，則續吾祖矣。惓惓於此，當時固以記事之史與卜祝之官合爲一職。今天子接千歲之統，封泰山，而余不得從行，發明憤懣之旨。是命也夫，命也夫！余

1由前篇首起，至『建於明堂，諸神受紀』句止，是太史公自叙家傳。自『先人有言曰』起，至篇終，是全部《史記》後叙。其後又有逐篇小叙，須分三項看。今已芟録什五，然其主腦須揭明之，庶易尋其脉絡。

2封禪改朔之事，本非三代以上所重，後世乃自謂功德隆盛，假此以侈受命之符。且其事亦何關史臣論著之職？而太史談顧以留滯異地，不得扈從東封，至於發

憤成疾，遂殞其身，不亦惑之甚乎？蓋談承前秦流弊，記事之言疑於誹謗，一切廢弛，而巫史卜祝之官，遂淪於倡優待詔之亞，故習氣所流，不能自振。然能於其時流連六籍，蘊蓄論著之端，且欲竊比《春秋》絶業，遷之功，實談有以啓之，又何可不謂之賢豪間者哉！

死，汝必爲太史；爲太史，無忘吾所欲論著矣。一篇提綱，在此一句。且夫孝始於事親，中於事君，終於立身。揚名於後世，揚名藉作引子，非正意。以顯父母，此孝之大者。夫天下稱誦周公，言其能咏歌文、武之德，此跟論著意，是主。宣周、召之風，指《二南》風詩言之。達太王、王季之思慮，爰及公劉，以尊后稷也。逆數周家世德，一句串出，奇妙。幽、厲之後，王道缺，禮樂衰，此段方指授所欲論著之大凡。孔子脩舊起廢，論《詩》《書》，作《春秋》，隱隱隆隆，逗起六經，伏綫作案。則學者至今則之。自獲麟以來四百有餘歲，而諸侯相兼，史記放絶。孔子時列國猶有史職，至戰國兼并，日尋干戈，史職始廢。今漢興，海内一統，明主賢君忠臣死義之士，此統指四百餘歲言之，非專言漢事。余爲太史而弗論載，廢天下之史文，余甚懼焉，汝其念哉！』遷俯首流涕曰：『小子不敏，請悉論先人所次舊聞，弗敢闕。』要見一部《史記》，俱太史公談收集古文系本，但遷始裁擇潤色，勒爲成書耳。

卒三歲而遷爲太史令，紬史記石室金匱之書。一句引起撰次，却不説完。五年而當太初元年，十一月甲子朔旦冬至，天曆始改，建於明堂，諸神受紀。特載此數語，遥應前『始建漢家之封』等語，隱隱見卒酬父志，以釋其憤。

3自此以下，自叙《史記》，故又以六經引起，而仍託之先人，其實即櫽括前言，不必云談復有此數語也。

4假壺遂一問，發明作史之由。前一段專指孔子隱、桓以下，定、哀以上二百四十二年之作言。後一段則通論邃古以來，下極無窮之世。總之不可一日無史筆以維持於三綱五常之際也。從遷以前，如晉狐、楚倚之屬，號稱良史，而其書俱不傳；《春秋》幸經聖人筆削，又得三傳發明，遂爲萬古史宬

太史公曰：此指自己，與前稱父者不同。『先人有言：先人，則談也。「自周公卒五百歲而有孔子。孔子卒後至於今五百歲，當時未有道統之説，而史公爲此言，自負良非鮮腆。有能紹明世，正《易傳》，繼《春秋》，本《詩》《書》《禮》《樂》之際？」[3]意在斯乎！意在斯乎！小子何敢讓焉！』此即上文獲麟以來四百餘歲一段大意，櫽括重提，爲《史記》作自叙也。

上大夫壺遂曰：『昔孔子何爲而作《春秋》哉？』[4]遂時爲詹事，秩二千石。假人言以發明己意，專提《春秋》，是竊比正旨。太史公曰：『余聞董生仲舒。曰：「周道衰廢，孔子爲魯司寇，諸侯害之，大夫壅之。八字只是『道不行』之案，不必謂別有寄託。孔子知言之不用，道之不行也，是非二百四十二年之中，以爲天下儀表，貶天子，所謂『貶天子』者，意謂貶斥時王，以明文、武之道，然自是語累。退諸侯，討大夫，以達王事而已矣。」子曰：「我欲載之空言，不如見之於行事之深切著明也。」謂空言其理，不若附見當時實事，故當時賈、董之流，皆有大篇，而遷獨作《史記》，亦其意也。夫《春秋》，數語贊《春秋》，實是自道其作史張本。上明三王之道，下辨人事之紀，別嫌疑，明是非，定猶豫，善善惡惡，賢賢賤不肖，存亡國，繼絶世，補敝起廢，王道之大者也。已上正答『何爲作《春秋》』之

鼻祖；至史遷創年表以續經，爲記、傳、書、志以繼傳，合經、傳而出一人之手筆，以垂勸戒於後世，《春秋》三傳以後，實爲繼往開來第一部書。即無爾許奇筆，尚可不祧，况奇偉恢廓，無所不備如此乎？其惓惓自擬《春秋》，有以也夫。

問。《易》著天地陰陽四時五行，此承『有能紹明世』一段而推言之。故長於變；《禮》經紀人倫，故長於行；《書》記先王之事，故長於政；《詩》記山川谿谷禽獸草木牝牡雌雄，故長於風；《樂》樂所以立，故長於和；《春秋》辨是非，故長於治人。言六經所長，亦不過約舉大意，不必深求其當否。是故《禮》以節人，《樂》以發和，《書》以道事，《詩》以達意，《易》以道化，《春秋》以道義。再作一總，歸重《春秋》，筆力絶大。撥亂世反之正，莫近於《春秋》。接手自然，無襞積痕，故妙。《春秋》文成數萬，其指數千。萬物之散聚皆在《春秋》。以上又自發明《春秋》經世之功絶大。《春秋》之中，弑君三十六，亡國五十二，諸侯奔走不得保其社稷者不可勝數。察其所以，皆失其本已。言由於大義不明，前故云《春秋》以道義也。故《易》曰：「失之毫釐，差以千里。」承『失其本』『失』字而精言之。故曰：「臣弑君，子弑父，非一旦一夕之故也，其漸久矣。」其初只有毫釐之差，其卒遂成篡弑之禍，蓋不過一念之肆，爲之漸漬而長。故有國者不可以不知《春秋》，前有讒而不見，後有賊而不知；爲人臣者不可以不知《春秋》，守經事而不知其宜，遭變而不知其權。如趙盾不討賊，許止不嘗藥，此種讒賊之人，非明於《春秋》之義，安能辨之？辨之不早，其禍將長矣。爲人君父而不通於《春秋》之義者，必蒙首惡之名；承上二語而危言以惕之。爲人臣子而不通於《春秋》之義者，必陷篡弒之誅，死罪之名。其實皆以爲善，爲之不知其義，被之空言而不敢辭。其初自謂善事，故遂爲之，由於義之不明也。至其後加以篡弒之名，安能解免。夫不通禮義之旨，以下十三句，乃復衍上文之旨，一氣趕出『故《春秋》者，禮義之大宗也』一句來。至於君不君，臣不臣，父不父，子不子。夫君不君則犯，臣不臣則誅，父不父則無道，子不子則不孝。此四行者，天下之大過也。以天下之大過予之，則受而弗敢辭。故《春秋》者，禮義之大宗也。言六經之旨，皆約而歸焉，如朝宗之義。夫禮禁未然之前，法施已然之後；法之所爲用者易見，而禮之所爲禁者難知。』[5]以上統爲一大段，正言有天下國家者，不可一日廢史臣之職。言《春秋》者，皆言史，不復指孔子所作之書也。

壺遂曰：『孔子之時，上無明君，下不得任用，故作《春秋》，垂空文以斷禮義，當一王之法。今夫子上遇明天子，下得守職，萬事既具，咸各序其宜，夫子所論，欲以何明？』再著此問，是周旋本朝之法，不得不爾，實非正旨。

太史公曰：『唯唯，否否，不然。余聞之先人曰：言必稱先，最有深意。「伏羲至純厚，作《易八卦》。堯、舜之盛，《尚書》載之，禮樂作焉。湯、武之隆，詩人歌之。

[5]王介甫號稱經術宗師，獨詆《春秋》爲爛朝報，無忌憚至此。太史公處秦政劫灰之後，而能表明經世之功，豈非千古巨眼？而班氏譏其貴黃老後六經者，蓋指前半其父談論六家之要云云而誤以爲遷之罪案也。班有整齊之力而識見不高，殆無足道。○史談於六家之要處，節去不録。

引盛世爲例，仍必原本六經，文字縝密如此。《春秋》采善貶惡，推三代之德，褒周室，非獨刺譏而已也。」此自救前文「貶天子」云云之文也。看「非獨刺譏」句，則知所刺譏者已過半矣。漢興以來，至明天子，獲符瑞，封禪，再跟「建漢家之封」等意，落筆有來歷。改正朔，易服色，受命於穆清，澤流罔極，海外殊俗，重譯款塞，請來獻見者，不可勝道。臣下百官力誦聖德，猶不能宣盡其意。正答「欲以何明」之問。且士賢能而不用，有國者之耻；主上明聖而德不布聞，有司之過也。雖作感慨，以陪跌下句，遂不覺其用意之深。且余嘗掌其官，點入此句，明盡職之意。廢明聖盛德不載，滅功臣世家賢大夫之業不述，此二句約言本朝在內。墮先人所言，罪莫大焉。緊跟先人，針路不紊。余所謂述故事，整齊其世傳，非所謂作也，此二句言漢以前。而君比之於《春秋》，謬矣！」6明明自比《春秋》，而轉謬他人之問，一閃入妙。

於是論次其文。七年而太史公遭李陵之禍，幽於縲紲，乃喟然而嘆曰：「是余之罪也夫！是余之罪也夫！以不得卒業順承先澤爲罪。身毀不用矣。」退而深惟曰：「夫《詩》《書》隱約者，欲遂其志之思也。一轉轉入窮愁著書，乃末後不得已自己寬譬之辭。而世俱以此爲作史張本，冤極，謬極，最不足采。昔西伯拘羑里，演《周易》；孔子厄

6史遷著書，固與孔子假褒貶以討亂賊者不同，然以爲力頌聖德宣盡其意，則亦非其本旨也。想其心以《封禪》《平準》等書刺譏當世之事者，良復不少，故特假此數言以相掩蔽，故謬其辭以自匿耳。讀者當於筆墨之外尋之，勿但泥其文也。

7自敘作史之志，上攀六籍，竊比《麟經》，如此其深切著明，後適有李陵之禍，俱大業廢於垂成，故假古人憂患之端稍爲寬譬。乃眯者獨指此爲發憤著書之由，真不可曉，余故力雪之。

8以武帝元狩獲麟，聊據作竊比《春秋》之一證，故云麟止。

陳、蔡，作《春秋》；屈原放逐，著《離騷》；左丘失明，厥有《國語》；孫子臏脚，而論兵法；不韋遷蜀，世傳《吕覽》；韓非囚秦，《説難》《孤憤》；《詩》三百篇，大抵聖賢發憤之所爲作也。此人皆意有所鬱結，不得通其道也，此直應孔子『諸侯害之，大夫壅之』數句，不爲李陵之事。故述往事，思來者。』7於是卒述陶唐以來，須看『卒述』二字，乃終成其事，非託始於今也。至于麟止8，自黄帝始。

《史記》一書，學者斷不可不讀，而亦至不易讀者也。蓋其文洸洋瑋麗，無奇不備，彙先秦以上百家六藝之菁英，羅漢興以來創制顯庸之大略，莫不選言就班，青黄纂組。如游禁籞，如歷鈞天，如夢前生，如泛重溟。以故譾材謏學，無有能閲之終數卷者。前哲雖有評林，要亦丹黄粗及，全豹不呈。不揣荒陋，特採録而詳閲之，務使開卷犁然，皆可成誦。間加論斷，必出心裁，密字蠅頭，經涉寒暑，幸可成編，固足爲雪案之快觀也。若所删節者，刊本具存，豈妨繙讀？世有《三倉》四庫爛熟胸中之士，吾又安能限之哉！辛丑長至後三日，閲訖題此。

附録

序

《史記菁華録》，蓋錢塘姚公苧田先生摘録成帙，刊以行世，其書頗傳於蘇、浙間，而一二好古之士，往往愛其書而卒不獲見，每深恨焉。

余向嘗盡讀史公書，萃精殫力，如入武夷、九華諸勝，層折迤邐，奇峰怪石，不可名狀；又如涉鄱湖、濟洞庭，波濤洶湧，氣象萬千。全豹之窺，獵涉家非不稱快一時，而掩卷之餘，或不能使之一一成誦在胸，誠以後人思力，遠不逮古作者，矧史公才雄百代，其所爲文折奥疏宕多奇氣，視他作頗難記憶，則用力多獲益淺，亦毋怪然者。

余久欲購一節鈔善本，使便流覽，適得斯録，見其削繁就簡，不戾史公本旨，則不得謂史公之功臣，而未嘗不爲讀史公書者之一津梁也。

余刻其書以公諸世，即爲叙其沿起如此云。

繡谷省庵趙承恩謹序

史記菁華録指導大概

朱自清

讀《史記菁華録》，不可不知道《史記》的大概。《史記》的作者司馬遷的傳叙，有《史記》的末篇《自序》。那篇歷叙他的家世，傳述他父親的學術見解和著述志願，又記載他自己的游覽各地和繼承先志，然後説到《史記》的編例和内容。《漢書》裏的《司馬遷傳》，就直鈔那篇的原文，不過加入了遷報任安的一封書信罷了。現在爲便利讀者起見，作司馬遷傳略如下：

司馬遷，字子長，生於龍門（龍門是山名，在今山西省河津縣西北、陝西省韓城縣東北，分跨黄河兩岸，形如門闕）。他的生年有兩説：一説是漢景帝中元五年（公元前一四五年），一説是漢武帝建元六年（公元前一三五年），相差十年；據近人考證，前一説爲是。他的父親談，於各派學術無所不窺，當武帝建元、元封之間，爲太史令。談死於元封初年（元封元年當公元前一一〇年），遷即繼職爲太史令。因此，《史記》中稱父親，稱自己，都作『太史公』（《天官書》裏有『太史公推古天變』一説，《封禪書》裏有『有司與太史公祠官寬舒議』『太史公祠官寬舒等曰』兩語，其中的『太史公』，和《自序》前篇用了六次的『太史公』，都是稱父親；各篇後面『贊』的開頭『太史公曰』的『太史公』，都是稱自己。官是太史令，爲什麽稱『太史公』呢？關於此點，解釋很多。有的説，『太史公』是官名，其位極尊；駁者却説，《漢書·百官公卿表》中並没有這個官。有的説，稱『令』爲『公』，同於邑令稱『公』；駁者却説，這是僭稱，用來稱呼别人猶可，哪裏有用來自稱的？有的説，遷尊其父，故稱爲『公』；駁者却説，明明自稱的地方也作『公』。爲什麽對自己也要『尊』？有的説，尊父爲『公』，是遷的原文，尊遷爲『公』，是後人所改；駁者却説，後人這一改，似乎有點愚。有的説，這個『公』字並没有特别表示尊重的意思，只如古代著書，自稱爲『子』或『君子』而已；此説用來解釋稱父和自稱，都比較圓通，但得其真際與否，還是不可知）。遷在青年時期出去游覽；《自序》裏説：『二十而南游江淮，上會稽，探禹穴，闚九疑，浮於沅湘，北涉汶泗，講業齊魯之都，觀孔子之遺風，鄉射鄒嶧，厄困鄱薛彭城，過梁楚以歸。』黄河、長江流域的大部分，他都到過，回來之後，作郎中的官。元封元年，『奉使西征巴蜀以南，南略邛笮昆明』，便又游覽了西南地方。及繼任了太史令，於太初元年（公元前一〇四年）開始他的著作。《自序》裏説：『余嘗掌其官，廢明聖盛德不載，滅功臣世家賢大夫之業不述，墮先人所言，罪莫大焉。……於是論次其文。』可見他從事著作爲的是繼承先志。『論次其文』是就舊聞舊文加以整理編排的意思，他既受了父親的薰陶，又讀遍了皇室的藏書，觀察了各地的山川、風俗，接觸了在朝在野的許多人物，自然能够取精用宏，肆應不窮。天漢二年（公元前九九年），李陵與匈奴戰，矢盡力竭，便投降了匈奴。消息傳來，一班朝臣都説陵罪很重；武帝問到遷，遷獨替李陵辨白。他説：『陵事親孝，與士信，常奮不顧身，以殉國家之急，其素所畜積也，有國士之風。今舉事一不幸，全軀保妻子之臣，隨而媒蘖其短，誠可痛也！且陵提步卒不滿五千，深糅戎馬之地，抑數萬之師，虜救死扶傷不暇，悉舉引弓之民，共攻圍之；轉鬭千里，矢盡道窮，士張空弮，冒白刃，北首争死敵，得人之死力，雖古名將不過也。身雖陷敗，然其所摧敗，亦足暴於天下。彼之不死，宜欲得當以報漢也。』（見《漢書·李陵傳》，《報任安書》中也提到這一層，大致相同）這是説李陵人品既好，將才又出衆，戰敗是不得已，投降是有所待。武帝以爲遷誣罔，意在毁謗貳師將軍李廣利（那一次打匈奴，李廣利將三萬騎，爲主力軍，但没有與單于大軍相遇，因此少有功勞），並替李陵説好話；便治他的罪，處以最殘酷的腐刑（割去生殖器）。這不但殘傷了他的身體，同時也打擊了他的精神。《報任安書》中説：『禍莫憯於欲利，悲莫痛於傷心，行莫醜於辱先，而詬莫大於宫刑。刑餘之人，無所比數，非一世也，所從來遠矣。昔衛靈公與雍渠載，孔子適陳；商鞅因景監見，趙良寒心；同子參乘，爰絲變色；自古而恥之。夫中材之人，事關於宦豎，莫不傷氣，況忼慨之士乎！』從這些話，可知他的羞憤和傷心達到了何等程度。受刑之後不久，他又作中書令的官。對於著作事業，還是繼續努力。《報任安書》中有『所以隱忍苟活，幽糞土之中而不辭者，恨私心有所不盡，鄙沒世而文采不表於後也。古者富貴而名磨滅，不可勝記，唯俶儻非常之人稱焉。蓋西伯拘而演《周易》；仲尼厄而作《春秋》；屈原放逐，乃賦《離騷》；左丘失明，厥有《國語》；孫子臏脚，《兵法》修列；不韋遷蜀，世傳《吕覽》；韓非囚秦，《説難》《孤憤》；《詩》三百篇，大抵賢聖發憤之所爲作也。此人皆意有所鬱結，不得通其道，故述往事、思來者。及如左丘明無目，孫子斷足，終不可用，退論書策，以舒其憤思，垂空文以自見』的話，説明了他在痛苦之中，希望立言傳世，垂名於久遠的心理。接着就説：『僕竊不遜，近自託於無能之辭，網羅天下放失舊聞。考之行事，稽其成敗興壞之理，凡百三十篇；亦欲以究天人之際，通古今之變，成一家之言，草創未就，適會此禍；惜其不成，是以就極刑而無愠色。』寫這封書信的時候，既説了『近自託於無能之辭』的話，又有了『百三十篇』的總數，他的初稿大概已經完成了。這封書信，據近人考證，作於征和二年（公元前九一年）；其時還從武帝幸甘泉，甘泉在今陝西省淳化縣西北，距長安西北二百里，所以書中説『會東從上來』；次年正月武帝要幸雍，遷也將從行，所以書中説『僕又薄從上雍』（『薄』是『近』和『迫』的意思，也就是『立刻要』）。如此説來，他的著作，從開始着手到初稿完成，共佔了十幾年的時間；一部開創的大著作，十幾年的工夫自然是要的。他的死年不可知，大概在武帝末年或昭帝初年（武帝末年當公元前八七年），年齡在六十歲左右。

司馬遷所著的書，他自己並不稱爲『史記』。原來『史記』這個名詞，在古代是記事之史的通稱，這在司馬遷書裏，就有許多證據。如《周本紀》裏説：『周太史伯陽讀史記曰：「周亡矣！」』這『史記』指周室所藏的記事之史；《孔子世家》裏説孔子『因史記作《春秋》』，《十二諸侯年表·序》裏説孔子『論史記舊聞，興於魯而次《春秋》』，這『史記』指孔子所見的記事之史。《自序》裏説『諸侯相兼，史記放絶』，《六國年表·序》裏序：『秦既得意，燒天下詩書，諸侯史記尤甚。』這『史記』指各國所有的記事之史。《天官書》裏説『余觀史記，考行事，百年之中，五星無出而不反逆行』，這『史記』指漢代的記事之史，從『百年之中』一語可以推知。《自序》裏説：『紬史記石室金匱之書』，這『史記』兼指漢代、秦代、秦國（《秦記》獨存，見《六國年表·序》），及殘餘的各國的記事之史，這些都是他著書的參考資料。司馬遷没有把『史記』這個通稱作爲自己的書的專名，也没有給自己的書取一個統攝全部的别的專名：他在《自序》裏，只説『著十二《本紀》……作十《表》……作八《書》……作三十《世家》……作七十《列傳》，凡百三十篇，五十二萬六千五百字，爲「太史公書」』而已。班固撰《漢書》，其《藝文志》承沿着劉歆的《七略》，稱『司馬遷書』爲『太史公百三十篇』，没有『書』字。他的父親班彪論史家著述，將『太史公書』與《左氏》《國語》《世本》《戰國策》《楚漢春秋》並舉（見《後漢書·班彪傳》）。這可見在班氏父子當時，還没有把『司馬遷書』稱爲『史記』的。但范曄在《後漢書·班彪傳》的叙述語中，却有『司馬遷著《史記》』的話。據此推測，『史記』成爲司馬遷書的專名，該是起於班、范之間，從後漢到晋、宋的時代。

《史記》一百三十篇，就體例而言，分爲五類，就是《本紀》《表》《書》《世家》《列傳》。《本紀》記載帝王的事迹，從五帝（黄帝、帝顓頊，帝嚳、帝堯、帝舜）到漢武帝，有年的分年，没有年的分代。《表》編排各代的大事，年代已經不可考的作《世表》，年代可考的作《年表》，變化太劇烈的時候作《月表》；並表列漢興以來侯王的封立和將相的任免。《書》叙述文化的各部門，如禮節、曆法、祭祀、水利、財政等，都分類歷叙，使讀者對於這些方面得到系統的知識。《世家》按國按家並按着年代世系，記載若干有重要事迹的封建侯王；體例和《本紀》相同，不過《本紀》記的是統治天下的人，《世家》記的是統治一個區域的人，有這一點分别而已。《列傳》記載自古到漢或好或壞的重要人物，以及邊疆内外的各國狀態。這五類，所包容範圍很廣大，組織很完密；在漢朝當時，實在是一部空前的『中國通史』。自從有了《史記》，我國史書的規模就確定了，以後史家作史大多模仿它，現在所謂『二十四史』，除了《史記》以外的二十三史，體例都與《史記》相同。（不過《世家》一類，以後的史中没有了。《書》一類自從《漢書》改稱了『志』，便一直沿用下去，都稱『志』而不稱『書』。《表》和《志》並非各史都有，其没有這兩類的，便只有《紀》和《傳》了）這種體例稱爲『紀傳體』，與另外兩個重要史體『編年體』和『紀事本末體』相對待。

五類之中，《本紀》和《世家》兩類都有幾篇足以引起人疑問的，這裏簡略的説一説，先説《本紀》方面。秦自莊襄王以上，論地位還是諸侯，應該入《世家》，還却作了《秦本紀》，這是一點。項羽並没有得天下、成帝業，還却作了《項羽本紀》，這是二點。惠帝作了七年的天子，還不給他作《本紀》，却作了《吕太后本紀》，這是三點。以上三點疑問，看了《自序》的話，都可以得到解答。《自序》裏説：『略推三代，録秦、漢，上記軒轅，下至於兹，著十二《本紀》，既科條之矣。』『科條之』是科分條例、舉其大綱的意思；换句話説，十二《本紀》是全書的綱領。既要『録秦、漢』，自不得不詳及秦的先代。《秦本紀》裏説：『秦之先伯翳，帝顓頊之苗裔。』《秦始皇本紀贊》裏説：『秦之先伯翳，嘗有勳於唐、虞之際。』都是説秦的由來久遠。《秦始皇本紀贊》裏又説：『自繆公以來，稍蠶食諸侯，竟成始皇。』《自序》裏説：『昭、襄業帝，作《秦本紀》第五』，都是説秦的帝業的由來。况且諸侯史記大多散失，獨有《秦紀》保存着；要舉綱領，自宜將秦列入《本紀》了。項羽自爲西楚霸王（『霸』是『伯』的借字——『伯長』的意思，『霸王』便是諸侯之長），他實際上爲諸侯之長，所以《項羽本紀贊》裏説：『分裂天下而封王侯，政由羽出，號爲霸王。』那自宜將他列入《本紀》了。惠帝當元年的時候，因爲吕太后『斷戚夫人（高祖的寵姬）手足，去眼煇耳，飲瘖藥，使居厠中，命曰「人彘」』，便派人對太后説：『此非人所爲；臣爲太后子，終不能治天下。』遷既記載了這個話，下文又説：『孝惠以此日飲爲淫樂，不聽政。』在元年，惠帝便不聽政了；惠帝即位以後，實際上綱紀天下的是吕太后。那自宜將她列入《本紀》了。再説《世家》方面。孔子並非侯王，應與老、莊、孟、荀同等，入《列傳》，遷却作了《孔子世家》，這是一點。陳涉起自群盗，自立爲陳王，六月而死，以後就没有子孫傳下去了，這與封建侯王的情形不同，也應入《列傳》，遷却作了《陳涉世家》，這是二點。《外戚世家》記載后妃，后妃與封建侯王更不相類，爲什麼要爲她們作《世家》？這是三點。以上三點疑問，也可以從《自序》得到解答。《自序》裏説：『二十八宿環八辰，三十輻共一轂，運行無窮，輔拂股肱之臣配焉，忠信行道，以奉主上，作三十《世家》。』這説明了《世家》所叙人物，都是對統治者盡了『輔拂（同『弼』字）股肱』的責任的。孔子不仕於周室，在周固非『輔拂股肱之臣』；但在漢朝人觀念中，孔子垂教乃是『爲漢制作』，他的功勞，實在當代功臣之上；《自序》裏説：『爲天下制儀法，垂六藝之統紀於後世。』便表示這個意思。那自宜將他列入《世家》了。漢室的興起，由於天下豪傑群起反秦，而反秦的頭一個，便是陳涉。《高祖本紀》裏説：『陳勝等起蘄，至陳而王，號爲「張楚」，諸郡縣皆多殺其長吏，以應陳涉。』高祖便是響應陳涉的一個。《陳涉世家》裏説：『陳勝雖已死，其所置遣侯王將相竟亡秦，由涉首事也。』《自序》裏説：『天下之亂，自涉發難。』可見陳涉對於漢室雖没有直接的功勞，間接的關係却非常重大，如果陳涉不發難，也許就没有漢室。那自宜將他列入《世家》了。至於后妃列入《世家》，因爲她們對於統治者輔弼之功獨大；換句話説，她的影響統治者最爲深切。《外戚世家》開頭説：『自古受命帝王，又繼體守文之君，非獨内德茂也，蓋亦有外戚之助焉。夏之興也以塗山，而桀之放也以末喜；殷之興也以有娀，紂之殺也嬖妲己；周之興也以姜原及大任，而幽王之禽也淫於褒姒。』便説明這層意思。

五類之中，《列傳》分量最多；體例並不一致，又可以分爲三類，就是：『分傳』，『合傳』，『雜傳』。『分傳』是一篇叙一個人，如《孟嘗君》《信陵君》《李斯》《蒙恬》等傳都是。『合傳』是一篇叙兩個人或兩個人以上，或與事迹關聯，不可分割，便叙在一起，如《廉頗藺相如列傳》是；或則時代雖隔，而精神相通，也便叙在一起，如《屈原賈誼列傳》是。『雜傳』是把許多人，其學業或技藝或治術或行爲相類的，按照先後叙在一篇裏，計有《刺客》《循吏》《儒林》《酷吏》《游俠》《佞幸》《滑稽》《日者》《龜策》《貨殖》十篇，合了《扁鵲倉公列傳》（該是『醫者列傳』，但還並没有標明），共十一篇。

《史記》中《本紀》《世家》《列傳》三類，都是叙述人物和他們的事迹的，那些篇章並不是獨立的單位，一個人物的性行，一件事情的原委，往往散見在若干篇中，讀者要參看了若干篇才可以得其全貌；這由於作者認一百三十篇是整部的書。他期望讀者讀的時候，不僅抽讀一篇兩篇，而能整部的讀。其所以運用這樣作法，有幾層理由可以説的。第一，一部《史記》包括若干人物的事迹，這若干人物的事迹，必然有若干共同的項目；若把每個人物的事迹，都叙述在關於其人的篇章裏，必然有若干重複或雷同，就整部書看起來，便是浪費了許多可省的篇幅。所以作者把這些共同的事迹，叙述在關於主角的篇章裏，同時連帶叙及與此有關的其他人物；而在關於其他人物的篇章裏，便節省筆墨，單説一句『見某篇』了事，有時連這一句也省去了。這叫做『互見』，其主要目的在於避免重複。例如管仲、晏嬰兩人的重要事迹，都叙在《齊世家》裏；於是在《管晏列傳》裏，對於管仲，便只叙他與鮑叔的交情和他的政治主張兩點。對於晏嬰，便只叙他事齊三世、與越石父交和薦其御者爲大夫三點。大概遷以爲管、晏的重要事迹，都與齊國關係極大，而管、晏與齊國比較，自然齊國居於主位，所以叙在《齊世家》裏，《齊世家》裏既然叙了，爲避免重複起見，《管晏列傳》裏就不再叙了。若不明白這個『互見』的體例，單就《管晏列傳》求知管、晏，那是不會得其全貌的。第二，『互見』的體例不只在避免重複，又常用來寄託作者對於歷史人物的褒貶。作者認爲某人物該褒，便在關於其人的篇章裏，專叙其人的長處；作者認爲某人物該貶，便在關於其人的篇章裏，專叙其人的短處；遇到該褒的人確有短處，無可諱言，該貶的人確有長處，不容不説的時候，便也用『互見』的辦法，都給放到另外的篇章裏去。例如《信陵君列傳》，前面既説『諸侯以公子賢，多客，不敢加兵謀魏十餘年』，末後又説『秦聞公子死，使蒙驁攻魏，拔二十城，初置東郡，其後秦稍蠶食魏，十八歲而虜魏王，屠大梁』，隱隱表示信陵君的生死影響到魏國的存亡。這由於遷對信陵君太傾倒了，任着感情寫下去，以至『褒』得過了分寸。所以《魏世家贊》裏又説：『説者皆曰，魏以不用信陵君，故國削弱；余以爲不然。』讀者若單看《信陵君傳》而不注意《魏世家贊》裏的話，對於遷的史識，就不免要發生誤會。又如《信陵君列傳》寫信陵君的個性，先提明『公子爲人仁而下士』，以下所叙許多故事，便集中在這一點；所以就文章論，這是一篇完整之作。但『仁而下士』只是信陵君個性的好的一方面；還有不甚高明的方面，却在另外的篇章裏。《范睢列傳》裏叙秦昭王要爲范睢報仇，向趙國索取從魏國逃到平原君家裏的魏齊，魏齊往見趙相虞卿，虞卿便解了相印，與魏齊同到大梁，欲見信陵君，信陵君猶豫不肯見，魏齊怒而自剄。虞卿可以丢了高官，陪着朋友亡命；信陵君與魏齊同宗，偏偏顧忌着秦國，拒而不見，無怪要引起侯嬴的譏刺了。同傳裏又叙秦昭王把平原君騙到秦國，軟禁起來，向他要魏齊的頭；平原君只説：『貴而爲友者爲賤也，富而爲交者爲貧也；夫魏齊者，勝之友也，在固不出也，今又不在臣所。』平原君看重交情，表示得這麼勇決，以與信陵君的顧忌猶豫相對比，更可看出信陵君的『仁』並非毫無問題。讀者若單記着《信陵君傳》裏的『仁而下士』，對於信陵君的個性，就只知識了一半。第三，『互見』的體例，又常用來掩護作者，以免觸犯忌諱。事實上是這樣，而在作者所處的地位，却不容不説那樣，否則便觸犯忌諱；於是也用『互見』的辦法，使讀者參互求之，自得其真相。例如遷對於高祖、項羽兩人，他的同情似乎完全在項羽方面，但他是漢朝的臣子，不容不稱贊高祖，因此，他寫兩人就運用『互見』的體例，大概從正面寫時，高祖是一個長者，而項羽是一個暴君，從側面寫時，便恰正相反。《高祖本紀》開頭説高祖『仁而愛人』，這是正面。在其他篇章裏，便常有相反的記載。《張丞相列傳》裏記載周昌對高祖説：『陛下即桀、紂之主也。』《佞幸列傳》裏直説『高祖至暴抗也』，此外見於《張耳陳餘列傳》《魏豹彭越列傳》《淮陰侯列傳》《酈生列傳》裏的，不一而足。從這許多記載，讀者可以見到高祖怎樣的暴而無禮，恰正是『仁而愛人』的反面。《蕭相國世家》裏記載蕭何請把上林中空地，讓人民進來耕種，高祖大怒，教廷尉論蕭何的罪，其後對蕭何説：『相國休矣！相國爲民請苑，吾不許，我不過爲桀、紂主，而相國爲賢相；吾故繫相國，欲令百姓聞吾過也。』『桀、紂主』的話，高祖自己也説出來了，可見高祖連假裝『仁而愛人』的心思也並不存的。《高祖本紀》裏説：『懷王諸老將皆曰：「項羽爲人慓悍猾賊。」』這是正面。在其他篇章裏，便也常有相反的記載。《陳丞相世家》裏記載陳平對高祖説：『項羽爲人，恭敬愛人，士之廉節好禮者多歸之。』《淮陰侯列傳》裏記載韓信對高祖説：『項羽見人，恭敬慈愛，言語嘔嘔，人有疾病，涕泣分食飲。』便在《高祖本紀》裏，也還留着王陵的『項羽仁而愛人』一句話。陳平、韓信都是棄楚歸漢的人，王陵的母親在楚死於非命，他們三個人對於項羽，當然不會有過分的好評：把他們的話合起來看，項羽『恭敬愛人』該是真的，恰正是『慓悍猾賊』的反面。讀者若不把各篇參看，對於高祖、項羽兩人，就得不到真切的認識。

『互見』的體例具有避免重複、寄託褒貶、掩飾忌諱三種作用，《史記》是這樣，以後模仿《史記》的許多史書也是這樣。因此，凡屬『紀傳體』的史書，必須統看全部，才會得到人物及其事迹的真相，倘若僅僅抽讀一篇兩篇，那所得的只是個朦朧而不切實的印象而已。所以，在欲知一點史實的人，『紀傳體』的史書並非必讀；現在有好些研究歷史的人，給大學生作了《中國通史》；給中學生讀的《中國通史》似乎還沒有，但編輯得完善一點的歷史教本，也足够使中學生知道史實了。『紀傳體』的史書，就其性質而言，還只是一種材料；把它參互比觀，仔細鈎稽，是史學專家和大學史學系學生的工作，僅僅欲知一點史實的人是不能而且也不必去做的。還有，『紀傳體』以人物爲經，自不得不以紀事迹爲緯，即使不嫌重複，想不用『互見』的體例，事實上也辦不到。而在欲知史實的人，却是事迹重於人物。一件事迹往往延續到若干年，另外一種『編年體』爲要編年，把整件事迹分隔開來，看起來也不方便。所以宋朝袁樞在『紀傳體』和『編年體』之外，創立『紀事本末體』而作《通鑑紀事本末》，它把一件大事作題目，凡司馬光《資治通鑑》中關於這件大事的記載，都鈔來放在一起，這樣，一件事迹便有頭有尾，它的前因後果都容易看明白了。在舊式的史書中，『紀事本末體』比較適宜於一般欲知史實的人，這是應該知道的。

現在的《史記》並不是司馬遷當時的原樣，已經經過了許多人的增補和竄改，《漢書·司馬遷傳》載了《史記》《自序》之文，接着說：『遷之自叙云爾，而十篇缺，有録無書。』這是説整篇的缺失，而古代簡策，保存不易，零星的殘逸，也是可以想見的事。修補《史記》的，以漢褚少孫爲最早，又有馮商和孟柳，『俱待詔，頗序列傳』（見《漢書·藝文志》顔師古注），東漢時有楊終，『受詔删「太史公書」爲十餘萬言』（見《後漢書·楊終傳》），唐劉知幾《史通外篇》《古今正史》中説《史記》之後，劉向、向子歆及諸好事者若馮商、衛衡、揚雄、史岑、梁審、肆仁、晉馮、段肅、金丹、馮衍、韋融、蕭奮、劉恂等相次撰續，迄於哀、平，猶名「史記」。』這些增補删削的本子，與原書混和起來是很容易的，着手混和的人也不一定爲着存心作僞。現在的《史記》，惟褚少孫的補作低一格刊刻，或更標明『褚先生曰』，可以一望而知；此外的增補和竄改便不能辨别了。舊注中頗有辨僞的考證；歷代就單篇零句加以考證的，多不勝舉；清崔適作《史記探源》八卷，舉出僞竄之處特别多，雖未必完全可靠，但一般批評都認爲當得「精博」兩字。

關於《史記》的注釋，宋裴駰的《史記集解》、唐司馬貞的《史記索隱》、唐張守節的《史記正義》，合稱「三注」，現在都附刊在《史記》裏。《史記集解》的序文中説：「考較此書（指《史記》），文句不同，有多有少，莫辯其實。而世之惑者，定彼從此，是非相貿，真僞舛雜。故中散大夫東莞徐廣，研核衆本，爲作《音義》，具列異同，兼述訓解；粗有所發明，而殊恨省略。聊以愚管，增演徐氏。采經傳百家并先儒之説，豫是有益，悉皆抄内，删其游辭，取其要實；或義在可疑，則數家兼列……號曰《集解》。未詳則闕，弗敢臆説。」《史記索隱》的序文中説：「貞謏聞陋識，頗事鑽研，而家傳是書（指《史記》），不敢失墜。初欲改更舛錯，裨補疏遺，義有未通，兼重注述。然以此書殘缺雖多，實爲古史，忽加穿鑿，難允物情。今止探求異聞，採摭典故，解其所未解，申其所未申者，釋文演注，又爲述贊，凡三十卷，號曰《史記索隱》。」《史記正義》的序文中説：「守節涉學三十餘年，六籍九流，地里《蒼雅》，鋭心觀採，評《史》《漢》，詮衆訓釋而作《正義》。郡國城邑，委曲申明，古典幽微，竊探其美，索理允愜，次舊書之旨，兼音解注，引致旁通，凡成三十卷，名曰《史記正義》。」看了以上所引，約略可以知道『三注』的大概。若作《史記》的研究，單看『三注』是不够的；因爲關於《史記》任何方面的考據，從唐以後還有很多，就是現在也常有人發表新見，必須搜羅在一起，互相比觀，才談得到研究。若並不作研究而僅僅是閲讀，那不必全看『三注』，也可以全不看，只要有一部較好的辭書，如商務印書館《辭源》或中華書局《辭海》，就可以解决大部分疑難了。

《史記》的大概既已説明，才可以談到《史記菁華録》。

現在中學裏自有歷史課程，或用教本，或由教師編撰講義，學生據以研修，便知道了從古到今的史實。《史記》不是僅僅欲知一點史實的人所宜，前面已經説過；若把它認爲古史教本，給中學生研修，那在能力和時間上都超過了限度，無論如何是不應該的。（事實上也没有一個中學把《史記》作爲歷史教本的）但同樣一部書，往往可以從不同的觀點去看它：譬如《莊子》，就内容的觀點説，是一部哲學書，但就寫作技術的觀點説，却是一部文學書；又如《水經注》，就内容的觀點説，是一部地理書，但就寫作技術的觀點説，却是一部文學書。内容和寫作技術當然不能劃然分開——要了解内容必須明白它怎樣表達，要理會寫作技術必須明白它説些什麽；但偏重一方面，在一方面多用些工夫，那是可以的。從哲學的觀點讀《莊子》，必須弄清楚莊子思想的整個系統，以及它與當時别派思想的異同，它給與後來思想界的影響等項；從地理的觀點讀《水經注》，必須弄清楚古今的變遷，廣稽圖籍，知道什麽水道還是與古來一樣，什麽水道却不同了，又須辨别原著的是非，詳加考證，知道某處記載確鑿可靠，某處記載却是作者的疏失，但從文學的觀點讀這兩部書，這些方面便不必過於精求，只須注重在詞句的運用、篇章的安排，以及人情事態的描寫等項就是了。《史記》也同上面所舉兩部書一樣，就内容的觀點説，是一部歷史書，就寫作技術的觀點説，是一部文學書。認《史記》爲歷史而讀它，固非中學生所能勝任；但認《史記》爲文學而讀它，對於中學生却未嘗不相宜，《史記》的多數篇章，叙人叙事都是『文學的』，值得恒久的玩味；二十四史中的各史，不一定全是文學，但《史記》無疑的是文學的名著。中學生讀《史記》，目的並不在也能寫出像《史記》一般的古文，而在藉此訓練欣賞文學的能力和寫作記叙文的技術；换句話説，藉此養成眼力和手法，以便運用到閲讀和寫作方面去，得到切實的受用。

中學生讀文學名著，雖不宜貪多務博，廣事涉獵，也不能抱定一書，不再他求。因此，對於每一部書，不能通讀全部，只能節取其一部分；全部的分量往往太多了，非中學生的時力所能應付；所節取的一部分，當然是全書的精粹。教育部頒布的《中學國文課程標準》，在

『實施方法概要』項的『教材標準』目下，初中的略讀部分列着有『詮釋之名著節本』一條，高中的略讀部分列着『選讀整部或選本之名著』一語，就是這個意思。現在提出的《史記菁華録》，就是一種『名著節本』或『選本之名著』。

《史記菁華録》是錢唐姚祖恩編的。他在卷首有一篇《題辭》，末書『康熙辛丑七夕後三日苧田氏題』；卷尾又有一篇跋，末書『辛丑長至後三日閲訖題此』；據此可知他這部書的編成在清康熙六十年辛丑（公元一七二一年）。苧田氏是他的别號；幸而《題辭》後面有吴振棫的短跋：『此本爲吾鄉姚公祖恩摘録，比携之入黔，中丞善化賀公見而善之，命校勘刊行，以惠學者；道光癸卯五月，錢唐吴振棫識。』才使我們知道編者的姓名和籍貫。但除此以外，我們對於姚祖恩便别無所知。善化賀公是賀長齡，曾做貴州巡撫。吴振棫曾做貴州布政使，此書原版就在任内刊刻，所以卷首書名旁邊署着『藩憲吴開雕』五字。『癸卯』是道光二十三年（公元一八四三年），據此可知此書行世快滿一百年了。原版而外，各地刻本不少；最近在成都買到一部，是民國三年成都文明閣刻的。自從西洋印刷術流傳進來之後，又有些鉛印石印的本子。你一定要在某家書鋪子裏買到一部，往往不能如願；但如果隨時留心的話，却很容易遇見此書，當然不限定那一種本子。

姚祖恩自題兩篇，就所記時日看，跋作在前。此跋説明他的編撰體例，現在全録於後：

《史記》一書，學者斷不可不讀，而亦至不易讀者也。蓋其文洸洋瑋麗，無奇不備，彙先秦以上百家六藝之菁英，羅漢興以來創制顯庸之大略，莫不選言就班，青黄纂組。如游禁籞，如歷鈞天，如夢前生，如泛重溟。以故譾材謏學，無有能閲之終數卷者。前哲雖有評林，要亦丹黄粗及，全豹不呈。不揣荒陋，特採録而詳閲之，務使開卷犂然，皆可成誦。間加論斷，必出心裁，密字蠅頭，經涉寒暑，幸可成編，固足爲雪案之快觀也。若所删節者，刊本具存，豈妨紬讀？世有《三倉》四庫爛熟胸中之士，吾又安能限之哉！

這裏説他所採選的，都可以認爲完整的篇章；如要看删去的部分，自有整部的《史記》在那裏。採選之外，他又自出心裁，加以評注。《題辭》一篇，説明他編撰此書的用意，現在摘録如下：

余少好龍門《史記》，循環咀諷，炙輠而味益深長。顧其夥頤奥衍，既不能束之巾笥；又往哲評林，迄無定本。嘗欲抽挹菁華，批導窾郤，使其天工人巧，刻削呈露，俾士之欲漱芳潤而傾瀝液者，瀾翻胸次，而龍門之精神眉宇，亦且鬱勃翔舞於尺寸之際，良爲快事矣……古人比事屬辭，事奇則文亦奇；事或紛糅，則文不能無冗蔓。故有精華結聚之處，即不能無隨事敷衍之處；掇其菁華而略其敷衍，而後知古人之作文甚苦，而我之讀之者乃甚甘也。今夫龍門之文，得於善游，夫人而能言之矣，則當其浮長淮，溯大江，極覽夫驚沙逆瀾、長風怒號、崩擊而横飛者，吾於其書而掇取之；望雲夢之泱漭，睹九嶷之芊綿，蒼梧之野，巫山之陽，朝雲夕烟，靡曼綽約，吾於其書而掇取之；臨廣武之墟，歷鴻門之坂，訪潛龍之巷陌，思霸主之雄圖，鷹揚豹變，慷慨悲懷，吾於其文而掇取之；奉使巴、岷，弔蠶叢、魚鳧之疆，捫石棧、天梯之險，縈紆晦窅，巉峭幽深，吾於其文而掇取之；適魯登夫子之堂，撫琴書，親杖履，雍容魚雅，穆如清風，吾於其文而掇取之。若夫後勝未來，前奇已過，於其中間歷荒堤而經破驛，頑山鈍水，非其興會之所屬，斯逸而勿登焉。讀其文而可以知其游之道如彼，則文之道誠不得不如此也。……凡《史記》舊文幾五十萬言，今掇其五之一，評注皆斷以鄙意，視他本爲最詳，約亦數萬言。龍門善游，此亦如米海岳七十二芙蓉研山，几案間卧游之逸品也。因目之曰《史記菁華録》云。

這裏説摘出一些部分，足以表見《史記》文字的『天工人巧』的，供學者研摩；又把游覽比喻讀書，游覽可以挑選那最勝之處，『頑山鈍水』，便捨棄不顧，讀書可以挑選那精粹之處，隨事敷衍的筆墨，便也捨棄不顧：這是文章家的看法，把《史記》認爲文學書，與史學家的看法全然不同。其中『事奇則文亦奇』的『奇』字，與跋中『無奇不備』的『奇』字，在評注中也常常用到，並不是『奇怪』或『新奇』的意思；大概『事奇』的『奇』字指其事可供描寫而言，『文奇』的『奇』字指其文描寫得出而言。但站在史家的立場，不能專取那些可供描寫的材料；一事的過場脉絡，也不得不叙；趣味枯燥可是關係重要的事迹，也不得不記。這些材料，在文章家看來，便是不奇的事；寫成文字，只是尋常的記叙文，便是不奇的文了。

此書選録《本紀》三篇，《表序》三篇，《書》三篇，《世家》九篇，《列傳》三十三篇，共五十一篇。各篇之中，並不都加删節，全録的有十六篇（《高祖功臣年表序》《秦楚之際月表序》《六國表序》《蕭相國世家》《伯夷列傳》《司馬穰苴列傳》《孟子荀卿列傳》《信陵君列傳》《季布欒布列傳》《張釋之馮唐列傳》《魏其武安侯列傳》《李將軍列傳》《汲鄭列傳》《酷吏列傳》《游俠列傳》《滑稽列傳》）。於『合傳』中全録一人之傳的也有五篇（於《老莊申韓列傳》全録老子傳，於《屈原賈生列傳》全録屈原傳，於《韓王信盧綰列傳》全録盧綰傳，於《酈生陸賈列傳》全録陸賈傳而酈生傳有删節，於《扁鵲倉公列傳》全録扁鵲傳而倉公傳有删節）。這些全録的，該是編者所認爲完整的篇章，文學的佳作。從此又可推知，凡加以删節的，他必認爲其中有隨事敷衍之處，非作者『興會之所屬』。如《本紀》一類，原是全書的綱領，從史學的觀點看，是極關重要的，但作者寫來，不能不平鋪直叙，有如記賬。所以十二《本紀》中，他只選了三篇，而且都加以删節。於《秦始皇本紀》，只取了『議帝號』『制郡縣』『廢《詩》《書》』三節；這三節主要部分是議論，闊大而簡勁，其事對於後來又有極大關係，故而採選。於《項羽本紀》，删去的部分就没有《秦始皇本紀》那麽多，約佔全篇的三分之一，都是叙述當時一般的戰争情勢的。原來《項羽本紀》注重在描寫項羽這個人物，在十二《本紀》中，是並不拘守體例的一篇；從文章家看來，描寫項羽的部分都是好文章，其叙述當時一般的戰争情勢的部分，雖是史學家所不容忽略，然而非作者『興會之所屬』了。於《高祖本紀》，只取了開頭叙高祖微時的一節，和高祖還沛，酒酣作《大風歌》的一節。這兩節都是描寫高祖這個人物，採選的用意與《項羽本紀》相同。其他各篇删節，大致都是如此。

編者用從前人評點的辦法，把《史記》文字逐語圈斷；認爲頗關緊要或文章佳勝的處所，便在旁邊加上連點或連圈。因爲刊刻的不精審，就是原版也有很多地方把圈斷的圈兒刻錯了，其他翻刻排印的本子，也不能完全校正無誤；其加上連圈的部分，把一段文字一直圈下去，圈斷之處便無從辨别。因此，閱讀此書的時候，先得自己下一番工夫，詳審文字的意義而加上句讀，不能全靠圈斷的圈兒。閲讀古書，第一步原在明句讀，句讀弄清楚了，對於書中的意義才確切咬定，没有含糊。像此書似的單用一種圈兒作符號，語意未完的地方是圈兒，語意完足的地方也是圈兒，本來不很妥當。讀者自己下一番工夫，在語意未完的地方用逗號，在語意完足的地方才用句號，這是很有意思的一種練習，使你對於文中每一個字都不能滑過。至於文字旁邊的連點和連圈，也可以不必重視，因爲加上這種符號由於編者的主觀，讀者若能讀得透澈，别有會心，也自有他的主觀，而這兩種主觀，從讀者方面説，以後者爲要，前者只有拿來比照的用處罷了。

古人作文不分段，現在重印古書，往往給它分段，如果分得很精審的話，在讀者自是極大便利。此書除了删去一段，下段另行開頭以外，仍照原樣不分段。因此，讀者在斷句之後，還得下一番分段的工夫。這番工夫也不是白用的，從這上邊，你可以練習解析文章的手段。分段的時候，可以參考此書的注，因爲注中有時提到關於段落的話。如《項羽本紀》，此書節録『初宋義所遇齊使者高陵君顯在楚軍』至『項羽由是始爲諸侯上將軍，諸侯皆屬焉』爲一段；但在其中『當陽君、蒲將軍皆屬項羽』一句下注道：『以上一大段，總寫羽爲上將軍之案。』便可知此處是一段之末，以下『項羽已殺卿子冠軍』可另作一段。又如同篇節録叙『鴻門之會』的文字爲一段，但在其中『乃令張良留謝』一語下注道：『張良留謝，自作一段讀。』便可知此處是一段之始，該與上一語『於是遂去』劃開。在注中没有提到的地方，就得自出心裁，把每一段都分得極精審。

編者所加評注，篇中篇末都有。在篇中的，有的寫在文句之下，有的寫在書頁的上方，如所謂『眉批』，大致評注少數語句的，寫在文句之下，評注較長的一節的，寫在書頁的上方；但這個區别並不嚴格，只能説是編者下筆時隨便書寫的結果。在篇末的，是對於本篇的評論；所選五十一篇的後面，並不是每篇都有，只有二十四篇有。我們既選讀此書，對於這些評注，應當明白它的體例，辨别它的善否，選擇它的善者而利用它。以下便就這方面説。

通常所謂『注』，是解釋字義句義，凡讀者不易了悟之處，都把它申説明白；成考證故事成語，凡讀者見得生疏之處，都把它指點清楚。這類的注，此書並不多，所以閲讀的時候案頭應當備一部較好的辭書。但此書屬於這類的注，大體都明白扼要，可以閲看。如《秦始皇本紀》，於『丞相綰、御史大夫劫、廷尉斯等』下注道：『秦初三公之職如此。』讀者便知『丞相』『御史大夫』『廷尉』是秦的『三公』，漢時『三公』是因襲秦制。又如《項羽本紀》，於『公將見武信君乎』下注道：『即項梁。』於『項王令壯士出挑戰』下注道：『獨騎相持不用兵卒者，謂之挑戰。』於贊語『何興之暴也』上方注道：『「暴」字只是「驟」字義，言苟非神明之後，何德而致此驟興也？』讀者對於『武信君』『挑戰』和『暴』字，或將迷惑，看了注語，便明白了。又如《秦始皇本紀》，於『人善其所私學，以非上之所建立』下注道：『人各以其所私學者爲善也。長句曲而勁。』《高祖本紀》，於『高祖每酤，留飲酒，讎數倍』下注道：『始則索錢，數倍常價，以其不瑣瑣較量也。』讀者於此等語句或將不明其義，看了『人各以其所私學爲善』，便明白什麽是『人善其所私學』，看了『索錢，數倍常價』，便明白什麽是『讎數倍』。不過也偶爾有解釋錯的。如《項羽本紀》，於『馬童面之，指王翳曰：「此項王也。」』下注道：『回面向王翳也。』把『回面向』解釋『面』字，又把『之』認爲稱代王翳的借字，『偭』有『向』義，也有『背』義，《離騷》『偭規矩而改錯』的『偭』字，便是『背』義。都是顯然的錯誤。這個『面』字向來認爲用的反訓，是『背向』的意思；又有人説是『偭』用代名詞『之』字，所代的人或事物必然先見，没有先見了『之』字，然後提出它所代的人或事物的；現在説『回面向王翳』，便是『之』字先見、王翳後出了。這個『之』字分明是稱代上一句『項王身亦被十餘創……』的項王，『面之』便是『背向項王』。

除了前一類的注以外，多數的評注可以分爲兩大類：一類是關於文章的，一類是關於事迹的。現在先説前一類。前一類中又可以分爲幾類。一類是説明文章的段落，前面已經提及，這裏不再説了。又一類是説明文章的層次脉絡。如《秦始皇本紀》，於『收天下兵，聚之咸陽，銷以爲鐘鐻，金人十二，重各千石，置宫廷中』下注道：『一銷兵。』於『一法度衡石丈尺，車同軌，書同文字』下注道：『二同律。』於『地東至海暨朝鮮，西至臨洮、羌中，南至北嚮户，北據河爲塞，並陰山至遼東』下注道：『三興地。』於『徙天下豪富於咸陽十二萬户。諸廟及章臺、上林，皆在渭南』下注道：『四建京。』看了這四注，對於這節文字便有了統括的觀念。又如《項羽本紀》，於『是時漢兵盛食多，項王兵罷食絶』下注道：『成敗大關目，提出大有筆力。』於張良、陳平説漢王語中的『楚兵罷食盡』下又注道：『再言之。』於『項王軍壁垓下，兵少食盡』下又注道：『三言之。』其上方又注道：『「兵罷食盡」之語，凡三提之，正與項王「天亡我」之言呼應。史公力爲項王占地步，其不肯以成敗論英雄如此，皆所謂「一篇之中，三致意焉」者也。』這提醒了讀者，由此可知屢叙兵罷食盡並不是無謂的贅筆。又如同篇，於『項王身亦被十餘創，顧見漢騎司馬吕馬童曰：「若非吾故人乎？」馬童面之，指王翳曰：「此項王也。」項王乃曰：「吾聞漢購我頭千金……」』的上方注道：『項王語本一片，中間别描吕馬童數筆，此夾叙法。』看了此注，便知項王『吾聞漢購我頭千金……』的語與『若非吾故人乎』的話原是徑接的，知道徑接，項王當時的心情聲態更覺如在目前，又可以進而推求，爲什麽要把吕馬童向王翳説的話插在中間。推求的結果，便知道移到後面去就安排不好，惟有插在中間，才表現出當時的生動的場面。這一類注都有用處，都該細看。

又一類是説明文章的作用。如《項羽本紀》，於『諸項氏枝屬，漢王皆不誅，乃封項伯爲射陽侯』下注道：『合叙中見輕重法。』讀者便知特提項伯，其作用在顯示他是有恩於漢王的人，下文『桃侯、平皋侯、玄武侯』三人都無甚關係，所以只以『皆項氏，賜姓劉氏』了之。又如《高祖本紀》，於『吕公大驚，起迎之門。吕公者，好相人』下注道：『史公每用夾注法，最奇妙。』於下文『見高祖狀貌，因重敬之，引入坐』下又注道：『接上「迎之門」句。』讀者便知『吕公者，好相人』的作用是插注，『引入坐』的作用是回接。又如《河渠書》，於『隨山浚川，任土作貢，通九道，陂九澤，度九山，然河菑衍溢，害中國也尤甚』下注道：『忽宕一筆，是史公文，至此方從洪水獨抽出河來，以下皆言治河。』讀者便知『然河菑衍溢，害中國也尤甚』的作用從廣泛的洪水轉到單獨的河害。這一類注也有用處，由此可以養成仔細閱讀的習慣。

又一類是闡説文章的旨趣。如《項羽本紀》，於『梁父即楚將項燕，爲秦將王翦所戮者也。項氏世世爲楚將』的上方注道：『提出項燕、王翦，以著秦、項世仇，提出「世爲楚將」，以著霸楚緣起。』又如同篇，於『項王渡淮，騎能屬者百餘人耳』的上方注道：『以下皆子長極意摹神之筆，非他傳可比。』又如《高祖本紀》，於所選第一段的上方注道：『漢室定鼎，誅伐大事，皆詳於諸功臣《世家》《列傳》中，及《高祖本紀》，則多載其細微時事及他神異符驗，所以其文繁而不殺，靈而不滯。嘆後世撰《實録》者不敢復用此格，而因以竟無可傳之文也。』又如《六國表序》，於『獨有《秦記》』至『此與耳食無異，悲夫』的上方注道：『此段是正叙，採《秦記》以著《六國年表》本意。然《秦記》卑陋，爲世儒聚道。下段故特舉耳食之弊，以見《秦記》之不可盡廢也。文義始終照應，一絲不走。』以上四例，從第一例，可知叙述項燕爲王翦所戮和項氏世世爲楚將，並非閒筆墨。從第二例，可以喚起閲讀時的注意，於項王戰敗自刭一大段，細辨其『極意摹神』之處。從第三例，可知《高祖本紀》内容的大概，以及其何以略於『誅伐大事』。從第四例，可知《六國表序》以『太史公讀《秦記》』開頭，以下以各國與秦並論，而側重於秦，皆所以説明『因《秦記》』作表的旨趣。這一類注都於讀者有幫助。

又一類是指出描寫的妙筆。如《項羽本紀》，於『項伯……欲呼張良與俱去，曰「毋從俱死也」』下注道：『十餘字耳，叙得情事俱盡，性情態色俱現，千古奇筆。』於『張良曰「誰爲大王爲此計者」』下又注道：『從容得妙。』於『（沛公）曰：「鯫生説我曰」』下又注道：『急中駡語，皆極傳神。』於『良曰「料大王士卒，足以當項王乎」』下又注道：『偏從容。』於『沛公默然曰「固不如也，且爲之奈何」』，下又注道：『又倔彊，又急遽，傳神之筆。』於『張良曰「請往謂項伯，言沛公不敢背項王也遽」』下又注道：『到底從容，音節琅琅可聽，只如此妙。』於這段文字的上方又注道：『以一筆夾寫兩人，一則窘迫絶人，一則從容自如。性情鬚眉，躍躍紙上。史公獨絶之文，《左》《國》中無有此文字。』沛公與張良計議是史實，但這些注語並不論史實而論文章，從文章看，沛公的窘迫和張良的從容都表現了出來，而注語把表現了出來之處給點醒了。又如《高祖本紀》，於『呂后與兩子居田中耨，有一老父過，請飲，呂后因餔之』下注道：『看他連叙兩個相人，無一筆犯複，古人不可及在此。』一個相人是呂公相高祖，一個相人是老父相呂后、孝惠和魯元。於『相魯元亦皆貴』下又注道：『相人凡换四樣筆，乃至一字不相襲，與城北徐公語又大不同。』所謂四樣筆，一是呂公相高祖，明説『臣少好相人，相人多矣，無如季相』。二是老父相呂后，讚稱『夫人天下貴人』。三是老父相孝惠，説明『夫人所以貴者，乃此男也』。四是老父相魯元，不復記其言語，只叙道：『相魯元亦皆貴。』這也是論文章，記叙同樣的事實，而文章能變化，確然值得玩味。後一注中所稱『城北徐公語』，指《戰國策·齊策》『鄒忌脩八尺有餘』一篇中的問答語而言。鄒忌問其妻『我孰與城北徐公美』，妻答道：『君美甚，徐公何能及君也！』又問其妾『吾孰與徐公美』，妾答道：『徐公何能及君也！』又問其客『吾與徐公孰美』，客答道：『徐公不若君之美也。』每次問答語都不相同，向來認爲文章能變化的好例；但與《高祖本紀》寫相人的這一節對比，便覺得《戰國策》問答語的變化僅在字句之間了。又如《項羽本紀》『項王、范增……乃陰謀曰：「巴蜀道險，秦之遷人皆居蜀」，乃曰：「巴蜀亦關中地也。」故立沛公爲漢王，王巴蜀漢中』一節，於『巴蜀亦關中地也』下注道：『「乃陰謀曰」「乃曰」，一陰一陽，連綴而下，真繪水繪聲手。』經這一點明，便知這兩語一表私下的計議，一表公開的宣布，雖是簡單的叙述，也具有描寫的作用。又如《陳涉世家》，於『旦日，卒中往往語，皆指目陳勝』下注道：『畫出情景。』經這一點明，便覺『指目陳勝』四字寫出一個繁複而生動的場面，讀者各自可以想像得之。又如《信陵君列傳》，於『當是時，魏將相賓客滿堂，待公子舉酒，市人皆觀公子執轡，從騎皆竊駡侯生』下注道：『方寫市中公子、侯生，忽從家内插一筆，從騎插一筆，市人插一筆，神妙之筆，當面飛來，又憑空抹倒。』經這一點明，便覺這幾語看似突兀，而實則極入情理，以見所有的人都驚怪於公子的謙恭和侯生的驕蹇，於是『侯生視公子，色終不變』兩語接上去，才格外的有力——因爲看似突兀，所以説『當面飛來』，因爲下文仍歸到市中公子、侯生，所以説『又憑空抹倒』。這一類注都足以啓發讀者，語句雖簡短，有時又不免抽象一點，但讀者據此推想開來，往往可以體會到描寫的佳處。

以上所舉幾類的注，都是關於文章的。現在再説關於事迹的。這又可以分爲幾類。一類是批評事迹，與文章全無關係；但其語精警，於讀者知人論世頗有幫助。如《項羽本紀》，於樊噲帶劍擁盾入項王軍門一節的上方批道：『樊噲諫還軍霸上，及定天下後排闥問疾數語，俱有大臣作用。此段忠誠勇決，亦豈等閒可同？論世者宜分别觀之。』編者恐讀者但認樊噲爲粗豪武夫，所以批注這一條，唤起讀者的注意。沛公攻進了咸陽，艷羡秦宫的富有，意欲就此住下來；樊噲勸他還軍霸上，他不聽；張良説樊噲的話是忠言，他才聽了，事見《留侯世家》（此書《留侯世家》没有選録這一節）。高祖在禁中卧病，不讓群臣進見；樊噲排闥直入，一班大臣也就跟了進去，却見高祖枕着一個宦者躺在那裏，噲等於是流涕進諫，有『陛下病甚，大臣震恐，不見臣等計事，顧獨與一宦者絶乎！且陛下獨不見趙高之事乎』的話，事見《樊酈滕灌列傳》（此書没有選録下《樊酈滕灌列傳》）。讀者若細味本篇樊噲對項王説一番話，再兼看那兩篇，對於樊噲這個人物，印象自當不同。又如《廉頗藺相如列傳》，於相如送璧先歸，庭對秦王一節的上方批道：『人臣謀國，只是「致身」二字看得明白，即智勇皆從此生，而天下無難處之事矣。玩相如完璧歸趙一語，當奉使時已自分璧完而身碎，璧歸趙而身不與之俱歸矣。此時隻身庭見，若有絲毫冀倖之情，即一字説不出。看其侃侃數言，有倫有脊，故知其明於致身之義者也。』這裏提出『致身』二字，解釋相如智勇的由來，很有見地。又如《淮陰侯列傳》，於諸將問韓信致勝之術，韓信答以『置之死地』一節的上方批道：『岳忠武論兵曰：「運用之妙，存乎一心。」夫心之精微，口不能言也，況於書乎？漢王嘗以十萬之兵夾睢水陣，爲楚所蹙，睢水爲之不流。此與「置之死地」者何異？而敗衄至此！使泥韓信之言，其不至顛蹷輿尸載胥及溺者幾何矣。此總難爲死守訓詁者言也。』這一段以韓信背水陣與漢王夾睢水陣並論，兩回戰役情形相似，而一勝一敗，可見致勝的因素決不止一個。韓信據兵法説由於『置之死地』這不過許多因素中的一個而已。因此歸結到韓信的話不可泥，自是頗爲通達的議論。又如《李將軍列傳》，於文帝説李廣『惜乎子不遇時，如令子當高帝時，萬户侯豈足道哉』的上方批道：『文帝「惜乎子不遇時」之言，非關高帝時尚武而今偃武修文也。文帝時匈奴無歲不擾，豈得不倚重名將？帝意正以廣才氣跅跑，大有黥、彭、樊、灌之風，當肇造區宇之時，大者王，小者侯，取之如探策矣。今天下已定，雖勒兵陷陣，要必束之於簿書文法之中，鰓鰓紀律，良非廣之所堪也。故嘆惜之。此實文帝有鑒別人才處；廣之一生數奇，早爲所決矣。』這一段發明文帝語意和李廣所以一生數奇，都很精闢。

又一類也是批評事迹，也與文章全無關係，且所評只是編者一時的興會，説不上知人論世。這一類評注對讀者無甚益處，竟可不看，即使順便看了，也無須加以仔細研求。如《項羽本紀》，於項羽拔劍斬會稽守頭下批道：『如此起局，自然只成群雄事業。』這似乎説項羽不能取天下，成帝業，乃由於他起局的不正，未免把歷史大事看得太簡單太機械了。於項王以馬賜烏江亭長下批道：『以馬與長者，好處分。』於項王對吕馬童説『若非吾故人乎』下又批道：『尋一自刭好題目。』於項王『乃自刭而死』下又批道：『以身與故人，又好處分。』這些都是在小節目上説巧話，頗像從前人批評小説的格調，對於讀者實在没有什麽啓發。又如《絳侯周勃世家》，於文帝勞軍細柳，『軍士吏被甲鋭兵刃彀弓弩持滿』下批道：『作臨陣之態，豈非着意妝點，見才於人主乎？』於『天子先驅至，不得入』下又批道：『若先驅得入，則不能令天子親見軍容矣，其理可知。』於『都尉曰「將軍令曰」』下又批道：『極意作態。』於『於是上乃使使持節詔將軍』下又批道：『此亦天子之詔也。天子未至則不受，至則受之，爲其整肅之已見也，倨甚。』於『壁門士吏謂從屬車騎曰：「將軍約，軍中不得驅馳」』下又批道：『乃至以約束吏者約束天子，倨甚。』於『將軍亞夫持兵揖曰』下又批道：『倨甚。』於這一節文字的上方又批道：『細柳勞軍，千古美談。余謂亞夫之巧於自著其能以邀主眷耳，行軍之要固不在此也。何者？當時遣三將軍出屯備胡，既非臨陣之時，則執兵介冑，傳呼闔門，一何過倨？况軍屯首重偵探，豈有天子勞軍已歷兩塞，而亞夫尚未知之理？乃至先驅既至，猶閉壁門，都尉申辭，令天子亦遵軍令，不亦甚乎！然其持重之體迥異他軍，則錐處囊中，脱穎而出，亞夫之謀亦工矣。顧非文帝之賢，安能相賞於形迹之外哉？』這些評語以爲亞夫有意做作，好像他預知文帝能够賞識他那一套似的，未免是存心挑剔。從前有一部分翻案的史論就屬於這一類，都無關於史實的認識。

又一類是批評事迹，却與文章的了解或欣賞有關。這一類大致可看：看了之後，於事迹，於文章，都可有進一步的體會。如《項羽本紀》，於『籍曰「彼可取而代也」』下批道：『巒得妙，與高祖語互看，兩人大局已定于此。』《高祖本紀》，於『觀秦皇帝，喟然太息曰「嗟乎！大丈夫當如此也」』下批道：『與項羽語參看。』『兩人大局已定於此』的話雖浮游無根，但把兩語參看，確可見劉、項微時，正具一般的雄心；而兩語一表粗豪，一表闊大，也可從比較中見出。又如《項羽本紀》，於項王困於垓下，自爲詩歌下批道：『英雄氣短，兒女情深，千古有心人莫不下涕。』《留侯世家》，於高祖欲立戚夫人子爲太子，因張良計阻，不得如願，『戚夫人泣，上曰「爲我楚舞，吾爲若楚歌」』下批道：『項羽垓下事情，高祖此時却類之，英雄兒女之情，何必以成敗異也？讀之淒絶。』兩事很相類，若取這兩節文章對看，體會其文情，更吟味兩人所爲詩歌的感慨意緒，自比單看一節有趣得多。又如《魏其武安侯列傳》，於篇首的上方批道：『叙魏其事，須看其段段與武安針鋒相對，豫爲占地步處。』又道：『田蚡藉太后之勢以得侯，魏其詘太后之私以去位，此一大異也。田蚡貴幸，鎮撫多賓客之謀；魏其賜環，投身赴國家之難，此二大異也。田蚡居丞相之位，不肯詘於其兄；魏其受大將之權，必先進乎其友，此三大異也。田蚡之狗馬玩好，遍徵郡國而未厭其心；魏其之賜金千斤，盡陳廊廡而不私於己，此四大異也。魏其以彊諫謝病，賓客説之莫來；田蚡以怙勢見疏，人主麾之不去，此五大異也。凡此之類，皆史公著意推轂魏其，以深致痛惜之情，而田蚡之不值一錢，亦俱於反照處見之矣。』這些評語把兩人事迹扼要提示，同時指出作者的文心，使讀者看下去，頭緒很清楚，並能領會於叙述中見褒貶的筆法。但這一類中也有不足取的。如《留侯世家》，於『子房始所見下邳圯上父老與《太公書》者，後十三年從高帝過濟北，果見穀城山下黄石，取而葆祠之』的『子房始所見下邳圯上父老與《太公書》者』下批道：『好結穴，諸傳所無。』他人並没有老人授書事，他人傳中當然不會有此結筆。這不過是補叙餘事，回應前文而已，定要説是『諸傳所無』的『好結穴』，未免求之過深。又如《張儀列傳》，於蘇秦使舍人陰奉張儀，讓他得見秦惠王，既已達到目的，舍人辭去，張儀留他，舍人説：『臣非知君，知君乃蘇君。蘇君憂秦伐趙敗從約，以爲非君莫能得秦柄，故感怒君』下批道：『此數語恐當日未必明明説出，若説出一毫無味矣。史公未檢之筆也，不可不曉。』因其明説無味，便認爲『未檢之筆』，這純把作史看成作小説了。並且，不叙舍人説『蘇君憂秦伐趙敗從約』，下文張儀『吾又新用，安能謀趙乎』的話又怎能着拍？所以這個評語乃是不中節的吹求。

此書所選《史記》文字，其中二十四篇的篇末，有編者的評論，都就全篇而言。體例也不一律，或僅論事論人，或在論事論人之外兼論文章理法，或僅發表對於本篇的感想，現在各舉一例。《商君列傳》篇末評道：

商君變法一事，乃三代以下一大關鍵。由斯以後，先王之流風餘韻遂蕩然一無可考，其罪固不可勝誅。然設身處地，以一羈旅之臣，岸然排父兄百官之議，任衆怨，兼衆勢，以卒成其破荒特創之功，非絶世之異才，不能爲也。故吾以爲古今言變法者數人：衛鞅，才子也；介甫，學究也；趙武靈王，雄主也；魏孝文帝，明辟也。其所見不同，而有定力則一。惟學究之害最深，以其執古方以殺人，而不知通其理也。

這一説商鞅廢古，罪不可勝誅，王介甫行新法，是執古方以殺人，都是從前讀書人的傳統見解，無甚意思。但説商鞅變法是三代以下一大關鍵，却有識見。秦變法之後，立了許多新制度，後來傳給漢，於是秦、漢的局面與三代大不相同；豈不是一大關鍵？《秦楚之際月表序》篇末評道：

題自『秦楚之際』，試問二世既亡，漢國未建，此時號令所出，非項羽而誰？又當山東蜂起，六國復立，武信初興，沛公未兆，此時號令所出，非陳勝而誰？故不可言秦，不可言楚，謂『之際』者，凡以陳、項兩雄也。表爲兩雄而作，却以記本朝創業之由，故首以三家並起，而言下軒輊自明。次引古反擊一段，然後收歸本朝，作贊嘆不盡之語以結之。布局之工，未易測也。

這一段前半據史實發明立題的旨趣，後半就文章闡説全局的布置，都很精當，於讀者頗有幫助。又如《信陵君列傳》篇末評道：

不知文者，嘗謂無奇功偉烈，便不足垂之青簡，照耀千秋。豈知文章予奪，都不關實事。此傳以存趙起，抑秦終，然『竊符救趙』，本未交兵，即逐秦至關，亦只數言帶叙，其餘摹情寫景，按之無一端實事，乃千載讀之，無不神情飛舞，推爲絶世偉人。文章有神，夫豈細故哉！

這一段點明《信陵君列傳》所以使人讚賞不已，不在信陵君的事功，而在文章描寫的精妙，確是見到之言。

關於此書的評注，前面已經談得很多。讀者若能依據前面所分類目，逐一比附，取其精要的，特别加以體會，略其膚泛的，不再多費思索，便是善於利用此書了。當然，在編者的評注以外，讀者自己若能有深入的心得，那是尤其可貴的。

注：本篇前半談《史記》的部分，有許多意見是從朱東潤先生的《史記講録》（武漢大學講義）和《傳叙文學與史傳之别》（《星期評論》第三十一期）採集的，不爲掠美，特此聲明。

按：本文採自四川省立教育科學館《國文教學叢刊》之一《略讀指導舉隅》一書，署『葉紹鈞、朱自清著』。書中各篇未標著者姓名。惟《朱自清研究資料集》則標此篇作者爲朱自清，姑從之。